都市型经济管理专业大学生科研创新行动（2017）

刘海燕　张晓凤　刘笑冰　主编

中国财经出版传媒集团
中国财政经济出版社

图书在版编目（CIP）数据

都市型经济管理专业大学生科研创新行动 . 2017 / 刘海燕，张晓凤，刘笑冰主编 . —北京：中国财政经济出版社，2018.11

ISBN 978－7－5095－8453－8

Ⅰ.①都… Ⅱ.①刘… ②张… ③刘… Ⅲ.①经济管理—科研活动—北京市 Ⅳ.①F127.1

中国版本图书馆 CIP 数据核字（2018）第 187938 号

责任编辑：李昊民 刘孺泾	责任校对：黄亚青
封面设计：楠竹文化	责任印制：张 健

中国财政经济出版社 出版

URL：http：//ckfz.cfeph.cn

E－mail：cfeph@cfeph.cn

（版权所有　翻印必究）

社址：北京市海淀区阜成路甲 28 号　邮政编码：100142

营销中心电话：88190472　88191537

天猫网店：中国财政经济出版社旗舰店

网址：https：//zgczjjcbs.tmall.com

北京财经印刷厂印刷　各地新华书店经销

787×1092 毫米　16 开　25.75 印张　478 000 字

2018 年 11 月第 1 版　2018 年 11 月北京第 1 次印刷

定价：89.00 元

ISBN 978－7－5095－8453－8

（图书出现印装问题，本社负责调换）

本社质量投诉电话：010－88190744

打击盗版举报热线：010－88191661　QQ：2242791300

编 委 会

主　编：刘海燕　张晓凤　刘笑冰
副主编：乔多　邬津　王兆洋
委　员（按姓名笔画排序）：

邓　蓉　白　华　古丽切合热·艾斯卡尔
李玉红　李永平　李宗泰　李婷婷
李瑞芬　齐　力　任　娇　何　伟
吕晓英　严继超　杜孝森　肖红波
陈　娆　张志强　周　云　赵金芳
郑春慧　郑　洵　杨博琼　胡宝贵
闻海洋　骆金娜　唐　衡　曹　崍
黄　雷　蒋文国　蒲应龑　戴晓娟

前　言

为贯彻落实北京市教育委员会关于实施北京市大学生研究训练项目，进一步深化教育教学改革，调动本科学生参与科学研究的积极性、主动性，激发本科学生的创新思维与意识，在北京农学院的统一部署下，经济管理学院组织33个科研行动计划小组开展了系统的研究训练。科研行动计划小组同学在指导教师的精心指导和带领下，立足北京，放眼全国，对北京市老字号经营状况、智慧农业发展现状、乡村休闲农业、共享单车消费市场、居民对转基因食品消费意愿、京郊家庭农场、京津冀农业协同发展、大学生消费行为、住宅小区街区对道路通行的影响等问题进行了研究。科研行动计划小组关注社会热点现象，聚焦"三农"及京津冀协同发展问题，对国家及地方出台的农业相关政策进行解读，到京内外进行实地考察调研，取得了丰富的第一手调研资料，并运用所学知识对取得的资料进行归纳整理、科学分类，发现存在的问题，分析问题的成因并提出解决问题的对策思路。

大学生研究训练项目使学生掌握了实证研究法、系统研究法、问卷调查法、访谈法、归纳法、比较法和图表法等多种调查研究方法；进一步熟悉、巩固了所学专业知识，提高了专业素养；明白了许多道理，学会了团队协作；提升了科研水平，学会了专业术语的运用，掌握了科研论文的写作规范，为撰写调研实习报告和毕业论文打下了坚实的基础。

本书的成果是在校内外专家的精心评审、修订下，选出优秀论文汇编而成，由于成书时间较短、科研水平及专业知识有限，书中难免存在不妥之处，恳请批评指正，以促进后续科研项目的完善和学生科研水平的提高。

编　者

2018 年 6 月

目　　录

第一部分　市场消费行为研究

北京市大学生消费行为现状分析及问题研究 …………………………………… 3
北京高校大学生网购行为探究及消费建议 ……………………………………… 16
北京市共享单车消费市场研究 …………………………………………………… 29
消费者网购农产品的意愿研究 …………………………………………………… 40
北京市转基因食品消费意愿分析 ………………………………………………… 52
北京消费者鸡肉消费行为研究 …………………………………………………… 60
淡季旅游市场 copula 尾部相关性分析 …………………………………………… 74

第二部分　农业产业发展研究

基于消费行为的北京市农家乐产业发展研究 …………………………………… 83
北京市乡村旅游满意度调查 ……………………………………………………… 100
北京休闲农业消费者调查 ………………………………………………………… 112
北京智慧农业发展现状与对策研究
　　——基于北京农业合作社的调查 …………………………………………… 123
北京市碳汇林项目私人融资意愿研究 …………………………………………… 140
京津冀农业协同调查 ……………………………………………………………… 150
玉米生产与贸易状况分析 ………………………………………………………… 162
浅谈我国应如何应对贸易保护新趋势 …………………………………………… 172

第三部分　企业管理问题研究

京郊农场经营绩效及影响因素研究 ……………………………………………… 181
京郊农民专业合作社人力资源管理研究 ………………………………………… 190

京郊有机农场盈利模式研究 ………………………………………… 207
连锁便利店的经营创新研究 ………………………………………… 219
老字号经营状况调查研究 …………………………………………… 236
我国奢侈品电子商务平台发展研究 ………………………………… 251
农村互联网金融调查 ………………………………………………… 267
论公允价值计量与资产减值会计 …………………………………… 274

第四部分　社区管理问题研究

北京社区管理模式研究 ……………………………………………… 281
北京地区农村生活垃圾处理现状
　　——以密云、大兴、平谷、昌平为例 ………………………… 287
社会网络视角下农户农资网购模式的选择机理
　　——以北京京郊农户为例 ……………………………………… 297
市民对住宅小区街区制的看法及影响因素分析 …………………… 306

第五部分　高等教育问题研究

英语早读对大学生四、六级成绩的影响分析
　　——基于北京农学院的调查 …………………………………… 319
大学生兼职行为对其学业发展的影响 ……………………………… 334
首都高校新疆籍少数民族学生学业辅导需求现状调研
　　——以北京农学院为例 ………………………………………… 348
网络直播受大学生热捧现象分析 …………………………………… 360
北京市未成年性教育问题研究 ……………………………………… 366
大学教育与职业教育成本收益的经济学分析 ……………………… 378

第一部分

市场消费行为研究

北京市大学生消费行为现状分析及问题研究

> 项目组成员：胡宁琪　张　霞　刘　劼　陈　妍
> 指导教师：乔　多

摘　要：大学生消费行为是一个受自身内部生理和心理，外部的社会环境等多种因素影响的决策过程，是消费观念和消费心理的缩影，折射出当代大学生的生活方式和价值取向。大学生没有成人稳定的收入能力，却有着趋于成人化的消费习惯，具有明显的群体特征，逐渐成为青年消费群体中不可小觑的组成部分。因此，本文通过对北京市的大学生消费行为进行问卷调查，了解大学生的消费现状，指出其中的存在问题和影响原因，并给予适当的解决办法和建议，对促进大学生树立合理的消费观念、培养科学的理财观念，养成良好的消费行为具有重要意义。

关键词：大学生　消费行为　存在问题　建议

一、项目的基本情况

（一）研究内容

随着时代的不断进步，多元化的消费内容配合新兴的营销方式冲击着每个人的生活，而喜欢潮流、追求新奇的大学生群体迅速成为消费大军中的活跃力量。在大学生群体中，理性消费虽是主流，但少数大学生因为非理性消费而影响身心健康和未来发展的事件却时有发生。因此，本小组的研究内容就是在现行的消费环境下，大学生该如何合理消费。

（二）目标

通过对北京市大学生群体消费现状进行问卷和访谈调查，总结当下他们的消费选择，比较不同的消费习惯，分析消费心理和消费行为。找到大学生非理性消费的问题及背后原因，并提出相应的解决办法和建议。达到引导大学生形成正确的消费观念和消费行为，促进其健康全面发展，营造积极良好的消费风气的预期目标。

（三）拟解决的问题

消费对一些大学生来说更像是一场欲望、自制力与计划之间的较量。本项目通过分析大学生发生盲目消费、冲动消费、超前消费、无计划消费等非理性消费行为的原因及影响因素，来帮助大学生正视自己的消费行为，树立正确的消费观。

（四）主要特色

本小组成员设身处地从大学生的角度出发，更容易了解到身边同龄人真实的消费习惯和消费心理。结合当下流行的消费文化，正视大学生群体的消费现状，探究当今大学生的消费动机和购买心理，可以使项目研究结果更有针对性和说服力。

二、项目成果

大学生脱离紧张繁忙的高中生活，进入学习氛围相对轻松自由的大学校园，处于成人化的关键时期，他们面对的不再是以前简单"吃好学好"的基本目标，接触到了更加丰富多样的生活圈子。且处于群体生活环境中，大学生极易受周围同龄人消费行为的影响，渴望通过改变和提升自己，来获得他人的关注和认可，因此他们有着强烈的消费需求，愿意花费较多的精力在多元的消费内容上。加上涉世不深，相当一部分的大学生对金钱的来之不易并没有深刻体会，他们经济上不独立却有着稳定的经济来源，这恰为大学生发生消费行为提供了一定的经济基础。

（一）研究背景

大学生虽然步入成年，但其消费心理还很不成熟，且缺乏合理的消费计划和理财能力。强烈的消费欲望催化了盲目消费、冲动消费、超前消费、无计划消费，这些非理性的消费行为阻碍了大学生全面健康发展，也使得其家庭背负了不应有的经济重担。而培养科学合理的大学生消费行为，不仅符合当代大学生素质培养的基本要求，也有利于社会青年群体的消费风气导向。

（二）研究目的

本次调查主要采用问卷调查法和访谈调查法，问卷填写采用北京高校实地随机发放和网上发放两种填写方式，共收集了320份有效问卷。以此次问卷中的消费数据为样本，总结当下他们的消费选择，比较不同的消费习惯，分析消费行为中存在的问题，找到大学生非理性消费的原因，并针对现状提出相应的解决办法和建议。引导大学生培养正确的消费观念，规划合理的消费计划，保持理性的消费风气。

(三) 数据分析

1. 每月生活费的花费

根据此次调查问卷数据分析，6%的大学生每月生活费花费在500元及其以下，45%的大学生每月生活费花费在500~1000元之间，36%的大学生每月生活费花费在1000~2000元之间，8%的大学生每月生活费花费在2000~3000元之间，5%的大学生每月生活费花费在3000元以上。可以看出，半数的大学生月消费在500~1000元之间，还是比较合理的。而花费较少和花费偏高的大学生虽然都占少数，但月消费差异大。

2. 生活费主要来源

在本次调查中，93.75%的人都是依靠父母给予保证日常生活的，45%的人选择了劳动兼职，26.88%选择了奖学金、助学金，3.13%选择贷款。可以看出，基本上大学生生活费来源主要都是依靠父母给予，但相当一部分的大学生并没有过度依赖父母，他们会靠劳动兼职或通过努力学习获得奖助学金来增加自己的生活费。只有很少百分比的人会选择贷款，表明大学生在贷款这方面还是比较理性的。

3. 每月消费的主要方面

表1中的平均得分的计算方法为：排序题选项平均综合得分＝(Σ频数×权值)/本题填写人次，权值由选项被排列的先后位置决定。可以看出饮食和衣物这两个方面占了大学生消费支出的重头，而学习和娱乐的分值十分接近，说明在大学生在关注学习的同时，将娱乐也放在了很重要的位置。交际消费分值最低，可能人际消费是大学生满足自我生活消费之后才考虑的部分。

表1　　　　　　　　每月消费主要方面的平均综合得分

选项	平均综合得分
饮食	4.73
衣物	2.89
学习	1.96
娱乐	1.91
交际	1.49

4. 每月主要在哪些场所用餐

饮食在大学生每月消费中占据了最大的比重，然后依次是外卖、饭馆、路边小摊、餐厅。价钱实惠的食堂是大部分大学生们的首选用餐场所，但由于用餐时间人群拥挤、排队时间长、座位有限、饭菜种类较少等原因，也有不少大学生会选择叫外卖或者去附近的小饭馆就餐。在组织团建或聚会时，则会选择去环境较好的餐厅用餐。

5. 每月消费场所

种类较多、价格低廉、省时省力的网购无疑是大学生们首选的消费地点。其次，能及时完成快速消费的小卖部或小超市也是较多大学生的选择。为保证商品质量仍有较多大学生会去大型超市和购物商城进行消费，他们更倾向于高端和品牌消费。选择会去服饰店消费的人数高于去书店消费，在一定程度上，表明当今大学生更注重在外在上的物质消费。大多数人的电子数码产品更换并不是很频繁，加上网络上电子数码产品的销售更为快捷方便，所以大学生选择去电子数码产品店的比例较低（详见图1）。

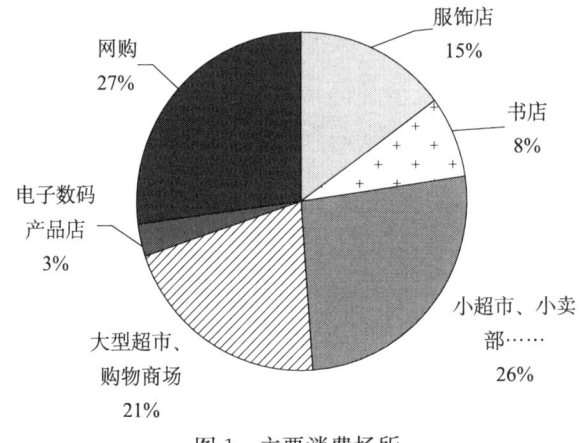

图1 主要消费场所

6. 消费考虑因素

从调查中可以看出，大学生最看重质量和价钱，由于现阶段生活费来源主要还是父母供给，商品是否物美价廉是他们消费时最先考虑的。其次是外观、品牌和流行，大学生渴望获得他人对自己的认同感，很看重商品给自己能带来的外在效应，并不是很看重服务和个性（详见图2）。

7. 消费类型

有44%的大学生选择了"理性消费、需要时才买"，可以看出，较多大学生对于消费还是比较理性的。26%的大学生们选择了"易受心情影响"，他们消费时表现得更为情绪化，有时甚至不考虑所购商品的必要性。20%的人选择了

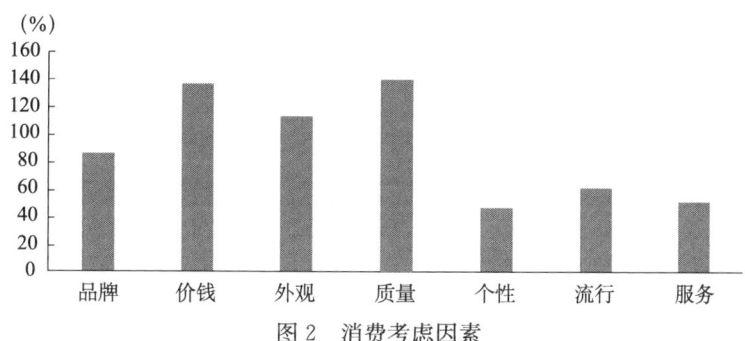

图2 消费考虑因素

"易受广告、打折促销影响",可见广告和打折促销是最吸引大学生消费的方式。9%的人选择了"易受家人、朋友影响",1%的人选择了"易受商家、导购影响",说明多数人更愿意相信身边人的经验,而不喜欢他人直接推销(见表2)。

表2 消费类型选择情况

消费类型	频数	百分比
易受广告、打折促销影响	64	20%
易受家人、朋友影响	30	9%
易受商家、导购影响	4	1%
易受心情影响	82	26%
理性消费、需要时才买	140	44%

8. 网购频率

由图3可知,占比最大的是每月购物3~4次,占33%;其次是每月1~2次,占26%;再次是每月5~6次和更少次数,均占比16%;最后是更多次数,占比9%。由于大学生是最易接受网上购物操作的人群,加上网购符合大学生的求廉心理,所以网购已经从成为大学生日常生活中必不可少的一部分。

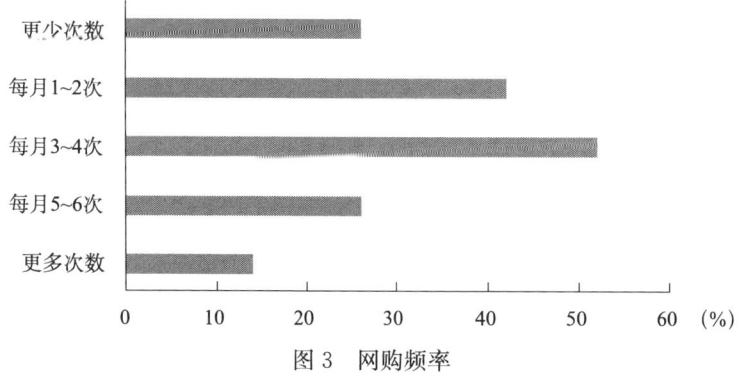

图3 网购频率

9. 是否因为优惠券而购买不必要的商品

现如今,赠送优惠券已成为商家快速提高销售量的一种营销手段,大多数的人表示并不会因为商家赠送的优惠券而购买不必要的商品,但仍有36.88%的人会因为优惠券而购买不必要的东西。这说明,大学生是容易受折扣优惠引导而导致冲动消费,这是导致他们非理性消费的一个很重要的诱因。

10. 是否有过提前消费、分期付款的行为

近些年来,提前消费与分期付款在大学生群体中开始流行起来,我们也对此展开了调查。根据调查结果显示,没有过提前消费、分期付款的大学生占调查总人数的50%,36%的大学生表示只是偶尔有过提前消费,9%的大学生表示经常提前消费,而5%的大学生表示自己总是使用提前付款、分期付款的消费方式。这说明,目前在大学生群体中,提前消费、分期付款并没有成为主流行为,大家对此还保持着理性消费、量入为出的态度,极少数大学生对提前消费有依赖心理(见图4)。

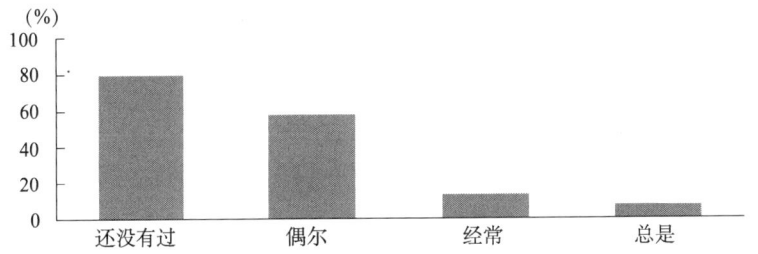

图4 提前消费、分期付款行为频率

同时,41%的大学生对提前消费、分期付款的态度是会有还款压力,36%的大学生表示容易让自己过度消费,而16%的人表示会令自己更好地使用现有资金,7%的人认为缺钱时能买到心仪的东西很爽。由此来看,还是有不少大学生认可超前消费的(见图5)。

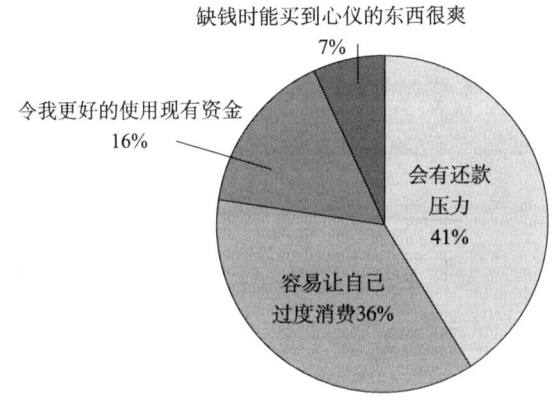

图5 提前消费、分期付款的态度

11. 制订消费计划

在接受调查的大学生中，47%的人没有制订过消费计划，有过计划但是没实施或坚持的占总数的27%，同时9%的人只大笔消费有计划，13%的人有计划并基本实行，4%的人严格按照消费计划花钱。这说明大学生的消费随意性太强，即使制订消费计划也会坚持不下来或者只实行部分计划，制订计划并且严格执行的人很少（详见图6）。

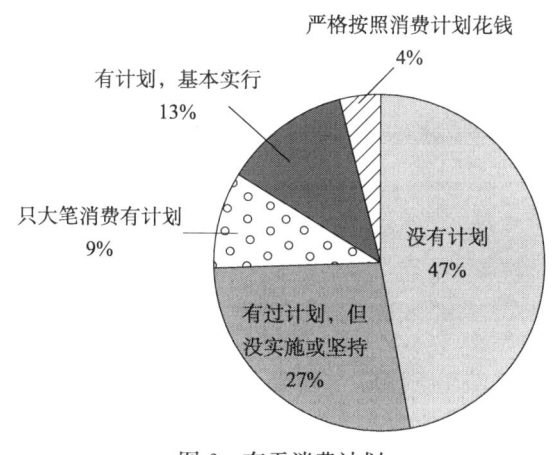

图6 有无消费计划

12. 生活费剩余与不足

当大学生面对月生活费有剩余时，大多数同学选了用于下月必要消费，其次是存入账户和留作以后其他花费，少数的人选了继续花掉。这说明大多数大学生在面对剩余的生活费时，还是能合理利用的。

在面对生活费用完而恰好又有喜欢的物品时，41%选择不购买，有24%的人选择向父母要钱，18%的人选择打工购买，10%的人选择用信用软件购买，7%的人选择向朋友借钱。这说明大部分大学生的自控能力还是比较弱的，他们消费欲望强烈且注重及时享乐，所以即使在生活费用完的情况下仍会通过其他的方式进行购买商品。

13. 理财方式的选择

在对理财方式的调查中，大学生选择最多的是操作简单、收益的余额宝类产品，其次是收益最稳妥的银行储蓄，少部分人选择风险较高的基金、股票、债券等，更少的人选择P2P类高阶理财产品。同时，在调查结果中，有相当数量的大学生表示自己没有本题选项中任何一种理财方式。这说明，很多大学生并没有过多地去关注个人理财方面的信息，在众多理财产品中，他们更倾向于选择稳妥保守的理财方式，对于科学的理财观念还是很缺乏的。

14. 消费行为满意度

最后在本次调查中，有50%的大学生表示对自己的消费行为基本满意，22%的人表示满意，22%的人表示不太满意，6%的人表示不满意。由此可见，绝大多数大学生对自己的消费行为都是比较乐观看待的，同时也有不少的大学生对自己的消费行为存在不满意的地方，渴望改变（详见图7）。

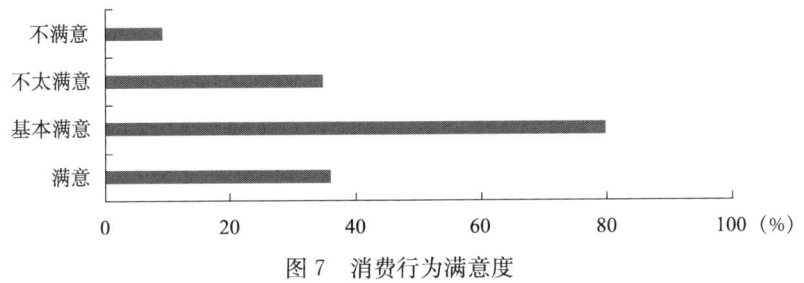

图 7　消费行为满意度

（四）回归分析与交叉分析

表 3　系数 a

模型		非标准化系数		标准系数	t	Sig.
		B	标准误差	试用版		
1	（常量）	0.710	0.072		9.870	0.000
	2. 您的家庭所在地	0.068	0.031	0.172	2.192	0.030

注：a. 因变量：b. 您消费时的考虑因素？（价钱）

表 4　系数 a

模型		非标准化系数		标准系数	t	Sig.
		B	标准误差	试用版		
1	（常量）	0.859	0.100		8.582	0.000
	2. 您的家庭所在地	−0.146	0.043	−0.262	−3.409	0.001

注：a. 因变量：b. 您消费时的考虑因素？（品牌）

表 5　家庭所在地与消费时主要考虑因素交叉分析表

X/Y	品牌	价钱	小计
大中型城市	74（69.81%）	82（77.36%）	106
城镇	36（62.07%）	50（86.21%）	58
农村	64（41.03%）	142（91.03%）	156

经过多次选取不同自变量进行回归分析可以发现，当自变量是家庭所在地时，因变量是消费，主要考虑因素为价钱时，系数表里的 sig 值小于 0.05，则说明两个变量之间具有显著相关性。同理可证，家庭所在地与消费时主要考虑因素为品牌这两个变量之间也具有显著相关性。

当把家庭所在地与消费时主要考虑因素为品牌和价格进行交叉分析时，可以看出家庭所在地是大中型城市的大学生，注重品牌的人数百分比在不同家庭所在地的大学生中是最高的，注重价钱的人数百分比在不同家庭所在地的大学生中是最低。家庭所在地是农村的大学生，注重价钱的人数百分比在不同家庭所在地的大学生中是最高的，注重品牌的人数百分比在不同家庭所在地的大学生中是最低。

这说明不同家庭所在地的大学生在消费时对考虑因素的侧重情况有所不同。在家庭所在地为大中型城市的大学生群体中，更多的人更倾向于考虑品牌、不太注重价钱。家庭所在地为农村的大学生群体中，更多的人更倾向于考虑价钱、不太注重品牌。而家庭所在地为城镇的大学生群体的消费偏好则处于两者之间。

（五）存在问题及其原因分析

适度消费和理性消费仍是大学生消费中的主流，但同时有相当一部分的大学生存在非理性行为，所以我们以调查和访谈的形式，对这些大学生的消费情况作了总结，提出以下四点存在的问题。

1. 城乡消费差距大，热衷追求名牌

因为家庭居住地、父母工作的不同，使得不同家庭收入存在差异，这在一定程度上决定了大学生的可能消费额。在本次调查中可以看出，较高花费水平的同学与较低花费水平的同学相比，每月花费能差出好几倍。且居住在大中型城市的大学生消费时更倾向于考虑品牌、不太注重价钱，而居住在农村的大学生情况正好相反。大中型城市里的大学生大多拥有较好的家庭经济条件，可以负担得起他们追求更高生活质量的愿望，在面对多样的消费选择时自然对价格更为随意。而在农村家庭中，有限的生活费不得不使大学生在消费时对价格更加谨慎。消费时侧重不同的考虑因素进一步拉大了城乡大学生之间的消费极差。

由于深受网络、广告、明星的商业营销宣传影响，大学生热衷于购买名牌产品，有的是因为虚荣心，展现自己的优越感；有的是为了满足自己的攀比心，见别人有自己也想有；还有的人因为信赖品牌产品的品质而一味追求名牌。为了拥有价钱昂贵的知名品牌产品，有些大学生会因此而减少自己的伙食费，这种有损身体健康的行为在学生圈里成了再正常不过的事，甚至成了大学生的流行消费文化中的"潜规则"。过于看重名牌的象征意义，并借以美化自己的形象，反而是大学生内心不自信、精神空虚的体现。

2. 消费缺乏计划性，情绪化消费成常态

很多大学生还处于父母承担经济费用的阶段，虽然自己没有独立经济能力，但家长会尽可能地满足大学生的生活学习需求，在校生活使得他们摆脱了父母的约束，所以大学生对生活费有着绝对的支配权利。由于自主消费经验少，加上大学生平时很少有坚持记账的习惯，使得他们对商品的市场价钱并不了解，更直接导致了花钱随意，消费没有计划性。在被问及如果有想买的东西但碰巧生活费不够用时，很多大学生表示会再次向父母索要。这样看来，父母对于生活费"有求必给"在一定程度上助长了大学生消费无度的习惯。

受心情影响购物似乎是现在很多大学生面临的问题，有的大学生表示心情好时看东西顺眼就会有消费欲望，而有的大学生表示在心情不好时，会买一些自己喜欢或者平时不舍得买的商品来补偿自己。情绪导致的冲动消费使得情感需求取代了实用性需求，似乎购物对他们来说是一种不需要理由的发泄方式。有些大学生会因为产品流行、打折促销等外部因素，盲目跟风购买自己并不适合或不需要的东西，越来越多的大学生在为自己一时的头脑发热买单。

3. 消费结构不合理，物质和精神消费失衡

在调查消费结构时，大部分大学生都表示生活费基本都用于了物质消费，而饮食方面在物质消费上比重最大，外卖则是造成饮食费偏高的主要原因。厌倦食堂饭菜以及就餐环境的大学生习惯叫外卖吃，外卖价格相较于食堂饭菜价格偏贵，包装费和运送费又增加了额外的饮食支出。其次在物质消费上中比重较大是衣物消费，喜欢关注时下的时尚潮流的大学生，在对自己外在形象塑造的花费上毫不吝啬，很多衣物因为不再流行或不再喜欢就会被闲置。因为大学期间的闲暇时间较多，聚会、K歌、看电影、旅游等娱乐性消费也就成了大学生们喜爱的消遣方式。同时，不少大学生坦言：谈恋爱和学生会团建时会经常外出吃饭，而这样的人际消费让自己有经济负担。

被问及学习消费时，有意考研或出国的大学生会有很多培训费用、考试书籍和辅导资料的支出，其他的同学大多表示在学习上只有买学习用品、打印复印纸张的消费。大学生本应该朝着求知成才的方向丰富自身，但不少人的发展方向已经偏离注重精神文化塑造的方向，他们将大学期间的重点任务本末倒置，过多地追求物质消费难免会使有限的生活费变得拮据，同时也难以给发展型消费和智力型消费留以足够的空间，使得大学生的物质消费和精神消费严重失衡。

4. 享乐主义刺激消费，存储理财意识淡薄

部分大学生渴望过上追求享乐的"物质生活"，但又不愿意通过辛苦兼职来获得收入，无疑这些向往只凭一两千元的生活费是不能实现的，金融互联网商家看到了其中的经济收益，各种校园借贷、分期服务产品应运而生。它们打着"免息低利"的口号，配合各种优惠减免活动，密切的互动极易带动消费热情，不断驱使大学生去尝试和依赖提前消费。在轻松贷款花钱的消费快感刺激下，需求欲望强烈的大学生很难保持理性，甚至一些大学生高估自己的还款能力去提前消费、分期付款。而超越自己消费能力、家庭供给能力去随意消费，对于自己和家庭来说都是极不负责任的行为，强烈的消费欲望已然成了大学生现阶段"生命不能承受之重"。

即使到月底生活费略有剩余，很多大学生也会将钱用于下月花费或本月花完，缺乏必要的储蓄、理财的意识。在被问及"了解哪些理财方式"时，大部分大学生都只能说出一些大众熟知的储蓄或投资方式，对于自身未来如何理财显然并未做好规划。安逸于消费现状，享乐消费不加节制，没有长远的发展眼光，大学生非理性消费现状不容乐观。

（六）对策和建议

树立正确的消费观，不仅对于大学生自身成长有益处，对青年群体蓬勃健康发展、对社会保持和谐稳定也有推动作用。因此，我们从家庭、学校、社会和个人这四个角度，针对大学生消费存在的问题提出以下几点建议。

1. 父母方面

父母是大学生生活消费的主要供给者，同时也是最容易控制大学生消费力的人。首先，家长不能出于溺爱或补偿的心理，一味满足子女的物质需求，而应该根据家庭收入情况，对比同年龄段的孩子每月的消费情况，再给予子女适量的生活费。除了定期给予子女生活费外，作为家长要在日常生活中多和子女沟通，多了解子女的消费用途和爱好习惯，监督子女的消费是否合理，及时地发现问题、提出意见、解决问题，帮助他们合理安排消费结构，学会控制自己的消费欲望。

其次，家庭环境也是影响消费行为的重要因素，因此父母必须在日常生活中以身作则，发挥理性消费的示范作用，引导子女进行理性的消费选择。同时可以多鼓励子女通过兼职或社会实践来获取更多生活费，让他们通过辛苦劳动体会到金钱的来之不易，更容易帮助他们建立正确的消费观和价值观。

2. 学校方面

学校作为培养大学生健康消费心理和消费行为的重要场所，应当承担起"传道、授业、解惑"的育人使命，引导大学生明确现阶段的主要目标是发展综合素质，丰富自身精神内涵。除了要重视文化知识的教育外，学校也要重视有关消费知识的教育，杜绝过度消费、享乐为主的思想，提倡塑造勤俭节约、求知尚学的校园文化。

首先，可以通过开展理性消费的特色课程和理财知识讲座，让大学生正确认识如何合理使用金钱，意识到非理性消费行为的危险性，学会针对自身情况制订相应的消费计划，同时掌握一定的理财知识，增强存储理财意识、规避风险。其次，可以开展各种教育和实践活动帮助大学生扭转其价值观和消费观，比如让大学生以志愿者身份参加贫困地区"午餐计划"活动，可以通过贫富生活差距让他们对消费结构的安排和消费层次的选择有所反思。最后，班主任和班干部也应加强对大学生消费行为的关注和监督，让班集体形成良好的消费风气，给大学生营造良好的学习生活氛围。

3. 社会方面

大学生的消费观的塑造离不开社会文化的熏陶，社会要积极弘扬正确的消费观和价值观，多宣传勤俭节约、艰苦朴素的道德修养和生活作风。利用流行的大众传媒，以年轻群体喜欢的表达方式，多向大学生传播一些消费技巧和注意事项，引起他们对不良消费现象的重视，并建立相应的大学生消费网站，提升大学生对消费行为的认知能力。

由于绝大多数大学生倾向于网购消费，所以确保网络销售产品信息的真实性、产品质量可靠性也显得尤为重要，相关政府要加强对网络营销产品质量的监督和管理，严禁商家发布夸大使用效果的虚假广告引诱大学生消费。另外，相关政府要严厉打击以"学生低息借贷"为幌子的高利贷平台对学生发放贷款、高息收利的违法现象，禁止这些黑心企业对学生群体恶意牟利，创造良好健康的消费环境，保障和维护大学生的消费权益。

4. 个人方面

大学生首先需要意识到不同家庭的经济条件和生活习惯不同，因此个体之间存在消费差异是合理的，所以在消费时应根据自己的实际情况量力为出、理性消费，做到不盲目、不从众、不攀比。加强独立意识的培养，学会承担家庭责任，多体谅父母辛苦工作的不易，要有通过自己努力提高未来生活质量的决心和毅力。其次，养成记录自己的消费情况的习惯，可以反思前一段的消费行为是否合理，了解消费结构和支出规律，并在未来的消费计划中进行调整。大学是培养储蓄理财意识的一个关键起点，在黄金时期，学习系统的理财知识和思维，制订适合自己的理财计划，学会合理使用金钱将一生受益。把目光放得更长远些，要想顺应未来社会的发展需要，就应该将更多精力放在专业素质和个人能力的提升上，将强烈的表现欲望带入到学业生活和社会实践中。长期培养自己的内在优势比起一时盲目追求物质享受、过分注重自己的外在包装来的更有意义。

这个世界有时看似琳琅满目，实则空洞虚浮。现代大学生要在生活中不断思考，明确什么是自己现阶段真正需要的东西，什么是值得自己花费精力去追求的东西，不能为了满足一时的私心就不计后果地去消费，要学会在物欲世界中保持理性、站稳脚跟。在生活中经得起物质诱惑、在学习上保持勤俭刻苦，不拼外在拼内涵、不拼消费拼实力，这才是新时代下的大学生应该有的样子。

本研究参考文献

[1] 卢思思. 当前大学生消费行为存在的问题及对策分析 [J]. 农村经济与科技, 2015 (08).

[2] 刘传江, 周金, 王秋瑾. "90"后大学生消费心理与消费行为的研究——以长江大学为例 [J]. 消费导刊, 2012 (4): 13-14.

[3] 辛镇, 杨峰. 我国大学生消费现状调查研究 [J]. 中国集体经济, 2011 (25).

北京高校大学生网购行为探究及消费建议

项目组成员：王梦强　王雅菲　赵魏迪
指　导　老师：任　娇

摘　要：随着电子商务发展的日益强大，网上购物逐渐成为人们青睐的购物方式，大学生无疑成为网络购物群体的主力军。本文通过调查问卷的方式对大学生网购消费行为特征和影响因素进行了分析，其中包括购物频率、购物金额、购物满意度等。在文章的最后也给出了相应的建议。

关键词：大学生购物　购物消费行为　购物消费建议

一、调查背景

近几年，随着互联网技术的发展，我国的电子商务也得到了较快的发展。北京作为中国特大城市之一，人口、经济密集也是推动电子商务快速发展的动力之一。北京又是一座高等学府林立的城市，大学生也是该城市的主要消费群体之一。2017年"双十一"在开场3分钟，成交额已突破百亿，比去年足足缩短一倍时间。据悉"双十一"当天，全国网购成交量就已经达到韩国半年的网购成交量。而"双十一"过后，北京各大高校的快递接收点也出现了包裹积压、人满为患的场面。面临如此网购环境和电商发展速度，我小组3人对北京高校大学生网购情况进行了调查。

二、问卷收集

此次社会实践我们采用了网上发放调查问卷的方式，共发放了330份问卷，其中北京大学生填写问卷298份，非北京大学生填写问卷32份。所以有效问卷数量为298份。有效问卷回收率为90.3%。

三、问卷分析

（一）网购行为基本情况分析

对于网购消费原因，北京高校大学生的选择各有不同。其中，最大占比有

90.14%的同学选择了方便快捷这一原因。紧接着，产品多样和价格优惠这两个原因选择的人数也是不相上下，分别是 65.31%和 68.03%。其次是有 56.12%的同学选择了送货上门，32.99%的同学选择了性价比高，其他仅占了 7.14%。可见，对于大学生而言，网上购物最大的优点就是方便快捷、随时随地、效率最高的就能买到自己想要的东西。产品多样和价格优惠也是大学生选择网购不可忽视的主要原因，毕竟大家都还在上学，价格是大家普遍重点考虑的因素（见表1）。

表1　　　　　　　　　采用网购这种消费方式的原因

选项	小计（人）	比例
方便快捷	265	90.14%
产品多样	192	65.31%
价格优惠	200	68.03%
送货上门	165	56.12%
性价比高	97	32.99%
其他	21	7.14%
本题有效填写人次	294	

对于大学生网络消费的商品类型，根据表 2 数据显示，大学生网购消费产品种类中，其中服装类所占比例较大达到 78.57%，食品和日常用品类次之占 62.24%、65.65%。护肤化妆品、图书影音所占总体比例不过半数，相对较少占 48.64%、40.84%。数码电子类、其他类所占比例较少，占总份额的 25.17%、17.35%。从数据可以看出，大学生的网购物品中主要以服装、食品、日常用品等物品为主（见表2）。

表2　　　　　　　　　网购消费商品类型

选项	小计（人）	比例
服装	231	78.57%
食品	183	62.24%
护肤化妆	143	48.64%
图书影音	120	40.82%
数码电子	74	25.17%
日常用品	193	65.65%
其他	51	17.35%
本题有效填写人次	294	

（二）网络购物频率分析

在此次收集的调查问卷中，对于北京高校大学生是否曾在网上购物的问题，几乎所有的大学生都曾经在网上购物消费过。

根据数据分析，如表3、表4所示，对于男性同学网购消费1～3次占男生总体消费次数比重最大达到61.18%超过半数，可表明大部分男性同学很少网购。女性同学1～3次、4～6次每月网购次数占总体比重较大达到34.93%、31.58%。数据显示，综合总体每月网购次数比例分布女生网购次数多于男生网购次数。总体数据显示，大部分人每个月网购次数在1～3次，占总体比例的42.52%。综上述问题分析，大频率网购的情况较少，中小网购频率人数占总体问卷填写人数的大部分。由此可见，北京高校大学生每月网购频率情况比较健康（见表3、表4）。

表3　　　　　　　　　　网上购物的频率

选项	小计（人）	比例
1～3次	125	42.52%
4～6次	83	28.23%
7～9次	46	15.65%
10次及以上	40	13.61%
本题有效填写人次	294	

表4　　　　　　　　　　男女生购物频率

	10次及以上	1～3次	4～6次	7～9次	全部（次）
男	52	6	17	10	85
百分比	61.18	7.06	20	11.76	100
女	73	34	66	36	209
百分比	34.93	16.27	31.58	17.22	100
全部	125	40	83	46	294
百分比	42.52	13.61	28.23	15.65	100

（三）网络购物金额分析

对于北京高校大学生每月用于网购的消费金额，以及网购金额占生活费的比例情况，由问卷中第五题及第六题可以得出下表：

表5　　　　　　　　　　　　大学生每月网购金额

选项	小计（人）	比例
0~200元	71	24.15%
200~500元	129	43.88%
500~1000元	62	21.09%
1000元及以上	32	10.88%
本题有效填写人次	294	

表6　　　　　　　　　　网购的费用大概占到生活费的比重

选项	小计（人）	比例
0~10%	77	26.19%
10%~30%	132	44.9%
30%~50%	61	20.75%
50%及以上	24	8.16%
本题有效填写人次	294	

由表5、表6数据分析可得出，月网购消费金额在200~500元的占填写问卷总人数比例最大为43.88%，0~200元及500~1000元占总比例大小次之的是24.15%、21.09%。1000元以上的占比例最小仅有10.88%。网购费用比例占总生活费的10%~30%份额的同学占比例较大占44.9%。网购费用占总生活费0%~10%、30%~50%占总填写问卷数量比例次之的是26.19%、20.75%。网购费用占月总生活费50%及以上的占总比例最少，占8.16%。由以上数据可以看出，北京高校大学生每月用于网购的金额数量不大，疯狂网购现象较为少见，而且消费较为理性，网络消费并不是生活费的全部。

（四）网络购物满意度分析

根据数据分析，如表7、表8，大学生对于网上购物产品质量满意度中，有2.04%的大学生对网上购物的产品质量表示不满意，23.81%的大学生表示很满意，而对于网购产品质量表示一般的占了大多数，有74.15%的大学生对网购产品质量一般满意。

表7　　　　　　　　　　　网上购物的产品质量满意度

选项	小计（人）	比例
很满意	70	23.81%
一般	218	74.15%
不满意	6	2.04%
本题有效填写人次	294	

表8　　　　　　　　　　网上购物的配送速度满意度

选项	小计（人）	比例
很满意	70	23.81%
一般	219	74.49%
不满意	5	1.7%
本题有效填写人次	294	

由此可以看出，在网购技术发展到现在程度，网上产品琳琅满目，大学生的选择也多种多样。多数大学生对于自己选购的商品是满意的，只有极少数大学生表现出不满意的态度。

在大学生对于网上购物的配送速度是否满意的调查中，有1.7%的大学生对网购的配送速度表示不满意，23.81%的大学生对于网购的配送速度表示很满意，而74.49%的大学生认为网购的配送速度一般。

在当今社会，快递公司的种类繁多，价格相差并不是很大，对比与几年之前的快递运送速度，近年来快递的运送速度的可以说有了突飞猛进的提高，不少快递公司都有了高铁甚至是飞机直达运输，因此大学生对于当今网上购物的配送速度是较为满意的。

表9　　　　　　　　　　网购总体满意度

选项	小计（人）	比例
非常满意	16	5.44%
比较满意	215	73.13%
一般	56	19.05%
不满意	7	2.38%
非常不满意	0	0%
本题有效填写人次	294	

表10　　　　　　　　　　不同性别对网购总体满意度

	比较满意	不满意	非常满意	一般	全部
男（人）	63	4	6	12	85
百分比（%）	74.12	4.71	7.06	14.12	100
女（人）	152	3	10	44	209
百分比（%）	72.73	1.44	4.78	21.05	100
全部（人）	215	7	16	56	294
百分比（%）	73.13	2.38	5.44	19.05	100

在针对网络购物整体满意度来看,如表9、表10所示,根据数据分析,总体而言,大学生对于网购的满意程度中,有73.13%的大学生对于网购比较满意,2.33%的大学生对于网购不满意,5.44%的大学生对于网购非常满意,19.05%的大学生对于网购一般满意。在不同性别的大学生对网购的满意比较中,大多数的大学生对于网购的总体评价比较满意,男生认为非常满意的比重较女生而言较高。总体来说,大学生对于网购的总体评价是比较满意的。

(五) 网络消费安全性分析

根据表11中数据显示大学生对网银、支付宝、微信、财付通等网络支付手段的态度中,在填写调查问卷的大学生中有52.72%的大学生觉得比较放心,3.06%的大学生认为不放心,有44.22%的大学生觉得放心,认为既方便快捷又安全。

由此看来,大多数的学生认为对于网银、支付宝、微信、财付通等网络支付手段的认可度较高,比较放心,只有少部分的大学生认为不放心,而在当今社会,网络诈骗的手段层出不穷,而在网络诈骗的受害人当中,大学生占了非常高的比重,除了大学生年纪较轻,社会经验较少之外,另一个很重要的原因恐怕就是大学生的警惕心较低,容易受到他人及周边环境的影响,容易相信他人。在本题看来,多数学生对于网络支付软件都表示出了较高的信任,因此容易受到伤害。

表 11 对于网络支付手段的态度

选项	小计(人)	比例
放心,方便快捷又安全	130	44.22%
比较放心	155	52.72%
不放心,感觉不安全	9	3.06%
本题有效填写人次	294	

根据表12的数据显示,经过填写调查问卷的男女生对比来看:在男生中,有42.35%的男生对网络支付手段比较放心,2.35%的男生对网络支付手段感到不放心,55.29%的男生对于网络支付手段放心。而对于女生来说,有56.94%的女生对网络支付手段比较放心,有3.35%的女生对网络支付手段感到不放心,有39.71%的女生对于网络支付手段放心。由此可以看出,女生对于网络支付手段的警惕性更高一些。

表 12　　　　　　　　　不同性别对网络支付手段的态度

	比较放心	不放心，感觉不安全	放心，方便快捷又安全	全部
男（人）	36	2	47	85
百分比（%）	42.35	2.35	55.29	100
女（人）	119	7	83	209
百分比（%）	56.94	3.35	39.71	100
全部（人）	155	9	130	294
百分比（%）	52.72	3.06	44.22	100

（六）网购行为理性分析

这道题是对于大学生消费行为的统计：从总体来看，有138人都有"无用消费"的行为。"受买家促销影响而不理智消费"和"受周围人影响而冲动消费"也都被100人左右选过。还有80人选择"从来没有以上行为"，"贷款消费"仅40人选择（见表13）。

表 13　　　　　　　　　不理性购物行为情况

选项	小计（人）	比例
受买家促销影响而不理智消费	93	31.63%
受周围人影响而冲动消费	114	38.78%
无用消费（买了不需要的那种）	138	46.94%
贷款消费（超出自己经济能力的消费）	40	13.61%
从来没有以上行为	80	27.21%
其他	19	6.46%
本题有效填写人次	294	

可见，当前大学生在网购时还不够理智，经常会出现买了用不到的情形，而且很容易受周围人影响，以及被优惠活动所诱惑，在购买商品时不会做出理智的判断。不过，绝大多数大学生都能控制在自己的经济范围内网购，仅一小部分人会选择贷款消费。

根据数据分析，如表14显示，大学生对于自己的网购行为是否理性中，59.86%的大学生认为自己的网购行为比较理性，大部分是自己需要的，少部分是因为廉价才购买的，有34.01%的大学生认为自己购物时很理性，买回来的东西都是自己需要的，有6.12%的大学生认为自己缺乏理性，买回来的东西大部分都是不需要的。由此看来,在商品种类繁多的网络上,同学们对于自己所购买的商品具有一定的挑选性,但购物时很理性的大学生仅占填写调查问卷大学生人数的 34.01%,说明一大部分大学生在购物时都存在不理性的情况,会购买一些自己有时并不需要的商品(见表14)。

表14　　　　　　　　　购物理性行为自我评价

选项	小计	比例
购物时很理性,买的东西都是自己需要的	100	34.01%
比较理性,大部分是自己需要的少部分廉价才买	176	59.86%
缺乏理性,买回来发现大部分不需要	18	6.12%
本题有效填写人次	294	

(七) 网购行为心理因素分析

根据数据分析,如表15所示,该题对大学生网购时主要考虑的问题进行统计。其中,"买家评价""商家信誉"以及"销量"是选答人数最多的三个选项,分别有259人、211人、203人选到过。"品牌"和"款式"选择的人数也不少分别有166人、179人。对于"卖家态度"和"快递公司选择",选择的人数想对较少,分别是106人和49人。可见,绝大多数大学生在进行网购时,都会认真参考买家评价,以此可以参考商品实物。"商家信誉"和"销量"也可以衡量商品的质量,所以大学生普遍都会参考。对于快递公司的选择,大学生普遍不是很在乎,主要关心的问题还是商品本身方面的(见表15)。

表15　　　　　　　　　在网购中会考虑的问题

选项	小计(人)	比例
销量	203	69.05%
商家信誉	211	71.77%
买家评价	259	88.1%
卖家态度	106	36.05%
快递公司的选择	49	16.67%
品牌	166	56.46%
款式	179	60.88%
其他	18	6.12%
本题有效填写人次	294	

根据数据分析，对于问卷调查中"网购担心遇到的问题。"如表16显示，在此次调查中，分别有200人、191人、190人，担心遇到"购买商品与网上描述不符合""商品质量与价格不符""假货"。物流和配送过程受损，也是一部分人担心的问题，分别有122人和148人选择。仅有12人觉得没什么可担心的。由此可见，绝大部分大学生对网购最担心的问题还是商品本身的质量和真假问题，担心买的商品和自己付出的金钱不成正比。相比之下，对于物流相关的问题担心较少。仅仅一小部分人对于网购没有担心的问题（见表16）。

表16　　网购担心遇到的问题

选项	小计（人）	比例
假货	190	64.63%
商品质量与价格不符	191	64.97%
购买商品与网上描述不符合	200	68.03%
产品配送物流慢	128	43.54%
担心配送过程中物品受损	144	48.98%
没有什么可担心的	12	4.08%
其他	13	4.42%
本题有效填写人次	294	

根据数据分析，如表17所示，这一道题，我们对"网购遇到纠纷问题的做法"进行分析。其中，选择占比最大的就是"退货"，有50.68%，149人选择了这一做法。其次有63人选择了"给买家差评"，占比为22.79%。"自认倒霉""向有关部分投诉"和"其他"分别有22人、37人和16人选择。仅有3人会选择"不再网购"占比为1.02%。可见，在网购中遇到问题时，大学生普遍会对该商品的店铺和卖家不满意，退货是绝大多数人会选择的做法，退货之余还会留下差评。一小部分人会自认倒霉，犹豫投诉也稍有麻烦，所以也仅小部分人会投诉。最后，大学生不会因为遇到问题而对网购彻底失去信息，所以只有微乎其微的人会不再网购，而这微乎其微的人之中，男生占了2.35%，女生占了0.48%。很明显，男生会比女生更加偏向于选择不在网购。由此可见，女大学生对于网购的需求要大于男生对网购的需求，因为女生日常需要买的东西相比之下更多，女大学生更离不开网购，所以不会因为遇到纠纷问题而彻底对网购失去信心不再网购（见表17）。

表 17　　　　　　　　　　　网购遇到纠纷问题的做法

选项	小计（人）	比例
自认倒霉	22	7.48%
不再网购	3	1.02%
退货	149	50.68%
向有关部门投诉	37	12.59%
给卖家差评	63	22.79%
其他	16	5.44%
本题有效填写人次	294	

（八）网购前景分析

根据数据分析，对于问卷调查中的第十八题，问卷调查中 74.83% 的学生认为网上购物的发展空间很大，很容易被人接受。但是还有 22.11% 的人认为：很难受，存在很多问题。只有少部分人认为短期不会有较大发展，占总份额的 3.06%。由上述数据可以反映出，大多数人还是认为网上购物发展前景很乐观，并且容易被人们接受，人们选择这种购物方式满足自己日常所需（见表18）。

表 18　　　　　　　　　　　网购前景

选项	小计（人）	比例
发展空间很大，会被人接受	220	74.83%
很难说，存在很多问题	65	22.11%
短期不会有较大发展	9	3.06%
本题有效填写人次	294	

四、模糊综合评价

（一）方法介绍

模糊综合评价法是一种基于模糊数学的综合评价方法。该综合评价法根据模糊数学的隶属度理论把定性评价转化为定量评价，即用模糊数学对受到多种因素制约的事物或对象做出一个总体的评价。它具有结果清晰、系统性强的特点，能较好地解决模糊的难以量化的问题，适合各种非确定性问题的解决。由于评价因素的复杂性、评价对象的层次性、评价标准中存在的模糊性以及评价影响因素的模糊性或不确定性、定性指标难以定量化等一系列问题，使得人们难以用绝对的"非此即彼"来准确地描述客观现实，经常存在着"亦此亦彼"的模糊现象，其描述也多用自然语言来表达，而自然语言最大的特点是它的模糊性，而这种模糊性很难用经典数学模型加以统一量度。模糊综合评判可以做到定性和定量因素相结合，扩大信息量，使评价数度得以提高，评价结论可信。

（二）评价

1. 质量

依据最大隶属度原则，有74.15%的人对网购产品的质量表示一般满意，所以我们认为，北京高校大学生对于网购产品的质量表示一般满意。根据模糊分布原则，有2.04%的大学生对于网上购物的产品质量表示不满意，23.81%的大学生表示很满意。这说明，网络上琳琅满目的产品质量参差不齐，只能得到大多数大学生的认可，并不是尽善尽美（见表19）。

表19　　　　　　　　北京大学生对网购产品质量满意情况

	A 很满意	A 一般	A 不满意
A 质量	23.81%	74.15%	2.04%

2. 总体评价

依据最大隶属度原则，有73.13%的人对于网购总体的评价表示比较满意，所以我们认为，北京高校大学生对于网购产品的总体评价表示比较满意。根据模糊分布原则，有73.13%的大学生对于网购比较满意，2.33%的大学生对于网购不满意，5.44%的大学生对于网购非常满意，19.05%的大学生对于网购一般满意，0%的大学生对于网购不满意。根据数据可以看出，网购发展是很有前景的，北京大学生对于网购是比较满意的，网络购物具有一定的发展空间（见表20）。

表20　　　　　　　　北京大学生对于网购产品总体评价情况

	A 非常满意	A 比较满意	A 一般	A 不满意	A 非常不满意
A 总体	5.44%	73.13%	19.05%	2.38%	0%

五、消费建议

根据以上大学生对于网购行为的调查问卷，我们针对大学生的消费行为提出以下几点建议：

（一）大学生应该强化消费观念

2017年淘宝、天猫"双十一"的销售额破921亿元，可殊不知"双十一"的退货金额截至前两天已达到574亿元。这说明了网上购物应当树立正确的消费观念，而对于大学生来说应当注意到网购只是日常购物行为的一种，应当购买自己真正需要的商品，而不是随波逐流，受到周围人或者是受到商家促销的影响而进行冲动消费，购买了一些根本不需要的商品，或者因为价格低廉而购买到一些质量较差，不实用的商品。大学生在网上购物应当根据自己的实际需要进行消费。

（二）应当根据自己的实际情况，理性合理的消费

作为大学生，一般情况下我们是没有经济能力的，多数都是靠父母给予生活费，因此在网上购物消费时，应该根据自己的经济能力，购买自己能够承受的范围之内的商品，在填写问卷的部分同学中，有些同学在网上购物的金额占到每月生活费的50%及以上，这是不理性的。作为大学生应当发挥艰苦朴素的精神，适度消费，理性消费。

（三）大学生应该提高网络消费安全意识

近年来，有关网络消费诈骗案件层出不穷，而大学生的社会阅历相对较少，容易成为受害群体，而在接受调查问卷的大学生中，大部分人对于网银、支付宝、微信、财付通等网络支付手段的态度表示放心。尽管这些都是比较知名的支付软件，但犯罪分子也容易在其中寻找对象进行诈骗。因此作为大学生，应当具有一双"慧眼"能够分辨网络交易是否安全合法，在面对支付过程中出现的不明钓鱼网站做到"不理，不看，不点"，对于网上交易过程中出现的不明链接，做到三不要，即：不轻信，不透露，不转账。同时也要及时核实情况，及时咨询情况；遇到网络诈骗，及时报案。

（四）大学生应该强化自己的维权意识，保护自己的合法权益

在接受调查问卷的大学生中，大部分大学生在遇到网购纠纷问题时会选择退货，也有极个别选择忍气吞声，而选择向有关部门投诉的同学少之又少。大学生在网络购物遇到纠纷，自己的利益受到损害之后，应当积极寻找合理的办法，维护自己的合法权益，比如在网站购物时遇到网购纠纷，权益受到了侵害，可以通过网站投诉或者网上报案的方法，必要时可以拿起法律武器来使自己的合法权益不受侵害。

六、总结

经过对问卷分析我们得到,在大学生购物群体中,女生人数远远超过男生人数,其购物频率以及购物金额也保持相对稳定,日常消费行为大体还是偏于线下消费,线上消费偏于日用品,所以网购已经成为大学生的日常生活中不可缺少的一部分,虽然发展日益壮大,但也未成为大学生购物的主流,还有发展和宣传的空间。

其次,大部分大学生还是可以在网购中保持理性的,冲动消费以及受他人影响较少,并且保持了传统购物的习惯,所以可以很好地与网购结合,避免花的浪费。最后,大学生对于网上购物的总体评价还是较为满意的,无论是从商品质量、商品配送还是商家信誉都给出了肯定,普遍看好网购发展的前景。但是,同时也对网络安全放松了警惕,比较容易受骗,属于弱势群体。所以政府应出具相关政策,对商家店铺和网络支付给予更加严格的审核,让大学生网购的每一步都绝对安全。

北京市共享单车消费市场研究

项目组成员：丁潘潘　张嘉洋　郝　洁　陈丹丹　赵　情　曹艳彤
指导教师：吕晓英

摘　要：在互联网、大数据时代和供给侧改革背景下，共享经济正悄然渗透广大市民生活的各个方面。本文以共享单车为例，通过简要说明共享单车运行的背景与现状，通过收集资料和调查问卷，总结出北京市共享单车在共享经济背景下运营的优点和缺点。并且针对上述存在的问题，分别从政府、企业和消费者的角度提出了解决方案，从而为促进共享单车进一步发展而努力。

关键词：共享单车　共享经济　移动支付　绿色出行　规范使用

一、引言

共享单车是在21世纪的互联网技术和大数据高速发展的背景下发展起来，主要为了解决环境污染日益严重的危害和市民中短距离换乘及打车难的问题。因具有低碳环保、方便人们出行、解决了困扰出行的"最后一公里"难题的特点，同时也能够缓解城市交通拥堵，共享单车作为引领共享经济的一种新潮流，于2015开始兴起，并逐渐渗透于居民生活的方方面面。其用户以在校大学生和年轻上班族为主，便利其上下班、逛街、短途旅游，学生的上下课等短距离出行的需求，并且主要集在人口密集的一线、二线城市，且市场潜力巨大。从开始兴起到普遍流行，共享单车无疑成为人们热点讨论的话题，但仔细研究我们不难发现，在其飞速前进的背后，仍然存在着许许多多的不足。在第二部分中，对现有共享单车企业发展状况进行分析；第三部分通过调查问卷数据的研究，归纳出北京市共享单车消费市场的特点，第四部分则概括出共享单车在计费方式、停放问题、用户体验和安全监管问题等方面来分析制约其发展的因素；第五部分则针对第四部分发现的问题，对共享单车如何进一步适应消费者的需求、实现稳定发展的对策展开研究和深入探讨。

二、共享单车的现状

(一) 绿色出行,健康生活

近些年来随着中国经济的蓬勃发展,人们对生活质量要求也就越来越高。为了方便出行,于是越来越多的家庭倾向于开私家车,人们的出行情况比以前方便了许多,可是盲目的追求使用私家车也使北京的交通面临更严重的考验。交通堵塞、环境污染等许多问题接踵而来,汽车尾气的大量排放把北京原有的蓝天也都给污染了,雾霾天气逐年增加,给人们的生活带来了很大的不便与威胁。而正在此时,依托于绿色出行理念的一种新型的经济模式——共享单车的出现,则无疑是有效地改善了环境污染问题,同时,伴随着经济的发展,日益突出的交通问题也得到缓解,从而大大地提升了城市形象。不仅如此,单车出行作为一种健康的生活方式,也满足了绿色出行的理念,让我们在平时就能达到锻炼身体的目的,因而一经推出便反响热烈。

(二) 解决出行"最后一公里"的困扰

众所周知,即使在北京这样发达的一线城市许多居民也往往面临着从乘坐地铁、公交汽车后的"从站台到目的地最后一公里"的难题,当日趋完善的交通网络的覆盖不能满足居民快节奏的生活速度时,一种补充型的交通工具——共享单车则自然而然受到追捧,而这也为共享单车运营商创造了商业价值。随着共享单车在各大城市的投入使用,其随用随开,无桩停放的特点能够有效解决消费者1~3公里的短途出行难的问题,与现有的交通工具相配合,从而形成了更密集方便的网络交通系统,方便了消费者的日常出行,补充完善了现有公共交通系统的可达性,同时在一定程度上起到了缓解城市交通拥堵的作用。

(三) 移动支付助力共享经济

共享经济有三大基本组成要素,分别是"将线下的闲置资源加以整合利用,借助于当今社会高速发展的移动支付网络平台、助力全民参与发展推动共享经济"其中移动支付则在加速共享单车的发展与普及上发挥极大作用。以摩拜(mobike)共享单车企业为例,通过交付一定的押金并进行注册,使用者就可以通过内置的GPS定位系统找到单车并通过扫码开启,在骑行使用完成后,消费者仅需通过支付宝或微信提供的移动支付平台进行支付即可,操作简单又方便。

(四) 问题浮现,共享单车发展引发深思

随着共享单车的日益发展壮大,在经营管理和公司运行方面,共享单车仍

有太多问题需要解决,尤其是如何将共享单车的停车网点和城市的道路规划相融合,从而设计出较合理的停放区域。而在2017年相继发生的悟空单车,小鸣单车,以及不久前作为共享单车所占份额第三的小蓝单车的倒闭,不得不引发我们的思考:共享经济是否已经进入资本寒冬?

三、北京市共享单车消费市场的特点

随着共享单车的快速发展,越来越多的问题也逐渐涌现。临时乱停乱放、违规抢道、用车秩序混乱、毁损率高以及交通安全等问题引起了越来越多人的高度重视。为更好地分析和研究北京市共享单车的消费市场,我组成员对北京市共享单车使用者发放问卷,收集数据并进行整理,归纳出消费者对车辆资费标准、押金收取、损坏情况、分布密集程度、使用舒适度等方面的意见,并针对存在的问题提出合理的改进意见,从而促进共享单车消费市场的良好发展。

小组成员在10月1号到30号对北京市共享单车使用者进行为期30天的问卷调查,总共发放问卷230份,收回201份,有效数据201份,数据回收有效率为87.39%。其中包括电子版141份,纸质版的60份。调查对象中男士80人,女士121人,分别占比为39.80%和60.20%。而接受调查的对象职业主要以学生最多,为94人,占比46.77%,其次是企业工作员工为58人,占比28.86%,剩下的教育工作者和自由创业者分别占比为13.43%和4.98%。数据分析整理如下:

(一)消费者对共享单车的品牌偏好

1. 单车投放数量成为影响消费者选择共享单车的重要因素

以北大校园为起点的小黄单车一经兴起便在全国重要城市得到迅速扩张,从而较早地抢占了市场,掌握了大量的用户习惯。小组调查问卷中显示:针对被调查对象关于中国共享单车选择品牌偏好分布中,更偏好使用小黄单车(ofo)的用户占60.70%,而摩拜(mohike)共享单车占比为52.74%,这两种共享单车品牌相较于其他共享单车平台优势较为突出。究其原因,附近停放的车辆数成为消影响费选择共享单车品牌最重要的原因。而小蓝单车(bluegogo)以17.91%在消费者对共享单车企业偏好中排名第三。同时,从数据中我们可以发现较好的用户体验在一定程度上也会影响用户的选择。

2. 同时,周围共享单车投放数量成为影响消费者选择共享单车品牌的重要原因。数据显示,周围投放的共享单车数量对消费者的选择有很大的影响。其中,因为周围投放的车辆多而选择此品牌的占76.12%,其次是押金和骑行时的使用舒适度,分别占39.30%和31.34%,保修率和共享单车的颜值在一定程度上也会对使用者的选择产生一定的影响。二者分别占比为19.9%和5.97%（见图1）。

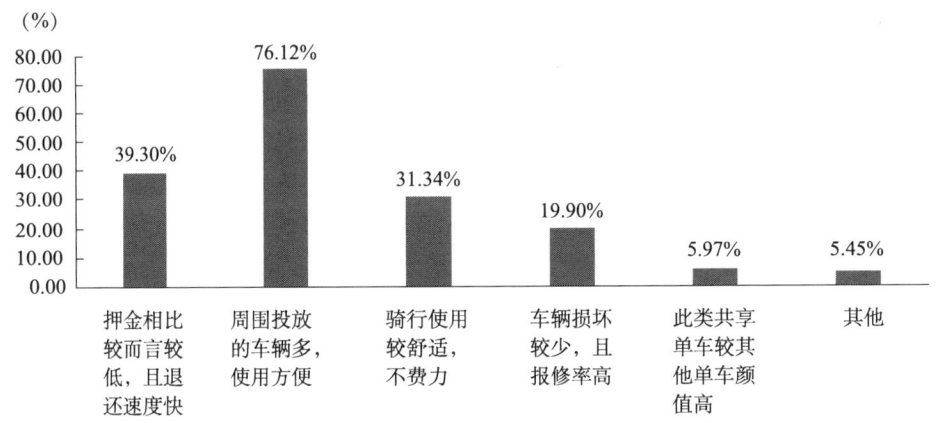

图1 影响消费者选择某种共享单车品牌的因素

（二）共享单车的使用频率

被调查对象对共享单车的使用并不很频繁。在图2中数据表明，在共享单车使用频率调查中，有42.79%的使用者使用共享单车的频率为每周不多于三次，还有34.33%的消费者则是每周大概在4~7次，而每周8次以上的在20%左右（见图2）。

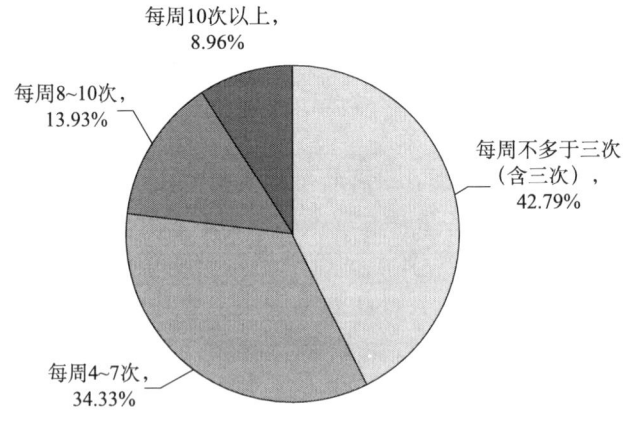

图2 消费者每周使用共享单车的次数

（三）共享单车的损坏情况调查

消费者遇到共享单车损坏的次数差异较大，表明共享单车的损坏可能呈区域性分布，即北京市不同区域的损坏情况可能会有所不同。如图 3 所示，在对共享单车损坏频率的调查中，有 21 位调查对象表示总是（每天两次及以上）遇到损坏的共享单车，占比 10.45%。有 81 名被调查者表示经常（大概每天都有）有遇到共享单车损坏的情况，占 40.3%，表示很少遇到或者从未遇到的比例分别为 43.78% 和 3.98%，剩下的 1.49% 为其他情况（见图 3）。

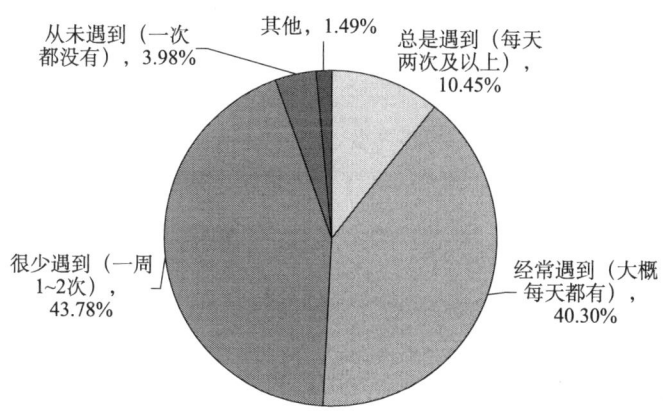

图 3　消费者遇到共享单车损坏的次数

四、北京市共享单车消费市场存在的问题

（一）押金收取和计费方式

大多数消费者对共享单车的押金收费情况不满意。在关于消费者对共享单车押金满意度调查中，有 94 名用户认为共享单车的押金过高，占比为 46.77%；仅有 26.37% 的消费者认为押金收费合理，持满意态度；其余用户持无所谓态度，占比为 26.87%。

而被调查者对共享单车使用收费持满意态度的较多。有 105 位被调查者认为收费合理，持满意的态度，占比为 52.24%；认为一般无所谓的占 36.82%，仅有 10.95% 觉得收费不合理。

以摩拜（mobike）共享单车为例，使用结束后的收费方式分为按时计费和按里程计费，考虑到下一个使用者对共享单车的使用情况取决于投放者的投放区和上一位使用者"结束用车"后的位置，则会出现共享单车的需求和供给不匹配等情况。同时，若是用户手机定位不准确或者是用户忘记了点击"结束用车"都将导致计费错误，从而会对使用者的个人财产造成损失，从而引起用户的不满。另外，想要使用摩拜（mobike）共享单车，就需要先缴纳押金 299 元，这无疑是不小的一笔钱。也有人反映，当紧急用钱的时候，共享单车企业并不能很快退还押金，这些都难免会引起用户的不满。

（二）停放问题

绝大多数的消费者在使用结束后都选择找一个不影响交通的地方停车，尽量规范停车。调查问卷表明，70%的消费者在使用完共享单车后选择找一个不影响交通的地方停放，尽量规范停车；只有21%的人会停到专门划定的共享单车停车点，规范停车；还有9%的消费者选择随骑随停，没那么讲究。

由此，共享单车使用后的规范停放问题不得不引起我们的注意。停哪里，如何停，不单单是政府和企业需要考虑的问题，也是作为共享单车使用者的素质体现。文明使用规范停放的行为一方面体现了我们对对共享单车企业所提供的服务、产品的尊重，另一方面也提升了整个城市出行人群的交通素质。为此企业可以制定技术层面的奖罚手段，同时也需要政府在法规层面的立法执法，更少不了的是民众的自我道德约束。同时，这对企业来说也是一个不小的挑战，随着共享单车的大量普及，倡导用户文明使用和停放共享单车目前已经成为一大难题。由于共享单车都采用的无桩停放以及无准确的定位，以及"随停随用"和租赁的性质，缺乏相应的监管和制约，导致消费者对共享单车缺乏爱护，随便在大马路上停车和倒放车子的现象更是屡见不鲜，为此妨碍了人们的出行，导致堵塞交通。这也是给单车运营平台的管理造成困扰，影响后面用户的使用体验。而由此来看，规范停车就显得尤为重要。如何选择共享单车停车点，以及选择多少停放点对企业来说无疑是一大考验（见图4）。

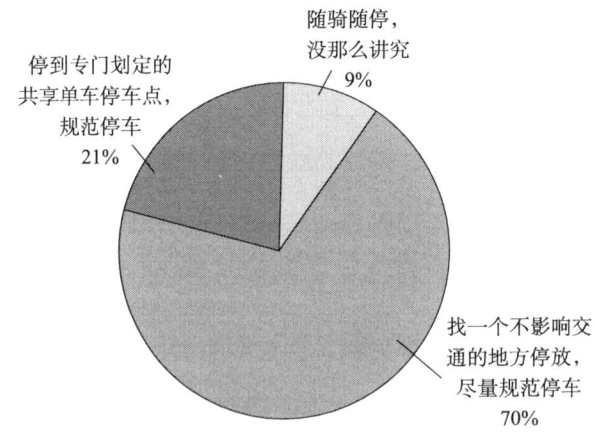

图4 消费者使用结束后的停放选择

（三）用户体验问题

在关于消费者对共享单车舒适满意度的评价，表示非常满意、满意和一般的人为 136 名，占比为 68%；被调查者中仅有 65 人表示不满意和非常不满意，占总人数比重为 32%。而由此说明，大多数人对共享单车舒适度评价还是持肯定态度的。

同时，进行共享单车品牌选择与共享单车运行过程中存在问题的相关性分析（双侧检验）：

在数据分析中我们可以看到，小黄车（ofo）与单车损坏率高的相关分析中，相关系数为 0.205，显著性检验值为 0.003<0.01，所以小黄车（ofo）在单车运行过程中出现的单车损坏率问题显著；而小黄车（ofo）与车辆配置不合理，高峰期数量短缺这一问题的相关系数为 0.164，显著性检验值为 0.02<0.05，说明小黄车（ofo）在运行过程中的车辆配置不合理，高峰期数量短缺问题也较为明显。

共享单车品牌选择与共享单车运行过程中存在问题的相关性分析		在平时生活中，您选择使用的共享单车品牌是（摩拜mobike）	在平时生活中，您选择使用的共享单车品牌是（小黄车 ofo）	在平时生活中，您选择使用的共享单车品牌是（小蓝单车 bluegogo）	在平时生活中，您选择使用的共享单车品牌是（视情况而定，附近有什么就骑什么）
您认为目前共享单车的运行过程中存在哪些问题（单车损坏率高）	Pearson 相关性	−0.061	0.205**	−0.080	−0.010
	显著性 sig（双侧）	0.386	0.003	0.259	0.889
	N	201	201	201	201
您认为目前共享单车的运行过程中存在哪些问题（车辆配置不合理，高峰期数量短缺）	Pearson 相关性	0.020	0.164*	0.105	−0.050
	显著性（双侧）	0.776	0.020	0.136	0.482
	N	201	201	201	201

注：*. 在 0.05 水平（双侧）上显著相关。**. 在 .01 水平（双侧）上显著相关。通常 sig<0.05 即认为相关关系显著，有统计学意义。

二维码被刮刻和车体遭到损坏是最为常见的问题。数据表明，针对使用者在骑行过程中，遇到哪种类型的单车损坏比较常见问题，绝大多数人选择二维码被刻画导致无法正常扫描和车体损坏。这两种问题比率分别为 64.68% 和 68.16%。而上私锁和车胎没气或爆胎等问题均为 36.82%。说明共享单车企业在严格监管上私锁和刮刻二维码等损人利己行为的同时也应该应积极改善单车相关配件，尽快处理消费者对共享单车的报修问题。确保对相关破坏行为的有效监督，也进一步降低企业对于共享单车运营的成本（见图 6）。

通过对共享单车运行过程中存在问题与单车损坏常见类型进行相关性分析，

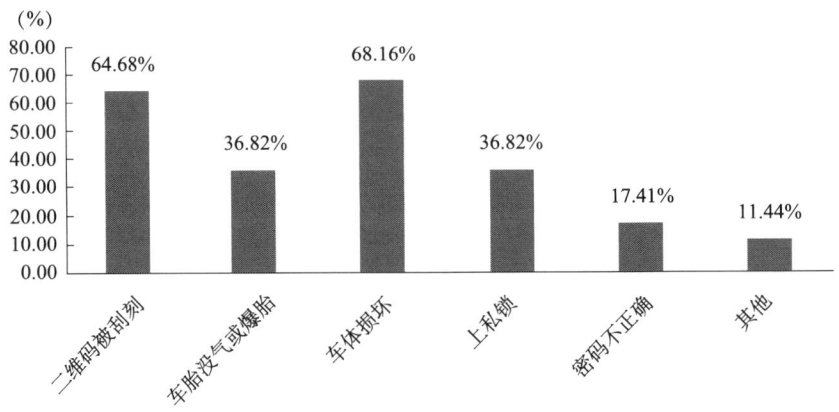

图6 消费者在骑行过程中遇到常见的单车损坏类型

我们发现车体损坏与共享单车的运行过程中存在的单车损坏率高,二维码被刮刻导致无法正常扫描问题的相关分析中显著性检验值小于0.01;密码不正确与共享单车的运行过程中存在的单车损坏率高问题的相关分析中显著性检验值为0.015<0.05;车胎没气或爆胎与共享单车的运行过程中存在的单车损坏率高问题的相关分析中显著性检验值为0.022<0.05;说明车体损坏、二维码被刮刻导致无法正常扫描、密码不正确、车胎没气或爆胎与共享单车运行过程中存在的单车损坏率高问题存在相关关系。由于相关系数0.272>0.263>0.172>0.161,说明单车损坏类型中车体损坏较显著,其次是二维码被刮刻导致无法正常扫描、密码不正确及车胎没气或爆胎。

共享单车运行过程中存在问题与单车损坏常见类型相关性分析		如果您遇到单车损坏情况,哪种类型比较常见(二维码被刮刻导致无法正常扫描)	如果您遇到单车损坏情况,哪种类型比较常见(车胎没气或爆胎)	如果您遇到单车损坏情况,哪种类型比较常见(车体损坏)	如果您遇到单车损坏情况,哪种类型比较常见(上私锁)	如果您遇到单车损坏情况,哪种类型比较常见(密码不正确)
您认为目前共享单车的运行过程中存在哪些问题(单车损坏率高)	Pearson相关性	0.263**	0.161*	0.272**	0.120	0.172*
	显著性(双侧)	0.000	0.022	0.000	0.090	0.015
	N	201	201	201	201	201

注:*. 在0.05水平(双侧)上显著相关。**. 在.01水平(双侧)上显著相关。通常sig<0.05即认为相关关系显著,有统计学意义。

(四) 安全与监管问题

2017年,11岁的上海男孩在使用共享单车过程中与客车相撞,被卷入车底身亡；2017年11月，青岛10岁男孩使用没上锁的共享单车，遇车祸痛失双臂……由此引发了人们对于共享单车的安全问题的思考。共享单车使用过程中发生意外的不仅包括年龄太小、控制力不够的儿童，具备完全责任能力的成年人摔伤事故等也时有发生。同样，广州的李先生也在骑行ofo共享单车下坡时，因刹车失灵而失去平衡，不慎摔伤造成骨折……共享单车虽然便利了居民的出行，解决了"最后一公里"困扰，但各种各样的监管和使用问题也随之而来。

另外，随着共享单车的逐渐发展，使用者越来越多，由此而引发的交通拥堵、随意停放、无视交通规则和缺乏交通安全的意识等问题，导致面临的交通隐患越来越多。如何防范其有可能产生的风险则尤为重要。

五、优化北京共享单车消费市场的对策建议

（一）政府部门应出台相关条例，加强安全监管

1. 政府可以出台相关规范条例，通过法律加强对共享单车的保障。例如：为加强消费者的安全使用，企业应分配专业人员定期检查单车质量、对用户的报修问题尽快解决。共享单车企业之前应文明竞争。加强用户文明使用、停放、不私藏共享单车等条例。完善相关的法律法规，加强公安部门、交通部门等政府部门联合管理，依法对违法违规用户进行惩罚，以此约束用户行为，促使整个共享单车产业的良性发展。

2. 加强安全监管。随着深圳、天津等一线城市关于共享单车的规范，北京市近期也发布了相关文件，并专门针对共享单车的使用者的安全保障问题提出了一些指导意见，如要求共享单车企业为每一位用户购买保险，用户必修年满12周岁等，以此来降低因使用共享单车而造成的意外伤害。

3. 规范停放区域。找出影响用户生活的"最后一公里"的原因到底在哪里？如社区与公交站之间、学校与地铁站之间，以及人口密度较大的交通不便利区域等。针对上述问题，规划设立共享单车专用停放区，从而解决目前随意丢弃停放混乱而引发的影响交通问题和用户使用需求与投放车辆的信息不匹配情况。

（二）企业应和政府部门合作加强规范用车

1. 将租用信用体系与社会性奖惩相联系。如建立个人共享单车的租用信用体系，对于一些暴力拆锁、上私锁、记住开锁密码和破坏单车二维码等行为，将其记录到共享单车的个人信用中，并将其信用与生活中的相关权利相联系，加大惩处力度以减少用户的失信行为。

2. 建立健全的报修机制将损失降低到最小。企业应分配专业人员定期对共

享单车进行抽查，对故障车及时处理，保障单车质量。同时也要为每一位用户购买保险，从而尽可能降低交通事故带来的损害。

3. 设置科学合理的单车投放数量。企业应根据单车数量与区域人口的比例，科学的投放单车，如对于部分路段高峰期进行多点投放，快速调配。同时也可以对共享单车进行大数据挖掘，合理规划停车区域，实现信息交换的有效对称，让"需要者"都有车可骑。

4. 企业也应积极与公安交通执法部门加强合作，加大对单车使用者的违规处罚与教育，促使其养成正确文明的使用习惯。

（三）对个人而言

用户应从自身做起，自觉遵守交通法规，严格规范自身行为，爱护共享单车，文明安全用车，并在实用结束时做到规范停车。

六、结语

共享单车是商业性交通服务，有利于公交衔接和解决"最后一公里"交通问题，对城市提高城市交通水平和优化交通结构都有积极意义。随着共享单车的发展，运行使用过程中的问题也不断涌现，而为解决此类问题，应该从三个方面分别分析：首先对政府部门来说，可以出台并实施针对共享单车行业行为规范条例，将道德规范加以法律的保障。其次，针对企业层面来说，企业应当加强与政府的合作，建立规范制度，划定专用停车区域，规范市民文明使用和停车。最后，共享单车企业也要不断完善后台设备以及提高骑行舒适度，给消费者带来更好的使用体验。同时，使用者也要加强素质修养，文明使用规范停放，让共享单车更好地服务于民，便利生活。

本研究参考文献

[1] 张子轩, 吴蔚. 山东师范大学管理科学与工程学院 共享单车的现状、问题以及其发展对策建议 [J]. 现代商业, 2017, (15): 162-163.

[2] 徐鑫垚. 共享单车 App 后台管理系统的优化 [J]. 电子技术与软件工程, 2017 (04).

[3] 马强. 共享经济在我国的发展现状、瓶颈及对策 [J]. 现代经济探讨, 2016 (10).

[4] 胡明. ofo共享单车实践探索 [J]. 经济师. 2017 (10).

[5] 马强. 共享经济在我国的发展现状、瓶颈及对策 [J]. 现代经济探讨, 2016 (10): 20-24.

[6] 李敏连. 共享单车市场调研与分析 [J]. 财经界, 2017 (3).

消费者网购农产品的意愿研究

项目组成员：李轩雯　陈可欣　徐佳瑶　庞嘉惠　张　文　辜香菊
指 导 教 师：严继超

摘　要：随着网络时代的来临，消费者的购物方式也发生了改变，越来越多的消费者加入到了网络消费的群体中，而农产品的网购也逐步融入进了众人的生活中，因为其便利快捷，让许多消费者愿意去尝试。本研究从消费者个体特征，网购经历，网购产品的质量和物流服务的角度对影响消费者网络购物意愿的因素进行分析并提出相应的对策建议，并为了改善和促进网购农产品产业的发展提供参考建议。

关键词：农产品　网购　发展趋势　影响因素

一、引言

近年来，由于互联网技术发展，网络支付的普及化，网络消费已渗透到人们生活的方方面面，农产品也随之出现在电商平台中，满足越来越多消费者的需求。随着农产品市场的不断活跃，相关政策也开始关注这一领域的发展。农产品电子商务已经连续4年被写入中央"一号文件"。据农业部估算，目前我国农产品网络销售量占总流通量的2%左右，其中干货和加工品占到80%，水果、蔬菜和水产品等生鲜产品增幅均超过300%，农产品电商正迎来一个全新、爆发式增长的时代。在网络购物中，因为不能看到或是接触到实际商品，消费者更易感知到风险的存在。而农产品恰巧又是不能在购买或使用前体验的产品，使得消费者对购买农产品的风险感知变得敏感，加之生鲜产品的易腐、易损特性，实际上如火如荼发展的生鲜农产品电商盈利率很低。

对我国消费者来说，农产品占据着非常重要的地位。目前我国农产品的流通渠道主要是农贸市场、超市等传统渠道，流通环节较多，导致出现农民生产的农产品低价滞销而城市居民吃高价菜的现象。而农产品在电商渠道购买较少，这主要是因为生鲜农产品具有季节性强，保鲜性短等特征，并且我国大多数消费者仍习惯在传统渠道购买。因此，我们有必要了解影响消费者网购农产品意愿的影响因素有哪些，进而提出促进消费者网购农产品意愿的对策建议。对完善网购农产品的流通体系提供一定的帮助，增强农民的生产积极性，推动农业现代化发展。

二、我国农产品网购发展概况

（一）农产品网购规模逐年增长

据农业部初步估算，2014年我国农产品网络销售额就已超过1000亿元，约占全国农产品销售额的3%。2014年，我国有各类涉农电商3.1万家，其中涉农交易类电商有近4000家。截至2015年，仅阿里平台上，经营农产品的卖家数量就超过90万个，其中零售平台占比为97.73%。20多年来，继图书、服装、3c三大电商热潮之后，农产品又掀起了另一电商热潮（见图1）。

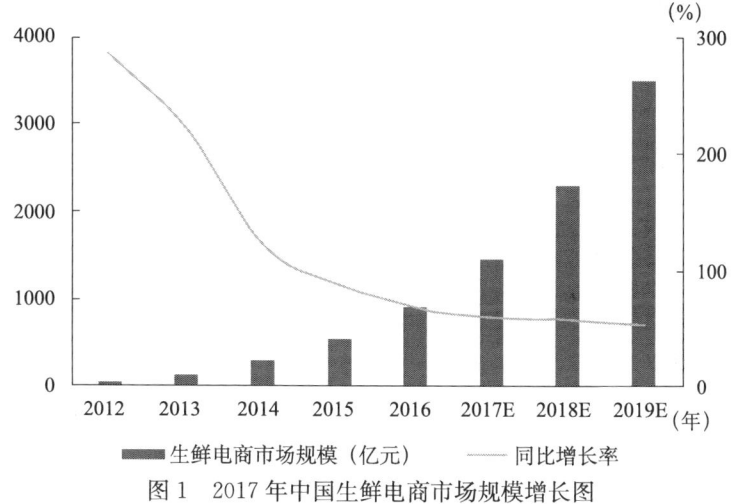

图1　2017年中国生鲜电商市场规模增长图

数据来源：中国数据网。

据中国电子商务研究中心监测数据显示，2016年农村网购市场规模达4823亿元，同比增长36.6%，预计2017年全年将突破6000亿元。生鲜市场潜力巨大，生鲜电商迅速发展。2016年中国生鲜电商市场交易规模达到913.9亿元人民币，同比增长68.6%，增速相对前几年有所放缓。根据"易观"发布的数据显示，预计在2017年，中国生鲜电商交易规模将达到1449.60亿元人民币，同比增长58.6%。预计到2019年，中国生鲜电商交易规模将达到3506.08亿元人民币（见图2）。

（二）物流行业的发展迅猛

2017~2022年中国物流行业发展前景分析及发展策略研究报告表明，中国

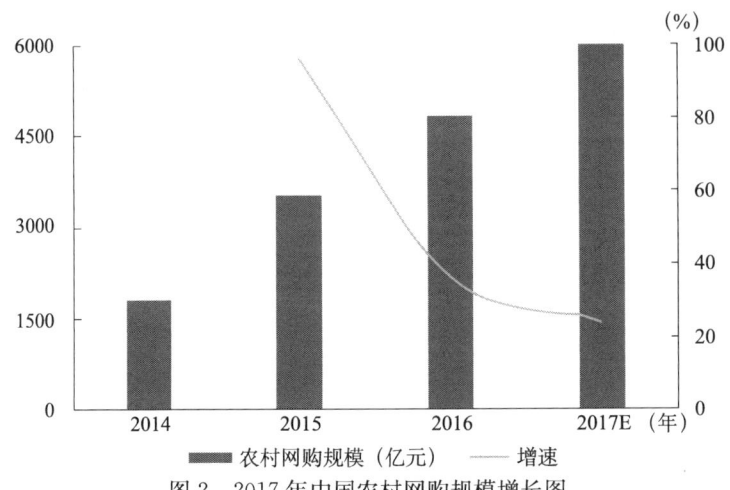

图 2 2017 年中国农村网购规模增长图

数据来源：中国数据网。

物流行业起步较晚，随着国民经济的飞速发展，中国物流行业保持较快增长速度，物流体系不断完善，行业运行日益成熟和规范（见图3）。

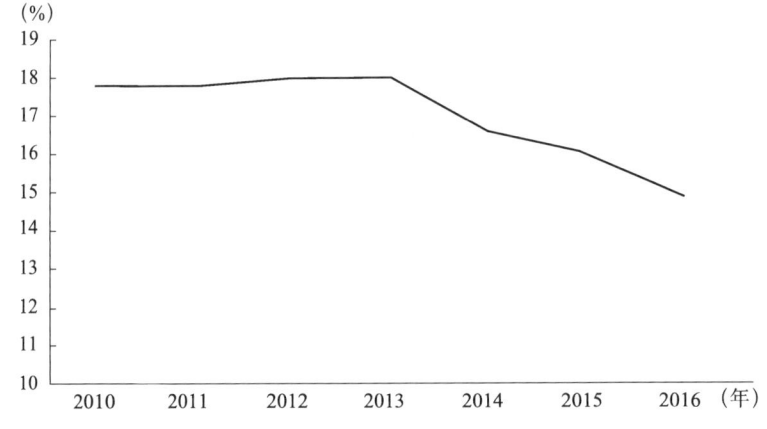

图 3 2014～2016 年全社会物流总费用占 GDP 比重

数据来源：中国数据网。

从最新国家政策来看，农村电商、农产品电商、农村物流、农特产微商将引来一股新的创业潮流。以乡间货的为代表运用"互联网＋快递"思路精准匹配货源和闲置运力资源的互联网企业，正在进行着前无古人后无来者的探索。我国物流行业的迅速发展，实现我国农村的物流、货源信息的网络化、移动化，推动农产品网购的进程。

（三）网络支付趋于完善

随着支付宝、微信支付等第三方支付平台的发展，我国网络支付用户规模迅速扩大。2007年，我国网络支付用户规模仅3300万人，之后以每年10%～50%的增幅增长，至2016年，已达47450万人，占我国总体网民规模的64.89%。截至2016年，我国移动支付用户规模已达到46920万人，占网络支付用户规模比已达到98.88%。网络支付、移动支付的迅猛发展大大提高了网购的便利性，为网购农产品消费的增长提供了便利条件。

（四）消费方式换代升级

2007年，我国网购用户规模为4600万人，至2016年，达46670万人，网购用户规模用了9年时间达到了10倍的增长；2012年，我国手机网购用户规模仅有5549万元，截至2016年，增长了近10倍，达44093万人，占网购用户总规模的94.48%。

目前市场上活跃的农产品电商约有几十家：顺丰优选、沱沱工社、中粮我买网、易果生鲜、莆田网、本来生活、天天果园、多利农庄、食行生鲜、许鲜、1号店、京东、淘宝、天猫生鲜、苏宁易购、拼多多、多点（APP）、每日优鲜（APP）、爱鲜蜂（APP）、我厨（APP）、一米鲜（APP）等。这其中包括专有经营农产品的电商，也有兼顾农产品方面的综合类电商。

三、消费者网购农产品意愿影响因素

（一）购买意愿

由美国学者Fishbein和Ajzen（1975）提出的理性行为理论（TRA）。理性行为理论的提出是用来对个人的决策行为模式进行解释的。该理论认为消费者的消费行为是可以通过消费者本身的意愿和行为来预测的，在该理论中消费者通常被假设成是理性的经济人，在做出一项决定之前会充分考虑自身行为的意义以及这样做会带来的后果。也即是消费者能够通过根据自己的态度和主观准则等做出适合于自己的消费。但这一观点并不是绝对的，由于多数人在实际的消费中存在从众心理、冲动性购买等导致现实生活中很多消费者在消费过程中并不能达到完全理性的消费。

继理论性行为提出后Ajzen（1991）提出了计划行为理论。在理性行为理论（TRA）基础上增加感知和行为控制就是计划行为理论。个体行为除了自身的影响，还会受到态度、主观标准、感知行为控制的共同影响。与理性行为理论不同的是，计划行为理论加入了人们对风险的感知。消费者对自身能力、资源等的正确认知以及对风险的预测对消费者行为产生了很重要的影响。

(二) 消费者网购农产品意愿影响因素

随着社会经济的不断发展，消费者消费行为的影响因素也受到了越来越多因素的制约。本文从消费者特征、网上零售特征和产品特征三个方面展开分析。

1. 消费者特征

消费者不同的性别、年龄、职业、收入、教育水平等都会对购买意愿产生较大的影响。消费者作为购买行为动作的发出者，是否将这个过程完成会受到消费者个人因素的影响。不同性别的消费者对农产品的需求度也不尽相同，女性消费者可能更倾向于在网上购买农产品，而男性消费者则可能更倾向于直接去超市购买。同样的，由于受教育程度的不同，每个年龄阶段对新事物的接受能力也不同，因此这也能导致网购农产品的消费者中大部分是教育水平较高、年龄小的年轻人。

2. 网上零售特征

网上零售特征既是网上销售的方式，也是可以体现为一种宣传方式。受到经济大环境的影响，传统农产品的线下销售将逐渐被线上销售所取代。这种转变相较于传统方式来说更加省时、简便，同时也符合当今社会的发展理念。这会推动人们在线购买农场品，同时节省了选购的时间，对于大多数人来说这会促进他们对农产品的线上消费。

3. 产品特征

由于大多数农产品保鲜时间短、品质信用低，消费者很容易因此产生怀疑心理，那些保鲜时间较长的农产品会更加受到消费者的青睐，而对于那些无法保存较长时间的农产品来说，消费者会选择就近购买。因此，产品的特征也是消费者决定是否购买的又一决定因素。

四、消费者网购农产品意愿影响因素分析

(一) 样本特征

在科研期间，小组成员以调查问卷为手段、行为事实为依据，在北京11处区县进行街头随机拦截访问，去掉部分无意义的问卷，有效问卷多达394份，各个样本特征分布均匀，基本可以避免一些偶然情况，所以我们认为该问卷结果具有可参考性。问卷调查的内容主要包括消费者基本信息、通过电商购买农产品的行为概况以及对农产品电商的认知和评价。

受访者中，未婚女性较多，超过半数的受访者年龄处于30岁以下，学生以及企、事业单位人员占了绝大部分，此类人群具有较高的知识文化水平，所以

我们相信绝大多数问卷能体现社会上对农产品消费的真实情况。家庭月收入基本呈正态分布。在这些被调查者中，发生过网购农产品行为的人群与未发生过网购农产品行为人群的比例大约为0.87∶1，我国农产品电商市场还有待开发（详见表1）。

表1　　　　　　　　　　受访者的基本信息

样本特征	细分变量	有效样本所占比例	样本特征	细分变量	有效样本所占比例
性别	男	44.70%		学生	22.10%
	女	55.10%		自由职业	18.80%
年龄	20岁以下	8.40%	婚姻状况	未婚	51.50%
	20～29岁	42.90%		已婚	48.20%
	30～39岁	20.10%	受教育程度	初中及以下	8.90%
	40～49岁	12.90%		大学本科	44.90%
	50～59岁	10.40%		大专	15.00%
	60岁及以上	5.10%		高中/中专/职高	19.30%
居住地	昌平	9.60%		研究生及以上	11.70%
	朝阳	7.40%	家庭月收入	12000～15999元	12.70%
	大兴	9.90%		16000～19999元	3.30%
	东城	9.60%		20000～29999元	5.30%
	丰台	9.10%		30000元及以上	2.80%
	海淀	9.10%		4000～7999元	34.50%
	门头沟	10.40%		4000元以下	8.90%
	石景山	9.10%		8000～11999元	32.20%
	顺义	8.40%	家庭常住人口	1人	11.20%
	通州	7.40%		2人	20.60%
	西城	9.60%		3人	45.90%
职业	农民	3.60%		4人	12.70%
	其他	3.80%		5人	8.40%
	企业和公司职员	30.70%		6人及以上	1.00%
	退休	8.40%	是否网购	是	46.70%
	行政、机关和事业单位人员	12.40%		否	53.30%

(二) 消费者网购农产品意愿描述

1. 消费者对于网售农产品电商的记忆度较低。据统计，被调查访问时提出的21家电商，会网购农产品的平均每人知晓的农产品电商数量约为3.3个，而未网购农产品的平均每人知晓的个数为4.0个，单从记忆度来说，大多数网售农产品的网站并没有抓住受众的记忆点，知名度较低。令人惊讶的是，未购买农产品的人知晓的电商比购买过的还要多，当然，这与调查群体的特征有一定关系，多数被调查者为在京学生，他们在电商知识面相对有优势，但发生购买行为频率较低。所以，我们将所有受访者知晓的电商进行分析，如图4所示，知悉度脱颖而出的3个农产品电商分别为淘宝、天猫生鲜、京东，某种程度上，这也是电商公司实力的体现（见图4）。

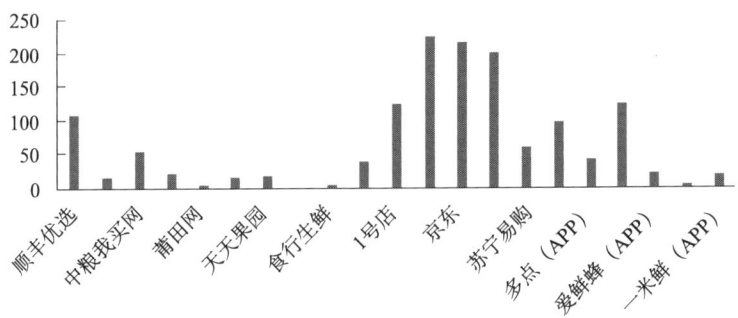

图4 各网站选购情况

2. 消费者获取农产品电商信息主要依靠微信、亲戚朋友和网站，传统信息传播如广播、杂志、报纸效果甚微。随着时代发展，移动客户端可以代替大多数传统信息传播方式，人们获取信息更加方便。但购买结构较为单一，集中在水果、奶、米面粮油和蔬菜，而肉制品等较不易保存购买较少。家庭网购农产品的金额大多集中在100～199元/次，每周一次或一次以下，消费总数量及消费总金额都是10%以下居多。

3. 消费者对网购农产品综合体感评价较高，较为满意。无论是在相符程度、产品质量、产品包装、产品价格、物流配送、卖家服务态度还是综合预期，满意及以上占绝大多数，说明农产品网购体系已经较为发达，基本都能达到消费者预期效果。当然，与传统销售农产品的方式相比，农产品电商无法直接将产品提供给消费者，供消费者当场挑选，因此，也存在一小部分消费者对农产品网购消费不满意或体验一般。但随着电商物流的发展，农产品网购体系将日趋成熟，消费者不满意的情况也将越来越少。同时，物流方面实际上相当一部分已经能够保证24小时内送达消费者手中，但也存在四五天内才到达的情况，此类物流方面存在的短板还有待弥补。

4. 消费者大多由于价格实惠、购买便利和节省选购时间才选择农产品网购；担心因素涉及各个环节，如商家信誉、产品质量、产品包装、产品配送、售后服务，其中最显著的是产品质量与产品配送，所以，农产品电商要想又好又快地发展必须积极正视并解决这两大难题。同时，商家信誉对消费者网购行为也产生一定程度影响，这主要是由于消费者无法直接接触商家从而对电商真实性、对各环节的未知从而产生怀疑恐惧的固有弊端。

5. 未进行网络购买农产品的消费群体主要习惯于就近市场购买以及担心质量问题，这一方面是因为农产品电商还没有被大多数人认可，尤其是年纪较大的这类群体；另一方面一些人的消费理念和生活习惯已成为定式，不容易改变。但是在受到他人推荐、优惠折扣时他们表示愿意尝试这种新的消费方式。其中水果、奶类和米面粮油成为主要潜在的网购产品，因此，商家可以在这些产品上加大投入以吸引更多的消费者。

（三）消费者网购农产品意愿影响因素分析

表2　　　　　　　　　　学历与是否网购过农产品交叉表

学历	未网购过农产品	网购过农产品	占比
初中及以下	6.60%	2.28%	8.88%
大学本科	18.78%	26.14%	44.92%
大专	6.35%	8.63%	14.98%
高中/中专/职高	9.64%	9.64%	19.28%
研究生及以上	5.33%	6.35%	11.68%

表3　　　　　　　　　　年龄与是否网购过农产品交叉表

年龄	未网购过农产品	网购过农产品	占比
20岁以下	4.57%	3.81%	8.38%
20~29岁	20.05%	22.84%	42.89%
30~39岁	3.55%	13.96%	17.51%
40~49岁	5.08%	7.87%	12.95%
50~59岁	7.87%	2.54%	10.41%
60岁及以上	3.05%	2.03%	5.08%

如表2、表3所示，影响是否网购农产品的主要因素分别有年龄段、居住地与职业。将三组数据分别进行Pearson卡方检验，Sig值分别为0.025、0.034、0.005，小于0.05，因此我们认为不同年龄段、不同居住地与不同职业的人对于

这一选择有显著的差别。由于这三组数据的 PHI 值分别为 0.243、0.176、0.294，均大于 0.1，说明这三个变量与该行为关系紧密。得出基本结论：越接近 20~29 年龄段的人购买农产品的可能性越大，整个农产品电商消费人群年轻化；在京内的人群比京外发生该行为的可能性大；职业偏向学生、企业和公司职员、自由职业的人群发生网购农产品行为相对较高。网购农产品这一消费行为与城市发展、人群对信息接收与更新的响应程度以及职业的活跃性息息相关。但同样我们可以看出，未进行过网购农产品人群仍然占比较大，未培养开发的消费者也仍然占具多数。

五、我国网购农产品消费的限制因素及优化对策

（一）我国网购农产品消费的限制因素

1. 农产品网络销售缺乏专业人才

要想做好农产品的网络销售，农产品供应商除了要掌握必备的计算机网络技术，还需要有收集和分析农产品市场信息的能力，从而根据市场动态制定有效的销售策略，提高产品的市场竞争力。但是从销售实际情况来看，许多农户对电子商务相关知识没有足够的认识，甚至一些农户根本没有听说过电子商务这个概念，更不用说去使用它进行网络销售。

2. 农产品的质量得不到有效保证

由于电子商务的兴起，全民皆商一度成为社会风潮，但这也导致了农产品电商市场准入门槛低，农产品电商鱼目混珠。一些小商家借助互联网存在的隐形风险趁机谋取利益，农产品质量没有保证。在传统的农产品的交易中，买卖双方能够面对面地进行交流，消费者能够对农产品的质量有一个清晰的把握。而以计算机网络为基础的在线交易，消费者无法掌控产品的质量，因而农产品的质量也是网上消费者最为关心的问题。

3. 农村网络基础设施建设落后

近几年，随着网络技术的逐渐普及，我国也加大了对农村网络基础设施建设的投入力度，但是区域间存在很大差异、发展不平衡。农村网络设施比较好的地区主要集中在一些经济较发达的城市和东南沿海地区，而中西部地区的农村很少具备上网条件，即使该地具有网络设施，其设备也相当落后，工作效率低下，导致农户网络销售受损，大大降低他们的使用积极性。

4. 农产品物流体系不完善

农产品物流环节多，流通效率低。比如农产品的大宗物流一般都会经过生产者、产地批发市场、运销商、销地批发市场、零售商、消费者等主要环节，

流通效率比较低，由于大多农产品的生命周期比较短，其物流运输必须及时、快速、高效。在整个物流链条上，未经加工的鲜活农产品占了绝大部分，导致相当一部分农产品在流通过程中，由于流通环节过多以及运价、运力、交通基础状况、产品保鲜技术、储存和运输条件的限制而损失巨大。

针对农产品的第三方物流发展缓慢。尽管物流主体呈现多元化趋势，但大多农产品物流规模偏小，竞争力不强，自营物流占绝大多数，第三方物流发展比较缓慢。

5. 政府没有建立相关的保护制度

以 B2B、B2C 为基础的商务电子模式在中国已经得到了很长时间的发展，在实践过程中，政府也制定了相关的政策与制度来支持其发展。而对于当下比较热门的 C2C 网络销售模式，还没有制定相应的法律法规来规范其发展，对于发展过程中涉及的消费者及销售者权益问题没有相应的法律保证，当权益受到损害时，受害者只能忍气吞声，自认倒霉。这对于生鲜农产品的网络销售来说是极其不利的，久而久之，就会给生鲜农产品的长远发展带来危害。

6. 农产品网购的宣传力度不足

农产品电商平台受关注程度较低，原因就是因为目前微商店、App 太多了、太滥了，农产品的电商很难被人关注。很多农产品的电商负责人曾经采取了多项措施扩大知名度，比如走街串巷发放宣传页、在街头派发宣传小礼品等措施，但由于受众面较窄，没能持续进行等多种原因，农产品电商平台知名度并没有扩大。

（二）我国农产品电子商务发展的优化对策

1. 培养引进相关人才

农产品营销专业是适应我国社会主义市场经济和现代化建设的需要而建立的集应用性、实践性和综合性于一体的专业。为了引进农产品营销的相关人员，应该加强基础理论、基本知识、基本素质和基本能力的培养，既包括自然科学知识和社会科学知识，也包括本专业知识和相邻专业知识的教育。对于现有的农产品企业，应该加强其对员工的培训，挖掘优质人才，促进农产品在网络销售渠道的发展。

2. 提高网购的农产品的质量

要提高网络食品安全水平，建议从政策层面：一是加强新《食品安全法》的执行力度，细化执法操作实施细则，让其具有可操作性。二是要重视和扶持食品企业和扶持食品实体经营企业的食品安全建设。三是强化网络交易平台的食品安全责任和意识。四是加强食品物流环节相关的食品安全科学研究，为安全物流提供有力的技术支撑。五是加强食品安全科普宣传教育，提高真假食品安全信息的辨识能力和食品安全自我防护意识。

3. 完善网络的基础建设

为积极推动农产品品牌建设、促进农产品网络销售、加快转变农产品"过去式"的销售模式，我们应构筑公益性农产品安全高效流通渠道，创新市场建设与必需品投放机制，积极探索公益性农产品基础设施建设新模式，从而建立调配有力的供应保障机制，推动农村经济、农业和网购农产品的发展。

4. 加强农产品的物流运输

大力推广和发展农超校对接、农产品展销中心、直销店等产销链接方式，在农产品流通方式上，进行积极创新，将已有的大型农产品物流中心打造成农产品物流城。同时，农产品超效、加工、储存、物流配送到商品交易的产业链，直接沟通产销关系，构建无缝隙配送的供应链，减少流通环节。减少运输的速度，使消费者可以尽可能快地收到新鲜的农产品。

5. 建立保护制度，加大宣传力度

要加强对农产品的保护制度，就要健全"三农"投入稳定增长机制；完善农业补贴政策；加快建立利益补偿机制；推进农业科技创新，深化农业科技体制改革；加强农产品市场体系建设。同时，为了扩大对农产品的宣传力度，就要注重产品推荐，通过参加各种农产品交易会以及电视台等媒介，向顾客宣传农产品加工企业、农特产品特点以及加工方法，宣传推荐农产品，并利用微信销售群等互联网媒介，发布农产品信息，加强宣传攻势。

六、结束语

目前而言，农产品网购面临的最大问题主要集中在运输的产品质量不能保证，并且网络销售的农产品没有合格证明可以使消费者安心购买。为了完善运输中食品的质量问题，商家应该在严格把控产品质量的基础上，提供快速优质的物流服务，能使农产品尽可能快且新鲜的配送到消费者手中。而为了能让消费者安心购买，应该提供准确的产品描述和产品分级，农产品在电商平台上的产品描述与实物不符会严重影响消费者的购物体验，从而造成客源流失。从种养殖到包装到运输到配送全程严把质量关，并且能让消费者追溯食品源头，才能既将高质安全的农产品送至消费者手中，又提高消费者的信任度，增加消费者的网络购买意愿，推进网购农产品的发展。

本研究通过调查问卷、查阅文献、参考统计年鉴、街头随机拦截采访等方式，对农产品的网购消费情况进行总结，并通过数据分析寻找我国农产品网购消费的目标消费群体，提出我国网购农产品消费的限制因素及优化对策，笔者不吝拙见，以求抛砖引玉。由于诸多因素，本研究不尽全面，相信随着更多专家、学者的智慧凝集会有更多学者能为我国农产品的网络销售的发展建言献策。

本研究参考文献

[1] 董醽. 中国农产品贸易及对策分析 [J]. 中国经济评论, 2008 (12): 56-59.

[2] 张庆圆, 郭国辉. 绿色贸易壁垒对我国农产品出口的影响与对策分析 [J]. 农村经济与科技, 2009 (7): 54-55.

[3] 洪涛, 张传林. 2014~2015年我国农产品电子商务发展报告 [J]. 中国商论, 2015.

[4] 许强. 消费偏好与产品定位 [J]. 贵州工业大学学报 (社会科学版), 2004.

北京市转基因食品消费意愿分析

项目组成员：张嘉莹　陈维鹏　崔静静　温思佳
指导教师：唐　衡

摘　要： 转基因食品是人们所不能回避的。了解消费者对转基因食品的认知度和消费态度，对于制定转基因食品的生产、管理和销售政策十分重要。本研究通过对北京消费者的调查，发现国内消费者对转基因食品的认知度较低，但目前缺乏有关转基因食品的信息。对消费转基因食品的态度，接受与不接受几乎各占一半。"接受"的主要原因依次为因缺乏相关信息导致无法避免转基因食品、喜欢尝试新食品和一些知名公司销售的转基因食品；"不接受"的主要原因依次为转基因食品可能威胁健康、不知道消费转基因食品会产生怎样的后果、有关信息说转基因食品是不安全的、对转基因食品知之甚少和转基因食品是人造的。研究还发现不同学历的消费者接受和不接受转基因食品的原因存在许多差异。本研究在此基础上提出未来转基因食品的研究方向。

关键词： 转基因食品　认知度　消费态度　接受原因

一、研究背景

转基因食品起源于20世纪80年代，距今有30年的时间，关于转基因食品安全性的争论也已持续了40年。所谓转基因食品，就是通过基因工程技术将一种或几种外源性基因转移到某种特定的生物体中，并使其有效地表达出相应的产物（多肽或蛋白质），此过程叫转基因。以转基因生物为原料加工生产的食品就是转基因食品。根据转基因食品来源的不同可分为植物性转基因食品，动物性转基因食品和微生物性转基因食品。从世界上最早的转基因作物（烟草）于1983年诞生，到美国孟山都公司转基因食品研制的延熟保鲜转基因西红柿1994年在美国批准上市，转基因食品的研发迅猛发展，产品品种及产量也成倍增长，转基因作为一种新兴的生物技术手段，它的不成熟和不确定性，使得转基因食品的安全性成为人们关注的焦点。

转基因食品具有营养价值高、口感质量好、生产成本低、抵抗病虫害、延长保质期等优点。然而，有得必有失，转基因食品潜在的安全隐患成为争议的话题，道德伦理、基因武器、种族灭绝的阴谋论层出不穷，这些观念也阻碍厂家生产和消费者购买转基因食品。到目前为止，各国政府部门、学术界和社会群体对其转基因食品的评价和管理理念依然没有取得共识，有关这些问题的理论、观念、技术等方面的研究和争论还将继续下去。2002年3月，我国开始实施强制性的转基因食品标签政策，在政府行为的规范下，都将对生产者和消费者造成影响。市场充斥的转基因食品是否会影响消费者福利，影响的因素是什么，标签在消费者福利中的作用如何，怎样影响消费者行为都是值得深入研究探讨的问题。消费者信息、反馈对于转基因食品标识制度的实施和完善都有积极的推动作用，有利于政府决策和相关法规的修订。在转基因技术飞速发展的同时，有关转基因技术和食品的争论也愈演愈烈。支持者认为转基因技术可以提高农作物产量、降低生产成本、改善农产品品质，并且有利于环保，可以带来巨大的经济和社会效益；但反对者出于对食品安全、生态安全、道德伦理等角度的担忧指出，任何违反自然规律的行为都会导致灾难性的后果。然而，消费者的态度将最终影响转基因技术及其产品的发展方向和市场前景，因此研究消费者对转基因食品的认知态度和购买意愿就显得十分重要。本研究有一定的理论价值。描述统计各种转基因标识对消费者信心的影响因素，构建科学的效用标准。采用回归分析消费者对转基因食品信任度和政府信任度的相关关系。

二、数据来源和描述统计分析

（一）样本结构分析

根据问卷调查结果显示，在被调查的451人中，女性占比达到了54.1%，男性占比仅为45.9%。由此可见，北京市家庭食材选购方面男女性别并不太影响，但女性相比偏多一点。被调查者年龄结构，"60后"消费者占总消费比重为5.99%，"70后"消费者占总消费者比重为19.73%，"80后"消费者占总消费比重为32.82%，"90后"消费者占总消费比重为41.46%，表明目前北京市购生鲜农产品多为年轻人（见表1）。

表1　　　　　　　　北京市消费者购生鲜农产品年龄结构

年龄段	"60后"	"70后"	"80后"	"90后"
占比	5.99%	19.73%	32.82%	41.46%

在参与调查的消费者中451人中，本科学历占了大部分，达到了59.2%。其次是大专学历，占比达到22.84%。然后是高中学历，占比9.09%。最少的是

硕士学历只占到8.87%，由于调查数据来源有限，此因素反应程度较低。根据问卷数据得到，65.85%的北京市消费者了解转基因食品，但是也有34.15%没有了解过转基因食品，说明北京市消费者对转基因食品有所了解，但还未完全普及开，这与我国整体经济发展以及转基因行业发展有很大关系。52.11%的消费者在购买食品时不会注意包装上对转基因的标注，47.89%会对食品包装上的转基因标注进行留意。由此可见，转基因食品知识的宣传力度较小，很大部分消费者不会留意转基因食品的标示，这也从另一个方面表明北京市消费者面对转基因食品不太敏感，甚至不知道哪些食品包含转基因食品。北京市消费者了解转基因食品的途径多种多样。其中网络途径占到了41.02%，朋友家人占到了16.85%，电视占到了19.07%，报纸杂志占到了18.40%，其他只占到了4.66%。可以看出网络是消费者了解转基因食品的主要途径（见表2）。

表2　　　　　　　　北京市消费者了解转基因食品的途径

途径	网络	朋友家人	电视	报纸杂志	其他
占比	41.02%	16.85%	19.07%	18.40%	4.66%

消费者认为自己摄入的转基因食品的数量说不好的占绝大部分，占比达到53.88%。认为摄入多的占比为21.95%，消费者认为摄入很多转基因食品的占比为8.20%。消费者认为摄入的少和基本没有的只有13.75%、8.20%。

（二）影响意愿分析

在参与调查的451人中，支持转基因食品的仅有83人，占比仅为18.4%。持中立态度的居民达到了39.02%。持反对态度的居民高达42.57%（见表3）。

表3　　　　　　　　北京市消费者对于转基因食品的态度

态度	支持	中立	反对
占比	18.40%	39.02%	42.57%

支持的人仅占18.40%，这说明北京市消费者对转基因食品的了解不多，而更多的人表示中立或者反对，他们一方面没有普遍认识、了解转基因食品，另一方面对转基因食品的发展前景持怀疑态度。所谓需求，指在一定时期内，某一个价格水品下，消费者愿意而且能够购买的产品或服务的数量。根据调查显示，北京市大部分消费者不愿意购买转基因产品。然而，我们通过调查发现，北京市消费者大多不清楚哪些食品包含转基因食品，所以他们在日常购买食品的时候不知道自己购买的食品中是否含有转基因食品，消费者认为自己摄入的转基食品的数量说不好的占绝大部分，占比达到53.88%。认为摄入多的占比为

21.95%，消费者认为摄入很多转基因食品的占比为 8.20%。消费者认为摄入的少和基本没有的只有 13.75%、8.20%（见表 4）。

表 4　　　　　　　　北京市消费者认为摄入转基因食品的量

摄入量	很多	多	说不好	少	没有
占比	8.20%	21.95%	53.88%	13.75%	8.20%

这说明消费者实际上会购买较多转基因食品，而他们毫不知情的吃下去了。这反映了当前转基因食品发展的不规范，政府管理不到位。

我们调查了消费者觉得转基因食品的优缺点。具体统计情况见表 5：

表 5

选项	小计（人）	比例
可增加作物单位面积产量	182	40.35%
可以降低生产成本	197	43.68%
增强作物抗虫害，抗病毒能力	244	54.10%
提高农产品的耐储性，延长保鲜期	216	47.89%
缩短农作物开发时间	164	36.36%
摆脱季节，气候的影响，四季不断供应	130	28.82%
打破物种界限，不断培育新物种	100	22.17%

选项	小计	比例
毒性问题	144	31.93%
过敏反应	158	35.03%
对抗生素的抵抗	237	52.55%
对环境的威胁	189	41.91%
所谓的增产是在不受环境影响的前提下，如若自然灾害，有可能减产更厉害	161	35.70%
口感不佳	72	15.96%
对身体健康不益	138	30.60%

（三）多元 logistic 模型分析

我们将购买意愿设为 Y，其结果有 3 种。解释变量包括性别、年龄段、信息传播度。各因子互不联系，所以我们采用多元 logistic 模型分析。结果见表 6～表 8。

表 6　　　　　　　　Logistic 回归表 1（是/中立）

自变量	系数	系数标准误	Z	P	优势比
常量	−0.473294	0.305045	−1.55	0.121	
1. 您的性别是？_男	1.73007	0.300456	5.76	0.000	5.64
2. 您的年龄是？_60 后	0.604399	0.635800	0.95	0.342	1.83
3. 调查之前，您是否听过转基因食品	−1.66241	0.317936	−5.23	0.000	0.19

表 7　　　　　　　　Logistic 回归表 2（否/中立）

自变量	系数	系数标准误	Z	P	优势比
常量	0.781506	0.237776	3.29	0.001	
1. 您的性别是？_男	0.923933	0.230764	4.00	0.000	2.52
2. 您的年龄是？_60 后	0.916074	0.491527	1.86	0.062	2.50
3. 调查之前，您是否听过转基因食品？	−1.56493	0.260750	−6.00	0.000	0.21

表 8　　　　　　　　Logistic 检验

自变量	下限	上限
Logit1：（是/中立）		
1. 您的性别是？_男	3.13	10.17
2. 您的年龄是？_60 后	0.53	6.36
3. 在此次调查之前，您是否听过转基因食品？_是	0.10	0.35
Logit2：（否/中立）		
1. 您的性别是？_男	1.60	3.96
2. 您的年龄是？_60 后	0.95	6.55
3. 在此次调查之前，您是否听过转基因食品？_是	0.13	0.35

对数似然＝−424.223

检验所有斜率是否为零：G＝91.681，DF＝6，P 值＝0.000

由数据可看出年龄、性别以及对转基因食品的认识度有关联。在是否中立之间，男性更趋向于中立，女性偏于否定态度。年龄段从"60 后"到"90 后"，持支持态度的比例越来越大。而之前了解过转基因食品的人趋向于中立，而没了解过的人更趋于否定态度，进一步证明了之前的比例分析。

三、相关思考与建议

（一）提高转基因食品认知程度

转基因技术的理论基础来源于进化论衍生来的分子生物学。基因片段的来源可以是提取特定生物体基因组中所需要的目的基因，也可以是人工合成指定序列的 DNA 片段。DNA 片段被转入特定生物中，与其本身的基因组进行重组，再从重组体中进行数代的人工选育，从而获得具有稳定表现特定的遗传性状的个体。该技术可以使重组生物增加人们所期望的新性状，培育出新品种。所谓转基因食品，就是通过基因工程技术将一种或几种外源性基因转移到某种特定的生物体中，并使其有效地表达出相应的产物（多肽或蛋白质），此过程叫转基因。以转基因生物为原料加工生产的食品就是转基因食品。转基因食品的认知包括对转基因食品的了解程度和对转基因食品管理政策的了解两个方面。转基因食品知识水平的增加，有利于消费者清晰、准确认识转基因食品、进行消费决策，有效保障消费者利益。

（二）转基因食品的食用安全性评价

随着转基因技术的发展，全球转基因农作物种植面积大幅度增长，1999 年已达 3900 万公顷，其市场价值达 30 亿美元。转基因作物的大规模商业化生产为人们带来了巨大的社会经济效益，但是转基因技术存在一定的风险性，因此加强转基因食品的安全性评价和标准化管理显得尤为迫切和重要。目前世界各国对转基因食品安全性评价大概有以下几点：一是由于转入基因导致的转入基因的代谢产物的营养学评价、毒理学评价、流行病学评价；二是因为转入基因而导致的原有基因的代谢产物的改变；三是因转入基因导致对作物新陈代谢的间接影响；四是因转入基因导致基因突变；五是在转入基因食品被消化过程中人体肠道微生物获取转基因食品基因而造成的影响；六是转基因和食品成分在流通过程中对环境安全的危害。

（三）转基因食品进行明显的强制标识，维护消费者的知情权和选择权

由于转基因食品安全性难以得出最终结论，其自诞生以来就争议不断，消费者对知情权的述求日益强烈。消费者与生产者之间严重的信息不对称，使消费者转基因食品知情权无法通过市场竞争得以实现，需要政府进行宏观调控，通过制定转基因食品标识制度，加强对市场上信息形成和传导行为的法律规制，

优化市场信息环境，提高市场信用水平，以恢复市场机能。对转基因食品标识的建议：一是需要强制标识范围。消费者知情权是转基因食品强制标识的法理基础，因此，只要市场上存在的转基因食品，除基于消费者知情权限制予以标识豁免外，均应纳入强制标识范围。例如，转基因大豆及其制品大豆油；二是标识豁免范围。转基因成分含量低于标识阈值的转基因食品或以转基因微生物为媒介制造的食品，应当豁免标识；三是将转基因食品标识标在醒目的地方。很多商家为了保证产品销量把转基因食品标识标在不易察觉的位置，不利于维护消费者的知情权。

（四）坚持消费者自主选择原则，加强与民众的交流与沟通

转基因产品能否得到推广，社会氛围的培养和人们的认可至关重要。虽然我国的转基因生物安全检测严格程度甚至超过欧盟，由于目前广大民众对转基因技术有关知识了解不多，再加上有些媒体对转基因危害的报道不全面、有失公允或者不客观，容易误导公众。为此，我国首先要加强市场监管，包括对转基因标识的监管，要求标识必须明显，易于消费者识别，标签应当真实、客观，使消费者在进行消费的时候有更多知情选择的权力。其次，要加强科学家、科普工作者和广大群众的交流，使人们能了解并接受转基因。最后，借助于一些社会团体和协会等民间机构，大力宣扬转基因基本知识，普及转基因食品常识。

（五）完善有关转基因食品的相关法律

1. 政府要有自己根据的科学原则，站在客观的立场制定出合理、全面的法律体系。

2. 明确监管主体的具体职责。比如环保部门、农业部门、食品监督管理部门等，政府要向这些监管主体指明各自的职责，并且落实这些监管主体的工作效果，从而实现对转基因食品的监管。

3. 要制定转基因食品标识制度。对于在构成、营养价值和用途方面与传统食物不具有"实质性相似"的转基因食品必须贴有标志。

4. 制定严格的审批上市制度。政府在转基因食品上市前要先进行风险评估，转基因食品的开发者也应该提供相关安全资料证明。

5. 保证人民群众的知情权。对于任何一种转基因食品政府都要公开相关的信息和评估报告，保证人民群众了解、认识该种转基因食品。

6. 对于转基因食品的不实报道要严厉控制。民众本身对转基因食品有一定的排斥心理，容易被不实的报道迷惑，从而阻碍了转基因食品的推行。

本研究参考文献

[1] 高炜，罗云波. 转基因食品标识的争论及得失利弊的分析与研究 [J]. 中国食品学报，2016，16（01）：1-9.

[2] 宋欢，王坤立，许文涛，贺晓云，罗云波，黄昆仑. 转基因食品安全性评价研究进展 [J]. 食品科学，2014，35（15）：295-303.

[3] 陈超，石成玉，展进涛，吕新业. 转基因食品陈述性偏好与购买行为的偏差分析——以城市居民食用油消费为例 [J]. 农业经济问题，2013，34（06）：82-88+112.

[4] 孔明，姚汝华. 转基因食品安全性评价 [J]. 广州食品工业科技，2003，（01）：93-96.

[5] 张忠民. 论转基因食品标识制度的法理基础及其完善 [J]. 政治与法律，2016，(05)：118-131.

[6] 杰弗里·M. 史密斯. 种子的欺骗（第一版）[M]. 江苏人民出版社，2017. 136-180.

[7] 高溥超. 餐桌上的转基因食品 [M]. 中国社会科学出版社，2014.

[8] 曾鼎. 他们为何反对转基因 [J]. 凤凰周刊，2015. 29期.

[9]《生活的革命：绿色生活指南》编委会. 生活的革命：绿色生活指南 [M]. 中国环境科学出版社，2014. 6（1）.

[10] 一民. 转基因食品：天使还是魔鬼. 北京：中国人民大学出版社，2013.

[11] 王彤彤. 转基因食品的现状与未来 [J]. 中国果菜，2014.

[12] 林影，石磊，杜红丽. 食品与基因工程 [M]. 化学工业出版社，2016. 1.

[13] 杨洋，吴春兰. 国内外转基因食品现状及其安全管理 [J]. 食品工业科技，2014. 6.

北京消费者鸡肉消费行为研究

> **项目组成员：** 吴　凡　张　弛　于馨喏
> **指导教师：** 曹　𬀪

摘　要： 作为近30年的新兴产业，肉鸡产业已成为我国农业产业化发展最迅速、最典型的行业，快速发展的养殖加工技术、日益增长的消费需求也使我国成为世界三大白羽肉鸡养殖生产国之一。仅在2010年，我国肉鸡产业就远超猪肉和牛肉的发展速度，成为我国消费比重第二的肉类。对外，鸡肉产品是中国肉食品行业中唯一一个可通过大量出口创汇的行业；对内，我国近年来肉鸡产业发展迅速，肉鸡饲养、生产、加工体系日趋完善，然而人均鸡肉消费量却不及世界平均水平，我国的鸡肉消费也还有着很大的发展空间。因此对我国消费者的鸡肉消费行为进行研究、探究其鸡肉消费意愿、为鸡肉产业规划扩销之道很有必要。本文基于对北京市消费者进行问卷调查的数据，探究了北京消费者的消费行为，揭示了北京消费者对于鸡肉的消费意愿和消费习惯，从而更加精准的了解和引导市民鸡肉消费方向，同时为鸡肉消费产业提供数据参考，帮助促进其持续健康的进行发展。

关键词： 北京　鸡肉　消费行为　消费意愿

一、研究背景

距今约8000年的磁山遗址中即被发现残骸的动物——家鸡在我国的驯养由来已久。根据古籍记载，古代的中国人，驯养的鸡除了用作斗鸡取乐、祭祀献礼和报晓闻声，食用也是其一大用处。根据"鸡、豚、狗、彘之畜，无失其时，七十者可以食肉矣"的排列顺序可见，鸡肉在古代肉食用动物方面地位颇高。而北京作为古时后燕、辽、金、元、明、清的六朝古都，聚集了达官显贵的"肉食者"，如今作为国家首都，其居民消费行为在当今我国鸡肉产业发展日趋完善、鸡肉购买需求却有所不足的消费态势下，研究起来就显得尤为重要。

二、研究目的

本研究根据向北京市各区市民发放的鸡肉消费调查问卷,由自受访者处回收的问卷分析得出数据,旨在探究北京市消费者的鸡肉消费行为,同时由数据揭示北京市消费者在鸡肉消费方面的消费意愿和消费习惯,从而更加精准的了解和引导我市市民的鸡肉消费方向,为鸡肉生产、加工、售卖产业提供有效的数据参考,帮助促进其企业持续健康的进行发展,在消费者和生产者之间实现双赢。

三、样本选取

(一)样本选择

在本次的调查中,我们采用了问卷调查的方式,向北京市各区市民发放了调查问卷,共发放问卷300份,回收有效问卷209份,用于了解北京市消费者鸡肉消费行为。

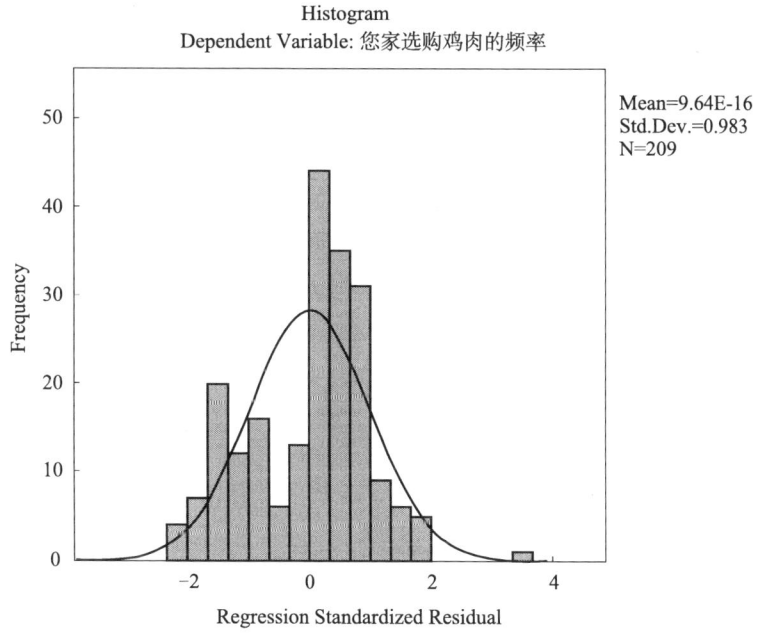

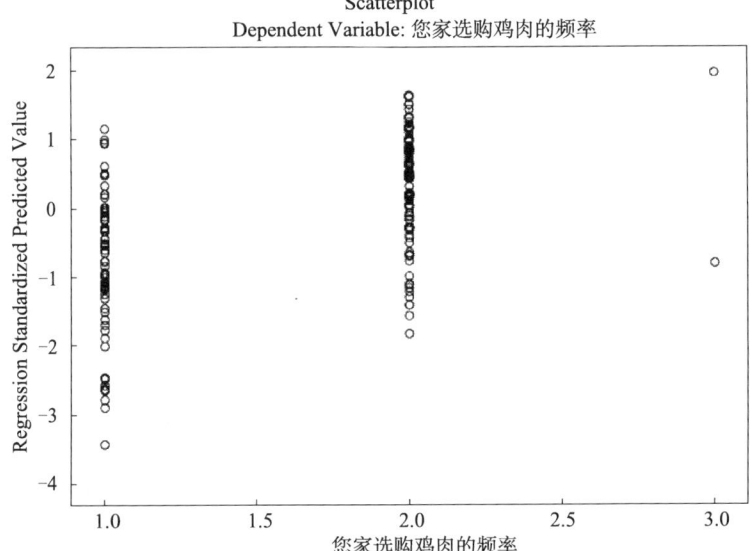

使用 SPSS 对问卷数据中"鸡肉购买频率"一项进行分析,可以得到以上两图,图中表明,在受访者中,经常和偶尔购买鸡肉的人在总体样本中达 0.983,从不购买的人仅有两人,因此,出于调查数量及发放范围有限的原因,此次调查结果可能具有局限性。但仍可能从一定程度上反映北京市消费者在鸡肉消费上的消费行为和消费意愿,因此,此次调查可用于进行一定的探讨和研究。

(二)样本情况

本次接受调查的有效受访者共 209 人,其中 58 人为男性,151 人为女性;20 岁以下 51 人,20～40 岁年龄段有 121 人,40～60 岁年龄段有 35 人,60 岁以上有 2 人;北京城区(东城区、西城区、朝阳区、海淀区、丰台区、石景山区)受访者有 58 人,北京郊区(大兴区、昌平区、通州区、密云区、平谷区、顺义区、房山区、延庆区、怀柔区、门头沟区)受访者有 151 人;居住地在城镇的有 137 人,在农村的有 72 人;家庭月收入在 4000 元以下的有 53 人,月收入在 4001～13000 元的有 129 人,月收入高于 13000 元的有 27 人。

总体来讲,本次调查的对象性别、年龄、居住地、收入情况都分布较为广泛,样本范围较为均衡,在各个方面都具有分析价值,适合用于本次科研行动的数据分析。

四、数据分析

(一)对北京鸡肉消费者的个人基本情况分析

使用 SPSS 软件对问卷中"鸡肉月消费量"一项进行分析,可以发现,每月消费 0.5~1.5 公斤鸡肉的受访者有 98 人，每月消费 2~3 公斤鸡肉的消费者有 75 人，每月消费 7~9 公斤的消费者有 25 人，另有 11 人每月鸡肉消费量在 10 斤以上。

表 1　　　　　　　　　　你家每月鸡肉消费量为？

	Observed N	Expected N	Residual
0.5~1.5 公斤	98	52.3	45.8
2~3 公斤	75	52.3	22.8
7~9 斤	25	52.3	−27.3
10 公斤以上	11	52.3	−41.3
Total	209		

由此，我们对鸡肉月消费量和消费者个人情况，如年龄、城郊居住地和收入等进行交叉分析。

1. 年龄对鸡肉消费的影响

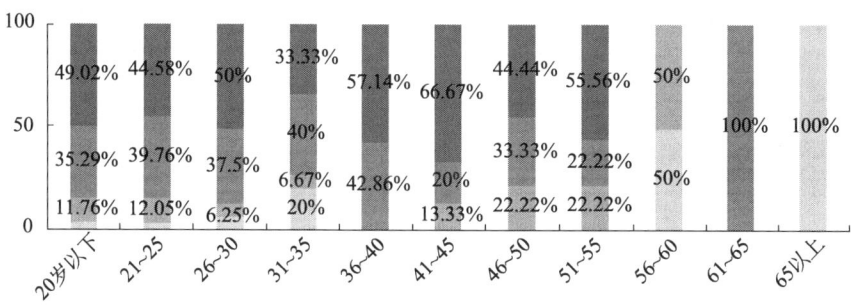

图 1　调查对象的年龄和鸡肉消费量交叉分析图

由图 1 我们可以发现，鸡肉消费量几乎与年龄成正比，年龄越大，鸡肉的消费数量就越多。在调查对象中，年轻人的消费量等级十分多样化，这可能与年轻人可供选择的肉类食物多种多样有关；而有老年人的家庭，其鸡肉消费量则非常高，尤其是有 56 岁以上的老年人时，我们可以发现其家庭月鸡肉消费量达到了 7 公斤以上，而造成此现象的原因可能是由于该群体年龄逐渐高升，而身体机能却随之逐渐下降，在对肉类食物的需求不变的情况下，容易咀嚼和消化的鸡肉成为老年人的食用首选，因此有老年人的家庭鸡肉消费量就往往很高。

2. 城郊对鸡肉消费的影响

由图 2 我们可以看出，北京市城区居民的鸡肉消费量总体上大于郊区居民。在城区范围内，朝阳区居民的鸡肉消费量占据首位，而西城区居民则在处于垫

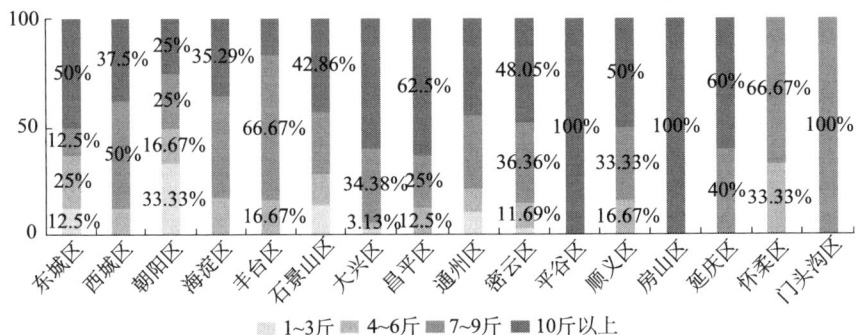

图 2 调查对象的居住地和鸡肉消费量交叉分析图

底位置。在郊区范围内,近郊鸡肉消费量也略大于远郊。由此我们可以推断出,居住地区可供购买鸡肉的场所多、月收入和消费水平更高的居民对鸡肉的消费量更大。而远郊地区的鸡肉消费还需要依靠基础建设、发展经济等进行促进。

3. 收入对鸡肉消费的影响

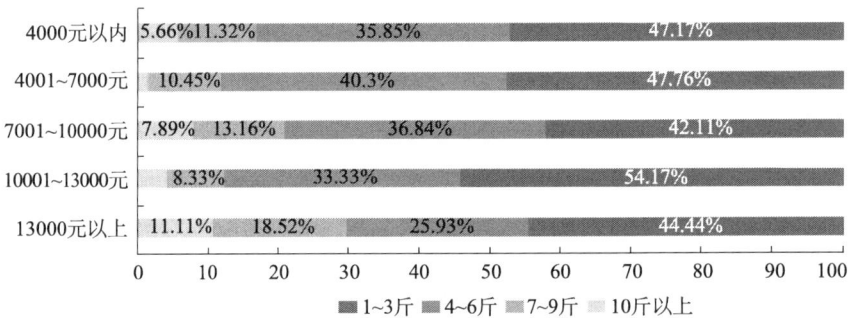

图 3 调查对象的收入和鸡肉消费量交叉分析图

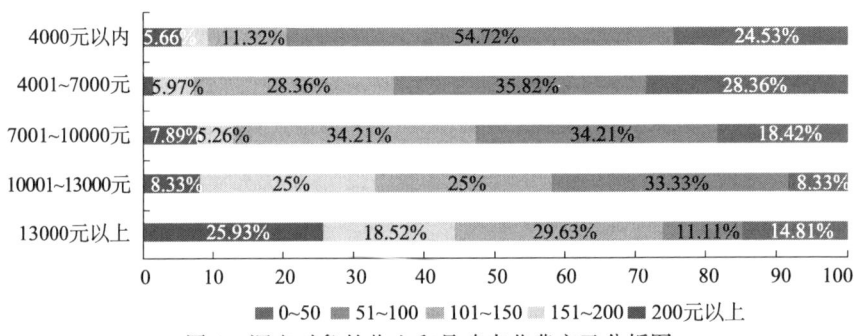

图 4 调查对象的收入和月鸡肉花费交叉分析图

由图 3 和图 4 我们可以发现,月收入 7000 元以内的家庭,鸡肉消费量和鸡肉购买花费较少,而月收入 7001 元以上的家庭,其鸡肉消费量和鸡肉购买花费较高，我们可以由此进行判断：居民收入和鸡肉消费成正比，居民收入越高，鸡肉消费量就越高，鸡肉消费量和花费价格随着收入的增长而增长。

（二）对北京鸡肉消费者的个人基本情况分析

1. 消费者对鸡肉购买需求的认知

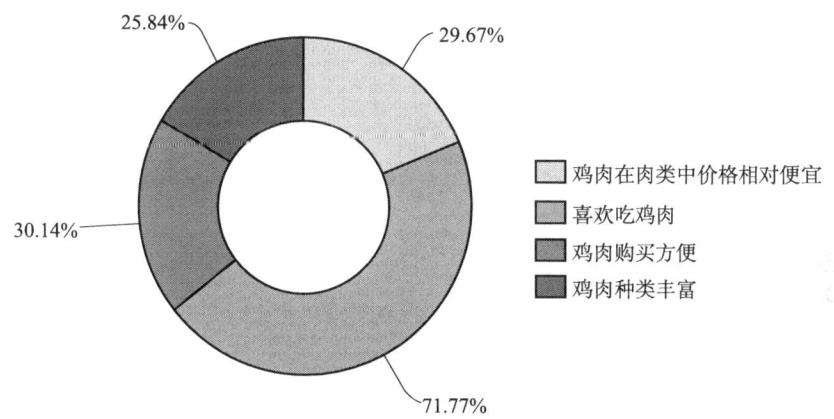

图 5 调查对象选购鸡肉的原因（多选）分析图

由图 5 我们可以得知，大多数消费者（71.77%）是出于个人喜好，因为喜欢吃鸡肉而进行购买，另有出于鸡肉价格低廉、鸡肉购买方便、鸡肉可供选择种类丰富三种原因，而对鸡肉进行购买。

2. 消费者对鸡肉购买场所的认知（选购地点）

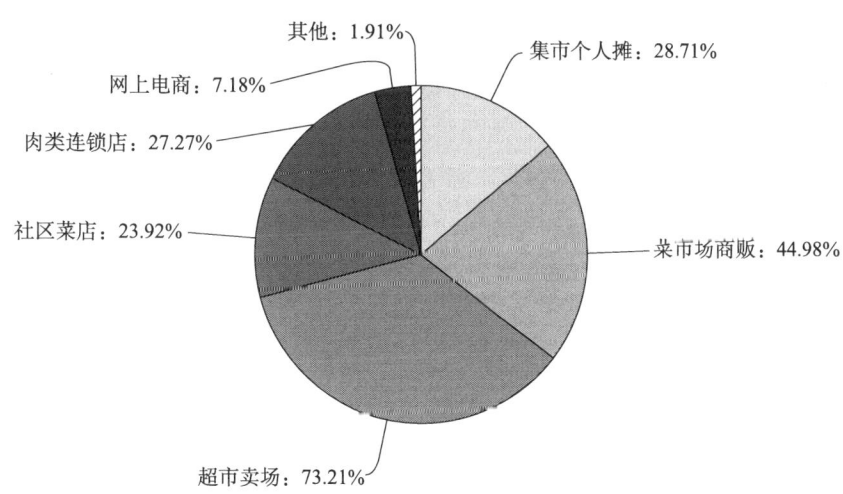

图 6 调查对象选购鸡肉的场所（多选）分析图

受长久以来消费习惯的影响，大部分人还是会选择在超市卖场（73.21%）及菜市场商贩处（44.98%）选购鸡肉。值得一提的是，伴随着"互联网+"的生活的日益普及，另有不小的一部分人开始在网络电商平台对鸡肉进行选购，这样的购买方式不仅可以使消费者足不出户就可享受快速送达到门的服务，可供其进行的选择也更多样化，而且还可节省鸡肉生产企业的线下店铺成本，同时又促进了消费，是我国农产品消费未来的一个发展方向。

3. 消费者对鸡肉购买品种的认知

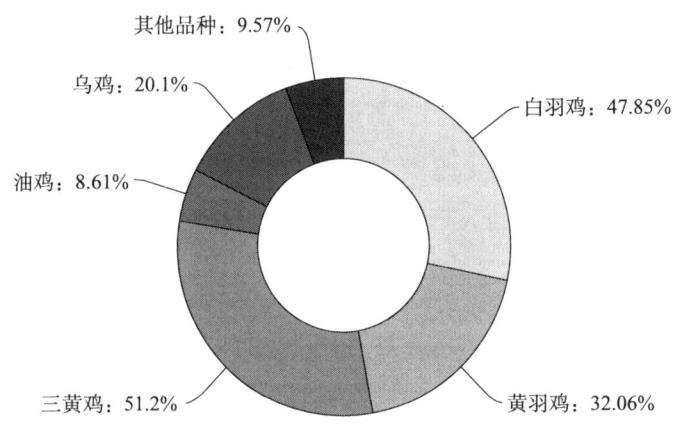

图7 调查对象对选购鸡肉品种（多选）分析图

在图7的调查中，北京受访者在对鸡肉进行购买时，优先进行选择的品种是白羽鸡、黄羽鸡和三黄鸡，其次是乌鸡，另有9.57%的受访者在自由填空项填入"柴鸡"，最后是北京油鸡。

白羽肉鸡产业作为我国农业产业化发展最迅速、最典型的行业，带领我国成为世界三大肉鸡产出国之一。其体型大、生长快、饲料转化率高、适应性强的特点使白羽鸡在我国鸡肉市场占有率很高。

4. 消费者对鸡肉购买类别的认知

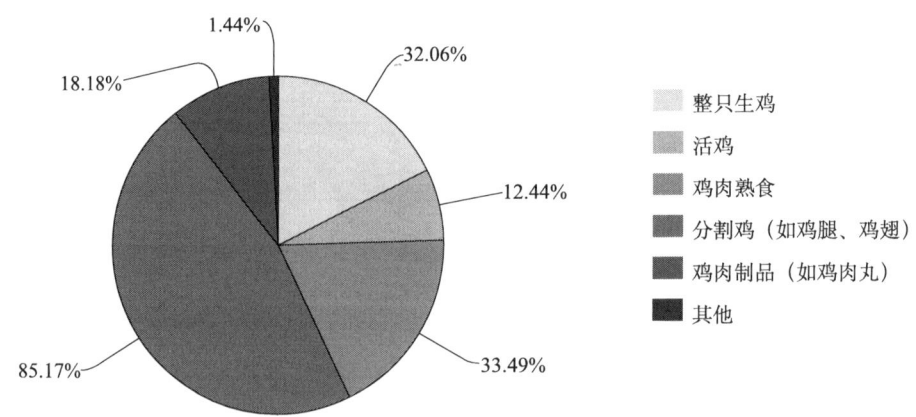

图8 调查对象对选购鸡肉部位（多选）分析图

根据图 8 我们可以得知，在进行购买时，大多数北京消费者会选择购买如鸡腿、鸡翅等部位的分割鸡，其次会选择鸡肉熟食和整只生鸡进行购买，而选择购买如鸡肉丸等鸡肉制品的还是比较少。这是由于市场上的鸡肉半成品制品类别较少，在口味和创新上也比较不足。

（三）对北京鸡肉消费者的鸡肉消费意愿分析

1. 消费者的消费习惯倾向

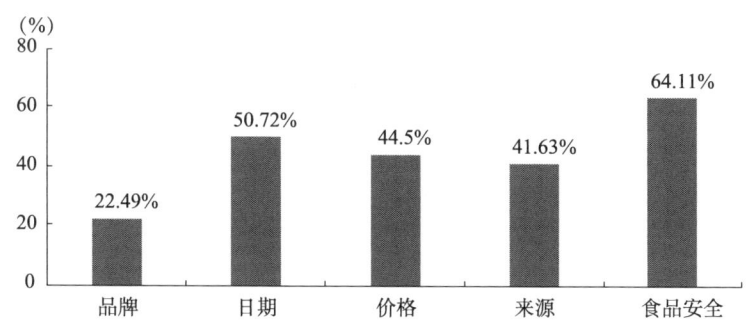

图 9　调查对象选购鸡肉优先意愿（多选）分析图

由图 9 我们可以看出，北京受访者在选购鸡肉时，优先考虑的因素是食品安全和日期，其次是价格和来源，最后是品牌。伴随着各类涉及食品安全的事件频频发生，人们对食品安全的重视也日益提高，而靠先考虑日期和来源也说明了人们对鸡肉的质量很是重视。同时，受访者往往将品牌看作比较靠后的考虑因素，也提醒了各生产企业宣传的重要性。

2. 消费者的对品牌的意愿倾向

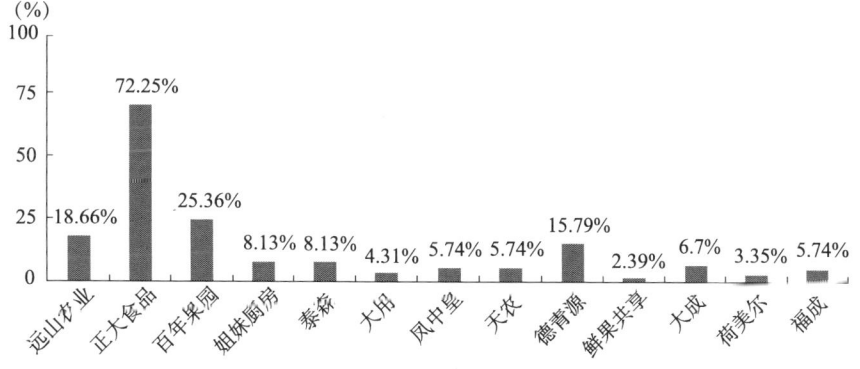

图 10　调查对象选对购鸡肉的品牌意愿（多选）分析图

在图 10 中我们不难发现，北京受访者对正大食品的接受度明显高于其他品牌，其次是百年果园和远山农业和德青源，其余品牌的市场认知度都较低。正大食品的成功也提示了其他品牌做好品质把控、创新发展和宣传的重要性。

3. 消费者对新鲜度的意愿倾向

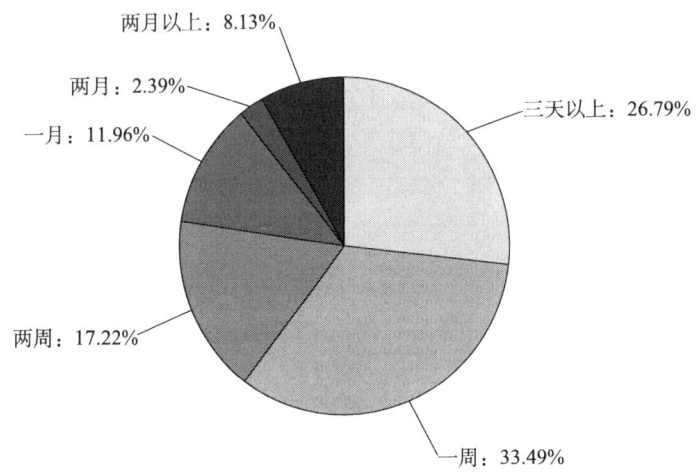

图 11　调查对象选对购鸡肉的新鲜度意愿分析图

图 11 表明了北京消费者对肌肉新鲜度的消费意愿。在生鲜鸡肉和冷冻鸡肉混杂的市场中，消费者普遍还是坚持"越鲜越好"的原则，即使是对于保质期可达一年的冷冻鸡肉，大多是消费者还是希望购买生产一月以内的新鲜鸡肉。

4. 消费者对鸡肉定价的意愿倾向

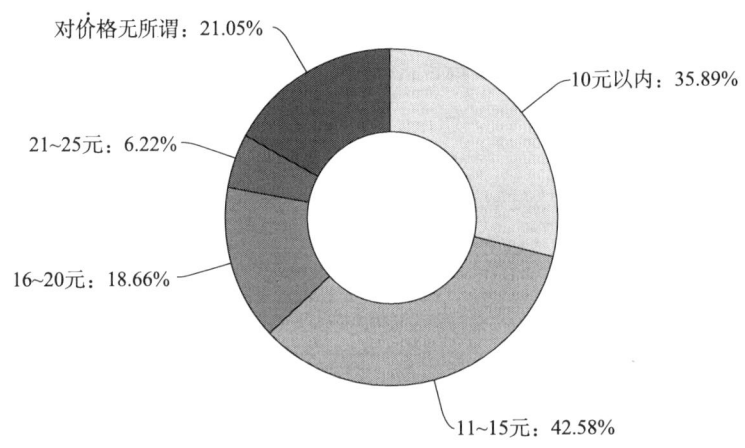

图 12　调查对象选对购鸡肉的定价意愿（多选）分析图

由图 12 我们可以知道，大多数消费者愿意购买的鸡肉为定价在每斤 15 元以内，另有较少部分的受访者认为可以接受 16 元以上或是对价格无所谓。另外，在这些受访者中，有 87.08% 的消费者认为当前鸡肉价格可以接受，11.96% 的消费者认为鸡肉价格略微偏高，还有极少部分人认为当前鸡肉价格偏低。

5. 消费者对鸡肉产地的意愿倾向

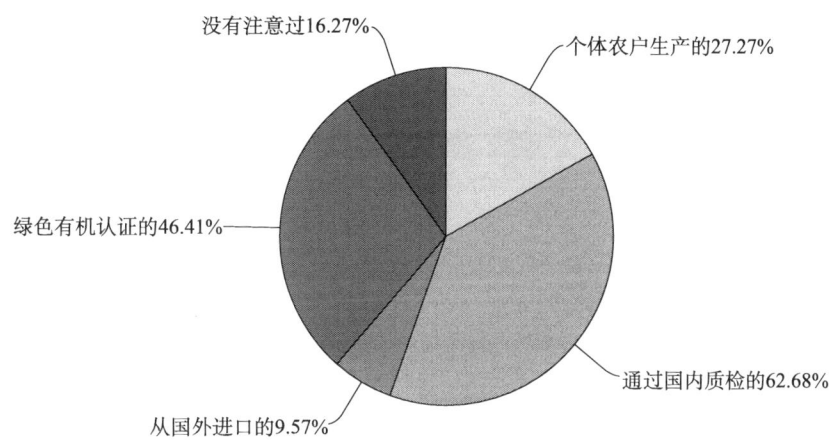

图 13　调查对象选对购鸡肉的产地意愿（多选）分析图

在图 13 中，受访者表示在进行鸡肉选购时，会优先选择通过国内质检的鸡肉，其次是绿色有机认证和个体农户生产的，较少部分人会坚持选购由国外进口的鸡肉，另有一部分受访者表示从未注意过鸡肉产地。在这里我们可以发现，大部分人对鸡肉的要求还是基于安全而已，对肌肉的质量要求层次还较低。其实我国的鸡肉养殖技术已经十分先进，足以满足消费者对鸡肉更高一步的要求。这是需要让消费者知道的一件事。

6. 消费者的对食品安全的意愿倾向

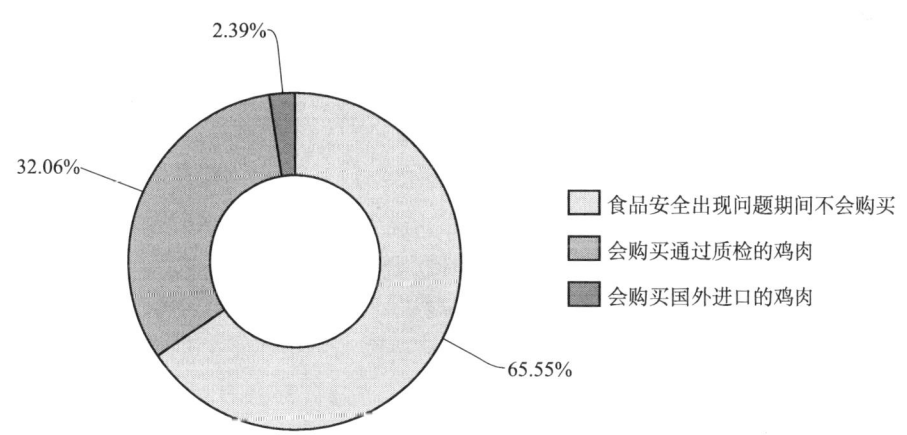

图 14　调查对象选对购鸡肉的食品安全意愿分析图

图 14 展现了当发生如禽流感这样的鸡肉食品安全问题时，受访者是否仍会购买鸡肉。65.55％的北京受访者表示在出现食品安全问题期间不会购买，但仍有 1/3 的消费者表示信任，会购买通过国内质检的鸡肉，另有个别受访者表示

会购买国外进口的鸡肉。

在问卷的另一题中，我们向受访者提问大家是否会关注鸡肉的食品安全问题，有超过半数的消费者表示非常关注，但也有 40.19% 的受访者表示不太关注，其余人则表示从不关注。其实，食品安全问题与每个人的生活都息息相关，而我国的质检系统也是非常严格而完善的，值得大家信任。

五、结论

在消费者个人层面，鸡肉消费量几乎与年龄成正比：年龄越大，鸡肉的消费数量就越多；在北京市范围内，城区居民的鸡肉消费量总体上大于郊区居民，在郊区范围内，近郊鸡肉消费量也略大于远郊；居民收入和鸡肉消费成正比：居民收入越高，鸡肉消费量就越高，鸡肉消费量和花费价格随着收入的增长而增长。在消费者认知层面，大多数消费者是出于个人喜好，因为喜欢吃鸡肉而进行购买；并且还是出于传统观念，选择在超市卖场及菜市场商贩处选购鸡肉；北京受访者在对鸡肉进行购买时，优先进行选择的品种是白羽鸡；大多数北京消费者会选择购买如鸡腿、鸡翅等部位的分割鸡。在消费者消费意愿方面，北京受访者在选购鸡肉时，优先考虑的因素是食品安全和日期，其次是价格和来源，最后是品牌；在生鲜鸡肉和冷冻鸡肉混杂的市场中，消费者普遍还是坚持"越鲜越好"的原则；并且，大多数消费者愿意购买的鸡肉为定价在每斤 15 元以内；在进行鸡肉选购时，会优先选择通过国内质检的鸡肉，其次是绿色有机认证和个体农户生产的，较少部分人会坚持选购由国外进口的鸡肉，另有一部分受访者表示从未注意过鸡肉产地。

六、建议

我国的鸡肉产业十分发达，但仍有很大一部分人对国内鸡肉的认知停留在购买方式单一、肉鸡品种老旧、鸡肉半成品制品少的旧观念里。因此，使消费者对当前我国的鸡肉生产、加工、运输和购买方式有一个全新的认识就显得尤为重要，这也有助于提高企业业绩、并为消费者提供更多更好的鸡肉。

另外，鸡肉购买其实是属于卖方市场的，无论是大的生产企业还是小的个人摊贩，他们向消费者提供什么样的购买场所、鸡肉品种、鸡肉部位等，消费者才能从这些选项中做出选择。我们提出的建议是，要从根本上得到实际效果，还是要面向生产企业。

1. 拓宽销售渠道。

超市卖场是消费者接触最多鸡肉购买场所，企业一方面要保持在超市的售卖，同时也可尝试新的销售渠道，如近些年来新兴火爆的网络电商平台：通过B2C垂直电子商务商城模式，建立自己品牌的电商商城，或是通过平台型综合电子商务商城，将自己品牌的产品加入某一电商平台进行销售；或是通过O2O线上线下一体化模式，将线下的商务机会与互联网结合，先线下后线上，适用于鸡肉生产的传统企业，线下线上两手抓，既可以节省一部分线下店铺成本，又可以通过电商模式，吸引更多的年轻人进行选购，一举两得。

2. 研发新的产品。

在对受访者进行调查的过程中，我们发现，鸡肉制品市场是鸡肉消费者较少进行选购的部分，其主要原因是鸡肉制品种类较少，人们常见和熟知的只有鸡肉丸、鸡肉肠，种类和数量都较少，不足以引起人们的购买兴趣，因此，在鸡肉制品上进行创新，研发一些新的半成品制品种类也是鸡肉生产企业一个发展的新思路。

3. 用宣传打开道路。

互联网的发展拓宽了人们的视野，但不得不说的是，大多数消费者对于我国鸡肉产业的印象还停留在很多年前，如今我国的鸡肉生产体系十分完善，国内十大肉鸡品牌也在逐渐打进人们的生活，缺只缺在了宣传上。在问卷调查中很明显可以发现，正大食品在消费者中的品牌知名度和依赖度都很高，这也与其一直坚持在国内电视台进行广告投放息息相关，同时，正大集团也积极的从各个方面渗入消费者的生活，如开办"正大食品健康体验馆"，邀请消费者进行参观和体验，以"商超＋餐饮＋体验"的一站式服务，赢得了消费者的信任。这也正是其他品牌所缺少的宣传环节。

4. 打开郊区市场。

在问卷调查中我们可以发现，北京郊区的鸡肉消费量要明显小于北京城区的，同样的，在国家统计局所给出的数据中，我们也能发现，城镇居民人均禽类消费量2013年为8.1千克，2014年为9.1千克，2015年为9.4千克，而农村居民的数值分别为6.2千克、6.7千克和7.1千克，远低于城镇居民，这与我们调查中发现的城郊差距情况类似。但事实上，北京城区人口占总人口的51.1%，这说明郊区的人口基数也很大，有人口就有消费需求，因此，北京郊区是一个非常广大的可开拓市场，各生产企业可以在郊区积极建厂进行养殖或加工，并且开建销售场所，从而促进郊区市场的鸡肉消费。

七、总结

鸡作为长久以来一直深受人们喜爱的肉食产品原料，其生长速度快、饲料转化率高，迎合市场和生产者需求；其肉质细嫩，滋味鲜美，蛋白质含量高、脂肪低、热能低和胆固醇低,并且属于白肉,适宜追求健康生活的人们食用;其易消化易咀嚼,又适合老人和儿童食用;同时价格低廉,也适应低水平消费者对肉食的需求,可以说是一种非常适宜食用的禽类。但鸡肉仍存在如选购人群较单一(倾向中老年人)、销售渠道老套(依赖超市卖场)、产品创新不足(半成品种类少)、宣传不足(人们的了解度低)、城郊消费差距(需要打开郊区市场)等问题,相信如果企业可以针对这些方面存在的问题进行解决,一定可以在顺应北京市消费者对鸡肉的消费意愿和消费行为,健康有效地促进其发展。

在本次探究北京消费者鸡肉消费行为的科研行动中,我们通过查阅文献、发放问卷、分析数据、整合结果,得出了基于我市消费者消费行为和消费意愿的鸡肉消费行为研究结果,希望可以有助于更加精准的了解和引导我市市民的鸡肉消费方向,为鸡肉生产、加工、售卖产业提供有效的数据参考,帮助促进其企业持续健康的进行发展,在消费者和生产者之间实现双赢。

本研究参考文献

[1] 张淼. 我国农村老年人养老状况及满意度分析 [R]. 北京：国家统计局统计科学研究所，2016.

[2] 刘丹，尹显锋. 四川消费者鸡肉消费行为研究 [J]. 安徽农业科学，2013，41 (32)：12771-12773.

[3] 张晓勇，李刚. 上海市居民的农产品消费行为研究 [J]. 中国农村观察，2001 (6)：23-29.

[4] 陈琼，吕新业，王济民. 我国禽肉消费及影响因素分析 [J]. 农业技术经济，2012 (5)：20-28.

[5] 江林，丁瑛. 消费者心理与行为 [M]. 北京：北京人民大学出版社，2015：121-212.

6. 余禾，向瑞伦，孟炯，黄跃辉. 消费者行为学 [M]. 四川：西南财经大学出版社，2010：3-270.

淡季旅游市场 Copula 尾部相关性分析

——基于旅游资源划分旅游景点

小组成员： 于小洋　张泰斗　王一萍　宋文倩　林晨曦
指导教师： 蒋文国

摘　要： 近年来，基于长尾理论与旅游市场产品结合的研究课题，随着长尾理论的研究和发展，已经越来越受到关注。在利基市场文化下，旅游者更多地从自身真实的兴趣爱好出发，通过个性化的方式去满足个体差异化的需求，从而实现旅游者特殊的旅游体验。依据旅游资源的本质属性，将旅游资源分为自然景观和人文景观。基于旅游资源细分的旅游市场数据不是正态和线性的，因此经典的线性相关系数不能抓住该数据内在的相关结构，不能准确地反映出彼此之间的相关信息。旅游市场具有厚尾、时变等特性，为了更好地刻画市场之间的相关结构，在建立分析模型时必须选取正确的 Copula 函数，以准确反映市场的相关结构。

关键词： 旅游市场　尾部相关性　Copula 函数

一、研究内容、目标、拟解决的问题和主要特色

（一）研究内容

在利基市场文化下，旅游者更多地从自身真实的兴趣爱好出发，通过个性化的方式去满足个体差异化的需求，从而实现旅游者特殊的旅游体验。这些基于长尾理论开发的旅游产品多种多样，差异化明显，将一个相对整体的旅游市场产品划分成众多细小的具有相类似需求特点的旅游产品。

本研究课题就是针对基于旅游资源细分旅游市场后形成的长尾旅游市场进行尾部相关性分析。通过求基于旅游资源细分的不同旅游市场产品尾部相关系数，预测当一类产品人数发生大幅度上涨或下跌时，另一类产品人数上涨或下跌的概率，定量研究两个细分市场的相关性并预测市场的变化。

基于旅游资源细分的旅游市场数据不是正态和线性的，因此经典的线性相关系数不能抓住该数据内在的相关结构，不能准确地反映出彼此之间的相关信

息。本研究课题考虑利用 Copula 理论来刻画随机变量之间的非线性相关关系。Copula 模型是对整个联合分布建模，可以捕捉非对称、非正态的尾部信息，可以更全面、更深入地刻画随机变量之间的尾部相关关系。尾部相关性是指，当一个随机变量取较大的值或者较小的值时，它对另一个随机变量的取值是否有影响。

具体研究内容可概括为以下几个方面：

1. 提取筛选部分典型的基于旅游资源细分的旅游市场，作为开展本课题研究的随机变量。获取随机变量的数据值。

2. Copula 理论介绍，给出基于 Copula 函数的尾部相关系数的定义和度量方法，并采用非参数方法估计尾部相关系数。该建模过程是本课题的理论研究核心。

3. 结合内容 1 获得的实际随机变量数据，利用统计软件和建立 Copula 模型，给出尾部相关系数的估计。

4. 根据得到的各随机变量尾部相关系数的估计值，反馈到旅游市场，给出最优的旅游产品推荐程序。

（二）研究目标

随着消费者对不同体验的需求所引致的个性化、多元化的要求，旅游业长尾效应越来越明显。基于旅游资源的旅游市场细分是其中的一种表现形式。

基于旅游资源的旅游市场细分之间必然存在一定的相关性，对其相关性的研究可以帮助旅行社等商家预测和推出更加有利的旅游产品，也能为旅游者带来更多的产品选择。

（三）要解决的问题

本研究课题主要的解决内容和问题为：

1. 如何提取、筛选部分典型的基于旅游资源细分的旅游市场？

2. 网络抓取研究对象随机变量的数据值。

3. Copula 函数的尾部相关系数的定义和度量方法，采用非参数方法估计尾部相关系数。该建模过程是本课题的理论研究核心。

4. 结合内容 1 获得的实际随机变量数据，利用统计软件和建立 Copula 模型，给出尾部相关系数的估计。

5. 根据得到的各随机变量尾部相关系数的估计值，反馈到旅游市场，给出最优的旅游产品。

（四）主要特色

随着旅游需求的不断变化和发展，更多的关注旅游者的个性化和差异性的旅游需求。之前长尾理论与旅游市场的结合，多数是着眼于旅游产品的开发和制定，但对于已经存在的个性化、差异化旅游长尾市场之间的相关性分析还缺少理论研究。基于旅游资源的旅游市场细分尾部相关性定量研究是本研究课题的核心和主要特色。因为考虑的是旅游资源对旅游市场的细分，此研究变量呈现非对称、非正态和长尾特点。从而创造性地引入 Copula 理论，考虑利用 Copula 理论来刻画随机变量之间的非线性相关关系，确定随机变量之间的相关系数。

本研究课题问题切入点新颖且紧扣实际问题。研究内容和理论均有一定的难度，并且还具有一定的拓展能力与实际经济转化能力，既能充分达到科研项目训练的目的，又符合产学研相结合的特征。

二、项目完成情况/项目成果

完成情况：

2017 年 7 月至 2017 年 10 月，提取、筛选部分典型的基于旅游资源细分的旅游市场，抓取数据。

2017 年 10 月至 2017 年 11 月，Copula 函数的尾部相关系数的定义和度量方法，采用非参数方法估计尾部相关系数。

2017 年 11 月至 2017 年 12 月，实际数据计算，撰写论文。

（一）旅游景点分类

根据旅游资源将旅游景点分为两大类：自然景观和人文景观。

1. 自然景观

自然景观是指自然界原有物态相互联系、相互作用形成的景观，它很少受到人类影响，诸如自然形成的河流、山川、树木等。

2. 人文景观

人文景观包括两大方面：一是指人们为了满足自身的精神需求，在自然景观基础上附加人类活动的形态痕迹。集合自然物质和人类文化共同形成的景观，如风景名胜景观、园林公园景观等。二是指依靠人类智慧和创造力，综合运用文化和技术等方面知识，形成具有文化审美内涵和全新形态面貌的景观，如城市景观、建筑景观、公共艺术景观等。

总之，由人的意志、智慧和力量共同形成的景观属人文景观的范畴，其内容和形式反映出人类文明进步的足迹，体现出人类的创造力和驾驭自然及与自然和谐相处的能力。

（二）Copula 函数

Copula 函数是主要通过连接各自的边缘分布求得联合分布。在实际数据相关性分析中，可以根据数据的特点，选择适当的 Copula 函数，通过连接各自边缘分布就不同的联合分布，对问题进行描述，确定数据的特征。

基于旅游资源细分的旅游市场数据不是正态和线性的，因此经典的线性相关系数不能抓住该数据内在的相关结构，不能准确地反映出彼此之间的相关信息。旅游市场具有厚尾、时变等特性，为了更好地刻画市场之间的相关结构，在建立分析模型时必须选取正确的 Copula 函数，以准确反映市场的相关结构。

在旅游市场问题的描述分析中，可以用来讨论不同类型的旅游景点人流量之间的相关性。比如可以用来讨论某个景点人流量大幅上涨或遭遇爆冷门后，是否会引起其他景点人数的增加或者减少，从而分析不同类型旅游景点之间的相关性。

1. Copula 函数形式的选择

目前，Copula 函数在实际应用中的一个主要问题是函数形式的选择。Embrechts 对不同 Copula 函数模型进行了比较研究，发现采用不同形式的 Copula 模型可能导致不同的分析结果。因此，选择合理的 Copula 函数模型就显得尤为重要。在旅游市场中，由于并不确定客流量分布的具体形式，为此本研究首先采用经验分布函数来估计资产的边际分布，这样可以减少因分布函数的假设所带来的误差，并且分布函数的较为良好的统计性质为我们的使用方法提供了保证。

2. 尾部相关系数

研究随机变量之间的尾部相关系数的主要目的，是想知道当一个随机变量发生变化时，另一个随机变量会发生怎样的变化。尾部相关性可以衡量当随机变量 X 大幅度增加或者大幅度减少时，随机变量 Y 也发生大幅度增加或者减少的概率。

（三）实证分析

为了考察北京市各景点的相关结构，我们选取了 2017 年 11 月至 2018 年 1 月北京市各景点人流量来进行实证分析，为了从宏观层面分析北京市景点之间的相关性，我们将景点分为自然景观和人文景观两大类，对这两类景点进行相关性分析。

利用经验分布函数，将北京市旅游景点中的人文景观和自然景观的景点平均口人流量序列（x_t, y_t）转化为新的序列，利用 MARLAB 软件画出它们的散点图（见图 1），其中 $u_t = F_x(X_t)$，$v_t = F_y(y_t)$，$t = 1, \cdots, T$ 分别为 X，Y 的经验分布函数；通过散点图发现，人文景观与自然景观间具有很强头部相关性，从而我们选择二元正态 Copula 和二元 t-Copula，即 $C(u, v) = \{1 + [(u^{-1}-1)^\alpha + (v^{-1}-1)^\alpha]^{1/\alpha}\}^{-1}$，其中 $\alpha \in [1, \infty)$。

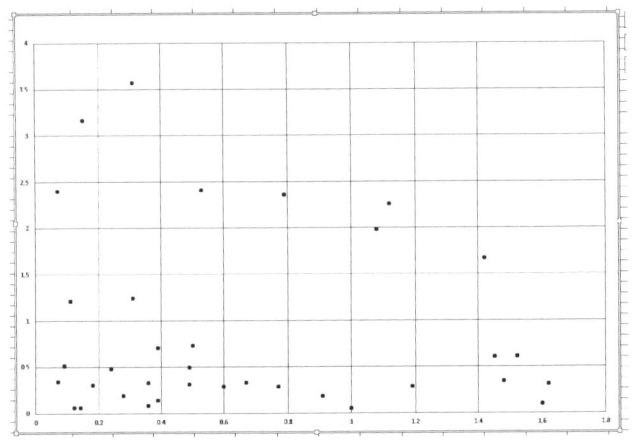

图 1　北京市旅游景点人文景观和自然景观的景点平均日人流量散点图

把 [0，1] 10000 等分，令 t 分别等于各等分点，根据上述公式计算 $K(t)$、$\hat{K}(t)$、$t-K(t)$、$t-\hat{K}(t)$，分别以 t 为横坐标，$K(t)$、$\hat{K}(t)$、$t-K(t)$、$t-\hat{K}(t)$ 为纵坐标，利用 $K(t)$ MATLAB 软件画出几种 Copula 的 $t-K(t)$ 图和它们的 $K(t)$ 图。

下面分别考虑 α=0.925、α=0.975、α=0.995 的正尾部相关性。

表 1　正尾部相关性表

α	0.925	0.975	0.995
$\bar{\lambda}(α)$	0.6916	0.6806	0.6762

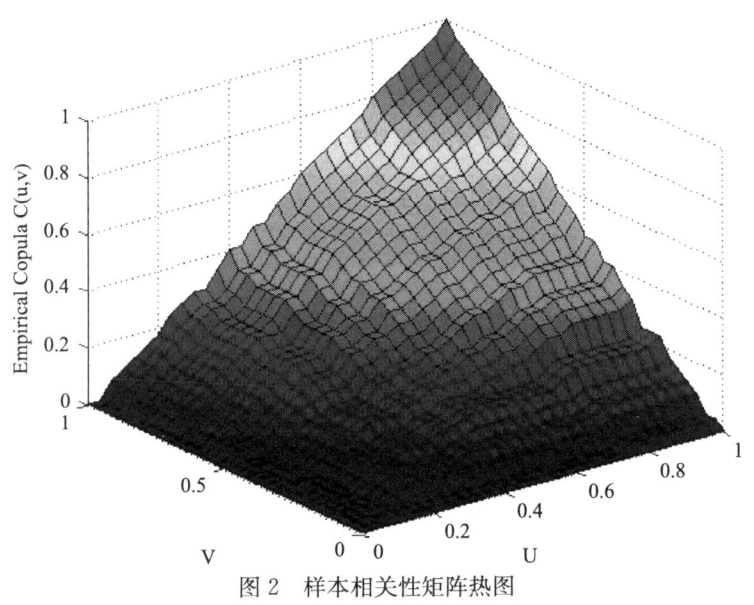

图 2　样本相关性矩阵热图

当人文景观客流量超过了 0.925、0.975、0.995 时，自然景观客流量超过对应的分位数的概率是 0.6916、0.6806、0.6762，都超过了 0.075、0.025、0.005，这说明了人文景观客流量发生大幅度变化时，自然景观发生大幅度变化的概率是可以量化的，这在旅游市场中个性化产品设计中具有重大意义，游客可以通过分析不同类型景点之间的尾部相关性，进行规避人流高峰的决策。

第二部分

农业产业发展研究

基于消费行为的北京市农家乐产业发展研究

项目成员： 师 佳 曹英楠 张昊天 刘依凡 单 珊
指导教师： 李玉红

摘 要："农家乐"是以吃、住、体验等综合项目构成的新型旅游经济模式。在贯彻"三农政策"的背景下，北京市农家乐相关产业在政府的扶持下快速成长，形成了符合时代特征的新型模式。党的十九大明确提出建设美丽中国的战略规划，农家乐产业发展更为重要。"农家乐"经营是优化产业结构、促进企业与服务顾客相对接的重要一环。北京市京郊的"农家乐"虽然取得非凡的成绩，但提升企业管理水平对于"农家乐"发展则更为重要。本文将结合实证分析和管理学原理剖析当前京郊"农家乐"发展趋势，综合分析"农家乐"经营中存在的实际问题。并运用市场营销、企业战略、法律法规及企业文化等方面给出可行化方案。

关键字： 消费行为 农家乐 经营模式

在国家全面推进供给侧结构性改革、贯彻落实"三农政策"的方针和党的十九大最新提出建设美丽中国的战略规划下，"农家乐"相关产业在政府的扶持下快速成长，形成了符合时代特征的新型模式。这种新型旅游产业的发展带动了交通运输、建材、餐饮、文化娱乐业、商业服务、食品加工等各行业的发展。但是现有的农家乐经营模式在相关法律法规落实等方面存在诸多问题。所以本研究以北京市密云郊区的农家乐为研究重点，通过调查法、观察法、文献研究法调查分析北京市"农家乐"经营模式，了解北京市"农家乐"经营现状，深入研究目前农家乐经营的优劣势和根源因素，最后结合已有研究归纳汇总北京市郊区"农家乐"经营问题，提出管理方面的可实施性方案。希望本研究能为经营者提供借鉴，达到增加"农家乐"运营效益，形成一定的产业规模化，获得国家更好的管理和支持，从而推动"农家乐"相关产业链进一步发展，创造更高经济效益的最终目的。

一、北京市农家乐产业发展状况

(一) 北京市农家乐市场需求情况

1. 北京市农家乐需求增长较快、成为百姓京郊游首选

北京市农家乐作为新形势下联结农民与城镇居民的纽带得到了党和中央的强烈关注。它更成为北京市民休闲娱乐的一个不错的选择。农家乐以其丰富多样的主题,吸人眼球的自然景观,贴心周到的服务收到了居民的喜爱。如何发展好京郊农家乐的体系模式,更好地促进农村第一产业向服务业有效转型,已经成为农家乐发展的重中之重。

北京市农家乐的需求增幅是国家产业政策调整和城镇居民日益增长的消费需求所共同决定的。根据调查显示,北京市城镇居民对于农家乐的喜好程度有增不减,有更多的老百姓愿意在有空闲时间的时候自己或与家庭前往农家乐游玩。

2. 北京市农家乐市场需求多元化趋势明显

农家乐发展和适应需求都共同推动其模式的不断创新,寻求优化结构的方法。现如今北京市的农家乐绝大多数以"吃""玩""住"为主,兼顾体验项目,没有突出农家乐背后农村深厚的历史积淀或是体现出科技的重要地位。随着经济不断发展,人们对于精神满足和服务的要求越来越高,传统意义上的农家乐"三段论"将无法适应游客,故优化农家乐经营结构是十分必要的。改变和完善北京市农家乐经营管理方法是适应不断增长的消费需求的关键一环。同时,不可忽略的是农家乐供给同质化严重,缺乏创新意识也会使消费者消费的热情减弱,长此以往,必将影响农家乐的经营。新型的农家乐经营结构更应突出企业文化建设,将地理优势、文化优势、科技优势等元素融入其中来满足消费者日益增长的消费多元化需求。继党的十九大后,习近平总书记提出建设美丽中国以来,北京市农家乐应该充分抓住机遇,在企业管理中不断形成特色,力求满足新形势下的农家乐需求。

(二) 北京市农家乐经营模式

1. 根据农家乐的产品内容划分

(1) 城郊农村度假型

位于市区周边,多乘公交车与自驾车抵达,经营者以郊区农民与城乡接合部个体工商户为主,客源主要是北京市居民,以工薪阶层为主。利用农村良好的自然环境优势,加以改造,辅以度假设施,完善吃、住、游等服务项目,让

游人有一个休闲度假的场所。这是北京市最常见的农家乐形式，分布于北京各区，例如密云区雾灵山漂流、蔡家洼玫瑰园等附近依附自然景观发展农家乐，这种形式也促进了京郊城乡一体化的发展。

(2) 现代农业科技型。这种农家乐以现代农业技术、生产示范园地为题材，向游客展示北京市现代农业科技成果，让游客参观生产大棚中的蔬菜、苗木、水果、花卉，得到一种全新的感受。通常这种旅游形式大多存在于有展示和示范性质的农业园区中。随着现代农业科学技术不断走进京郊农村和得以应用，这种性质的乡村旅游在北京局部地区已经盛行起来，例如昌平区小汤山现代农业科技示范园、精修打造的农业科技园等。

(3) 民族风情型。以展示京郊古朴的民族风情为主题，从农家美食、农家院落、农舍院落、农舍建设、民间装饰等入手，辅以纯朴的民间歌舞表演等文化活动、休闲娱乐项目，向游客展示出乡土民俗文化，吸引游客休闲娱乐，体验农家风情，最为典型的当属北京市密云区古北水镇了。

(4) 景区依附型。位于北京市成熟景点附近，多种交通方式可达，经营者以附近农民为主，游客主要是景区散客与避暑度假的中老年人。散客随意性大，中老年度假者停留时间较长，经营时间多夏季。此类农家乐很多并非专业化的操作，权充小型客栈，对景点的依赖性强，房山区十渡风景区就是典型的例子。

2. 根据农家乐投资模式划分

(1) 家庭自主投入型。家庭自主投入型是北京市目前农家乐投资的主要形式。农民以自家长期积蓄及向亲朋好友借款的方式解决初期资金投入问题。一般是以独家经营为主，但也有合股或合作经营的情况。在劳动用工上是以吸纳家族内部成员为主。例如密云区古北口小岭村依附古北水镇形成了农家乐合作经营。

(2) 工商资本投入型。由于农家乐发展前景看好，吸引了一些有远见的工商投资者愿意投入农家乐旅游项目的建设。例如华润集团投资在阁老峪建起希望小镇，发展具有规模的标准化农家乐。

(三) 北京市农家乐经营中存在的问题

1. 经营模式有限，无法满足顾客需求

现如今北京市的农家乐绝大多数以"吃""玩""住"为主，兼顾体验项目，农家乐经营模式趋同，游客的选择范围小，无法满足顾客的多元需求。例如在我们实地调研中，古北口小岭村的农家乐模式都为独栋连体楼经营，只提供简单的食宿，无法满足顾客同时也缺乏竞争力。目前，北京市农家乐的模式有待优化，打造具有鲜明特色的新型农家乐也迫在眉睫。

2. 价格制定不合理，无法满足消费者的多层次消费

北京郊区农家乐普遍存在重复建设问题，农家乐模式的单一也导致经营者无法提供给消费者差异化的农家乐旅游产品，定价的不合理同样限制农家乐的发展。部分京郊农家乐存在定价与质量、服务不匹配问题，经营者无法区分消费群体定价并提供相应服务。游客多层次消费无法满足，最终导致客源流失，也难以进一步发展。在我们调查中发现，北京市农家乐的定价存在许多问题，由于农家乐的淡旺季较明显，因此经营者在菜品等方面的定价并不合理，旺季价格虚高，质量也难以保证。

3. 营销宣传不到位

目前，消费者了解北京市农家乐相关信息的最主要来源是通过互联网，得知的消息也是杂七杂八，真假参半。在如今的信息的时代，北京市农家乐在营销宣传上并没有发挥新媒体的优势，宣传手段和宣传力度都有所欠缺。像曹家路阳光客栈的经营者所介绍因美团等平台抽取服务费，许多经营者选择只接受电话预约，因而使得消费者无法在网络平台上准确获取想得到的有效信息，进而阻碍了消费者体验农家乐。许多单独经营的农家乐处在被动等待消费者选择的状态，联合经营者则开始组织像"草莓节"等方式进行宣传。

4. 品牌意识不强，产品特色不足

人们在消费时总喜欢也习惯于关注品牌。事实证明，好的口碑与信誉的确会带来很大的益处。在世人越来越注重品牌的情况下，却鲜少有人能提及农家乐的品牌，而农家乐经营者也很少有人有意识去做品牌。游客对特色环境、项目越来越看重，特色产品的重要性也不言而喻。但目前的北京市农家乐经营多数为简单的复制，缺乏特色。例如在餐饮方面，虽然北京市农家乐都保持了"农"这一朴素的特点，但是并非每家农家乐都能在菜品上做出创新，更多的只是一味地打着"有机蔬菜"的名堂。菜单不能固定，菜品简陋，而大多数游客也对农家乐菜品是"有机蔬菜"这一点有所怀疑。既不做品牌，也没有什么特色产品，仅仅依靠于提供地点和设施，这样又能让人记住多久呢？随时都可以被替代。

5. 管理理念落后，管理规范不强

我们了解到，大部分北京市经营者并没有受过与经营相关的培训及教育，因此也缺乏相应的管理经营知识。由于没有主动学习的意识，再加上没有后天的督促，使得很多经营者的管理理念落后，且对于一些基本的日常管理也没有意识，例如在安全方面，许多农家乐存在缺乏统一的入住手续，游客入住不需要核查身份、未安排安全隐患检查、缺少消防设施等问题。在很多方面没有规范，不免让人觉得不够正规，不够安心。

6. 专业知识不足，服务水平有限

京郊农家乐的员工大部分都是家庭经营或雇佣村民，没有定期指导和培训，仅仅依靠于经验和常识工作。但是这样的服务怎么能提高档次，满足顾客需求呢？在这方面目前北京市农家乐也尚存在一定的问题。

7. 基础设施建水平参差不齐

在实地调研中，我们也遇到了热水器故障、不提供空调这类极为不便，很容易引起游客不满的基础设施建设漏洞。

二、北京市农家乐消费行为分析

（一）数据来源及样本特征分析

表1　　　　　　　　受访者基本特征指标描述（n=150）

统计特征	分类指标	有效的百分比（%）
性别特征	男	70.07
	女	29.93
年龄结构	15~20岁	68.46
	21~30岁	25.50
	31~40岁	2.01
	41~50岁	2.68
	50岁以上	1.34
婚姻状况	未婚	91.95
	已婚	8.05
职业情况	学生	87.92
	工人	2.01
	企事业单位人员	7.38
	其他	2.68
教育程度	初中及以下	2.68
	高中或中专	6.71
	大学本科或专科	88.59
	研究生及以上	2.01
收入水平	1500元及以下	76.51
	1500~3000元	16.11
	3001~5000元	3.36
	5001~8000元	2.01
	8000元以上	2.01
家庭位置	北京城区	33.56
	北京郊区	40.27
	以外城市	26.17

根据表1,样本的社会人口统计特征如下:

从性别上看,被调查者为女性占70.07%,男性占29.93%,男性少于女性;从年龄分布看,被调查者的年龄分布较为均匀,以15~20岁人群为主,其次为21~30岁为人群。被调查者的婚姻状况看,未婚所占比例大,所占比例为91.84%。被调查职业分布范围广,主要以学生为主占87.76%,其次为工人和企事业单位人员。人均收入主要以中低层收入人群为主,月收入为1500元以下所占比例最高,占76.19%。调查数据比较具有代表性;从学历水平看,被调查者的学历水平呈正态分布且分布范围较广,其中大学本科或专科的学历人数最多,占88.44%。从家庭所在地看,范围分布均匀,北京城区占34.01%,北京郊区为25.85%。总体来看,样本的社会人口统计特征分布较为合理,调研数据能反映北京市消费者的基本情况。

(二)消费者对北京市农家乐消费偏好的相关情况

1. 消费者对北京市农家乐消费类型的调查

(1)消费者选择北京市农家乐的类型。如图1所示,"花果采摘""花园餐饮"和"农家园林"类型的农家乐更受消费者的欢迎,各占样本的29%、27%与24%。相比较而言,"人文景观"与"景区观赏"类型的农家乐分别只占样本的5%和15%。

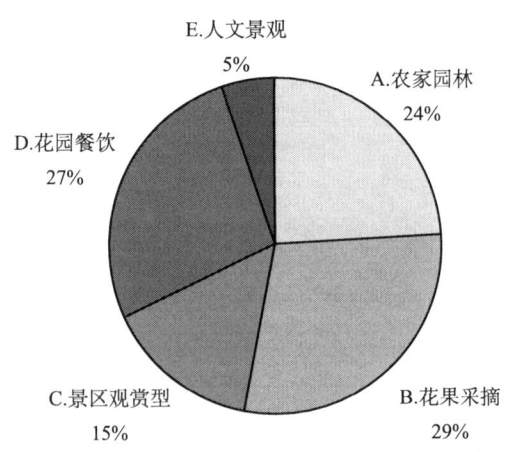

图1 消费者选择北京市农家乐的类型

(2)消费者选择北京市农家乐的档次。从图2可以看出,在150名被调查者中,有52%的消费者选择了环境优美,硬件设施完备的独栋小别墅;有27%的消费者喜欢面积大,硬件设施完备,可以提供采摘观赏等项目的农庄;16%的消费者喜欢山清水秀,硬件设施良好没有空调的农家小院;仅有5%的消费者选择了硬件设施良好，无其他项目（见图2）。

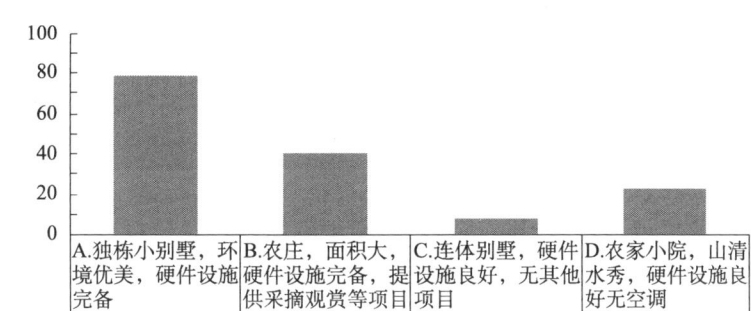

图 2　消费者选择北京市农家乐的档次

2. 消费者前往北京市农家乐的频次分析

（1）消费者前往北京市农家乐的频率。从图3可以看出，有32%的消费者每年去一次农家乐；有29%的消费者去农家乐的频率在一年以上；有18%的消费者，每季度去一次农家乐；有14%的被调查者从不去农家乐；有5%的消费者每月去一次农家乐；有2%的消费者每周去一次农家乐（见图3）。

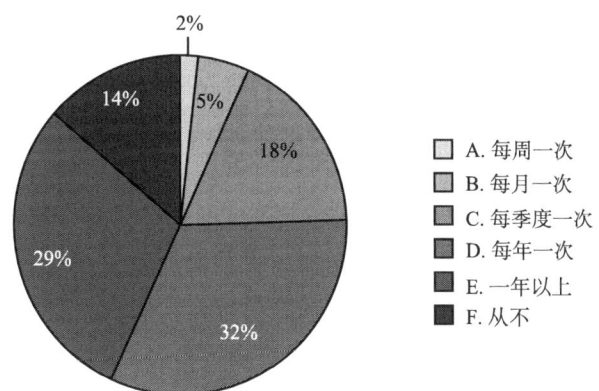

图 3　消费者前往北京市农家乐的频率

（2）消费者前往北京市农家乐的频率分布。根据图4，有58%的消费者选择在寒暑假前往农家乐，有21%选择在周末，有12%的消费者选择在工作日休息时，还有9%的被调查者不前往农家乐。见图4。

3. 消费者对北京市农家乐的消费形式分析

（1）消费者得知北京市农家乐消息的来源。通过图5分析可以知道，目前消费者得知农家乐相关信息的最主要来源是通过亲朋好友介绍。其次是通过互联网。还有一部分消费者通过电视广播、报纸杂志、传单广告以及其他方式获得农家乐信息。

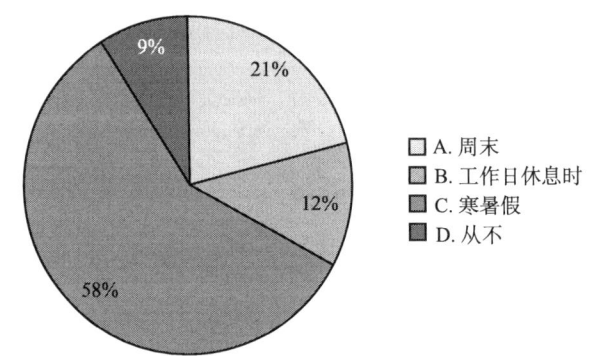

图 4　消费者前往北京市农家乐的频率分布

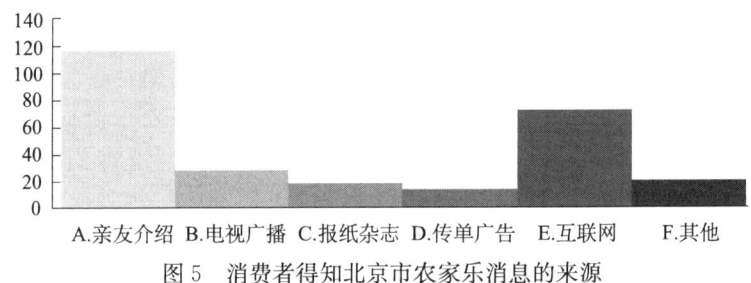

图 5　消费者得知北京市农家乐消息的来源

（2）体验北京市农家乐的形式。如图 6 所示，70% 的消费者是与家庭一起去农家乐的，还有 24% 的消费者是和同事或朋友一同前往农家乐，而单位组织的或者是独自一人前往农家乐进行消费的，分别仅有 3%（见图 6）。

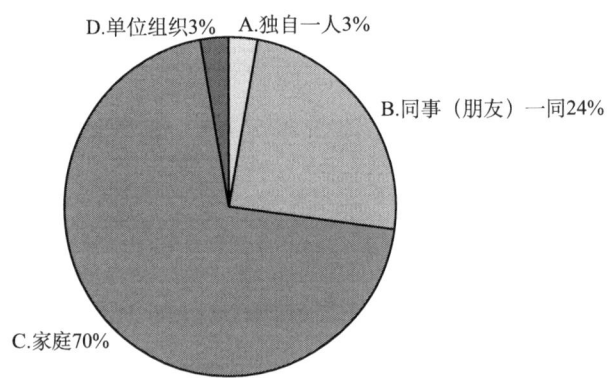

图 6　消费者体验北京市农家乐的形式

（3）消费者在北京市农家乐停留的时间。从图 7 可以看出，大部分消费者都会选择在农家乐停留 1～2 天，其中，当天往返的最多，占总被调查者的 31%，选择停留两天一夜的占 29%，停留一天一夜的占 25%。另外有 10% 的消费者选择停留三天两夜，仅有5%的消费者选择停留三天以上（见图7）。

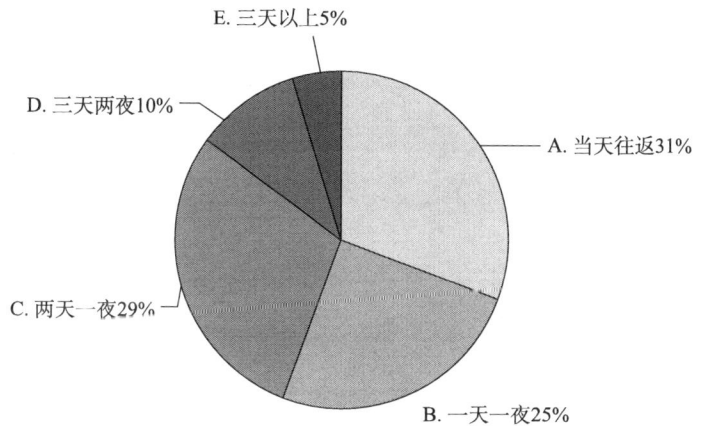

图7　消费者在北京市农家乐停留的时间

4. 消费者能接受的北京市农家乐的消费价格

（1）在北京市农家乐住宿每天人均能够接受的一次合理消费。如图8所示，有一半的被调查消费者能接受去农家乐的每天人均住宿消费为101~200元。能接受价格在100元以下以及201~300元的被调查者分别占21%和22%。只有7%的被调查消费者能够接受去农家乐住宿每天人均300元以上（见图8）。

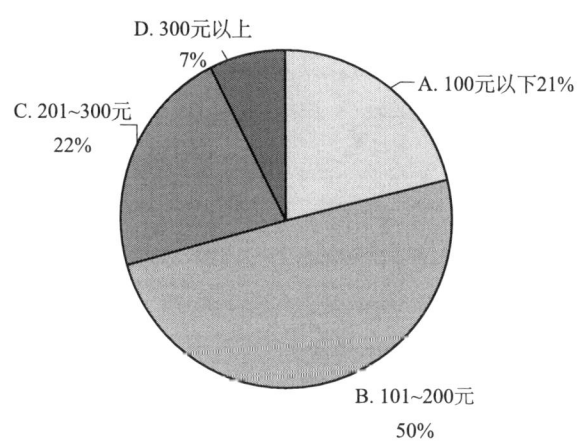

图8　在北京市农家乐住宿每天人均能够接受的一次合理消费

（2）在北京市农家乐吃饭每天人均能够接受的一次合理消费。根据图9数据显示，大部分消费者能够接受每天人均餐饮费在200元以下，其中45%的被调查者能够接受消费101~200元，37%的被调查者能够接受消费100元以下。能够接受消费201~300元的占13%，而能接受消费300元以上的仅占5%（见图9）。

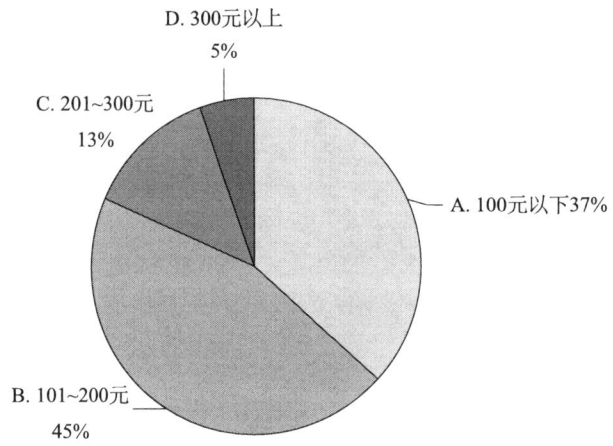

图 9 在北京市农家乐吃饭每天人均能够接受的一次合理消费

（3）在北京市农家乐进行采摘等项目，每天人均能够接受的一次合理消费。由图 10、图 11 可知，绝大多数消费者对每天采摘等休闲项目接受的消费价格依旧是在 0～200 元之间，能接受消费 100 元以下及 101～200 元的均占总被调查者的 44%。而能接受消费 201～300 元之间的以及消费 300 元以上的仅为 8% 和 4%（见图 10、图 11）。

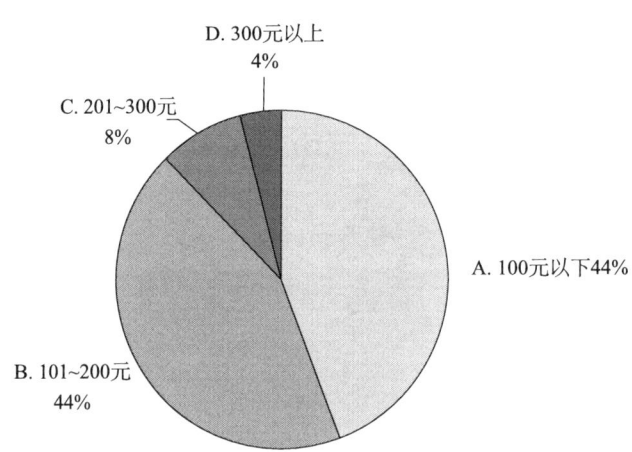

图 10 在北京市农家乐进行采摘等项目，每天人均能够接受的一次合理消费

（三）消费者对北京市农家乐需求度与满意度的相关情况

1. 消费者对北京市农家乐需求度

（1）消费者在北京市农家乐活动中最看重的因素。如图 12 所示，游客最为看重的农家乐旅游因素是餐饮质量，占比 82.55%；其次是安全卫生，占比

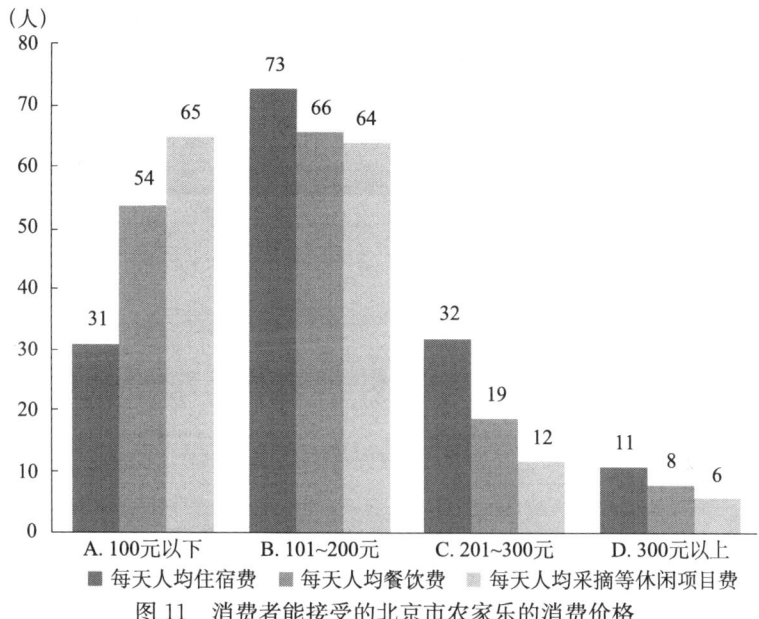

图 11　消费者能接受的北京市农家乐的消费价格

79.19%。对特色环境、项目最为重视的游客高达 75.84%；对景观环境最为重视的游客也达到了 65.10% 之多。仅次之的是农家乐旅游的价格，占比 53.69%。交通便利这一因素也是影响游客选择农家的一大因素，占比 52.35%（见图 12）。

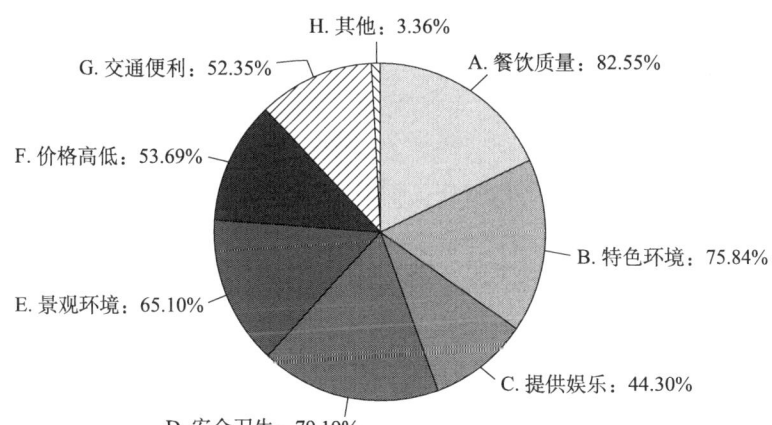

图 12　消费者在北京市农家乐活动中最看重的因素

（2）在北京市农家乐中对消费者的吸引程度。我们将旅游活动分为乡村的悠闲生活、享受清新空气、健康生活、天然无污染食品、温泉沐浴、物美价廉菜肴、淳朴生活等六个主要内容。由表 2 可知，这六个内容的平均吸引程度都在 3.45 分至 4.18 分之间。其中游客认为享受清新空气、过健康生活的吸引程度最高，达到 4.18 分，这是因为农家乐的主要特色之一就是亲近大自然、感受舒适的自然环境。值得我们注意的是钓鱼、打牌等乡村休闲娱乐活动对游客的吸引程度最低，仅仅为3.45分（见表2）。

表2　　　　　　　　　　北京市农家乐旅游活动的吸引程度

农家乐旅游活动的吸引程度	非常不吸引	不吸引	一般	吸引	非常吸引	平均分
乡村的悠闲生活（钓鱼、打牌等）	9（6.04%）	17（11.41%）	49（32.89%）	46（30.87%）	28（18.79%）	3.45
享受清新空气、过健康生活	2（1.34%）	5（3.36%）	21（14.09%）	57（38.26%）	64（42.95%）	4.18
可以吃到天然无污染食品	3（2.01%）	6（4.03%）	34（22.82%）	48（32.21%）	58（38.93%）	4.02
体验温泉沐浴	5（3.36%）	5（3.36%）	33（22.15%）	56（37.58%）	50（33.56%）	3.95
物美价廉的菜肴	3（2.01%）	4（2.68%）	30（20.13%）	59（39.6%）	53（35.57%）	4.04
农家的淳朴生活	8（5.37%）	10（6.71%）	34（22.82%）	43（28.86%）	54（36.24%）	3.84

2. 消费者对北京市农家乐满意度

（1）消费者认为北京市农家乐发展中需要改进的因素。由图13可知，有77.18%和57.72%的游客认为农家乐对于其所最为重视的食品安全卫生问题和餐饮质量问题均需要改进。有52.35%和42.28%的游客表示希望农家乐在他们同样重视的景观环境和特色环境方面有所改进。也有43.62%的游客表示，希望农家乐可以适当调整他们的价格，让他们的旅游体检更加物美价廉（见图13）。

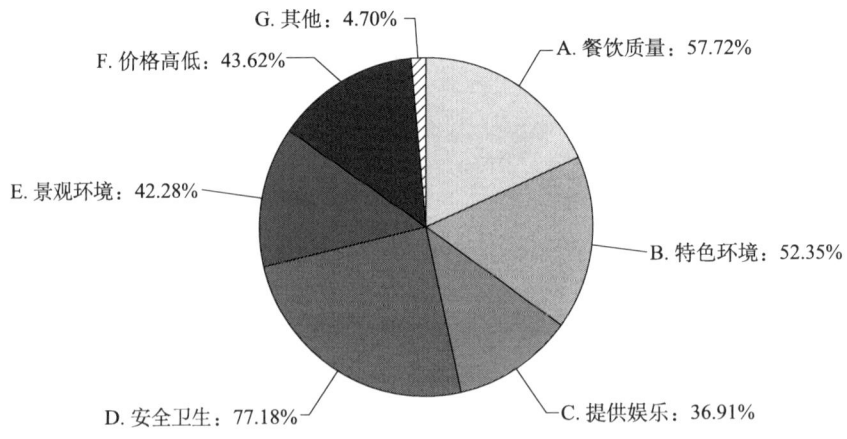

图13　消费者认为北京市农家乐发展中需要改进的因素

(2）消费者对北京市农家乐特色体验活动的满意程度。我们将现有的农家乐体验活动主要分为吃农家饭、住农家院、采摘、种植、休闲活动、游览周边、民俗娱乐活动七类，我们发现游客对农家乐体验活动的满意程度均在3.44分到3.83分，均为一般满意。其中，游客对户外运动的满意程度最高，达到3.83分；其次是采摘水果达到了3.69分。值得注意，种植这一项类似于农作的体验活动并不受游客的青睐，其分值仅为3.44分（见表3）。

表3 农家乐体验活动满意程度

体验活动	非常不满意	不满意	一般	满意	非常满意	平均分
吃农家饭、住农家院	5（3.36%）	11（7.38%）	56（37.58%）	45（30.2%）	32（21.48%）	3.59
采摘水果	4（2.68%）	12（8.05%）	46（30.87%）	51（34.23%）	36（24.16%）	3.69
种植	6（4.03%）	21（14.09%）	53（35.57%）	40（26.85%）	29（19.46%）	3.44
户外运动（骑马、卡丁车等）	5（3.36%）	6（4.03%）	40（26.85%）	57（38.26%）	41（27.52%）	3.83
休闲活动（KTV、温泉、钓鱼等）	6（4.03%）	11（7.38%）	40（26.85%）	60（40.27%）	32（21.48%）	3.68
游览周边	3（2.01%）	9（6.04%）	44（29.53%）	58（38.93%）	35（23.49%）	3.76
民俗娱乐活动（观看表演、参与活动等）	6（4.03%）	16（10.74%）	52（34.9%）	40（26.85%）	35（23.49%）	3.55

三、北京市农家乐产业发展对策建议

通过前文的分析，我们发现在农家乐经营方面仍然存在着经营模式单一、定价不够合理、宣传力度低下、品牌意识弱、缺乏管理规范、理论基础薄弱、基础设施建设水平层次不齐等问题。在此，我们对其提出如下针对性意见与建议：

（一）创新农家乐产品特色，满足游客多元化的需求

从我们对消费者对北京市农家乐消费类型的调查中可以看出，消费者更偏爱"花果采摘""花园餐饮"和"农家园林"等休闲度假和生活体验类型的农家乐。而对于文化观光型农家乐，消费者普遍缺乏兴趣。同时，消费者更愿意选择拥有硬件设施完备的独栋小别墅的高档农家乐。由此可以看出，随着人们生

活水平的不断提高,其需求也朝着多元化的方向发展。然而,北京市的农家乐却还普遍停留在较低层次的传统经营模式,很难满足消费者的需求。另外,从我们对于消费者前往北京市农家乐的频次分析也可以看出,大部分消费者一年甚至一年以上才会去一次农家乐,并且集中在孩子暑假期间。在我们的调查中,北京市农家乐中对消费者的吸引程度都在3.45分至4.18分之间,普遍不高。可见,北京市农家乐对于消费者的总体吸引程度偏低,且农家乐的经营模式有限,无法在各个时间段都能满足顾客。

首先,应深度挖掘所在区域的民俗文化,利用其打造自身特色项目,迅速填补主打乡村民俗文化农家乐这一领域。在满足游客需求的同时,扩大市场份额,获得更多经济效益。其次,致力于发展特色休闲娱乐体验项目。使自身无论在旅游旺季、还是淡季,都有足够的卖点吸引游客来此观光,迎合游客全方位的需求。最后,提供以"民俗、便捷"为特色的住宿环境。以"便捷"为基础,为游客提供移动WI-FI、充电器插头等电子设备。以"民俗"吸引有着眼球,提供主题性民俗。

(二) 明确定位,合理定价

根据我们的调查分析显示,大部分消费者仅会选择在农家乐停留1~2天,其中,当天往返的最多。并且大部分消费者接受的每天人均住宿费、每天人均餐饮费以及每天人均休闲项目费均在200元以下。农家乐品牌的缺失以及产品特色的缺乏造成了消费者进行消费的时间有限,且能接受的消费价格也有限,使得农家乐经营者不能得到更多的利润,亦不能更好地发展。

北京市农家乐有高、中、低档之分,经营者需要明确自身定位,准确所定目标消费者群体,根据其消费水平以及自身经营成本合理定位。其次,经营者可以通过专业人员和顾客对农家乐产品的评分优选出自身的竞争力因素,打造并利用竞争优势提升自身价值,提高产品价格,赚取更多利润。

(三) 拓宽宣传渠道

根据问卷调查分析,目前消费者得知北京市农家乐相关信息的最主要来源是通过亲朋好友介绍和互联网。网上的信息也是鱼龙混杂,农家乐在营销宣传上不够完善,也不能在同类经营者中脱颖而出。

经营者应选择适合自己的宣传渠道。访客流量极大的第三方消费点评网站是一类高效、低价、便捷的宣传途径。经营者将自家店铺挂在这里,请前来消费的游客为自己的店铺进行评价,起到宣传作用。其次,利用优惠信息,吸引游客。在选定适合自己的宣传渠道后,发布迎合大众需求的折扣优惠信息,是一种锦上添花的宣传手段,经营者只需要稍微让利,就可以获得很好的宣传效果，随后利润势必增加。

（四）借助品牌，打造品牌

在我们对消费者看重的农家乐相关因素的调查中，对特色环境、项目最为重视的游客高达75.84%，因此特色产品的重要性不言而喻。但我们调研时曾问过商家是否销售一些特色产品，得到的回答均是没有。缺乏特色与亮点，北京市农家乐也难以长远发展。

对于农家乐经营者来说，打造品牌是一件成本较高、难度较大的事情。这时，品牌背书应为经营者的首选。通过打造有投资价值的住宿产品、餐饮产品，与知名酒店品牌、餐饮品牌联合，借助其品牌声望，以较低的成本为自己的农家乐打造联合的品牌效应。

（五）完善组织结构，加强监管力度，规范管理方式

目前，大部分北京市农家乐都是以民俗村的形式存在，但是实际上每户与每户之间的联系也并不是很强烈。但是仅仅依靠每一户的力量又能招来多少顾客呢？只凭个人的力量毕竟还是薄弱的，并不能真正使自己壮大。在我们对消费者看重的农家乐相关因素的调查中，游客最为看重的因素是餐饮质量，其次是安全卫生。但在我们和经营者交谈的过程中了解到，不会有什么人来检查店内的情况，因此不得不说，在这方面，目前的农家乐欠缺的还很多。

有个体农家乐经营者的村庄建立健全农家乐经营者委员会组织结构，为农家乐经营户提供共同商议发展战略的平台，使所有农家乐经营者都可以收益，避免某一农家乐门庭若市而其他农家乐却无人问津的不协调局面。农家乐经营者委员会也应该以农家乐经营管理条例为基础，以保护自身利益兼顾消费者利益为前提，制定有效的监督措施，保证买卖双方的合法权益。与此同时，也应该结合本村农家乐的经营特点，从农家乐服务人员管理、餐饮卫生管理、住宿环境管理到硬件设施管理都应该制定统一的管理规范。

（六）提高理论功底，提高农家乐各环节服务质量

北京市农家乐员工大部分都是周边农民，没有良好的教育背景，也没有定期指导和培训，仅仅依靠于经验和常识工作。在我们对消费者对北京市农家乐满意度的调查中，我们发现游客对农家乐体验活动的满意程度均为一般满意。可见，在这方面目前农家乐尚存在一定的问题。

首先，以农家乐经营者委员会为单位，定期开展学习农家乐经营管理知识的培训课程；请有经营管理经验且理论功底较强的经营者分享其经验，开展交流会。其次，对农家乐服务人员进行定期培训，统一各环节服务标准，通过培

训规范其服务行为,从而提高农家乐服务质量,使之成为旅游者在农家乐体验全过程中所经历的各个环节的满意度推动力量。

(七) 加强基础设施建设

在实地调研中,我们发现虽然绝大多数游客对现代农家乐的基础设施方面评价不错,但是,我们也亲身遇到了热水器故障、不提供空调等基础设施故障。

首先,村委会应该为农家乐经营者提供期初设施建设方面的援助。例如修建农家乐附近的道路、搭建路灯方便游客出行等。不仅如此,村委会还应该为经营状况有前景的农家乐申请扶持基金,帮助其完善基础设施。其次,农家乐经营者自身,也应该注重农家乐住所、娱乐场所、餐饮场所内的基础设施建设,为游客带来家一样的感觉。

本研究参考文献

［1］程文阁，刘彤. 北京古村落文化旅游发展状况调研与思考［N］. 北京印刷学院学报，2017（1）.

［2］孙伟甲. "农家乐"休闲旅游业的发展现状及未来［J］. 农业科技与信息，2008（08）：46-47.

［3］袁海峰. 基于SWTO分析的临安市农家乐旅游可持续发展研究［F］. 浙江农林大学，2014.

［4］谢芳. 长兴县农家乐休闲旅游产业发展分析［D］. 江西：江西师范大学，2017.

北京市乡村旅游满意度调查

项目组成员：郑碧莹　熊赵燕　王亚杰　赵　莹　邵维明
指导教师：刘笑冰

摘　要：乡村旅游作为一种以旅游度假为活动宗旨，以特色村落为活动区域，以体验乡村生活为活动特色的旅游形式，在国家政策的引导下高速成长。北京市乡村旅游也成为大部分北京及周边地区人们新的消费热点，并且正在渐渐地引领北京及其周边人民适应并支持这种新的旅游消费模式。北京市乡村旅游是一个总体呈上升趋势，有着极大发展潜力和发展前景的产业，但是近几年北京乡村旅游在发展过程中暴露出了一些问题，本小组以北京市多个具有一定乡村旅游发展基础的村落为例，进行实地考察，调查游客对北京市乡村旅游的满意程度，并找出其发展中存在的问题，提出建议，提高游客的满意程度。

关键字：北京市乡村旅游　游客满意度　模糊综合评价法

截至 2014 年年底，中国就已经拥有 200 万家的农家乐，10 万个以上的特色村镇；乡村旅游游客的数量高达 12 亿人次，它不仅展现了乡村旅游发展的成绩还体现出乡村旅游的巨大前景。但是发展是一个螺旋式上升曲折前进的过程，乡村旅游的发展也如是。乡村旅游从最初"住农家房、吃农家饭、干农家活"的简单形式，逐渐向多元化、休闲化、综合化转变，与此同时乡村旅游的活跃区域也由大都市的近郊逐渐转向大都市的远郊以及中小城市郊区扩展。当下，在休闲度假时代来临的外部因素和美丽乡村建设的内在因素双重驱动下，中国乡村旅游发展迎来全面转型升级的绝佳机遇。

一、研究背景

随着时间的推移，城市生活节奏日益加快，城市居民回归自然意愿不断增强，乡村旅游作为以农业生产、农民生活、农村风貌等为旅游吸引物，以旅游者乡村观光、度假、休闲等需求为目标的旅游产业形态。北京市作为一个现代化大都市，其本身的乡村旅游发展不但可以很好地利用起丰富的乡村资源，提高乡村人口收入，改善乡村基础设施情况，还可以引导北京市人口形成一种新的旅游消费模式。但传统乡村旅游暴露出许多问题,已经无法满足人们日益增长的需求,降低了游客对乡村旅游的满意程度。

二、研究目的

随着国家对农业、农村、农民的高度重视,促使人们学会更好地利用各种农业资源,更好地将人文和地理要素融入农业生产,从而推进了农业经济的快速发展,这些因素也有效地促进了乡村旅游的发展。目前乡村旅游虽然分布广泛,影响不断增强,但其发展中难免出现一些问题,降低了游客对其的满意程度。小组以北京市七个发展乡村旅游的村落为例,深入实地进行问卷发放和情况考察,分析游客对其乡村旅游的满意程度,找出其中存在的问题,并提出建议,以提高游客对北京市乡村旅游的满意程度。

三、问卷设计与数据收集

(一) 问卷设计

景区满意度是指游客需求满足程度的综合表现。满意度与顾客的感受关系很大,是一个主观范畴,它取决于基础设施、景区管理以及游玩体验3方面。基础设施由交通、饮食以及住宿构成;景区管理主要包括宣传、价格和服务;游玩体验主要包括活动有特色、活动丰富和风景优美。

根据实际情况,最后确立了景区满意度评价的3个一级指标以及从属于这几个指标的9个二级指标,构建了图1所示的景区满意度评价指标体系(见图1)。

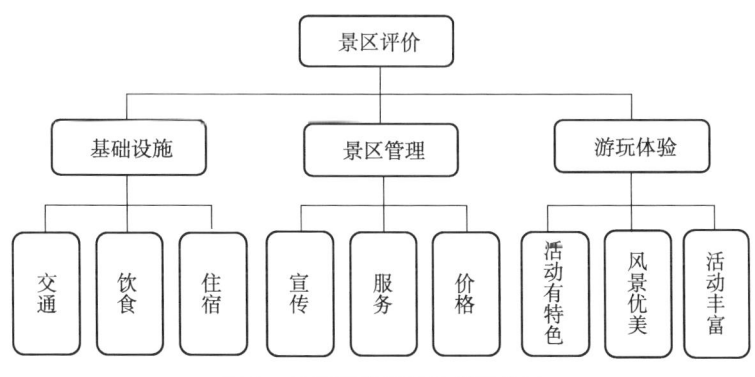

图1 景区满意度评价指标体系

问卷第三部分的题项设置，主要是参照李克特量表的形式，将景区满意度评价划分为五个等级，分别是："很不满意""不满意""一般""满意""很满意"五个等级。在对问卷的数据进行处理时，本文对五个等级的赋值分别是：1分、2分、3分、4分和5分，如表1所示。

表1　　　　　　　　　　　各个等级的赋值

景区满意度	很不满意	不满意	一般	满意	很满意
赋值（分）	1	2	3	4	5

（二）数据收集

北京市共有 10 个郊区，本次调研共选取了北京市内 7 个具有代表意义的村落并进行了走访调查。

房山十渡：位于北京市房山区十渡镇，西南和河北省接壤，地处太行山北段余脉东北侧、华北平原西北山区，距市区 80 公里。已建成西庄民俗村、九渡民俗村、西河农家院及六渡碧波园度假村已经开放并接待游人。

昌平崔村镇西峪村：处于燕山山脉深处，东山顶峰海拔 570 米，具有独特的山村景致，森林总面积 3000 多亩，森林茂密处的地下山洞，可容下 100 多人。

密云不老屯镇史庄子村：距离镇政府 15 公里，坐落于半城子水库北岸，有 148 户 320 口人，2011 年不老屯镇史庄子村被密云区列为"发展乡村旅游示范村"。

门头沟妙峰山镇水峪嘴村：水峪嘴村位于妙峰山镇南部，村域面积 2.3 平方公里，水峪嘴村积极响应"生态涵养"的功能定位，主动提前关闭采石厂，着力调整产业结构，向旅游、观光、采摘业转移。

怀柔西水峪村：西水峪民俗度假村位于怀柔九渡河镇，距北京城区 60 公里，全村共 88 户、260 口人，80%的户搞民俗旅游。2015 年该村共接待游人 30 万人次，民俗旅游收入 800 万元，占全村经济总收入的 80%。

延庆柳沟村：距北京城区 92 公里，如今该村乡村旅游接待能力已初具规模，成为该村的主导产业，该村也成为京郊乡村旅游专业村，成为享誉京郊大地的特色旅游品牌村。

丰台南宫村：位于北京西南郊，隶属于丰台区王佐镇，占地面积 4.5 平方公里，全村共有 810 户、3000 人。2007 年度"北京最美的乡村"。2017 年 11 月，荣获 2017 名村影响力排行榜三百佳。

本文采用问卷调查法进行数据收集，每个村落发放 70 份调查问卷，共发放 420 份，且组员在游客填写时，在旁进行辅导。本次调查共收回问卷 415 份，经过整理，剔除胡乱填写、填写不全等无效问卷，有效问卷达到 400 份即不再发放，问卷有效率达到 96%，因此此问卷具有代表性。

在收回的有效问卷中，被调查的男性有 169 人，占比 42.25%，女性 231 人，占比 57.75%。其中 15～30 岁的 164 人，占比 41.00%；30～45 岁的 105 人，占比 26.25%；45～60 岁的人 87 人，占比 21.75%；60 岁以上的 44 人，占比 11.00%。基本上涵盖各个年龄层段的游客，因此证实此次调查数据具有代表性。具体分布情况如表 2 所示。

表 2　　　　　　　　　　　游客构成表

分类指标	选项设置	计数（人）	百分比（%）
性别	男	169	42.25
	女	231	57.75
年龄	15～30 岁	164	41.00
	30～45 岁	105	26.25
	45～60 岁	87	21.75
	60 岁以上	44	11.00

数据来源：问卷调查。

四、基于模糊综合评价法的满意度分析

（一）模糊综合评价的基本原理

模糊综合评价法是应用模糊集合的概念将定性评价指标定量化，从而实现系统评价的一种方法，特别适用于多因子或者多目标的系统。模糊综合评价的基本步骤有：第一，确定评价的指标集。假设这里用 W 表示二级指标，w_1、w_2 和 w_3 分别表示 W 的三级指标，w_{ij} 表示第 i 级指标的第 j 个细分指标，则根据图 1 有：$W = (w_1, w_2, w_3)$，同时，$W_1 = (w_{11}, w_{12}, w_{13})$，$W_2 = (w_{21}, w_{22}, w_{23})$，$W_3 = (w_{31}, w_{32}, w_{33})$。第二，确定指标权重。指标权重主要用来衡量不同指标之间的相对重要程度。

（二）各级权重的确立

本研究采用简单的权重分析，即判断标准简单地认为等于被调查者本身的意愿所占的比重。由此来简单判断游客对景区满意度评价的 3 个一级指标和 9 个二级指标所占的权重。

经统计，在关于景区满意度的整体陈述中，认为基础设施重要、景区管理

重要、游玩体验重要 3 项指标的权重依次为 20.75%、29.00%、50.25%；在二级指标中，由于每个指标均为景区满意度评价的不同方面，因此指标间没有权重的区分，每个指标均同等重要。评估指标和指标权重如表 3 所示。

表 3　　　　　　　　　　景区满意度评估指标及权重

一级指标（权重）	二级指标（权重）
基础设施（0.21）	交通（0.32）
	住宿（0.25）
	饮食（0.43）
景区管理（0.29）	宣传（0.13）
	服务（0.62）
	价格（0.25）
游玩体验（0.50）	活动有特色（0.39）
	活动丰富（0.22）
	风景优美（0.39）

数据来源：问卷调查。

（三）二级指标模糊综合评判

首先，进行性别与满意度整体评价之间的关系。总体来看，50.25%的人认为游玩体验最关键，20.00%的人认为景区管理最关键，20.75%的人认为基础设施最关键。由此可见，无论是男性还是女性都最关注游玩体验，甚至有57.14%的女性认为游玩体验是最重要的。这说明，游客对景区最看重的就是游玩体验，这是因为游玩体验是一个景区给人最直观的感受（见表 4、图 2）。

表 4　　　　　　　　　　　性别和一级评价表

性别	基础设施	景区管理	游玩体验	全部
男	26.04%	33.14%	40.83%	100.00%
女	16.88%	25.97%	57.14%	100.00%
全部	20.75%	20.00%	50.25%	100.00%

其次，年龄与景区满意度整体评价之间的关系，统计数据如表 5 所示。分析数据可知，15～30 岁的游客最看重游玩体验，占比高达 60.98%；年龄段为 30～45 岁的游客最看重基础设施，占比达到 36.19%；年龄段为 45～60 岁的游客最看重景区管理，占比高达 52.87%；年龄段为 60 岁以上的游客最看重游玩体验，占比高达 63.64%。造成这种差距的主要原因为年龄段为 15～30 岁和 60 岁以上的游客多为青少年和老年人，这类人在外出时多以游玩为主，故大多最为看重游玩体验，而年龄段在 30～45 岁的游客多为游玩的策划者，他们大多充

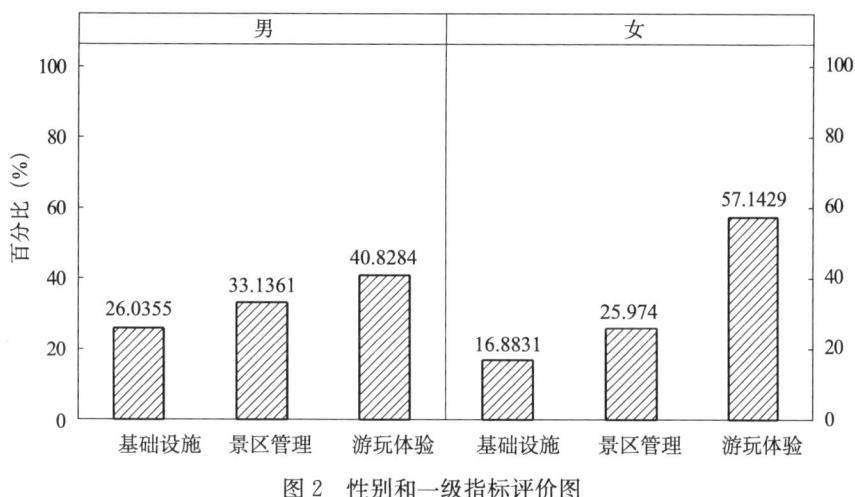

图 2 性别和一级指标评价图

数据来源：问卷调查。

当着司机和导游的角色，故这类人对景区的基础设施最为看重；年龄段在45～60岁的游客，人至中年，对景区的服务价格等方面比较敏感（见表5）。

表 5　　　　　　　　　　　年龄和一级指标评价表

年龄	基础设施	景区管理	游玩体验
15～30 岁	22.56%	16.46%	60.98%
30～45 岁	36.19%	29.52%	34.29%
45～60 岁	4.60%	52.87%	42.53%
60 岁以上	9.09%	27.27%	63.64%

数据来源：问卷调查。

（四）数据整理

经过对问卷的数据整理，由表6，可以看到每个选项对应的百分比分布，进行加权平均后，得到权重判断结果如表7所示（见表6、表7）。

表 6　　　　　　　　　　　调查问卷案结果

因子层因素	各个选项对应的人数				
	很不满意	不满意	一般	满意	很满意
交通	12.00%	35.25%	39.50%	10.25%	3.00%
住宿	0.57%	10.25%	66.50%	18.75%	3.75%
饮食	1.00%	13.75%	65.00%	18.25%	2.00%

续表

因子层因素	各个选项对应的人数				
	很不满意	不满意	一般	满意	很满意
宣传	1.50%	11.00%	24.75%	50.50%	12.25%
服务	0.75%	13.00%	56.00%	27.00%	3.25%
价格	6.50%	26.75%	52.75%	11.75%	2.25%
活动有特色	1.50%	23.50%	49.75%	20.25%	4.75%
活动丰富	1.50%	29.50%	48.50%	13.25%	7.25%
风景优美	0.00%	4.75%	21.00%	53.00%	21.25%

数据来源：问卷调查。

表7　　　　　　　　　一级和二级模糊评价结果

一级指标	指标权重	二级指标	指标权重	各个选项对应的人数比例				
				很不满意	不满意	一般	满意	很满意
基础设施	0.21	交通	0.32	12.00%	35.25%	39.50%	10.25%	3.00%
		住宿	0.25	0.57%	10.25%	66.50%	18.75%	3.75%
		饮食	0.43	1.00%	13.75%	65.00%	18.25%	2.00%
景区管理	0.29	宣传	0.13	1.50%	11.00%	24.75%	50.50%	12.25%
		服务	0.62	0.75%	13.00%	56.00%	27.00%	3.25%
		价格	0.25	6.50%	26.75%	52.75%	11.75%	2.25%
游玩体验	0.50	活动有特色	0.39	1.50%	23.50%	49.75%	20.25%	4.75%
		活动丰富	0.22	1.50%	29.50%	48.50%	13.25%	7.25%
		风景优美	0.39	0.00%	4.75%	21.00%	53.00%	21.25%

数据来源：问卷调查。

五、北京市乡村旅游满意度测评

（一）北京市乡村旅游满意度模糊综合评价

根据表7，可得到评估指标的权重向量 W＝（0.21，0.29，0.50），一级模糊矩阵为

$$R_1 = \begin{bmatrix} 0.12 & 0.35 & 0.40 & 0.10 & 0.03 \\ 0.01 & 0.10 & 0.67 & 0.19 & 0.04 \\ 0.01 & 0.11 & 0.25 & 0.51 & 0.02 \end{bmatrix}$$

，模糊综合评估结果为：B＝WR₁＝（0.21，0.29，

$$0.50)\begin{bmatrix} 0.12 & 0.35 & 0.40 & 0.10 & 0.03 \\ 0.01 & 0.10 & 0.67 & 0.19 & 0.04 \\ 0.01 & 0.11 & 0.25 & 0.51 & 0.02 \end{bmatrix}, B_1 = \frac{0.03*1+0.16*2+0.40*3+0.33*4+0.03*5}{0.03+0.16+0.40+0.33+0.03} =$$

3.18，通过相同的办法，可以计算出 $B_2=3.09$，$B_3=3.44$ 和所得二级模糊综合评价结果，如表8所示。

表8　　一级和二级模糊综合评估结果

一级指标	评估结果	二级指标	评估结果
基础设施	3.18	交通	2.57
		住宿	3.15
		饮食	3.06
景区管理	3.09	宣传	3.59
		服务	3.18
		价格	2.75
游玩体验	3.44	活动有特色	3.02
		活动丰富	2.93
		风景优美	4.05

数据来源：计算得出。

由表8得出，游客对于北京市乡村旅游的总体满意度为一般，对基础设施的满意度为3.18，其中对交通的满意度为2.57，对住宿的满意度为3.15，对饮食满意度为3.06；对景区管理的满意度为3.09，其中对宣传的满意度为3.59，对服务的满意度为3.18，对价格的满意度为2.75；对游玩体验的满意度为3.44，其中对活动有特色的满意度为3.02，对活动丰富的满意度为2.93，对风景优美的满意度为4.05。

（二）北京市乡村旅游满意度结果分析

1. 村落环境优美，具有鲜明的村落文化

开展乡村旅游的村子虽然地理位置相对偏僻，但是各个村落以其特有的田野风光和远离城市喧嚣且幽雅的自然生态环境满足了现代都市人返璞归真的需要。同时，很多村落拥有各自的特色与村落文化，优美的自然环境与特色文化的交融成为这些村落吸引游客的优势。

2. 从业人员缺乏专业培训

乡村旅游发展改善了村落居民的生活，村民参与度高，大多数村民都热情

好客、服务周到、定价实惠，给游客一种亲切的感觉。但由于从事乡村旅游的村民大多没有经过专业的培训，所以服务水平有限，不能满足游客的一些个性需求。

3. 交通不便，通达度低

村落地理位置大多远离城市，而相对偏远的地理位置就导致乘坐公共交通出行的繁琐和不便，且村落所在地区公交线路少，公交发车频率低。偏远的地理位置，不够便捷的公共交通，在一定程度上，打击了北京城区游客选取公共交通方式前往旅游的积极性。

4. 产品缺乏特色，价格设置不合理

经调查发现乡村旅游产品多是产品附加值较低或没有产品附加值的农产品，缺乏村落特色，且由于监管不到位，价格设置没有统一的标准，存在价格不合理的现象。

5. 乡村旅游发展形式单一

经走访发现，由于乡村旅游地开发经营者对乡村旅游的认识不够深入，忽视了对乡村文化内涵和乡村特色文化资源的挖掘，乡村旅游发展的形式大多局限于当地农业的观光。多数村落的旅游活动设置简单，形式单一，且只注重农产品观光和农事活动的开发，不能很好地融入和弘扬当地的特色文化，也不能使游客在短暂的活动中深刻感受到村落的特色所在。

六、提高北京市乡村旅游满意度的对策

通过走访调查乡村旅游景点的实际感受和数据的分析、研究，结合在习总书记提出的"乡村振兴战略""绿水青山就是金山银山"理念的大背景，本小组认为北京市乡村旅游目前的发展水平还不能够完全满足"现代型、创新型"旅游的需要，因此，针对上述问题，本小组给出如下建议：

（一）加强宣传力度，打造专属品牌

景区的发展状况与宣传力度密不可分。加强对景区的宣传力度是促进乡村旅游发展，提升当地经济水平的前提。景区的经营者应通过互联网、电视等媒介对景区大力宣传，积极与各个旅行社、旅游网站取得联系，建立长期合作伙伴关系，建成良好的合作机制，形成"旅行社＋农村"的发展模式，带动景区周边经济发展；在政府的指导下，积极发展本地区乡村旅游产业，形成符合国家标准的规范化、质量化的乡村旅游示范村，打造属于自己的专属品牌，增强市场竞争力，同时为北京市其他地区的乡村旅游发展做示范，并形成辐射带动作用。

(二) 加强景区管理与服务，充分利用景区资源

提升服务质量是促进乡村旅游发展的重要保障。对景区内的服务人员进行系统培训，组织服务人员到发展较好的景区进行游学参观、学习经验、吸取教训、为己所用，培养出一支有理念、有新意、有技术的高素质服务团队。

管理对旅游产业的发展具有推动作用。针对北京市乡村旅游发展现状来看，首先就要加大乡村旅游村落的自然环境管理力度，弥补旅游产业的发展对生态环境带来的破坏；其次为提升人文环境，农民热情好客的本质不能变，要牢记初心；再有即是对乡村旅游村落基础设施的管理，如改善村容村貌，优化交通环境，提高景区秩序。

大多数旅游产业的发展多集中体现在规模大、内容丰富，而就北京市的资源现状来看，北京市乡村旅游的发展更应注重资源的有效利用，即合理规划、有序开发，充分利用的少而精的发展理念。以多种途径、多种形式对旅游资源充分利用，为消费者带来别具一格的旅游体验，形成自己的特色产业。

(三) 打造村落文化，建设特色乡村旅游

传统村落文化可以为乡村旅游带来更大的发展空间，文化活动的开展可以提高游客游玩体验满意度，让本地区的精神文化得以发扬和传承，拉动当地旅游业的发展与居民收入的提升，从而使乡村旅游发展与经济发展并行。

一方面，村落文化的挖掘和利用越来越成为乡村旅游发展的灵魂，历史悠久的文化底蕴与文化活动，为城市的快节奏生活带来缓冲，使得久居于城市的人们能够放慢脚步，静静地享受村落文化带来的特色体验，从精神上得到满足；另一方面，由于各地区存在文化差异，在乡村旅游中注入传统文化活动能有效增加消费者游玩兴趣与游玩体验，在此基础上，为村落文化引入新的、现代化的元素，形成文化创意产业，来满足人们日益增长的需求体验，将传统乡村旅游竞争转化为文化的竞争，提升市场地位，提高竞争优势。

(四) 依靠互联网技术，打造现代化乡村旅游模式

如今是信息化时代，大数据的时代，先进的互联网科技，为北京市乡村旅游带来了机遇。首先，应利用互联网技术，搭建网络宣传服务平台。一方面，建立具有本土特色的网站，丰富网站内容，供大众浏览，提高本地区乡村旅游知名度；另一方面，通过微信公众平台建立本地区的公众号，定期推送图文宣传景区，及时推送优惠活动等，为收集消费者旅游意愿及需求变化的数据提供平台。其次，通过互联网与第三方电子商务平台建立合作伙伴关系，将本地区的产品以及服务推广出去；除此之外，最重要的是，把最先进的互联网技术与

乡村旅游相融合，如大数据、云计算等，并渗透到乡村旅游中去。通过及时掌握大数据下的消费者旅游观念的转变与日新月异的需求增长，及时、准确地自我定位，调整发展战略，紧跟时代步伐，牢牢把握乡村旅游发展方向，打造出现代化、创新型乡村旅游模式。

本研究参考文献

[1] 张红. 互联网时代下乡村旅游的转型升级思考 [J]. 中国农业信息, 2016 (16): 14-16.

[2] 欧丹丽. "互联网+"背景下肇庆市乡村旅游产业发展现状及对策研究 [J]. 科技经济市场, 2017 (09): 76-78.

[3] 乔海燕. 美丽乡村建设背景下浙江省乡村旅游转型升级研究 [J]. 中南林业科技大学学报（社会科学版）, 2014, 8 (01): 27-30.

[4] 工国华. 北京郊区乡村旅游产业转型升级的路径与方法 [J]. 北京联合大学学报（人文社会科学版）, 2013, 11 (04): 28-35.

[5] 曾乃钰. 全域旅游视角下我国乡村旅游转型升级的路径 [J]. 中国集体经济, 2017 (28): 1-3.

[6] 孙冰. 供给侧改革与乡村旅游的转型升级路径初探 [J]. 旅游纵览（下半月）, 2017 (09): 115.

[7] 胡敏. 我国乡村旅游专业合作组织的发展和转型——兼论乡村旅游发展模式的升级 [J]. 旅游学刊, 2009, 24 (02): 70-74.

[8] 赵华, 于静. 新常态下乡村旅游与文化创意产业融合发展研究 [J]. 经济问题, 2015 (04): 50-55.

[9] 毛峰. 生态文明视角下乡村旅游转型升级的路径与对策 [J]. 农业经济, 2016 (04): 30-32.

北京休闲农业消费者调查

项目组成员：王　蕊　李　煜
指导教师：邓　蓉

摘　要：近年来，随着我国经济的发展，人们的生活水平逐渐提高，休闲农业深得居民喜爱。在此同时，所面临的挑战也尤为严峻。在这种社会大环境下，如何将北京的休闲农业做得更加规模化、组织化、产业化、创意化，更能满足消费者需要，将中国特色社会主义发挥得淋漓尽致，成为现阶段得重点问题。因此，应对我国近年来对休闲农业发展方面出台的政策进行研究和分析，以此为基础，对北京休闲农业的基础设施建设、旅游文化提升、乡村景观设计、乡土文化挖掘、休闲设施开发和新型科学技术与休闲农业相结合等方面下功夫，把调整结构、优化布局、人才培育、产品开发、品牌设计、设施改造等方面落到实处。通过调查消费者对如今休闲农业的满意程度，可以反映出休闲农业面临的问题。

关键词：休闲农业　问题分析　措施　发展前景

在现阶段我国经济发展大条件下，休闲农业是最符合我国国情、北京市市情的经济发展形式，既带动北京郊区甚至边远地区的经济发展，促进原本缺乏环境建设和文化建设的边远地区的开发速度，使当地居民收入增加，带动经济稳步增长，又能刺激游客进行消费，提高我国国内生产总值水平，以此进行良性循环。在市场化日趋扩大的今日，休闲农业是必然的产物，并且随着市场需求量的扩大而不断发展。市场的扩大必然会带来强有力的竞争和夹杂着或多或少的问题与漏洞。如何提高市场竞争力、提高休闲农业发展产物的质量成为至关重要的问题。休闲农业从最初以种植采摘园、农家乐的乡村旅游方式发展为民俗文化旅游农庄的形式，再发展为现今正处于起步阶段的科技化、人文化、创业化的休闲农庄，休闲农业的发展呈现出多元化的趋势。一个好的休闲农业生态园要想在北京扎根立足并做强做大，不仅要在休闲农业区域发展规划、休闲农业活动体验项目设计与开发、休闲农业旅游产品规划与开发等基础方面有所突破，提高农庄环境质量，还要在休闲农业市场营销规划与开发、休闲农业经营管理方面做好功课，打造出一个真正富有市场竞争力的休闲农庄。因此在本次调研中,主要对京郊的消费者做问卷调查,从消费者的角度去研究休闲农业现如今的形势和未来发展空间。

一、研究背景

休闲农业的类型,一是,从空间特征上来看:都市依附型、风景依附型和城镇依附型。根据我们小组的调查研究,发现北京市的休闲农业主要是风景依附型和小城镇依附型。二是,从休闲项目类型看:观光型、参与型和度假型。观光型是比较传统的休闲农业形态;参与型休闲农业的主要体现就是采摘园、购物等;度假型休闲农业体现的比较多的方式是农家乐的形式。

休闲农业对社会和居民的影响:第一,休闲农业的兴起使北京市民年收入稳步提高,市民消费水平也受到影响。近几年,农家乐和乡村旅游数量逐年增加、休闲农业的发展十分可观。休闲农业项目的年收入稳步增加,例如密云区的古北水镇从2014年到今年才开业3年,游客量就突破了245万,旅游收入达到了7.35亿元。古北水镇抓住了时代发展的机遇,利用多元化经营方式受到无数游客的追捧。第二,可以缩小城乡差别,提高市民素质。通州、平谷、门头沟一些贫苦落后的村子通过"新农村建设"的政策,大力发展,从乡村成功发展为小城镇。例如位于昌平区北七家镇的郑各庄村,被评为北京最美乡村,现有村民1450人、500多户,该村通过产业调整,现主要以第二、第三产业为主:以宏福建工集团为主体的建筑业、科技园;以温都水城为中心的文化旅游产业;有本村最为特色的养老福利保障,如今俨然将村庄改造了美丽的城镇。2011年进账21亿元,上缴税金2.4亿元,农民人均纯收入45500元。第三,使农业更快地与第三产业对接,有利于经济结构的调整。像郑各庄村的乡村发展,将第二、第三产业完美对接,迎合了"调整经济结构"的政策。第四,有利于调节人与自然的关系,使资源得到合理利用。位于房山区西南方的十渡风景区利用自身独特的喀斯特岩溶地貌,与当地的生物山水特色相呼应,"十八个渡"各有其特色,景区整体来看,对自然风景的保留度非常高。

二、研究目的

休闲农业的发展带动了经济的发展,同时也或多或少的存在一些问题。本文的研究目的在于通过对消费者进行调查,分析北京休闲农业发展现状,从消费者对北京休闲农业的体验情况的数据中发掘北京休闲农业存在的一些问题,并提出合理的解决方案，提高北京休闲农业的质量，并树立企业品牌、企业文化，让北京休闲农业成为推动北京经济发展的强大动力，也为全国的休闲农业工作树立典范。

三、数据分析

（一）消费者基本情况

1. 被调查者性别：受访者的男女比例约为 45∶55，男女占有的比例相差不大，基本是保持平衡的。因此可以看出，男士和女士参与休闲农业的差异不大，现如今休闲农业对他们的影响是相对平衡的（见图1）。

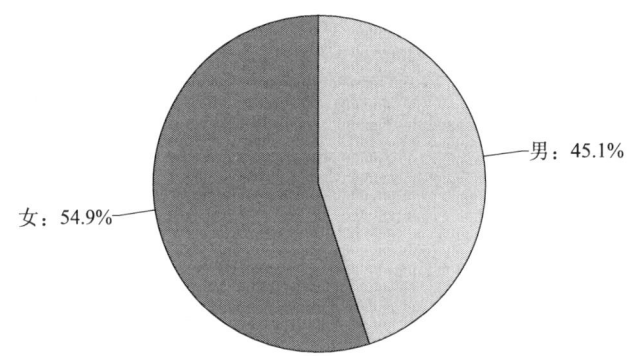

图1　受访者男女比例分析

2. 受访者年龄分布：受访者的年龄分布比较广泛，各个年龄段皆有涉及，经过分析发现受访者年龄主要聚集在18～50岁。可见休闲农业的发展对青年、中年的影响力比较大（见图2）。

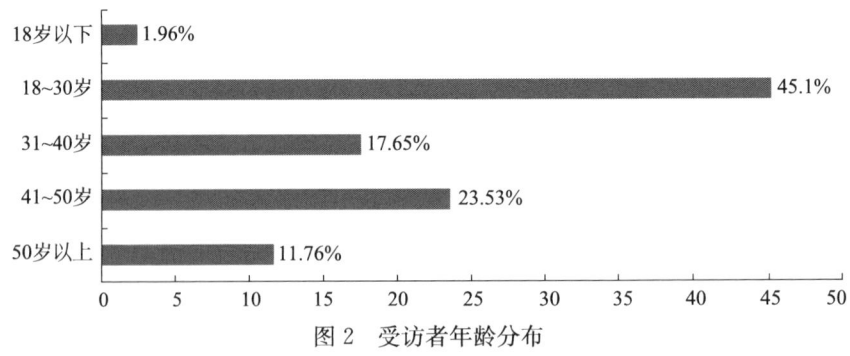

图2　受访者年龄分布

3. 受访者的学历分布：学历比重最大的是大专（15人）和本科（23人），约占受调查总人数的75%。由此看出，这个知识层面的人对农业旅游文化的关注度比较高。所以，休闲农业的发展会对他们的影响比较大（见图3）。

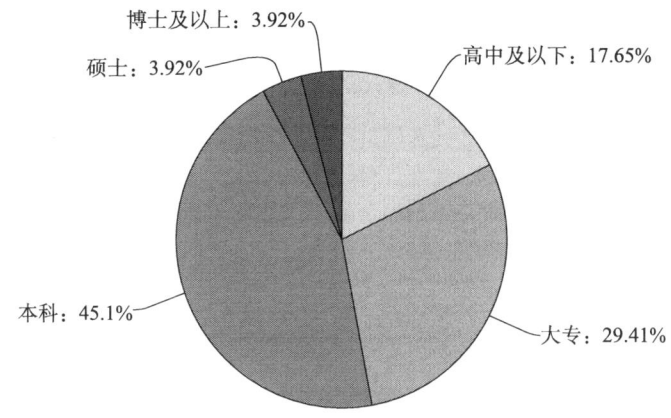

图3　被调查者的学历

4. 受访者的居住地：由于采访、考察地存在局限性，主要考察了房山、昌平、大兴、密云等区，基本上受访者都是景区、采摘园的本地人员，所以我们此次的调查的数据主要偏向于这几个区。由图4可看出虽然有些地区没有受访者信息，但是主要的几个区还是有受访者分布的，信息相对来说比较充分。

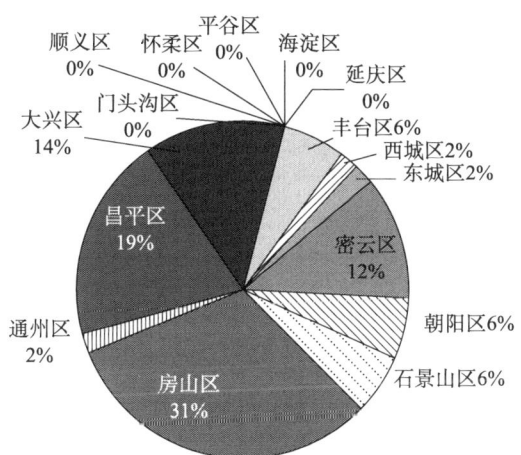

图4　受访者居住地分布

5. 关于受访者的职位：到休闲农业项目基地（农家乐、采摘园，观光景区等）游玩的游客中，大多数是学生、普通员工和文员或者在政府机关或者事业单位工作的人员。通过和他们交流沟通以及组内讨论，我们总结了几个主要原因是：（1）这些游客与外界接触多，平时读书上网也很频繁，对于生活有更多的激情和要求；（2）这些游客的空闲时间比较多，假期也比较充足；（3）从事以上职业的游客与人交流多、更有可能在朋友推荐介绍下去观光游览休闲农业相关产业（见图5）。

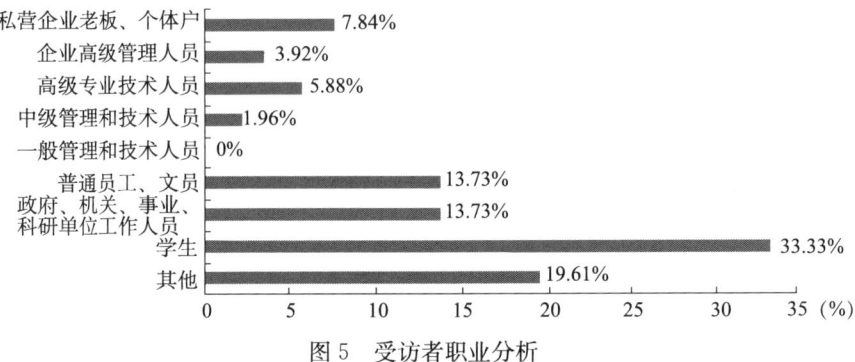

图5 受访者职业分析

6. 受访者月收入：调查问卷从1000元到8000元以上主要分了五等作为选项。拿到数据后发现，受访者的人均月收入差别不是很大，因此认为，休闲农业相关项目对社会各层人员的影响力比较均匀，差别不大（见图6）。

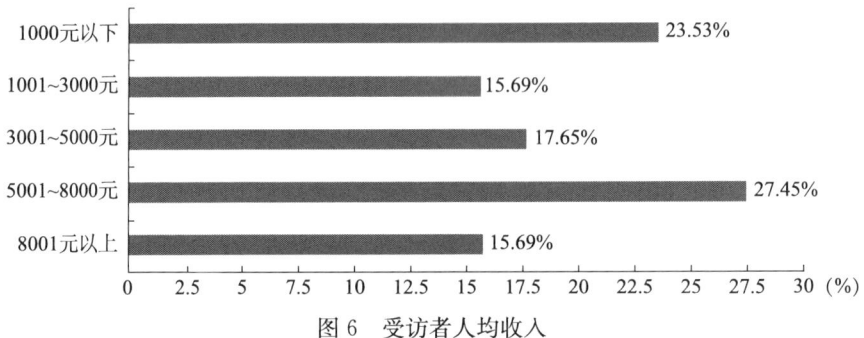

图6 受访者人均收入

（二）消费者参与休闲农业状况分析

1. 参加休闲农业项目的类型分析

受访者参加休闲度假型的人占比重最多（64.71%），参加观光旅游型（47.06%）和朋友聚会社交型（41.18%）的人数也很多，很少有人参加学习交流型和庆典、商务会型。因此，我们的现状分析和问题措施的讨论主要分析比重比较大的五种类型（见图7）。

2. 休闲农业基地参观游览的原因

游客们来到休闲农业相关基地参观一定有他们的目的，抱着来缓解压力的游客占比中最多（56.86%），看来在现在这个快节奏的社会，有越来越多的人压力加大。因此，休闲农业在缓解压力上的作用很大。另外，也有49.02%的受访者会在余暇时间充足的情况下来观光游览（见图8）。

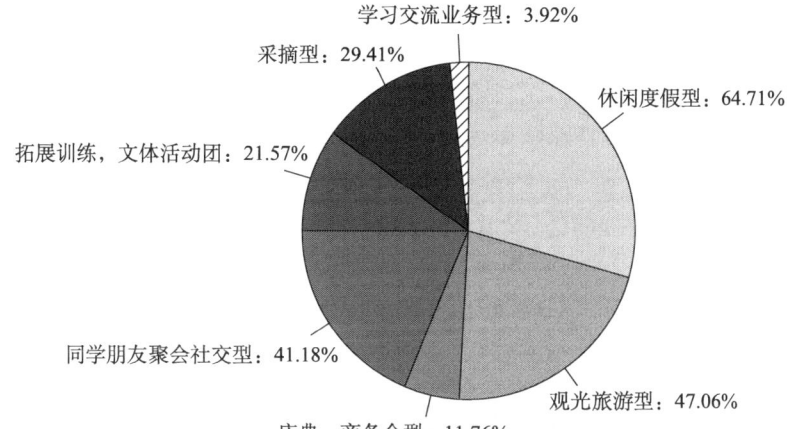

图7 受访者选择休闲农业类型的比重分析

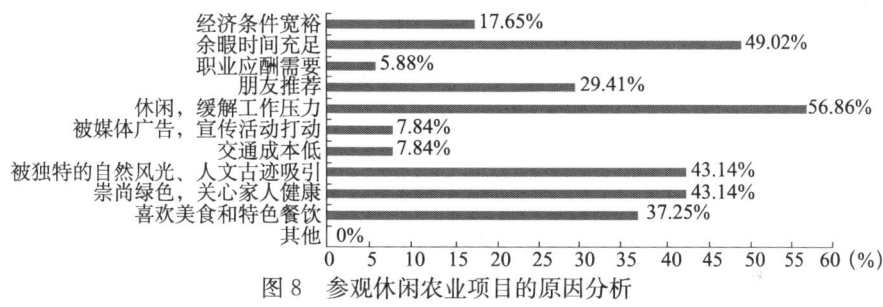

图8 参观休闲农业项目的原因分析

3. 被休闲农业主要因素吸引的分析

问卷上列出的几个因素都被受访者认可,他们的比重相差不大,说明这些因素都是休闲农业受游客欢迎的主要原因(见图9)。

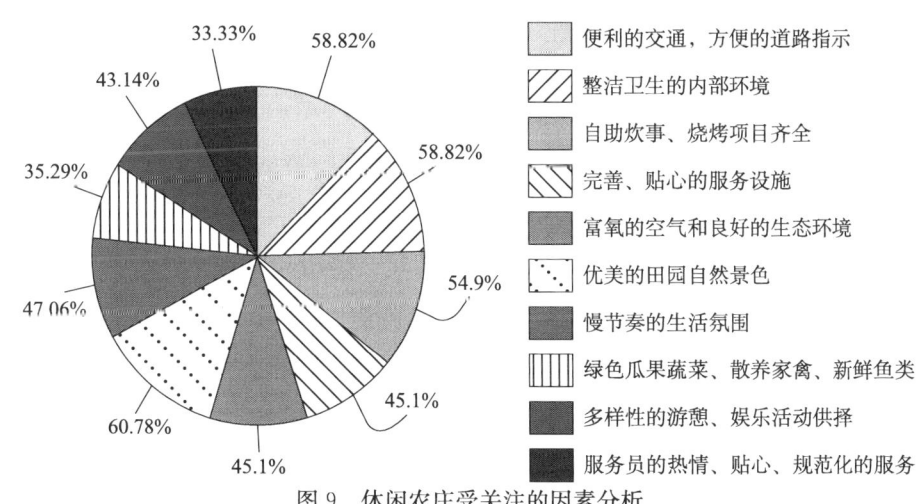

图9 休闲农庄受关注的因素分析

4. 受访者去休闲农业项目的频率和时间

游客们参观休闲农业基地的频率都不是很频繁，大概一至三个月去一次的频率最高，说明游客们都是通过业余时间去参观的，休闲农业的存在并没有影响正常生活。受访者停留在休闲农业基地的时间：大多数受访者都在休闲农场停留一天（33.33%）或停留两天一夜（37.25%）。

5. 受访者比较重视的休闲农场的设施

本次调研的受访者中，有高达62.75%的受访者更看重休闲农庄的餐饮和体验设施；49.02%的游客看重保健操、康体设施；看重民俗体验设施的比率最少，只有13人次。看来，休闲农庄的餐饮、保健设施更加吸引游客的关顾（见图10）。

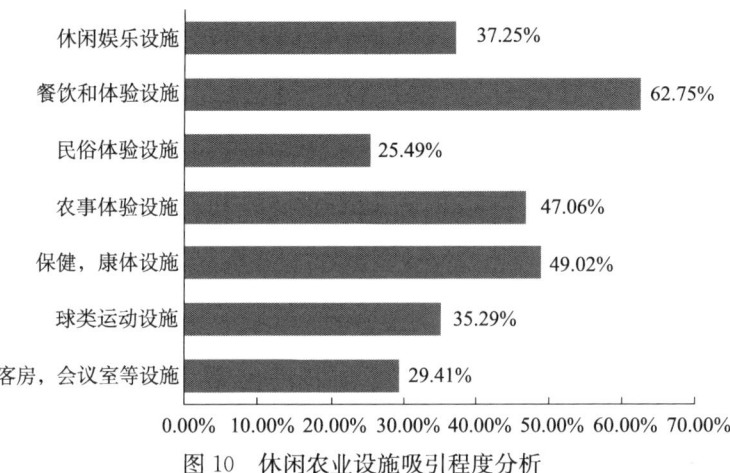

图10　休闲农业设施吸引程度分析

6. 受访者到休闲农庄支出的分析

受访者在休闲农庄的消费支出大约集中在100～500元之间，说明这个价位的休闲农场游览设施、景色、美食比较受欢迎（见图11）。

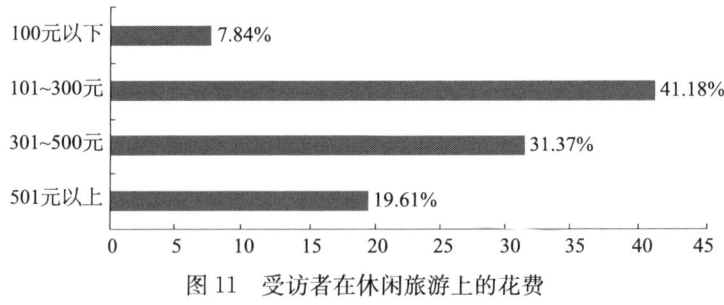

图11　受访者在休闲旅游上的花费

7. 受访者对休闲农场和乡村旅游的看法

在受访者中，比重最多的看法是认为有特色的（占比重37.25%）；同时也有 25.49% 的游客认为现如今的休闲农业和乡村旅游毫无新意,考虑到每位游客对设施要求的不同,这一点问题还有待考察。而很少有受访者选择目前的休闲农业和乡村旅游缺乏文化内涵。由此可见,我们目前的休闲农业发展的主线是围绕农业和乡村的背景文化的(见图12)。

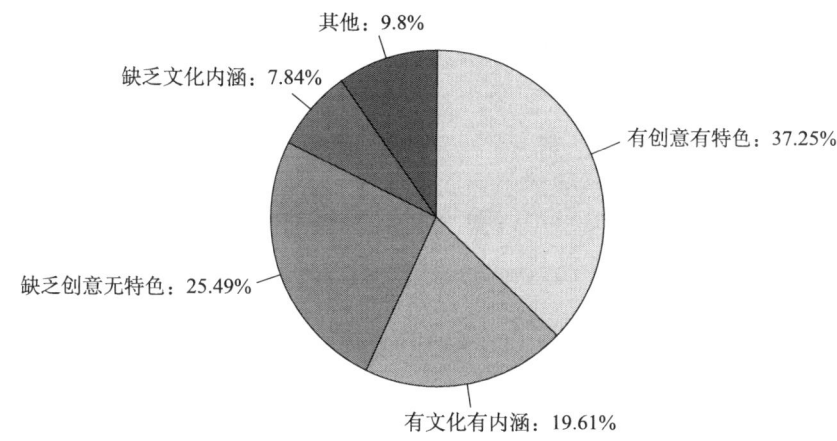

图 12　对休闲农业设施的看法

8. 对休闲农业设施的意见

有 45.1% 的受访者认为休闲农业的设施和项目少,希望可以增加一些项目;39.22% 的被访者认为休闲农业的宣传力度不够,需要通过宣传增强知名度;也有一部分受访者认为休闲农业项目设施价格偏高,可能有部分地区的农家乐费用较高(见图13)。

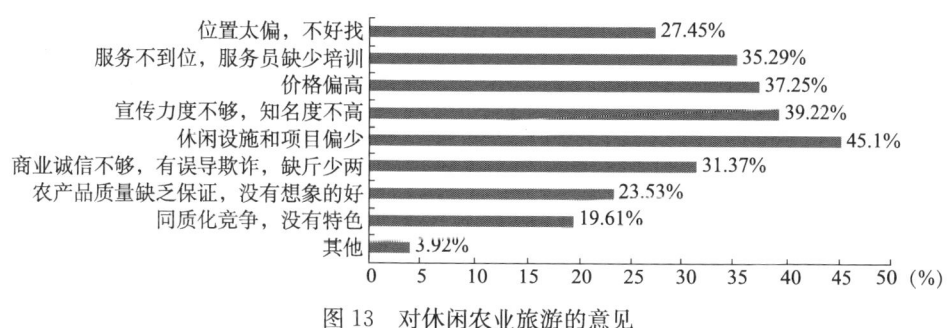

图 13　对休闲农业旅游的意见

四、从消费者角度反映出的问题

根据实践调研以及对消费者的问卷调查,我们认为从消费者的角度来看,现在的休闲农业存在一些问题。

（一）大同小异，缺乏新意

受访者反映很多休闲农业项目都有较明显的模仿痕迹，采摘园、观光区特色不明，同质同构现象明显，造成原因是经营形式简单雷同，活动缺乏创意，项目缺乏特色。我认为休闲农业农庄的建设应该因地制宜、量力而行，根据景区自然景色和本地生物为基础。

（二）项目单一

通过问卷调查发现，一些休闲农业企业发展模式和服务功能单一，如休闲风景区只有观光风景、采摘园只有果蔬、风景和项目设施很少。在受访者中有很多游客提出建议，希望农庄设施和项目可以再全面一些。

（三）部分休闲农庄价格偏高，而且商业诚信不够

在我们的问卷调查中，有受访者反映采摘、游玩设施的价格比较贵，小组成员抽空在房山十渡景区的实践中发现，当地"烤鱼"等美食的经营者给出的价格不一，存在商业诚信度不高的问题；部分消费者提出在景区出售的食品和特产果实存在缺斤少两现象。

五、举措

（一）科学规划，建立休闲农业企业特色

休闲农业的开发是一项较为复杂的工程，涉及诸多方面的因素。所以休闲农业企业必须制定科学的发展规划，保证农业项目开发的可行性，分配布局的合理性，努力做到休闲农业与经济发展、社会环境等各方面的协调发展。由于休闲农业发展迅速，休闲农业服务项目数量越来越多，如果一个休闲农业企业没有自己的特色，那么很难在激烈的竞争环境中生存下去。所以必须要充分了解北京地区的资源情况、客观环境以及客源市场等诸多因素，准确定位，建立自己的企业文化特色。

（二）加大旅游产品的开发，提高旅游产品质量

休闲农业旅游产品丰富多样，质量却参差不齐。休闲农业企业应提供绿色环保、科技含量高的旅游产品，旅游产品应具有明显的季节性、地域性的特征，充分彰显休闲农业的地域特色和其独特的文化内涵。最重要的就是要保证旅游产品的品质，不能拿残次品糊弄消费者，出现缺斤少两的情况。实行消费者监

督机制，并加大奖惩力度。

（三）加强管理体系，监督休闲农场经营者

有关部门要加强对经营者的监督，最好可以按休闲农业园类别制定统一的收费标准，防止商户缺斤少两或者私自涨价。定期对休闲农业园进行抽查，确保餐饮的卫生、娱乐设施的质量，保护好广大消费者的切身利益。

六、结论

（一）消费者参与休闲农业的主要类型

消费者们参与休闲农业的主要原因是缓解工作上的压力，最受消费者欢迎的休闲农业形式是休闲度假型和观光旅游型。农村优美的自然景观和富有乡村野趣的农村生活，对久居城市的人们有着不可抗拒的吸引力，农业观光旅游集田园风光和高科技农业于一体，满足旅游者回归大自然的需求。可以采用农场的形式，引种蔬菜、瓜果、花卉、苗木以及养殖各种动物，使游客可以参观，也可以品尝或购买新鲜的农副产品，所以比较受消费者喜欢。

（二）消费者在休闲农业上的花费

根据调查，受访者基本会在休闲农业园停留1～2天；花费在100～500元之间。接受调查的消费者一般都是学生或者企业工作人员，学业工作比较繁忙，因此不会在休闲农业园停留太多时间。根据他们的生活水平，薪资在5000元左右，因此不会花费太多在观光这方面。

（三）消费者对如今的休闲农业的看法

被调查的消费者中，有超过一半的受访者非常重视休闲农业园的餐饮和体验措施两个方面。说明消费者参与休闲农业主要是去体验当地的特色美食和新奇的措施。然而在调查中有不少消费者提出休闲农业园有一定特色，但是缺乏新意。我们实践的过程中也发现如今的休闲农业园、游览观光园都是大同小异，缺乏地区特色，这可能是影响客流量的因素之一。希望休闲农业园的开发者能够多结合本地区的特色，增加设施。

本研究参考文献

[1] 耿红莉．休闲农业与乡村旅游发展理论和实务［M］，中国建筑工业出版社，2015.3.
[2] 李光跃．休闲农业与乡村旅游概论［M］，四川：四川科学技术出版社，2014.6.
[3] 郭焕成．乡村旅游理论研究与案例实践［M］，中国建筑工业出版社，2010.9.

北京智慧农业发展现状与对策研究

——基于北京农业合作社的调查

项目组成员： 宋　展　任高艺　李　乐　张一铭　杜诗青
指导教师： 胡宝贵

摘　要： 我国是一个农业大国。农业可以称为人类最早接触的产业，不仅是帮助人类更新进步的第一产业，也是人类赖以发展和延续的物质基础保证。本研究通过物联网、云计算、大数据、移动互联的使用推广程度以及农业产业链两个角度对北京市农业合作社的智慧农业发展现状进行调研，对数据进行统计、分析，预测不同发展程度的种植户参与智慧农业的概率。对北京智慧农业进行深入研究，并对数据做出分析报告，进而对北京智慧农业发展提供参考借鉴。除此之外我们还对当前国内外智慧农业技术推广体系、发展进程进行梳理，为今后的智慧农业技术推广体系的建立奠定基础。应用文献计量法，以中国知网数据库为原始文献来源，高级检索"主题"＝"智慧农业""发展"，时间为2012～2017年，分析所获得550篇文献的发表年份、期刊分布。着重分析解读智慧农业技术的内涵、特征等，总结我国目前智慧农业技术存在的问题和相应解决对策。

关键词： 智慧农业　合作社　发展　现状　对策

目前，我国农业发展主要靠品种改进、大量施用化肥和耕种管理机械化等措施，在耕地面积不断减少和坏境恶化的基础上，农业高产增收的潜力已经很有限，未来我国现代农业发展的主要潜力和方向是构建转型的智慧农业体系和模式，大力发展现代农业和实现农业信息与生产安全现代化。智慧农业是一种新型农业发展模式，世界各国都力求从智慧农业理念出发，构建一种农业科技与人类健康互相关照的农业发展新模式。研讨智慧农业发展的思路，这对实现我国农业的持续、稳定、和谐发展具有重大的意义。

一、调研背景

智慧农业是一种现代新型农业发展模式,世界各国都在力求从智慧农业的理念出发,构建出一种农业科技与人类健康互相照应的农业发展新模式。与此同时,智慧农业不仅是一场技术信息革命,而且还是农业发展理念的重大变革。它利用现代智能技术,通过精细化的管理,实现对农业生产和农业产品的控制,从而达到更加智慧的目的。

国外的"互联网+农业"早就先行中国发展起来,英、法、美、德等发达国家早已应用农业物联网技术,对渔业、畜牧业、种植业、农产品加工等领域进行了覆盖。日本、美国和欧洲的一些国家也早在1960年便开始着力开发农业信息化管理技术。

近年来,中国对"智慧农业"的重视程度逐渐加强,国内智能化农机发展较大,但总体上还处于研发阶段,智能化机具少、程度低,与国外发达国家的差距比较大。一些省份发布了一些关于搭建物联网+、信息化、数据化平台的方案,为"智慧农业"的发展打下了坚实的基础。

党的十九大报告中指出,要培育新型农业经营主体,构建现代农业产业体系、生产体系、经营体系,完善农业支持保护制度,发展多种形式适度规模经营,培育新型农业经营主体,健全农业社会化服务体系,实现小农户和现代农业发展有机衔接。同时也要促进三次产业融合发展,培养"三农"人才,支持和鼓励农民就业创业,拓宽增收渠道。培养造就一支懂农业、爱农村、爱农民的"三农"工作队伍。

在现代农业的发展进程中,合作社已成为不可或缺的新型经营主体,其积极作用是有效提高农民的组织化程度,增加农民收入,加快农业标准化、规模化、产业化和现代化进程,这对促进新农村建设和实现现代农业目标具有不可替代的作用。然而,目前我国农民合作社发展总体水平还较低,合作社的人才、科技、资金以及经营管理等方面都存在明显不足。

大力发展智慧农业,使现代化、信息化技术在农业生产中能够大面积应用,也逐渐成为现代农业发展延伸的核心点。

二、研究综述

(一)智慧农业技术的内涵

由于"智慧农业"的概念出现的时间比较短,目前还没有一个完整的公认的定义,他们多为在参考技术创新的概念的基础上来定义智慧农业技术(见表1)。

表1　　　　　　　　　　　　智慧农业技术的内涵界定

朱兴荣 (2013)	智慧农业是信息化和农业现代化融合在农业发展领域中的具体实践和应用,是以物联网技术为支撑和手段的一种现代农业形态,物联网技术是实现智能化识别定位追踪监控和管理的一种网络技术,是实现农业生产经营服务管理决策智能化的新一代信息技术是发展智慧农业的核心
王力,王俊奇 (2014)	智慧农业是以高效率利用各种农业资源,最大限度减少农业能耗和成本,减少农业生态环境破坏以及实现农业系统的整体最优为目标,以农业全链条、全产业、全过程智能化的泛在化为特征,以全面感知、可靠传输和智能处理等物联网技术为支撑和手段,以自动化生产、最优化控制、智能化管理、系统化物流和电子化交易为主要方式的高产、高效、低耗、优质、生态和安全的一种现代农业发展模式与形态
郑文钟 (2015)	"智慧农业"是在"智慧地球"概念上衍生出来的,是农业发展的高级阶段,目前尚未有统一定义,其基本内涵是集成物联网、云计算等信息技术,实现农业生产环境的智能感知、智能预警、智能分析、专家在线指导,为农业生产提供精准化种植、可视化管理、智能化决策等
朱小兵 (2016)	智慧农业是充分利用现代信息技术,包括传感技术,互联技术和智能技术,使农业系统的运作效率更高,更智能化,提高农产品的竞争力,为农业的可持续发展,合理保护和应用农村资源和环境保护目标。智慧农业是物联网、移动互联网、云计算、数据等现代信息技术发展到一定阶段的产物,是现代信息技术与农业生产、经营、管理和服务的全产业链的"生态整合"和"基因重组"。它是农业生产的先进阶段,包括农业生产网络控制系统、农业智能专家系统和农产品追溯系统,实现农业信息化、数字化和自动化的农业生产,实现农业智能化、高效化、绿色化和现代化的农业系统

通过对文献的梳理,可以得出大多学者对智慧农业技术推广体系内涵的界定主要从以下四个方面来界定:智慧化生产、智慧化管理、智慧经营、智慧服务。

(二)智慧农业技术的特征

智慧农业与传统农业相比最大的区别是以高新技术和科学管理换取对自然资源的最大节约利用,它是以信息技术为支撑,根据时间、空间,定时、定位、定量地实施一整套现代化农业操作与管理的系统。

通过对国内外智慧农业文献的梳理,对智慧农业技术可总结出如下几个特征:一是人对农业思考方式的转变;二是农业发展外在形式的转变,三是农业生产技术的智能化发展;四是农业发展过程的转变;五是农业发展内容的转变。

(三)智慧农业在合作社方面的内涵

在智慧农业的发展过程中,需要有更多的市场主体加入这种新型的农业发展模式中。而农业合作社正是这种新型农业模式的重要力量。这种新型模式由合作社、家庭农场、农业大户等参与经营,依托智慧农业的平台,解决农户产品赚钱难、农业服务滞后、农村信息缺乏等问题,有效提高农民的组织化程度,增加农民收入,加快农业标准化、规模化、产业化和现代化进程。

(四) 国外智慧农业发展

在国外,"互联网+农业"早就先行发展起来,本研究针对不同国家的智慧农业技术研究,对不同国家智慧农业的推广与应用进行梳理(见表2)。

表2　国外智慧农业推广与应用

国家	推广及应用情况
美国	美国的智慧农业主要运用了农业的科技服务体系,它主要体现在玉米、大豆、甜菜等作物的种植上
英国	希望通过大数据整合精准农业。政府在农村地区实现高速网络全覆盖,建立合适的平台将农业生产的相关信息进行准确汇总,以便大数据能够精准地整合农业
法国	法国农业信息数据库是十分健全的,其中包括对种植业、渔业、畜牧业、农产品加工等领域的覆盖。而且法国正立志于一个集高新技术研发、商业市场咨询、法律政策保障以及互联网应用等在内的"大农业"数据体系的打造
德国	德国早在2015年就投入54亿欧元用于推广农业技术。2016年德国SAP公司推出"数字农业"解决方案,从而将多种生产信息呈现在计算机上方便农民利用,从而优化农业生产,实现增产
以色列	以色列智慧农业应用现代农业物联网技术,在技术体系中融合最新的灌溉和育种技术,成就显著
加拿大	加拿大地广人稀、人均用地面积大。农业物联网技术是其智慧农业的主力
日本	日本智慧农业以信息技术为特点,主要解决劳动力短缺问题,且相关的农业信息网络架构完善,农业顺利实现转型升级,极大提高了农业单产

在智慧农业的建设上,日本、美国和欧洲的一些国家早在1960年便着力开发农业信息化管理技术。因主要由专人操作使用,所有局限性强。至1980年,联机技术的出现和1990年网络化时代的到来,虚拟农业、精确农业已开始萌芽。这些国家的研发已经取得一定成绩。

(五) 国内智慧农业发展

智慧农业是现代农业发展的高级阶段,也是我国农业发展的主要目标之一,为了实现这一目标,在现阶段,我们在农业生产过程中利用农业物联网技术针对于设施农业生产、水产养殖、畜牧养殖、林业管理等,实施了一系列的智慧农业解决方案,这些智慧农业解决方案的实施,对于改善农业生态环境,节约资源,降低成本,提高生产效益等起到了重要的作用。

在国内不同的区域对于智慧农业技术的应用不同。因此,选择 8 个省(市),对不同区域的智慧农业技术研究进行分析(见表3)。

表3　　　　　　　　　　　国内智慧农业推广与应用

区域范围	推广及应用情况
湖北省	2001年10月,襄阳市政府、市财政局进行农业信息化建设,投入约100万元搭建了襄阳地区农业信息网站,从而使数以万计的农民了解了更多当地的农业信息,因地施种使农产品经济快速增长。
湖南省	在2001年开展了国家农村农业信息化示范省建设试点。搭建了各级各类农业网站、农业信息平台工作,构建了农业信心网络体系。从而使农产品网上交易数量和种类增长迅速。
安徽省	2013年10月,界首市成功建成66个现代智慧化农业冷棚。融合网络通信、自动控制、物联网及软件技术,实现信息化、智慧化的远程大棚管理。 阜阳市智慧农业的发展现在还处于萌芽阶段。采用的卫星定位、无线通讯技术和深松机具状态监测传感技术系统,在三秋季节发挥了重要作用。是阜阳市第一个大面积应用的智慧农机系统。
河南省	2014年商水县提出搭建首个县级农业大数据平台的想法,并着手调研和产品设计。2015年商水的农业大数据平台获得了中国农业信息化最佳解决方案。
黑龙江省	黑龙江农垦区已基本实现光纤到户的互联网接入,服务于农村农业经济发展的气象服务网、水文信息网、土地信息网等在垦区各地已经逐步形成。运用物联网技术的农业生产管理系统、农机生产调度系统、智能温室管理系统已经开始实施,这些工程的实施已经为物联网技术在"三农"中的应用发挥了非常大的作用。
江苏省	南京市智能化设施在2015年种养殖面积近4000公顷,规模设施农业物联网技术应用程度达15%,全市农业信息化覆盖率达60%,居江苏省第2位。同年全市农业电商网店达2500多家,增长115%,实现网上营销额46亿元,在全省领先。 苏州市在2006~2010年,大力推动"信息进村入户"工程,农村信息化发展迅速,建成并开通农业门户网站9个、市级专业网站3个,成功实现农业信息网络"镇镇通",大多上网乡镇达到农业部规定的"五个一"标准。新农村建设带动农村信息化、农村信息化促进新农村建设双向推动,使苏州市经济效益和社会效益成果显著。
浙江省	杭州市的农业生产在"互联网+"思维下充分发挥自身基础条件,抢抓机遇,顺势而为,主动出击,适应和引领经济发展新常态,加快新一代信息技术与农业生产的融合。
上海市	金山区通过农业科技创新的政策引领,在农业科技创新方面做了大量的实践与探索,在推动金山农业现代化发展历程中以"智慧农业"为载体的一系列实践工作发挥了重要作用。金华移动已建成6000座基站,用户覆盖率达80%,便民服务平台覆盖4900多个村,农村4M宽带覆盖能力达90%,并针对农村宽带网络进行了优化改造升级,为智慧农业发展提供了良好基础设施。

近年来,国内智能化农机发展较快,但总体上还处于研发阶段,智能化机具少、程度低,与国外发达国家的差距比较大。国内农机"智能化"研发的重要性越来越大,像福田、一拖等企业早已开始着手研发智能化动力机械,并取得了一定成效。

从表3中可以看出我国大部分地区为实现智慧农业在各个方面已经实施了

许多措施。从中也看出智慧农业的发展离不开现代农业信息技术的推广，农业栽培技术的应用，计算机控制技术的推广，网络应用技术的推广和普及，信息管理技术的推广，以及对农作物监控技术和管理技术的宣传。通过这些措施不仅提高了农作物的产量和品质，还使农业的经济效益和社会效益得到了大幅提升。

虽然近年我国智能化农机发展较快，但总体上还处于研发阶段，智能化机具少、程度低，与国外发达国家的差距比较大。国内农机"智能化"研发的重要性越来越大，像福田、一拖等企业早已开始着手研发智能化动力机械，并取得了一定成效。所以，我国政府应进一步加大力度支持智慧农业化学科体系建设，制定农业农村信息化科研计划，加强农业物联网、云计算、精准作业装备、机器人、决策模型等核心技术研发，加快农业适用信息技术、产品和装备研发及示范推广，加强农业科技创新队伍培养；要积极支持智慧农业技术在科研过程的应用，实现农业科研手段和方法的智能化。

通过对调研数据的整理和分析，了解北京智慧农业发展现状，分析出智慧农业发展的规律性，提出具有指导性的合理建议，从而解决现阶段北京智慧农业发展所面临的问题，构建针对具有北京特色的智慧农业化新模式。进而，为今后全国智慧农业技术推广体系的建立奠定基础。使智慧农业成为现代农业发展延伸的大方向，从而加速实现我国农业产业化、现代化和可持续发展，推动我国农业事业发展进步，提高我国农业企业国际竞争力和影响力。

三、北京合作社智慧农业应用情况调研

（一）调研合作社基本信息

通过访谈式调研方法我们走访了昌平、大兴、顺义这三个地区的40家农业合作社，经营范围包括蔬菜、西瓜、草莓等，以设施农业为主，大多数为产销一体化模式，调研内容涉及农业全产业链，通过调研了解到北京市智慧农业发展现状。

其中共收集问卷38份，其中有效问卷31份，回收率为81.58%，调查于2017年11月间完成。

根据表4数据，被调查的合作社中有4个属于生产型，大约占11%；属于采购型仅有1个，约占3%，销售型合作社有3个，约占20%；而综合性合作社有23个，约占66%。由此得出，各类性质合作社均已涉及到，且被调访的合作社多为综合性。由此看出，调查范围较广，数据科学且真实，从而可以更好了解到北京智慧农业发展现状。详见表4。

表 4　　　　　　　　　　合作社的性质

合作社性质	回复情况（户数）	所占百分比（%）
综合型	23	74
生产型	4	13
销售型	3	10
采购型	1	3

根据表 5 数据，被调查的合作社中有农民自发领办的有 14 个，大约占 45%；由村委会兴办有 7 个，约占 23%；由经纪人带动有 6 个，约占 19%；由龙头企业带动有 4 个，约占 13%。由此看出，合作社的领办方式多种多样，但以农民自发为主，由此可以看出，农民是合作社的主体力量，也是推动智慧农业发展的基础力量（详见表 5）。

表 5　　　　　　　　　合作社的领办方式

合作社领办方式	回复情况（户数）	所占百分比（%）
农民自发	14	45
村委会兴办	7	23
经纪人带动	6	19
龙头企业带动	4	13
协会领办	0	0

根据表 6 数据，合作社会给予社员的支持主要有：技术指导（引进现代农业技术栽培），大约占 33%；统一品牌，线上线下一体销售模式，约占 24%；产品质量检测，约占 23%；分阶段技术培训，约占 20%。由此看出，合作社给予社员的支持分布较为均匀，但更多地集中在技术指导上，技术指导也是推动智慧农业发展的基本保障（详见表 6）。

表 6　　　　　　　　　合作社给予的支持

合作社给与的支持	回复情况（户数）	所占百分比（%）
技术指导（引进现代农业技术栽培）	28	33
统一品牌，线上线下一体销售模式	20	24
产品质量检测	19	23
分阶段技术培训	17	20

（二）生产资料采购

1. 政府补贴

政府对农业的补助多数人都是在 20% 到 40% 左右，其次是 20% 以下。但也有没有补助的情况发生。由此得出,政府对生产资料的补助体系不完善,存在缺漏。对农业项目可以提高补助措施,出台相关政策支持,鼓励农民和自主创业的学生,促进农业的发展(详见表7)。

表7　　　　　　　　　生产资料中政府补贴所占比例

生产资料中政府补贴所占比例(%)	回复情况(户数)
无	8
20及以下	9
20~40	10
40~60	4
60及以上	0

2. 生产资料应用应情况

由表8可以看出在农业的技术方面,多数大棚都运用了智慧农业手段。其中包括机械卷帘,水肥一体化,土壤温湿度监控系统等方面。还有一些没有应用的但期望未来会使用,只有少数部分是没有应用。由此看出,智慧农业在农业中的应用有良好发展前景,越来越多的人使用或是准备使用。在未来,可增加科技研发的投资和相关技术人员的引进(详见表8)。

表8　　　　　　　　　生产资料技术应用情况

技术名称	有应用		没有应用,但期望未来拥有		没有应用	
	户数	百分比(%)	户数	百分比(%)	户数	百分比(%)
机械卷帘技术	22	71	3	10	6	19
水肥一体化技术	17	55	8	26	6	19
土壤温湿度监测系统的技术	10	32	15	49	6	19

(三)生产过程信息化应用

1. 信息应用情况

由表9可知,对于信息的应用,多数人选择人工调控,只有少数人能够利用系统自动调控。人工调控或许是为了让信息更精准,或许是技术发展的不到位。如今。越来越多的人投入到研究智慧农业项目之中,虽然比以往有所进步,但在信息采集后的应用方面还需有所提高(详见表9)。

表9　　　　　　　　　信息的处理方法

信息的处理方法	回复情况(户数)	所占百分比(%)
人工自动调控	12	67
系统自动调控	6	33
系统外控制	0	0

2. 系统与系统的关联

与其他系统的关联主要体现在两个方面：一是专家决策系统，一是农机具通过物联网与系统建立联系。多数人现阶段没有专家决策系统和物联网农机具联系，但期待未来安装，少数人现阶段有。由此可看出专家决策系统和物联网农机具联系对智慧农业体系有深远影响。应加大科技人员的引进，带动智慧农业的发展。同时，增设相关农机具，可采用自主研发与采购相结合的方法，利用农机具提高农业运作效率。

从表10可以看出当作物到达成熟期时，只有19%的农业合作社运用专业的设备检测作物是否成熟，而71%的合作社并没有通过相关设备进行检测，但他们表示希望未来拥有相关检测设备。

这表明在农作物的生产流程中缺乏专业设备的支持，但是导致缺乏设备的原因还是资金问题。所以我们应该加大资金投入，多渠道筹集智慧农业建设资金。因此在国家大量注入资金支持的同时，也应拓宽渠道来源来获取开发资金，完善多元融资渠道机制，吸引社会、企业资金进入智慧农业领域（详见表10）。

表10　　　　　　　　　　　　系统与系统的关联

系统名称	有应用		没有应用，但期望未来拥有		没有应用	
	户数	百分比（%）	户数	百分比（%）	户数	百分比（%）
专家决策系统	4	13	22	71	5	16
农机具	8	25	23	75	0	0
判断果实成熟度设备	6	19	22	71	3	10

从表11可以看出，在生产环节中人力所占比重主要集中在61%～80%以及41%～60%两个比较高的档位上，这说明在生产环节中人力所占的比重十分大（见表11）。

表11　　　　　　　　　　　生产环节人力所占的比重

生产环节人力所占比重	回复情况（户数）
0%～20%	0
21%～40%	2
41%～60%	8
61%～80%	18
81%～100%	3

（四）贮运加工方面

从表12中，在农作物分级、分拣、储藏的过程中，绝大部分农业合作社还没有达到智能化水平。

综合来看,从农作物生产到储藏的过程中,大部分还是靠人力来解决,设备运用程度不高,信息建设不完善,农民没有相关的知识和技术,智慧农业其智慧程度还是普遍较低。政府应该加大信息投入和服务力度,调动广大科技工作者和农民科技培训的积极性,提高培训效率,提高培训质量,保证信息化农业人才队伍的可持续性发展(详见表12)。

表12　　　　分级、分拣、储藏过程中是否能够达到智能化水平

分级、分拣、储藏过程中智能化水平情况	回复情况(户数)	所占百分比(%)
能够达到	3	10
不能够达到,但期望未来拥有	22	71
不能够达到	6	19

从表13中可以看出,在运输过程中会遇到很多问题,主要集中在温度、湿度、保质期较短和易损坏这四个方面,其中又主要体现在保质期短和易损坏两个问题上。我们应该积极努力去寻找解决办法,比如用泡沫包装产品以防止损坏等(详见表13)。

表13　　　　运输过程中产品面临的问题

运输过程中产品面临的问题	回复情况(户数)	所占百分比(%)
保质期较短	20	34
易碎坏	20	34
温度	11	19
湿度	8	13

从表14中我们可以看出,合作社拥有的运输车大部分都有冷藏和保温功能。一小部分拥有GPS系统,而其他一小部分就是普通货车。为了减少运输过程中出现的问题,建议各个合作社购买相关功能的运输车,以防止农产品因温度,湿度等问题带来的损失(详见表14)。

表14　　　　运输过程中采用的运输车所拥有的属性

运输车属性	回复情况(户数)	所占百分比(%)
冷藏车/保温车	20	65
普通货车	6	15
拥有GPS系统	5	16

从表 15 中我们可以看出，有一半农业合作社拥有储藏条件，而一半农业合作社并没有储藏条件。这说明农业合作社的设备还是达不到智慧农业的标准。

一方面由于合作社规模化农业生产力度不够，我国大部分地区农业种植集约化程度不高，规模化农业生产力度不够，另一方面由于缺乏资金，没有资金去购买各种高科技设备。所以政府应该加大智慧农业相关政策扶持力度，鼓励信息化、科技化设备制造和服务的龙头企业、物联网研发公司以及民间资本等力量进入市场（详见表15）。

表 15　　　　　　　　　　　现拥有的储藏条件

储藏条件	回复情况（户数）	所占百分比（％）
冷链	9	29
电子温控	8	26
电子湿控	1	3
以上皆无	13	42

（五）销售方面

农产品的销售方式主要是自营和在学校，超市等地方还有在各种购物APP上销售。

在农产品销售过程中，政府整合各市场主体，优势互补，充分利用，拓宽我国农业发展模式多样化，推动我国农业产业转型升级。如在智慧农业发展较成熟地区由企业和农户直接配送零售，直接面对消费者，加大农产品流通速度，成为自成体系的农产品生产经营主体（详见表16）。

表 16　　　　　　　　　　　现有的销售系统

现有的销售系统	目前情况（户数）	所占百分比（％）
自营	24	43
第三方（如学校、超市）	19	34
APP（淘宝、京东）	13	23

（六）可追溯系统的建设情况

从表17中可以看出，有16％的农业合作社有全链条式可追溯系统，74％的合作社没有，但是有这个期望，而10％的合作社没有可追溯系统也没有这个希望。详见表17。

表 17　　　　　　　　　合作社是否拥有全链条式可追溯系统

全链条式可追溯系统应用情况	目前情况（户数）	所占百分比（%）
拥有	5	16
没有，但期望未来拥有	23	72
没有	3	10

可追溯系统就是利用物联网、大数据、云计算、智能控制等现代信息技术，让消费者清楚的了解食品的来源，从而更放心地购买食品。因此信息技术是智慧农业发展的重要动力，对农业发展的贡献巨大。政府相关部门应重视现代农业信息技术的推广，重视农业栽培技术的应用，重视网络应用技术的推广和普及，重视信息管理技术的推广，加大对农作物监控技术和管理技术的宣传，真正地把现代信息技术应用到农业生产和流通的过程中，促进农业的健康发展。

(七) 信息化建设意愿调查

根据表 18 数据显示，被调查的合作社对于信息化农业建设呈积极态度，原因为省工的有 21 个，原因为政府支持和增收的数目相同都有 20 个，原因为提高生产效率的有 31 个。详见表 18。

表 18　　　　　　　　对于信息化农业建设呈积极态度的原因

信息化农业建设呈积极态度的原因	回复情况（户数）	所占百分比（%）
提高生产效率	31	33
省工	21	23
政府支持	20	22
增收	20	22

数据说明在农业信息化建设方面提高生产效率是大多数合作社首先要考虑的问题，生产效率提高会使得劳动力节省和增加收入。

根据表 19 数据显示，被调查的合作社对于信息化农业建设的担忧大多集中在人才及知识匮乏和资金不足两方面，产业规模化较小的担忧有 11 人（详见表 19）。

表 19　　　　　　　　　　对于信息化农业建设的担忧

对于信息化农业建设的担忧	回复情况（户数）	所占百分比（%）
资金不足	24	41
人才及知识匮乏	23	40
产业化规模较小	11	19

数据说明合作社对于人才和资金的重视程度较高,这两方面也是目前信息化农业建设中的重中之重。

根据表20数据显示,被调查的合作社觉得信息化建设在生产环节运用最多的有21个,约占35%;认为在运输环节运用最多的有11个,约占18%;认为在销售环节运用最多的有28个,约占47%(详见表20)。

表20　　　　　　　　　　信息化建设在环节的运用

信息化建设在环节的运用	回复情况(户数)	所占百分比(%)
销售环节	28	47
生产环节	21	35
运输环节	11	18

数据与第一部分表1的数据相呼应,在农业现代化建设中生产环节和销售环节尤为重要,因此更受重视。

根据表21数据显示,被调查的合作社觉得应在生产环节增强信息化建设的有22个,约占39%;认为应该在运输方面增强的有16个,约占29%;认为应该在销售方面增强的有18个,约占32%(详见表21)。

表21　　　　　　　　　　信息化建设应增强的环节

信息化建设应增强的环节	回复情况(户数)	所占百分比(%)
生产环节	22	39
销售环节	18	32
运输环节	16	29

数据同样也表明在农业现代化建设中生产环节和销售环节更受重视,但是运输环节的重视程度也有所提高,说明生产、运输和销售环节都十分重要,三者相辅相成,缺一不可。

四、存在问题

农业作为我国的第一产业是国家稳定和社会协调发展的重要保障,北京作为中国的首都农业发展问题自然十分重要。但目前来看,北京农业合作社发展主要靠品种改进、大量施用化肥和耕种管理机械化等措施。随着经济的发展,耕地面积不断减少,环境也随之恶化,农业高产增收的潜力已经很有限。因此,未来北京现代农业发展的主要方向是构建转型的智慧农业体系和模式,大力发展现代农业和实现农业信息与生产安全现代化。

基于查阅相关资料和实地调研发现北京合作社的智慧农业技术存在的问题：

（一）基础技术设备不完善

北京智慧农业正处于起步阶段，在现代高科技设备的应用和技术支撑上仍有较大不足。农业基础设施建设对智慧农业数据的收集、整理、分析及应用等方面起着重要的作用。但现阶段，北京合作社的智慧农业仍处于初级阶段，内部信息交流不畅，部门上下间合作不协调，调研也显示绝大多数合作社并未拥有全链条式可追溯系统，技术设备亟须完善。

（二）专业技术人才和资金不足

智慧农业的发展离不开专业的技术人员和充足资金的有效保障，然而现如今综合素质人才大量稀缺，特别是掌握深厚的农业学术和投身农业实践中的人才少之又少，这无疑严重阻碍了智慧农业的发展。目前调研数据显示，许多合作社在新信息技术方面的指导人员素质偏低，技术水平一般较弱，数量相对较少，使得科技成果向实际应用转化举步维艰。

（三）经营主体单一

智慧农业是北京农业未来发展的大趋势，其经营主体的作用在总的经营过程中占有重要地位。然而，北京当前在大多智慧农业项目中，依然存在很多制约发展的问题：涉农主体类型单一、技术水平低、管理方式落后。

（四）农村商业模式匮乏

目前，农村的商业模式相对于城市的商业模式相对较弱，最大的问题在于传统的商业模式主要靠货物流通交换，而农村的信息化相对落后。农村物流体系不完善、农民知识水平不高等问题都是发展智慧农业所不可避免的待解决问题。所以农村商业模式如何创新任重而道远。

五、建议措施

目前北京合作社智慧农业技术的发展过程当中，还存在诸着多问题，这一问题提出了相应的解决对策，总结如下：

（一）加强政策引导和资金投入，政府协同多方共建

为了有效地推进智慧农业发展建设事项，各级别政府应当积极响应配合国家号召，并结合国家农业发展规划制定一份适应本地区智慧农业发展且有针对

性的规划,加强顶层设计,政府应强化对"智慧农业"发展的宏观指导和整体规划,以政策杠杆撬动效益农业,明确智慧农业的重要地位、发展重点、发展模式、发展阶段和预期效果。出台推动智慧农业大发展的各种鼓励性政策,并设置专项资金实现传统农业向智慧农业的升级,推动智慧农业大发展。

(二) 加强信息化和智慧农业基础设施建设,促进智慧农业资源信息共享

政府需要进一步加大农村信息化和智慧农业基础设施建设力度,改善农村地区通信和网络基础条件,着力缩小与城市的"数字鸿沟"。加强农村物流网络体系建设、信息通信基础设施建设,逐渐形成一个面向农村提供集约化服务的云计算中心和农用大数据平台,从而推进农业信息资源共享。

(三) 重视信息技术的推广应用

智慧农业就是更好地利用物联网、大数据、云计算、智能控制等现代信息技术,因此信息技术是智慧农业发展的重要动力,对农业发展的贡献巨大。政府相关部门应重视现代农业信息技术的推广,重视农业栽培技术的应用,重视计算机控制技术的推广,重视网络应用技术的推广和普及,重视信息管理技术的推广,加大对农作物监控技术和管理技术的宣传,真正地把现代信息技术应用到农业生产和流通的过程中,促进农业的健康发展。

(四) 丰富经营主体形态

在智慧农业发展过程中,政府整合各市场主体,优势互补,充分利用,使其各自凭借在人、财、物等方面的优势,拓宽我国农业发展模式多样化,推动我国农业产业转型升级。如在智慧农业发展较成熟地区由企业和农户直接配送零售,直接面对消费者,加大农产品流通速度,成为自成体系的农产品生产经营主体。

(五) 加强智慧农业技术人员和农民队伍建设

对于各级政府部门,必须有针对性地培养一批既懂农业又懂信息技术的农业技术人才和农民队伍,为智慧农业的发展提供可靠的智力人才保障。政府部门要不断完善和升级现有的村镇县农业科技服务体系,利用农村远程教育平台和互联网,建立专门的智慧农业信息化人才培训基地和培训网点,加大信息投入和服务力度,调动广大科技工作者和农民科技培训的积极性,提高培训效率,提高培训质量,保证信息化农业人才队伍的可持续性发展。

（六）积极调动农民兴趣，努力学习新知识

鼓励农民积极响应政府号召，努力学习现代化知识，主动接纳新技术，将理论与实际相结合，实现智慧农业的进一步发展，同时也发挥互帮互助的友爱精神，使尽可能多的农民掌握更多更好的技术。

（七）发挥企业作用

我国企业应该加强研发，构建技术体系，加强智慧人才的培养与引进，为智慧产业发展的提供人才保障。

创新营销手段，通过移动电商扩大交易量。例如现在微信用户已达3亿多人，如果能学习微信、"打车"软件等平台，利用人们"碎片化"的时间，通过APP客户端，也实现消费者和农产品电商的点对点对接，让鲜活农产品快捷进入千家万户。农产品电商应抓住机遇直接跨越传统电子商务，进入移动电子商务模式，扩大经营规模。农产品电商必须解决本地化问题，为实现规模化效应，各地区可以成立农产品产业联盟，结合农产品生产基地与供销合作社系统各类经营服务网点等，探索线上订货线下配送的模式，实现多方受益。

本研究参考文献

[1] 朱兴荣. 基于物联网技术的湖南"智慧农业"发展对策研究 [J]. 农业经济与科技, 2013.

[2] 王力, 王俊奇. 临安市智慧农业发展现状与对策 [J]. 浙江省临安市农业局, 2014.12.

[3] 郑文钟. 国内外智能化农业机械装备发展现状 [J]. 现代农业, 2015.

[4] 朱小兵. 马克思生态技术观与我国智慧农业发展路初探 [J]. 东华理工大学, 2016.

[5] 基于物联网技术的智慧农业发展策略研究 [J]. 西安邮电学院学报, 2012. (02): 94.

[6] 周国民. 浅议智慧农业 [J]. 农业网络信息综述与专论, 2009 (10): 5-6.

[7] 阮青, 邓文钱. 发展智慧农业问题研究——以广西为例 [J]. 经济学研究, 2013 (2): 51-52.

[8] 阮青, 邓文钱. 发展智慧农业问题研究——以广西为例 [J]. 经济学研究, 2013 (2): 51-52.

[9] 夏波, 刘志琴. 浅析物联网在智慧农业的发展 [J]. 通讯世界, 2015 (7): 28-29.

[10] 国外的"智慧农业"将为我国现代农业发展提供哪些借鉴? [J]. 饲料与畜牧, 2016 (11): 37.

[11] 肖继莲. 惠阳区"互联网+农业"发展现状及对策研究 [D]. 广州: 华南农业大学, 2016.

[12] 闫月, 李权国. 襄阳市智慧农业发展现状与策略研究 [J]. 农村经济与科技, 2016 (17): 56-58.

[13] 朱兴荣. 基于物联网技术的湖南"智慧农业"发展对策研究 [J]. 农村经济与科技, 2013 (12): 26-28.

[14] 朱海强. 阜阳市智慧农业研究与发展 [J]. 农业网络信息, 2016 (6): 5-8.

[15] 马战刚, 李用齐. 商水县智慧农业发展探讨 [J]. 现代农业科技, 2016 (19): 281-282.

[16] 杜雅刚. 黑龙江垦区基于物联网的智慧农业应用方案研究 [J]. 现代化农业, 2015 (12): 54-56.

[17] 吴晓行. 南京市智慧农业发展现状及对策探析 [J]. 江苏科技息, 2017 (3): 6-10.

[18] 陈志峰, 周为友, 陈燕等. 苏州农业信息化现状、问题及特色发展研究 [J]. 江苏科技信息, 2015 (7): 9-12.

[19] 余永强, 陈月儿, 黄怡弘. 发展信息智慧农业推进浙江农业现代化的路径研究 [J]. 农业技术与装备, 2016 (9): 47-49.

[20] 张晓锋, 金昼, 裴晓红等. 浅谈金山区推进"智慧农业"的实践与探索 [J]. 上海农业科技, 2016 (1): 1-3, 6.

北京市碳汇林项目私人融资意愿研究

项目组成员：戴铭月　陈　雪　李陈珺
指导教师：黄　雷

摘　要：随着全球气候变化的日益恶化，全球变暖的问题早已被推上了风口浪尖，在治理全球变暖的有效途径中，森林因其良好的吸收二氧化碳的功能被选为治理二氧化碳污染、减缓温室效应的最佳"工具"，"从大气中清除二氧化碳的过程、活动和机制"被定义为碳汇，两者相结合，碳汇林应运而生。本课题将私人作为研究对象，通过调查问卷的形式收集数据，对北京市碳汇林项目私人融资意愿于行为特征进行分析，并用 spss 软件进行了影响私人投资碳汇林项目因素的回归分析，最终对北京市碳汇林项目的发展提出建议。

关键词：碳汇林　私人融资意愿　行为特征　回归分析

一、选题背景与意义

碳汇林业作为一个新的概念，在《中共中央国务院关于 2009 年促进农业稳定发展农民持续增收的若干意见》中首次出现，随后，发展碳汇林业也作为重要措施纳入到了《中国应对气候变化国家方案》中。碳汇林业与传统林业相比，不仅要重视其生态系统的稳定性及服务功能的多样性，更强调公众的参与度，提高公众对于气候变化的感知以及保护气候的意识。发展碳汇林不仅可以保护水土资源稳定，提高生态环境质量，其成本也远远低于在工业减排中的投入。

北京市已经提出构建"世界城市"和"低碳城市"的发展目标，因此发展碳汇林业成为必然选择。自 2011 年以来，北京作为碳排放权交易试点省市明显加快了碳汇林业建设步伐。2014 年北京市政府印发的《北京市碳排放权交易管理办法（试行）》，以及北京市发展和改革委员会与北京市园林绿化局联合发布的《北京市碳排放权抵消管理办法（试行）》的有关要求。2015 年北京市政府进一步明确重点排放单位范围。

就当前来看，碳汇林项目的建设仍处于初级阶段，其一是由于碳汇林概念提出较晚，其二是由于树木生长过慢，生命周期较长。以北京为例，目前仅有"顺义区碳汇造林一期项目"和"房山区石楼镇碳汇造林一期项目"成功开发并交易。碳汇林在实施建设当中需要动用大量的人力物力财力,且以融资作为主要资金形式,而融资是以政府及大型企业的捐赠为主,随着经济下行压力,紧紧依托于政府投资的碳汇林项目愈加力不从心,因此需要开发新的出路,即找出新的融资途径。鉴于政府在建立碳汇林项目中起到主要、积极的作用,需要政府来引导大众对于碳汇林发展前景的感知,同时刺激私人对碳汇林项目的融资意愿,开发潜在融资客户。在此背景下,文章选定研究在碳汇林项目上个人融资意愿的影响因素。

二、私人对碳汇林项目融资意愿与行为特征分析

为了解私人购买碳汇林项目的意愿,笔者设计了相关的调查问卷,问卷依据被调查者的认知过程,根据"基本情况—对于林业碳汇的认知—碳汇林融资意愿—碳汇林融资的影响因素"的逻辑顺序,层层递进,引导被调查者切入正题。在问卷发放环节,采取的是网络和实地相结合的方式,通过网络的形式发放了158份调查问卷。在实地发放问卷时,选择郊区景点以及地铁站等人流量较大的地点,并赠予每个参与问卷填写者便携式便利贴以表感谢,最终收集问卷62份。经汇总统计,本次共收集问卷220份,其中有效问卷209份,并以此作为后续的研究依据。

(一) 样本特征

本次共发放调查问卷220份,回收有效问卷209份。其中被调查者男女比例1∶2,年龄大部分在36~50岁的,占39.7%,处于事业家庭都比较稳定的时期;大学以上学历占总人数的79.9%。

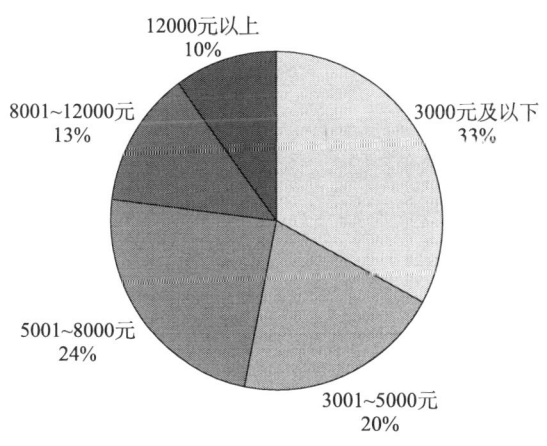

图1　月收入情况

如图1所示,在收入部分中,收入占家庭总收入比重10%的有36.4%,这一部分主要由学生群体构成,且有将近一半的人表示收入占家庭总收入的30%以上;被调查人员中占比最多的是学生(30.6%),事业单位、国企、私企职工人数近似持平,占总体的13.9%;另外,在对户籍的统计中发现,填写问卷的人中非北京户籍者达到34%,户籍在北京城六区的人数超过1/4。

(二) 参与环保活动的意愿分析

由图2可知,64.11%的人表示没参加过但愿意参加环保团体或组织,22.01%的人们表示参加过,13.88%表示没参加过并且以后也不准备参加。由此可知,大部分人是有意愿去参加环保组织去改善环境的,但是可能因为宣传的不到位或是其他原因,使得这些想出一份力的人没有机会。

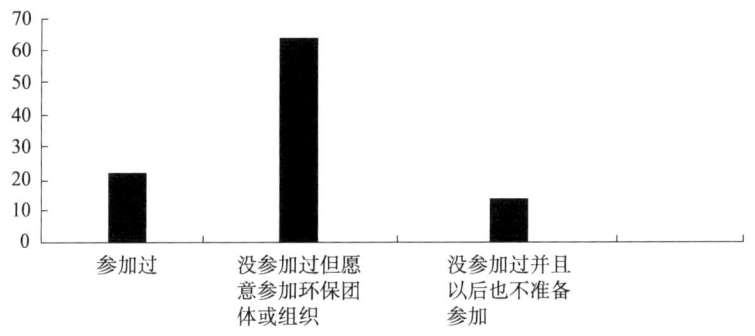

图2 是否参加过环保团体或组织

在参与减碳活动的方式上,超过一半的人愿意直接参与政府及相关团体组织的植树造林活动。其次就是在自家土地上种植树木。少数人因为一些原因无法直接参加植树造林活动,但愿意出钱或以其他方式参与。这些都可以成为政府和企业内部大力宣传开展的活动参考。

(三) 对于环保政策的感知分析

令我们惊讶的是,超过68%的人表示对于我国政府推动的节能减排活动或措施仅仅处于听说过的层面,而完全了解和不了解的人数比例几乎相同,均占总人数的一小部分。

由图3可知,当询问是否了解森林具有固碳作用时,结果有所好转,35.89%的公众表示完全了解其作用,51.2%的公众持有听说过但理解不全的态度,而只有13.92%的人群选择了"不了解"这个选项。进一步询问公众对于森林固碳作用是否应当得到补偿的看法时,表示听说过和了解固碳作用的人群中79.10%选择了"应当补偿",而在不了解固碳作用的人群中只有59.30%的人选择了"补偿"。可见对于固碳作用的理解对是否要进行补偿有着直接且显著的影响。

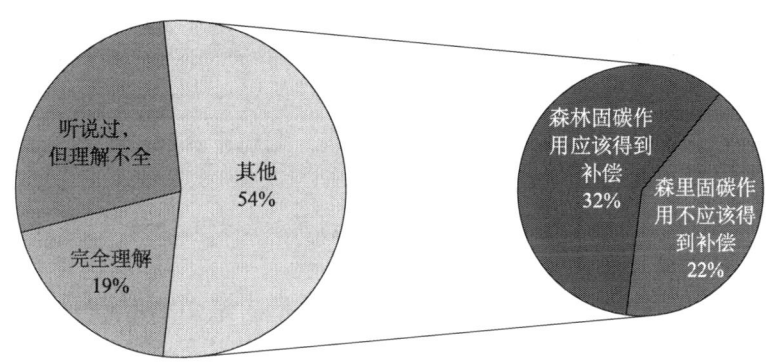

图3 是否了解森林具有碳汇作用

(四) 参与碳汇补偿的意愿分析

由图4可知,有160人即76.56%的总人数认为森林的固碳作用应当得到补偿,其中,愿意通过购买森林生态专项基金(或彩票)的方式进行补偿的人达到51.25%,38.13%的人表示愿意从水电费或工资中扣除尾数捐赠,个人交森林生态税、从市场上直接购买林业碳汇、购买生态债券这三种形式的固碳作用补偿被人们接受程度不高,均不到30%。其原因可能是人们更愿意通过直接的方式去购买,彩票和水电费工资更贴近于日常的生活,购买起来相对的简单快捷,而后三者对于大众来说自身知名度不高,且了解和购买的渠道偏少。

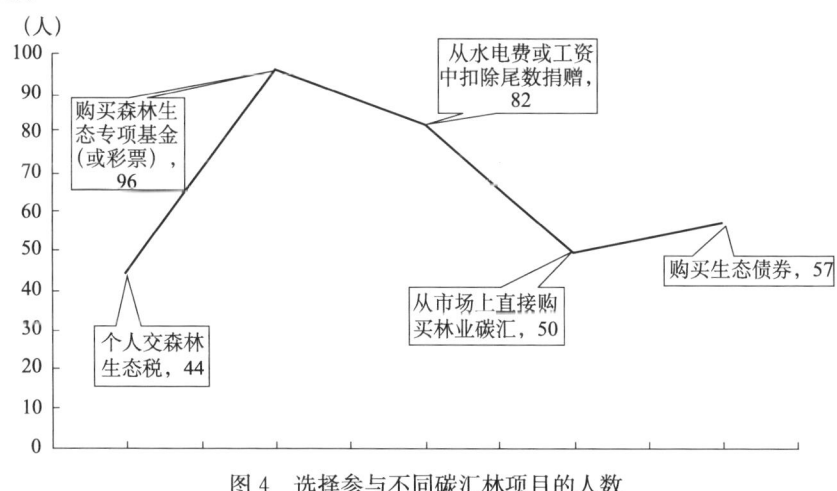

图4 选择参与不同碳汇林项目的人数

在问及愿意支付多少费用来支持碳汇林的建设的时候,将近一半的人选择投入 4~10 元,愿意投入超过 20 元的人群只占总人数的 22%,选择投入 3 元及以下的人占了 26.8%。在文章中设定选择投入 10 元及以下的人群为"不愿意进行碳汇林项目投资",选择投入为 10 元以上的人群为"愿意进行碳汇林项目投资"。

进一步分析影响两大群体投资意愿的原因,发现在愿意投入 10 元以上群体中,55.6%的人选择了"为了改善环境,保护身体健康,提高生活质量"只有 23.5%的人选择了"响应政府的号召"这一原因。如图 5 所示,在分析给人们支付带来负面影响的原因上,对选择投入 10 元以下的人群展开详细的分析,发现认为应该由对环境造成污染的企业进行出资的人最多,占到了 36%,其次 22%的人选择了"支付能力有限,额外的支出会造成家庭经济负担"这一选项,另外,值得反思的是,有 13%表示对我国环境治理及专款专用等相关制度缺乏信任与信心,且有超过 12%的人的观念还保留在"环境的治理是政府职责之一,不应由居民出资"上。

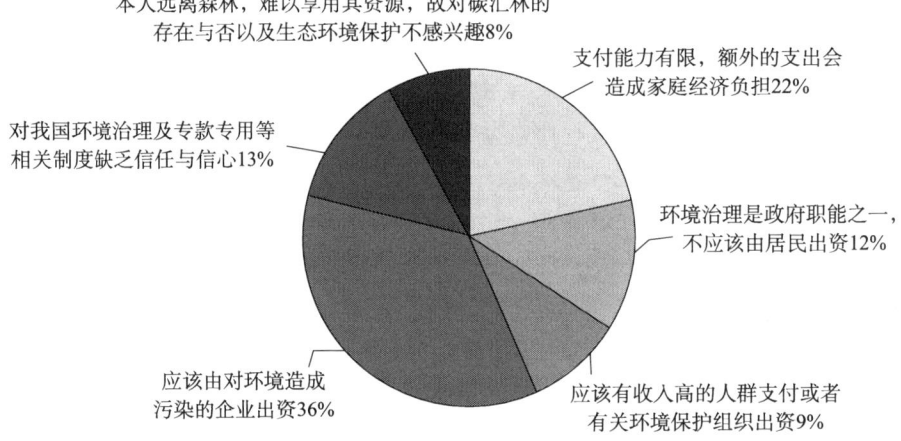

图 5　不愿意支持碳汇林建设的原因

可以看出,目前国家政策体系还不能得到公众的认可,人们对于环境保护的个人责任感尚处在较为缺失的位置,且对于碳汇补偿费用的投入还处于较为保守的观望阶段,不愿意因为碳汇补偿占据太多的开支。

三、模型的设定

为了进一步研究私人购买碳汇林项目的意愿及其显著性,建立北京市碳汇林项目私人融资意愿影响因素的计量经济学模型,对收集到的 209 个样本用

spss13.0 进行分析。

（一）模型的选择和变量说明

为了准确衡量私人购买碳汇林的意愿，将私人每月愿意支付的用来支持碳汇林建设的"3元及以下""4~10元""11~20元""20~30元""30元及以上"费用分为10元以下和10元以上两个大部分作为因变量Y，规定投资费用10元以下的为不愿意购买碳汇林，投资费用为10元以上的为愿意购买碳汇林项目。由于传统的回归模型因变量的取值介于负无穷到正无穷之间，此处不适用，故采用二元因变量的 Logistic 回归模型对其进行回归分析。

设 Xi 为自变量，影响私人购买碳汇林项目的费用的因素可能有年龄（X1）、性别（X2）、受教育程度（X3）、月收入（X4）、职业（X5）、是否参加过环保组织或活动（X6）、是否了解我国政府推动的节能减排活动或措施（X7）、是否了解森林有固碳作用（X8）、是否认为森林固碳作用应得到补偿（X9）变量说明见表1。

表1　　　　私人对碳汇林项目支付费用的有关变量定义

变量	变量定义	取值	取值定义
因变量 Y	私人愿意支付的碳汇林项目费用	0~1	0为10元以下；1为10元以上
自变量 X1	年龄	1~5	1为20岁以下；2为20~35岁；3为36~50岁；4为51~60岁；5为60岁以上
X2	性别	1~2	1为男性；2为女性
X3	受教育程度	1~5	1为小学及以下；2为初中；3为高中；4为大学（含专科和本科）；5为硕士及以上
X4	月收入	1~5	1为3000元及以下；2为3001~5000元；3为5001~8000元；4为8000~12000元；5为12000元以上
X5	职业	1~8	1为公务员；2为事业单位职工；3为国企职员；4为私企职员；5为学生；6为农民；7为退休职工；8为其他
X6	是否参加过环保组织或活动	1~3	1为参加过；2为现在没参加过，但愿意以后参加；3为现在没参加过，以后也不准备参加
X7	是否了解我国政府推动的节能减排活动或措施	1~3	1为完全了解；2为听说过，但理解不全；3为不了解
X8	是否了解森林有固碳作用	1~3	1为完全了解；2为听说过，但理解不全；3为不了解
X9	是否认为森林固碳作用应得到补偿	1~2	1为应该得到补偿；2为不应该得到补偿

(二) 模型的建立

建立 Logistic 回归模型：

$$\text{logit}(P) = \beta_0 + \beta_1 x_1 + \beta_2 x_2 + \beta_3 x_3 + \beta_4 x_4 + \beta_5 x_5 + \beta_6 x_6 + \beta_7 x_7 + \beta_8 x_8 + \beta_9 x_9$$

用 spss 13.0 分析收集到的数据，得到结果（见表 2）：

表 2　　　　　　　　　　**Variables in the Equation**

		B	S.E.	Wald	df	Sig.	Exp (B)
Step 1 (a)	X1	−0.363	0.208	3.039	1	0.081	0.696
	X2	0.623	0.389	2.557	1	0.110	1.864
	X3	−0.164	0.222	0.545	1	0.461	0.849
	X4	0.338	0.151	5.011	1	0.025	1.403
	X5	−0.081	0.078	1.102	1	0.294	0.922
	X6	0.484	0.296	2.662	1	0.103	1.622
	X7	−0.782	0.321	5.922	1	0.015	0.458
	X8	−0.421	0.276	2.325	1	0.127	0.657
	X9	1.168	0.388	9.077	1	0.003	3.215
	Constant	−0.583	1.469	0.158	1	0.691	0.558

a Variable (s) entered on step 1：X1, X2, X3, X4, X5, X6, X7, X8, X9.

sig 值<0.05，说明有统计学意义，将变量进入方程，反之则将变量剔除。

得到回归方程：$\text{logit}(P) = -0.583 + 0.338 x_4 - 0.782 x_7 + 1.168 x_9$

(三) 结果分析

从以上结果可以看出，在 5% 的显著性水平下，"月收入"和"是否认为森林固碳作用应得到补偿"对私人愿意投资碳汇林项目有正面的影响。"是否了解我国政府推动的节能减排活动或措施"对私人投资碳汇林项目有反面影响。

1. 月收入越高，私人越愿意投资碳汇林项目

对于较低收入的群体，生活质量还不能得到保障，当然不愿意将资金投入到额外的碳汇林项目上，何况在碳汇林项目上的投资的目的是保护环境，在政策没有完善之前，还处于一种无偿的投资，对自己没有实质性的好处，且就本质而言，大多数人会认为在环境上的投资对根治环境污染并没有显著作用。

2. 认为森林固碳作用应得到补偿的人更愿意对碳汇林项目进行投资

认为森林有固碳作用的且应得到补偿的人首先对于固碳作用一定有透彻的

理解，了解森林固碳作用的原理，也懂得固碳作用能够给环境带来有效的改变，因此更愿意在碳汇林项目上进行投资，来支持森林在碳汇方面发挥更大的作用。

3. 对我国节能减排活动的了解并不直接影响私人在碳汇林项目上的投资意愿

导致这一点的因素有很多，可能是因为节能减排活动和措施的种类很多，不仅仅局限于投资碳汇林这一种方式上，相比用资金的方式来改变环境，人们可能更偏向于参加一些实际的活动，如种树、绿色出行等。由于我国在环保政策上的不完整和不透明性，公民不能清楚地了解自己的资金的去向，且在环保这个大背景下投资，很难感受到实质的变化。

四、建议的提出

结合问卷的描述性统计部分和运用软件进行的推论性统计分析部分，在开展环保组织活动、加强碳汇知识宣传、完善碳汇投资机制、增加碳汇产品销售渠道、提供多选择的碳汇补偿这几方面提出了建议。

（一）积极组织环保活动

提倡和组织多种多样的活动供大众选择，动员企业单位组织内部员工开展植树造林活动，让大众在切身的活动中感受低碳环保行为给人们的生活以及生存的环境带来的改变。

（二）加大对于碳汇知识的宣传工作

公众对于森林碳汇的作用的了解直接关系到公众对于碳汇补偿的看法，因此政府还应当在继续宣传碳汇知识，充分发挥政府在碳汇林项目中的积极带动作用及其公众号召力。可以通过对不同的社会对象采取不同的宣传措施来达到这一点——针对国企和大型的组织，可以选择在其内部开展碳汇知识的讲座，并通过互动形式了解大家对于其内容的接受程度；针对规模一般的企业可以派专人去进行宣讲，张贴相关活动的海报或者统一组织观看宣传视频，组织有奖问答等趣味活动；针对社会公众，可以通过媒体网络等一系列的宣传，制作公益广告加强公众的环保意识，普及森林碳汇功能的重要性。

（三）完善碳汇投资机制，数据公开化

虽然对于碳汇补偿大部分的人采取不反对的态度，但还需要看具体的金额，因此政府应当积极思考碳汇林私人融资的政策，调动公众参与碳汇林投资的积极性，抓住潜在客户，同时，应当尽快完善碳汇林私人投资的机制，将一切公众的投资资金及使用明细透明化，增强公众在国家专款专用方面的信心。

（四）设立独立的碳汇产品销售的渠道

应当在宣传碳汇补偿的基础上继续推进，拓阔碳汇林项目建设中所涉及的融资渠道，例如设立专门的碳汇的销售地点，包括线上和线下的定点销售，给市民提供更多的选择，同时使得碳汇补偿的购买更加方便简单。

（五）提供多选择的碳汇补偿方案

设计多种类型的碳汇补偿方案，使市民能够根据自己的能力选择相应的碳汇产品，还可以选择对有能力的私人群体设计不同的碳汇补偿方案，例如针对有车一族及车辆使用者，鼓励和动员其购买碳汇补偿，并发放特殊的标志做区分，同时发挥政府宏观调控的职能，制定相关的碳汇补偿机制，刺激碳汇补偿的市场，使得这些购买过碳汇补偿的车辆可以在其他方面享受优先权利。

本研究参考文献

［1］杨帆，曾维忠，张维康，庄天慧．林农森林碳汇项目持续参与意愿及其影响因素［J］．林业科学，2016，52（07）：138－147．

［2］陈丽荣，曹玉昆，朱震锋，苏蕾．企业购买林业碳汇指标意愿的影响因素分析［J］．林业经济问题，2016，36（03）：276－281．

［3］何桂梅，张玉梅，陈操操．关于推进我国林业碳汇交易发展的思考［J］．林业经济，2015，37（07）：86－93．

［4］崔玉姝．碳汇林项目融资主体行为研究［D］．河北农业大学，2015．

［5］张峰，何桂梅，于海群，周彩贤，陈峻崎．林业碳汇在北京低碳城市建设中作用的思考［J］．林业经济，2013，36（11）：56－59＋69．

［6］王静，沈月琴，朱臻，陈炎根，鲍泽钦，后必成．公众对森林碳汇服务的认知与支付意愿分析［J］．浙江林学院学报，2010，27（06）：910－915．

［7］何桂梅，王小平．北京林业碳汇发展的初步实践及趋势展望［J］．绿化与生活，2008（05）：8－9．

京津冀农业协同调查

> 项目组成员：秦天慧　张宇莹　韩雨婷　丁　雯　马泽瀛
> 指导老师：肖红波

摘　要：京津冀协同发展是为了推进"四个全面"战略布局，实现"两个一百年"奋斗目标的重大决策部署。自2013年后，党中央、国务院强烈促进京津冀的共同发展。要求疏解北京非城市功能，优化整体生产力布局等能够科学改善城镇体系结构失衡。京津冀地区濒临渤海，背靠太岳，是我国在经济方面最具有权威，开放程度最高，模式更为新奇的地方。本项目研究概况、现状及发展趋势分析存在的问题，剖析原因，提出对策。

一、研究背景及目标

京津冀协同发展究竟难在哪儿？需要突破哪些重大制约瓶颈？最大制约因素是什么？京津冀协同发展，涉及复杂的要素资源整合、消除行政壁垒、统筹社会事业发展等多个层面，既包括产业、项目等"硬件"性质的通关一体化，也包括区域行政管理方式、公共服务等"软件"性质的通关一体化。京津冀"一省、两市、三个行政区"，多年来在地区经济社会发展规划上始终各自为政，难以迈出步调一致的"协同"节奏。京津冀区域长期缺乏有效的协同机制，市场自发合作的模式又难以壮大，是制约区域"协同"的关键因素。

二、研究内容

（一）产业协同

北京市作为中国的首都，城市化、城镇不断外延导致近年来北京农业产值占总产值不足1%，是典型的大城市、大郊区、小农业。天津市目前已形成蔬菜、畜牧、水产、农作物和林果等五大优势种业格局，力建绿色高档特色农业。河北省依托农业园区，在现代种植业方面表现出了与北京合作的强劲趋势。河北地区资源丰富，地貌多样，有适于发展畜牧业的高原，适于农作物生产的平原和盆地，并且水资源相对丰富，在津京冀发展中尤为重要。在 2012 年，国家现代农业科技城良种创制中心河北良种创制基地在邯郸市漳河生态科技园区建成。京张农业合作主要集中在蔬菜农业。廊坊市把农业发展定位于城郊都市型农业和生态集约型农业，加强与京津的合作，立足高端产业定位，围绕大力发展提升农业产业化经营来全面对接京津市场。

1. 农业的加工方面近年来，京津冀农产品加工业企业逐渐规模化发展，建立了不小的品牌效应，盈利状况逐年提升。原料基地、科技推动、产业化经营呈现稳步提升的态势，产业完善更为迅速。北京有得天独厚的经济因素，天津拥有着出口港口，吸引农业企业入驻。2013 年，北京市共有各类农业龙头企业 204 家，销售收入 10 亿元以上的龙头企业 21 家。同年，天津市共有农业产业化龙头企业 440 家，涉及肉类、奶制品、水产品、蔬菜和果品等加工企业，其中年销售收入超过 1 亿元的企业达到 40 家。

2. 农业的销售方面

北京市是周边中小城市的最佳销售地点，大部分的农产品都需要天津，河北等城市的供给。天津是中国北方制造业最发达地区，是"首都创新"和"北京服务"最重要承接地和合作方。天津的区位优势，适应大市场、大流通的格局，是调整京津冀三省市农业经营的内容、方式及产业结构，挖掘农业多功能性，实现农业高效化经营的主力。河北省建设的环绕京津冀产销对接、质量安全的"菜园子"基地；建设成为服务京津冀一体化中最基础的保障。

休闲农业方面类似北京郊区，河北石家庄和承德等地拥有着发展休闲农业得天独厚的区位优势、资源优势、文化优势以及市场优势。利用田园风景、自然环境、农村独特耕作方式及工具等直接可利用资源及农村人文资源等，打造极具现代人需求的乡村农场休闲方式。休闲农业带动了农民的经济增长思想观念，带动农民就业致富增收。河北省有 400 个乡镇和 1800 个村落开展乡村旅游，带动村民直接就业 15 万人。71 个省级以上乡村旅游示范点，年农民人均纯收入达到 7000 元，是全省平均水平的 1.8 倍。

(二) 市场协同

1. 农产品数量方面

津京冀农产品种植数量差距较大，主要原因在于地域、经济、历史等原因。其中，河北省的农作物种类最为繁多，是全国粮油的集中产地，可耕面积居于全国第四，数量高达 600 多万公顷。2015 年河北省粮食产量为 3363.8 万吨，油料作物蔬菜、肉类、奶类、水产品和禽蛋产量比起 2014 年也略有增长，但棉花但产量却略有下降。

河北省正在大力的推进农业生产，由传统农业转向现代农业，并推进着种植业的结构产业调整，实现其稳定发展。据统计，2014年农产品总播种面积774.92万公顷，同比增长0.41%。其中，粮食作物播种面积631.59万公顷，同比下降0.25%；棉花作物播种面积48.30万公顷，同比增长17.53%；油料面积47.04万公顷，同比增长0.88%；蔬菜面积122.04万公顷，同比下降1.38%。全年种植业取得明显成效，种植结构进一步优化。

2. 农产品质量监测与筛选方面

为了推动京津冀协同发展，在植物保护方面，我国开发京津冀植物疫情管理系统，并且开展了蔬菜生产绿控基地的共同建设以及提高对生鲜蔬菜的质量安全水平保障和某一地区的供应能力。对于质量监管，我国应该开展联合执法，实现跨省行政区域的种植业联合执法、农业资源保护协同执法、野生动植物及其制品利用执法以及水产品质量监管联合执法等工作。为了进一步加强农业联合执法，更进一步完整京津冀农业执法协作机制制定更切合实际的执行方案，组织开展联合执法活动。重点在于农产品质量安全、农业生态安全、动植物疫情传播、生产经营假劣农资、种苗的案件。

（三）生产要素协同

1. 科学技术的研发及实际应用

科学技术的研发离不开教育系统的支持，更离不开高等学府的集中投入。目前，在京的89所高等院校，坚持科技研发的主要内容，对其投入的精力和取得的成果都尤为重视，北京在科技成果与运用方面在国内首屈一指。对人才培养更是细致入微，一步步地带领新型科技人员拓展更为发达的研究技术。天津市在科技市场，人才市场也较有优势，并且有较强的科研开发和转介能力。天津市的高等院校较北京数量较为稀少，有55所高等院校，但其科研效果、成果发表也是名列前茅的。河北省的科研机构方面较少，其下虽然有113所高等院校，但其人口数量也更为庞大，就人均数量来说，河北省依然存在以下问题：高等教育机构缺乏，科研投入与产出较少，城镇化差距较大，且大城市较少，大部分是科技较不发达的小城市。

2. 土地方面

京津冀一体化发展的前提是各自优化自己的长处，弥补自己的不足。在土地资源方面，河北省相对京津两市相来说的话就是农业用地、劳动力人力更为充沛，近几年中，全国的总耕地面积约为1.217159亿公顷，京津冀的总耕地面积与所占比例分别为北京23.17万公顷，占0.13%；天津44.11万公顷，占0.36%；河北省631.73万公顷，占5.19%。另外，河北省的耕地面积在国内排行第5位。2012年，全国农村居民家庭经营耕地规模为0.156公顷/人，北京为

0.033公顷/人，天津为0.105公顷/人，河北省为0.126公顷/人。由数据可以看出，京津冀的人均耕地资源量比全国平均水平少。河北省均耕地量相比较多，有一定的资源优势。2012年，京津冀可利用草地面积分别为33.63万公顷、13.54万公顷、408.53万公顷。京津冀三地区相比，河北省的畜产品产量较高，在畜产品中无论是肉类产品还是奶类产品，河北省的人均占有量远远超过北京市与天津市。从农业劳动力资源来看，河北省2010年农林牧渔业就业的劳动力为1452.17万人，北京市农业就业人口为61.4万人，天津市的农业就业人口为68.99万人。从3个地区的第一产业劳动力资源来看，河北省的劳动力资源丰富，占一定的优势。

京津冀在共同发展中也有自己的私心，将自己的利益作为首位。影响了协调发展的进度。在京津冀三地问题越见清晰的情况下，北京的"大城市病"、天津的潜力挖掘、河北产业发展问题，给三地的资源整合带来了巨大压力。当前京津冀土地资源的阻碍在于开发利用缺乏区域协调和统筹，土地利用效率低下，土地生态环境不断恶化等。

某报记者在走访河北保定易县时发现，当地规划的大型工业园区大部分地块处于闲置状态，项目建设缓慢。距离县城以南30公里处的易县经济开发区，也就是为京津冀打造的工业园区。自2009年开始规划，总规划面积12.65平方公里。但当地媒体报道，今年京津冀一体化的思路明晰之后，开发区面积已扩至44.20平方公里，合计56.85平方公里。而实际上，沿易保公路两边的农田已围起了铁丝网，里面只有荒草和未收走的玉米秆。而此项目至今迟迟未开工，易县经济开发区办公室有关负责人在接受记者采访时也证实，该开发区刚刚起步，项目虽然落地了，但还没有开建。

3. 资金方面

在京津冀协同发展进行的这几年间，新发地高碑店批发市场，首农科技园，北京大兴农集团分子育种等139个项目迁移到河北，参与资金856.56亿元。在强大资金的支持下，京津冀的重大合作项目取得了基础的进步。在农业部门主动对接、通力合作的支撑下，30多个农业项目在河北落地或签订合作协议。例如：中国银泰集团山区开发、中关村智慧农业生态服务联盟等投资额将近100亿元，大大增加了河北省现代农业建设的速度。

（四）公共服务协同

京津冀协同下的统一调整在经济方面对河北有些吃力。河北地域分布广，各地区差异大，不利于经济统一管理。由此，在公共服务中，需要资金对其进行补贴和改善。从改善农业垃圾废料，农产品生长环境等方面，加快河北的城镇化管理。加大保险力度，让农户加大生产积极性，敢于创新。试点工作还在进行中，农村土地改革试点还未见结果。

（五）政策协同

党的十九大提出要走乡村振兴战略，这让京津冀协同发展背景下的河北省有了更为清晰的发展思路。为了更好、更快融入京津冀协同发展战略，河北省将以"五个协同"为平台，共同推动津京冀农业协同发展。《北京城市总体规划（2004~2020年）》提出，要采取差异化战略，加强京津冀三个地区的协作与分工，尤其要重视在京津城镇发展走廊形成各具特色、功能互补、布局合理的区域产业协作体系。

河北省一直非常重视发展与京津地区的合作关系。河北省从1995年提出"两环开放带动"战略，2000年提出建成首都的生态屏障、京津绿色食品的生产和供应基地、京津的科技转化基地和工业配套加工基地，到2004年提出的"一线两厢"发展战略，都把京津冀协作统筹区域经济发展放在突出的战略地位。这些战略构想和规划都充分考虑京津冀区域合作地位，为京津冀农业协作提供了良好的政策环境。

三、调查报告

图1至图6为调查分析。（详见图1至图6）

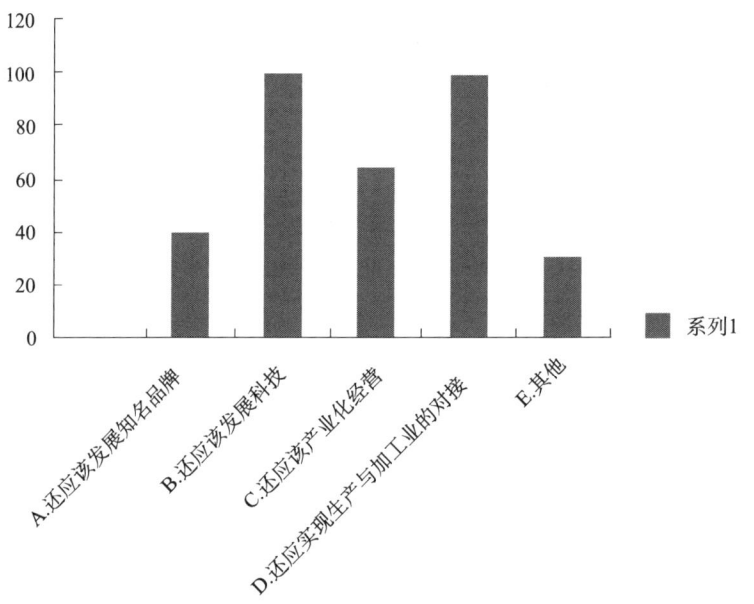

图1 您认为农产品加工业还有哪些不足

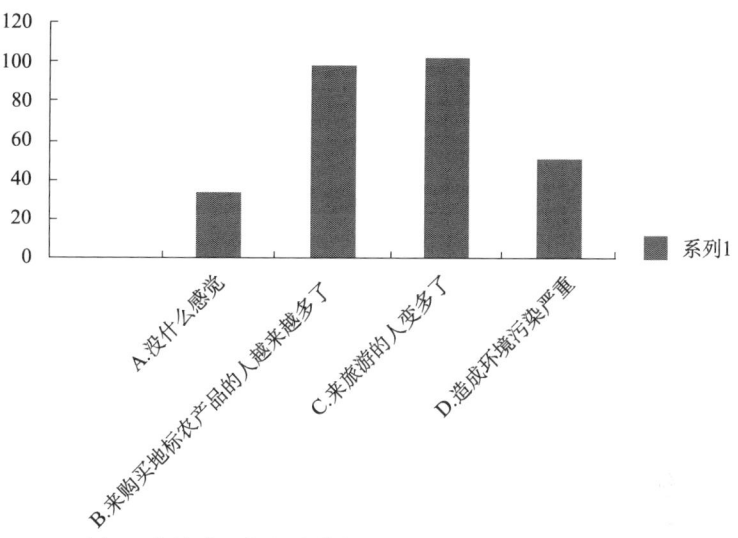

图 2　您认为地标性农作物对您所在的环境有什么影响

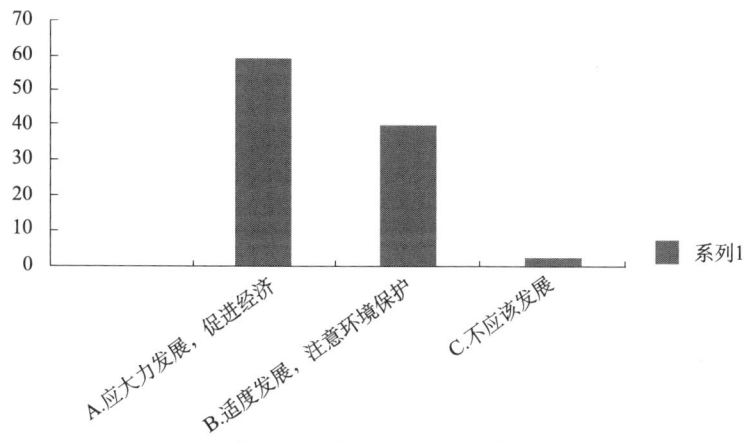

图 3　您认为河北是否应该发展休闲农业

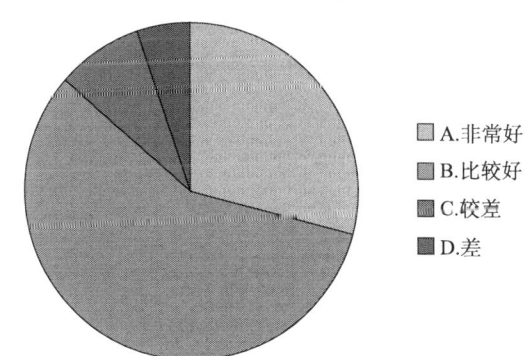

图 4　您认为北京现在的农产品质量如何

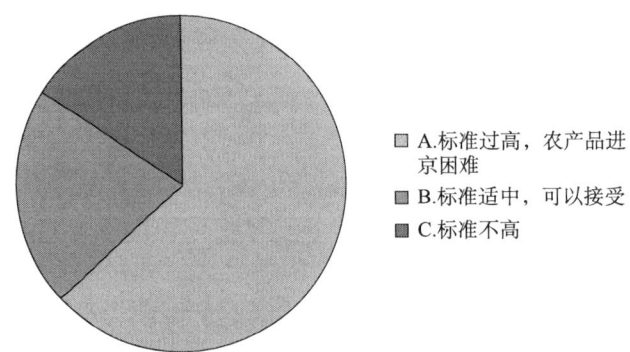

图 5　京津的农产品质量监测政策是否对您销售农产品进京产生了影响

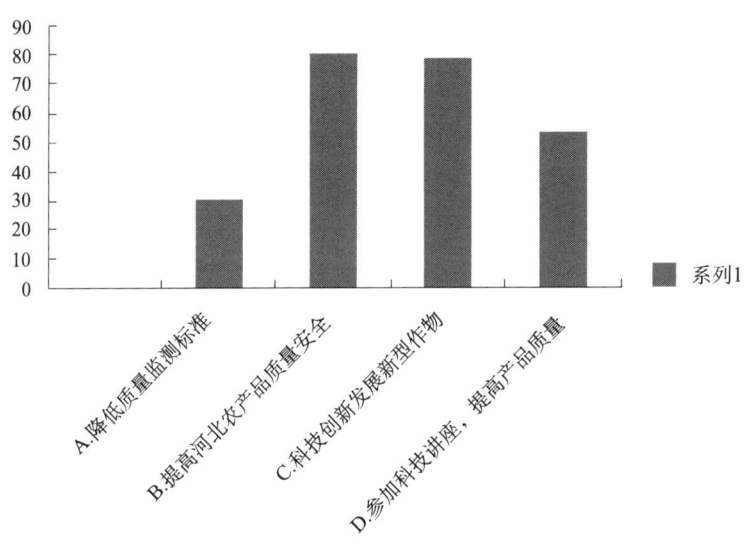

图 6　您认为应该如何改善（多选）

四、问题及建议

（一）产业协同

经问卷调查，北京、天津 117 位被调查者中 90% 以上的人认为农产品加工业还需发展科技和实现与生产业的对接，超 60% 的人认为还应产业化经营，40% 的人认为要发展知名品牌。

由此，我们可以看出，京津冀在生产与加工、销售之间产业的互补性较差，资源配置缺乏统筹规划。就目前而言，三地存在或多或少的贸易壁垒，如运费高、配送达不到要求、农产品超市入场费过高、不同农业企业要求的产品存在差异等因素，京津冀区域发展受到阻碍，竞争大于合作。

河北的农产品生产与京津农产品加工与销售间合作意识差。我们认为造成这一现象的原因是河北农业产业化水平较低、科技技术水平不高、农产品加工企业发展存在滞后、缺乏与京津农业的分工与协作。各地引进的龙头企业和项目，大多以服务京津为主，河北与京津存在一个较高的产业梯度落差。

经问卷调查，受访的117位北京、天津被调查者中将近100人认为地标性农作物让旅游的人变多了、购买农作物的人变多了，经济得到了发展，但也有50人认为这会造成污染。

经问卷调查，受访的101位河北被调查者中将近60%的人认为应该大力发展休闲农业，50%的人认为发展过程中也应注意保护环境。

由此，我们可以提出以下几点建议：

一是，优化产业结构，发挥京津冀三地各自的主导产业，明确各自的产业定位，实现产业互补合作、资源的优化配置、生产与加工销售一体化。

二是，共同打造承德、张家口的供京冷凉蔬菜基地，组织北京龙头企业与津冀企业进行产业对接，在河北建设科技产业园与加工基地。

三是，改善农产品销售对接秩序，降低交通运输费用、超市入场费用等，消除壁垒。帮助津冀农产品进入北京市场，开展品牌推广，建设直营店。

四是，力争休闲农业升级，积极推进农业与文化教育、养老健康产业的合作，与京津共同建立休闲农业产业联盟，推广三地各自的特色，互补合作完善功能服务。

（二）市场协同

问卷调查显示，75%的北京、天津受访者认为现在农产品的质量非常好或比较好，25%认为不好。同时，我们也对河北进行了问卷调查，其中超过55%的人认为京津农产品监测系统标准太高，农产品进京困难；20%的人认为标准适中；15%的人认为标准不太高。

由此，我们可以看出，大部分人认为河北的农产品进京在质量方面要求过高，不少农产品会因此积压在库，甚至滞销。由于北京作为新时代的领头城市，在各方面都会略高于其他城市，因此，为了更好地实行京津冀协调发展，河北省应该紧追北京政策要求的提高，努力完成科技、技术、卫生等方面的发展规划，争取避免农产品进京的阻碍。

对于质量监测标准过高这一现象，101位河北受访者中将近80%的人认为应该提高河北农产品的质量安全并创新新型农作物，55%的人认为应该参加科技讲座，提高农产品质量，也有30%的人认为应降低质量监测标准。由此，我们提出几点建议：

一是实施农业标准化行动，积极推进农林牧渔各个方面的国家级标准化建设。

二是增加企业文化，以开展讲座、农产品示范标准课堂、广告宣传片等方式，对基础农民农户进行再教育，以保证河北省教育水平集体增高。

三是从源头出发，以全新科技对其种子进行优化培育、精选优良品种，保证产品质量。加强京津冀农产品质量安全联防联控，推动河北、北京的质量管理标准。

四是争取保证不再发生农产品生产不销售的现象，使农民利益最大化、劳动意义最大化。

（三）生产要素协同

就以上现状来看，存在着科学技术发展不平衡的问题，北京、天津优秀的科学技术在河北省无法得到充分的施展空间，河北教育与技术水平较低仍是限制京津冀协同发展的重要因素，我们认为出现这一现象的原因是河北省缺少一个切实、有效的科技技术推进机制，地方政府推动能力略显不足，无法更有效吸收优秀的合作技术。

加快建立三地科技技术创新机制，让津冀拥有平台可以吸收高新科技人才，带动地方科学技术革新。依托国家政策建立高等院校与科研院；建设农业科技联盟，促进区域人才流动，交换意见实现信息共享。加快农业产品创新开发，推进三地农业技术一体化建设；河北省积极承接京津科技成果进行转化，加强自主创新能力，开展农业科学研究试点合作，开发潜能。

在京津冀一体化的磨合过程中，土地应用的根本目的还是发展，究其根本是三地协同共同发展、共同进步，即三地要由目前的各自为政各自发展改变成共同进退的利益共同体，使三地共同分享协同发展带来的经济成果。有分享就有平衡三地应因地制宜，指定各方都适合的政策，实现统一管理、利益的分配公平、要素自由流动，保障京津冀区域一体化发展。

建议打破行政区管理不同，增加与土地有关政策的实施；加强法律法规的监管，指定统一的政策管理；强化组织保障，保证区域协调指令有领导力。同时，实行地方政府差异化绩效考核，建立与土地利用分区相协调的绩效考核方式；建立相应的协调机制、成本分担和利益共享制、法规保障机制、评价机制、监督机制等；推进区域市场一体化改革，提高生产要素配置效率。在区域内形成地域分工，避免区域同质性竞争，进而发挥三地各自的比较优势，在区域内形成产业链、产业网。

虽有强大的资金支持，但由于没有合作规划，项目的目标和重点不明确，没有具体的合作项目支撑，又因为农业项目存在自己大、回收期长、风险偏高等因素，很多项目合作最终没能真正落地。

建议加大科技投入，对拥有创新潜力和具有推广效应的技术创新给予相应的资金和政策支持；筹资渠道要多元化，以此满足京津冀产业协同创新生态系统内创新主体的资金需求；有效配置资源，根据京津冀产业协同创新生态系统发展战略、产业结构分布、企业自身状况等，进行合理的配置以达到资金的合理利用。

（四）公共服务协同

1. 推进区域内农业金融经济产品和服务创新。促进农业政策的拓展，探索种子、幼苗、果林、中医药材、水产品等特色农产品归属进农业政策性受理范围。

2. 发展农林牧渔直接的合作互助险，并对不可抗力进行预估保险协同。

3. 为了减少各方损失，加强保险与信贷的联合管理，可从小额开始进行试点工作。尤其在河北农户家中，因自然环境导致的经济损失是非常可怕的。例如此类事件，率先建立统一的农村信用评价，立即开启鼓励开展跨区服务，增加农业保险数量。

4. 可用粮食作物，生产及配套辅助设施进行抵押贷款。减少农户压力。

5. 积极推进土地经营权交易流转综合服务与管理平台互动，鼓励跨区参股、并购。

（五）政策协同

京津冀现代农业协作基础良好，优势明显，而且目前已迈出重要一步，但继续推动京津冀现代农业向纵深发展，还存在着问题。京津冀三地关系复杂，区域农业协作缺乏跨区域协作战略规划，虽然在京津冀各地相关的规划中都提出了建立合作机制，但由于京津冀区域协作涉及首都、一个直辖市和一个相邻省的整体协调关系，跨越多层行政区，既要协调多区域多部门间的发展关系，又要解决农业发展各个环节的投入来源、农业要素流动、市场建设、价格调节、利益分配和组织保障等多项内部职能，还要解决政策环境、协作机制和发展阶段等外部职能。既要有在相互协调中优化资源配置的新建设，又要有以整体利益良性互动约束下各方利益的让步和协调，难度之大，导致京津冀现代农业跨区域协作相关的战略规划迟迟难以出台。

由此，建议如下：

一是加强现代农业区域整体协作的理念，实现京津冀现代农业一体化发展，京津冀三地要根据自身特色优势打破区域的限制进行统一规划的农业政策，认清发展的目标，建立分工明确的城市体系和交通建设，整合区域产业布局，理顺京津冀现代农业区域一体化发展的体制机制。

二是河北省要改善自身利益为主的思想，发展好有河北特色的农业创新产品。

三是北京市要重视公平交易，统筹规划，制定合理的农产品价格政策和财税政策实现区际共同发展。

四是建立政府间的沟通协调机制，推进京津冀现代农业协作发展。

本研究参考文献

[1] 张子麟,武建奇.京津冀地区产业协作存在的问题与发展方向[J].经济与管理,2007,21(2):8-12.

[2] 马同斌,王有年,李华,等.京津冀都市圈农业合作战略研究[J].中国农学通报,2008,24(1):539-544.

[3] 胥彦玲,苗润莲,张敏,张红.京津冀区域现代农业协作现状与思考[J].天津农业科学,2015.3:008.

[4] 孔德忠,师蕊.京津冀一体化对河北人才区域分布的影响[M].社会科学论坛,2011,(4):234-238.

[5] 孙芳,刘明河,刘立波.京津冀农业协同发展区域比较优势分析[M].2015.1.11:36(1).

[6] 陈红霞,李国平,张丹.京津冀区域空间格局及其优化整合分析[J].城市发展研究,2011(11):74-79.

[7] 李国平.京津冀区域发展报告[M].北京:中国人民大学出版社,2013.

[8] 魏后凯.重塑京津冀发展空间格局[N].经济日报,2014.6.6:(2).

玉米生产与贸易状况分析

> 项目组成员：高鑫立　鲁兆珂　罗　年
> 指 导 教 师：郑春慧

摘　要：目前玉米产量在世界上逐年攀升，现已成为世界主要的粮食作物、经济作物、动物主要饲料来源、人类的重要工业原料、世界三大粮食作物之一。随着科技的发展，育成了许多优良的品种，在单产、抗虫、蛋白质含量和淀粉含量等方面逐渐提高，中国已经成为世界上玉米的第二大产国仅次美国，产量、消费量约占全球玉米产量和消费量的20％左右，是玉米的生产和消费大国。本论文通过对近年来中国玉米贸易与生产的状况进行分析，相对比世界玉米其他主要产国现状，发现我国玉米生产与贸易中存在的问题，提出宏观政策建议。

一、世界玉米生产现状

（一）中国玉米生产现状

玉米是美洲本土的作物，在哥伦布发现美洲新大陆以后我国在与欧洲进行贸易中传入中国，传入初期玉米生产维持在一个较低的水平，从20世纪70年代开始迅速发展，新中国成立以来至今随着党和国家对农业的重视程度逐渐提高，提出了一系列促进和保护农民的政策，例如土地改革、农业社会主义改造、家庭联产承包责任制等政策，显著提高了农民的积极性。截至2016～2017产季我国玉米总产量达到216000千吨，相比较1996～1997产季的100000千吨的产量，增产率高达116％，年平均增产率5.54％。

从整体状况来看，我国玉米生产具有以下三大特点：

一是玉米在粮食生产中的地位日益上升，以2015年为例，我国粮食总产量62143.5万吨，当年玉米全国总产量22458万吨，玉米产量占全国粮食总产量的约36％，占据了相当重要的地位（见表1）。

表1　　　　　　2015年粮食播种面积、单位面积产量及总产量情况

	播种面积 （千公顷）	单位面积产量 （公斤/公顷）	总产量 （万吨）
全年粮食	113340.5	5482.9	62143.5
（一）分季节			
1. 夏粮	27692.3	5096.0	14112.0
2. 早稻	5715.4	5894.8	3369.1
3. 秋粮	79932.8	5587.5	44662.4
（二）分品种			
1. 谷物	95648.9	5982.9	57225.3
其中：玉米	38116.6	5891.9	22458.0
稻谷	30213.2	6892.5	20824.5
小麦	24141.3	5392.7	13018.7
2. 豆类	8851.6	1794.0	1588.0
3. 薯类	8840.0	3767.1	3330.1

二是播种面积及生产分布极其不均。由于玉米对自然条件的高适应性加上在科技条件的作用下玉米在各地均有种植，但是在我国形成了整体分散部分集中的状况，目前我国玉米主要种植地分别为东北、华北、黄淮、西北、西南五大种植区，主要种植区地形为平原以及低矮的丘陵，分布大概走向与我国地形第二、第三级阶梯分界线相近形成了一条极为鲜明的玉米种植带，占据了全国玉米种植面积的85%以及产量的近90%（见图1）。

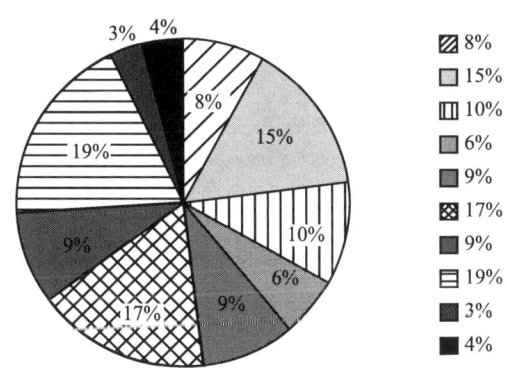

图1　2015年全国玉米种植面积分布图

三是玉米品种繁杂多样。根据统计资料显示，截至1958年，我国已经收集并保存玉米品种11000份之多，改革开放以后又引进了许多优质玉米品种，随着党和国家对农业的重视以及我国玉米育种技术的提高，目前我国种植的玉米品种大致上分类分为七大种：一般的玉米、甜玉米、糯玉米、特用玉米、高油玉米、优质蛋白玉米和紫玉米。分别适用于不同类型的需求，例如淀粉加工、

作为粮食食用、牲畜饲用和玉米油提炼。

(二) 玉米在世界主要生产国及地区现状

目前,世界上玉米的主要生产国及地区分别为美国、中国、巴西以及欧盟。详见表2。

2015~2016产季美国玉米总产量345486千吨,占世界玉米总产量的35.99%,当之无愧为玉米第一生产大国,其玉米产区位于北美五大湖以南的平原地区,土壤肥沃且位于温带气候温和、无霜期最高长达200天非常适宜玉米生长,再加上美国玉米种植业起步较早、机械化程度高、家庭经营生产积极性高造就了这一区域成为世界上玉米种植面积最大产量最高的玉米产区。

2015~2016产季中国玉米总产量224632千吨,占世界玉米总产量的23.4%,主要产区位于平原以及丘陵地带,大部分受温带季风性气候影响,降水量充足、气候温和、无霜期154~363天,较适宜玉米生长。

2015~2016产季巴西玉米总产量64000千吨,占世界玉米总产量的6.98%,产区主要位于亚马孙河与亚马孙森林的交界处,主要玉米品种的1/3为全季玉米,2/3为二季玉米,但受热带草原气候影响,降水与温度的变化极大,常常出现气温偏高和降水不足的情况,在一定程度上限制了巴西玉米的生产。

2015~2016产季欧盟玉米总产量58484千吨,占世界玉米总产量的6.09%,处于温带海洋性气候带和地中海气候带附近,部分国家可能会受到夏季热浪和干旱影响,但依靠人工降水和灌溉辅助下能一定程度上缓解损失。

表2　2015~2017产季美国、中国、巴西、欧盟及全球玉米总产量对比

单位:千吨,%

国家和地区	2015~2016产季		2016~2017产季		增产量	增产率
	产量	占比	产量	占比		
美国	345486.00	35.99	386748.00	37.53	41262.00	11.94
中国	224632.00	23.40	216000.00	20.96	-8632.00	-3.84
巴西	67000.00	6.98	83500.00	8.10	16500.00	34.63
欧盟	58481.00	6.09	60279.00	5.85	1798.00	3.07
合计	695599.00	72.47	746527.00	72.44	50928.00	7.32
全球总产量	959885.00	100.00	1030528.00	100.00	70643.00	7.36

对比历史数据,四个国家地区1996~1997至2016~2017产季玉米产量均呈现上升趋势,其中美国产量一直维持在高于其他国家地区的水平,但波动较大;中国自2000~2001产季以后无明显下降且呈直线上升型趋势;巴西和欧盟在总产量上波动型上升,没有出现明显下降。在美国和中国玉米产量年增长率的比较上发现,中国由于与美国在生产要素投入以及生产方式等方面差异造成两国玉米增产率的差异。

图 2 2012～2017 年全国玉米进口量

二、世界玉米贸易现状

(一) 世界玉米贸易形势及特征 (世界、主要出口国、主要进口国)

玉米是目前世界上单产最高、产量最高的粮食，同时也是世界上贸易量最大的农产品。从近 5 年来国际上玉米的进出口量来看，除了 2014 年受美国转基因玉米的退运影响玉米进口量出现了大约 1.82% 的减少，其他四年的进口量均呈递增状态，年均进口量递增 8.844%；出口量方面近五年世界玉米进口量随着玉米的总产量增加而增加，2014 年玉米的出口量在美国转基因玉米退运的刺激下出现了将近 23% 的激增，年均出口量递增 7.36%。

表 3　　　　世界玉米产量及出口量　　　　单位：万吨

产季	产量	国内供应	国内应用	贸易出口量
2007～2008	788.97	921.94	785.22	99.69
2008～2009	827.78	970.38	796.99	85.89
2009～2010	821.95	987.21	820.92	90.1
2010～2011	851.95	1020.52	865.49	97.17
2011～2012	886.7	1039.93	876.61	102.99
2012～2013	871.92	1036.51	882.7	103.02
2013～2014	1016.21	1175.5	965.96	125.52
2014～2015	1036.8	1229.99	996.46	129.93
2015～2016	1007.42	1238.9	1009.22	138.44
2016～2017	1040.68	1266.25	1034.6	139.79

由数据观察发现 2010～2012 年进出口贸易额呈递增状态，2012～2015 年进出口贸易额呈递减状态；进口额年平均递增 1.28%，出口额年平均递增 1.04%，可以看出玉米进出口贸易额较稳定。

(二) 主要出口国玉米贸易形势

2010~2015年玉米主要出口贸易额前五名国家或地区：美国、阿根廷、巴西、法国、乌克兰，从历史数据可以看出，世界玉米贸易主要集中在少数的国家中，五国玉米出口额占世界总出口额70%以上，追溯至1991年到现在的数据的话将近20个年份占比60%以上。

1. 美国

美国是玉米的主要出口大国之一，近20年来，美国玉米出口在世界玉米出口中一直保持着优势地位，但是这种优势正随着其他大国的发展在逐步下降。从出口额观察，1991年美国玉米出口额占世界玉米总出口额的90.65%，2010年为43.96%；从美国玉米出口量可以看出，1991年美国玉米出口量占世界玉米出口量的89.37%，2010年占比为46.01%，到了2015年则降低到了30.6%，美国玉米出口占世界玉米出口的比重正在趋于下降，或有可能被反超变为玉米出口第二大国。

2. 阿根廷

阿根廷也是世界玉米出口大国，但出口量比重远不及美国，1991~2015年25年间，其玉米出口量占世界玉米总出口量的平均比重约为9.78%，最大占比13.63%。美国农业部（USDA）（2017年5月10日）公布的5月供需报告显示，阿根廷2017~2018年度玉米（1708，−8.00，−0.47%）出口预估为2850万吨。阿根廷2016~2017年度玉米出口预估为2750万吨，4月预估为2600万吨。阿根廷2015~2016年度玉米出口预估为2170万吨。对美国玉米出口构成了强大的价格下跌压力，同时也和巴西玉米存在相当强的市场竞争。

3. 巴西

巴西同样是世界玉米出口的主要国家，1991~2015年，巴西玉米出口比重由2.65%增至17.7%，出口额由0.06亿美元增至22.15亿美元，出口量由1.6万吨增至1094.3万吨，增加了百倍之多。玉米出口年增增长率更是达到了36%之多，远超其他国家玉米出口增长率并持续保持增长趋势。

4. 乌克兰

乌克兰在玉米出口大国中综合排名前四，近十年玉米出口额一直处于攀升趋势，尤其是2012年玉米总出口额达到3893百万美元，在世界上的占比由2010年的3.4%一下飙升至2012年的11%，由于官方禁止种植转基因玉米和上调玉米种植面积加大对玉米贸易扶持力度，在当前玉米贸易出现翻天覆地的变化情形下有望创造玉米出口的新历史记录。

5. 法国

法国在欧盟中农产品出口量基本占据1/4，是世界中重要的贸易大国和农业大国，农业是其重要的经济支柱之一，在农产品的出口上具有很强的竞争力尤其是在玉米出口上，2010～2015年玉米出口额在世界上的占比平均达到7.3%左右，最低值为2014年的占比6.5%，可以说是非常稳定。

（三）主要进口国玉米贸易形势

2010～2015年玉米主要进口贸易额前五名国家或地区：日本、韩国、埃及、墨西哥、西班牙，从历史数据来看玉米主要进口国家不像出口国家一样占据大量比重，但仅日本和韩国两个发达国家的进口额的占比在2015年就达到了17%。

1. 日本、韩国

日本一直是玉米的进口大国，占比在2015年前一直保持在10%以上，是美国的玉米主要进口国，主要原因是日本耕地面积狭小、资源极度缺乏、大量资源依靠进口，而且日本有相当一部分工业需求玉米作为原料。追溯历史数据，1991～2015年进口额年均增长2%左右，除1996～2000年平均增长率出现负数，其他年份平均增长率均为正值，从2010年开始在世界上的占比逐渐降低。韩国和日本情况类似，主要进口方为美国和中国，1996～2010年年平均增长率出现负值，其他年份平均增长率为正值，2010～2015年的平均占比稳定在7%左右。

2. 墨西哥、埃及

埃及和墨西哥是发展中国家里进口玉米比重较高的国家，主要原因是本国供给不足，需要对外部供给有一定依赖性。墨西哥对玉米进口的依赖性极高，据统计，每消费100克玉米就有24克玉米是通过进口获得的，2010～2015年墨西哥进口玉米比重稳定在7%左右。据美国农业部（USDA）预测，美国若再不提高产量，到2024年，墨西哥玉米进口比例或将增至50%，成为世界最大的玉米进口国。埃及存在与墨西哥类似的情况，本国供给不足需要进口才能满足需求，2010～2015年埃及进口玉米占世界比重的5%左右，有上涨趋势，但是政府一直努力降低对进口的依赖，因为近几年外汇短缺，削弱采购能力，制约经济发展。

表4　　　　　　　　2010～2015年出口贸易额前五名国家数据　　　　　单位：million

国家或地区	贸易额					
	2010年	2011年	2012年	2013年	2014年	2015年
世界	23020.6	33780.5	35437.5	34976.4	32727.0	28287.1
美国	10110.5	13982.4	9708.0	6882.9	11140.7	8669.7
阿根廷	3145.3	4518.8	4841.1	5848.0	3524.7	3130.0
巴西	2215.0	2716.4	5383.5	6307.6	3931.9	5009.0
法国	1840.3	2549.7	2398.5	2643.6	2127.4	1965.1
乌克兰	785.9	1210.5	1298.9	807.0	820.9	929.6

表5　　　　　　　2010～2015年进口贸易额前五名国家数据　　　　单位：million

国家或地区	贸易额					
	2010年	2011年	2012年	2013年	2014年	2015年
世界	25680.1	37078.1	38473.1	38377.5	36621.7	32069.7
日本	3956.3	5355.2	5126.5	4750.4	3861.9	3236.5
韩国	1989.9	2498.0	2603.0	2676.6	2632.3	2216.3
埃及	1270.6	2096.1	1958.5	1985.0	1951.0	1790.3
墨西哥	1583.3	2989.3	2996.6	2053.0	2395.3	2458.8
西班牙	967.0	1574.3	1806.7	1674.1	1548.0	1441.3

（四）主要进出口国玉米贸易特征

第一，主要玉米进出口国的贸易伙伴总量在不断增加，美国作为玉米出口第一大国，占比世界玉米的出口量稳定在30%左右，所以美国玉米的出口国数量相对稳定，1991～2010年只增加了10个国家，数量达到116；而阿根廷和巴西的出口对象分别增加了40%和5倍。

第二，主要玉米进出口国的贸易伙伴在增加的同时不局限于本洲或大陆，涵盖了发展中国家和发达。

第三，主要玉米出口国家对世界玉米出口起着绝对的主导作用，美国对世界玉米出口虽然仍起着最重要的影响，但是自美国转基因玉米退运风波以后和其他玉米产国的影响力增加，美国对世界玉米出口的影响力开始逐渐下降。

三、中国玉米贸易的问题

（一）竞争力不足

我国作为农业大国，玉米是我国主要粮食作物之一，并且在全国粮食作物中处于很高的地位。我国作为玉米生产大国与世界上玉米其他生产大国比，我国的玉米的产量较高但质量一般。

国际上玉米生产过程专业化，有大量科研投入，生产出优质的玉米产品。而我国在玉米生产过程中，劳动力素质低，专业化程度低，缺乏创新意识。由于我国玉米生产品种单一、质量差，并且玉米在市场上大部分用于饲料，总体占饲料60%之多，浪费了大量的人力、物力等资源，造成我国取得的经济效益低下。

在我国玉米生产过程中，我国玉米种植面积调整下降，劳动力成本增高。与美国、巴西、墨西哥其他玉米生产大国相比，我国消耗的成本较高，机械化程度较小。玉米的竞争力不足导致我国在玉米生产的量和品质都难以与其他玉米生产大国匹敌。

(二) 生产规模小、收益低

我国玉米主要是小农经济，我国人均耕地面积不足导致我国玉米种植面积与美国等玉米生产大国有所差距，玉米种植面积总体低于美国6%左右，仅占世界玉米种植面积17%，造成我国玉米单产偏少，并且2017~2018年度中国玉米产量预计为2.15亿吨，比上年减少约455万吨。

国家政策是我国决定玉米价格的决定性因素，供求关系和玉米生产成本是决定玉米价格的基本因素。由于我国玉米库存减少，玉米出口渠道少，国家政策决定提升我国玉米出售价格，造成我国玉米出口价格比美国玉米价格高，且玉米质量不佳，使得我国玉米的销售产量不佳，收益较低。

(三) 出口难

由于玉米贸易出口最多的是发达国家，而我国玉米出口受发达国家贸易壁垒限制较多，造成我国玉米的出口难度大。由于我国对外出口销售渠道少，经营出口企业少，对外出口市场过于集中，这些问题都直接影响着我国玉米出口。从而形成我国玉米出口的组织化程度较低且出口的发展落后，造成我国玉米出口难以抵御国际市场风险，不利于突破各种贸易壁垒。

我国对玉米出口的不同时期进行政策干预，使出口政策更改频繁。我国为了保护国家粮食，实行玉米出口配额，使得市场信用遭受损害，不利于下一年的玉米出口策略。并且实行出口配额，一般在年初决定。玉米播种要求的情况又非常不明朗，新一年的玉米又没有播种，此时决定配额的决策有失准确性。这样一来，严重影响了我国玉米出口的数量和规模，从而造成了我国玉米的出口困难。

四、已知问题解决

从上述论述中得知我国玉米竞争力不足生产，规模小、收益低、出口难，从而从这三方面给出解决方案。

第一，降低玉米生产成本，提高玉米竞争力。近几年来，我国劳动力成本逐渐升高。玉米价格也在升高。在这种窘境下，我们应该加大玉米基础设施建设，来减少自然灾害对玉米生长过程中的损害，使玉米产量增加，减少玉米的种植成本。政府也可以通过玉米补贴等方式来减少玉米种植成本，从而减少玉米的价格。这样一来，玉米产量增加、量多质优、价格优惠，也就提高了玉米的竞争力。

第二，推广集约化玉米生产。使各家各户的玉米集约化，集中起来种植，再大力推广机械化来代替劳动力，从而提高劳动生产率，扩大玉米种植面积。培养技术性人才，加大对玉米地研究力度，研究新型玉米，种植新型种类玉米或者通过研究提高玉米产量，从而来扩大玉米规模以及提高玉米收益。

第三，加大玉米宣传力度，创新玉米出口策略。从上述描述中可以得知我国玉米近几年来出口比较困难，出口量较少，形势不容乐观。我们可以找国内知名代言人或者品牌来宣传本国玉米，加大玉米知名度，从而吸引外商来进口本国玉米。然后也可以不断提高玉米的质量，以质量取胜。为了保持玉米的新鲜度，还可以直接从玉米地里出售玉米出口，这样也可以降低玉米的出口成本，降低玉米价格，在出口上保持竞争力。

五、宏观建议

第一，监督以及规范企业行为。政府要加大企业监督力度，现在我国玉米生产处于艰难发展时期，企业要尊重市场秩序，为我国玉米产业的发展开辟一条光明大道。政府可以为玉米设立专门的研究机构，也可以出台一些专门针对玉米的发展政策来促进玉米产业发展。

第二，对玉米进行深加工，延长玉米生产链。现在玉米的产业发展已经不仅仅是种植的单产业链发展，而是延伸到很多副产品加工上，增加玉米的产业价值。玉米未来的供给能力尚未确定，我国需要根据时代要求来不断变化玉米的需求政策。由于玉米的产业链的延长，会引发一系列问题的产生，我国政府要随时应对这些突发问题，做好保障工作。

第三，发展创新思维，对玉米的产业不断创新发展。要发挥现代先进技术对农业的促进作用，加大农业基础设施建设，利用现代技术扩大基础设施的建设范围，还要大力发展农田水利设施等一些基本设施，提高粮食的防御能力，让天灾人祸不再发生。同时，加大玉米地集约化以及规模化经营。

第四，对未来的全球范围的玉米进出口产量进行检测。从近几年的数据分析来看，玉米的价格一直处于低迷状态，这是我国玉米价格风险不断加剧。从全球范围来说，给那些没有优惠政策的发展中国家也带来了很大的负面影响。除此以外，一些自然资源价格变动也会对全球玉米生产和价格产生重要影响。因此，需要加强对国内外玉米供需变化的监测以及分析，制定具有现实意义的应对措施，对有效防范风险，这对保障我国玉米生产和市场稳定具有重要意义。

本研究参考文献

[1] 贾伟. 世界主要国家玉米贸易的现状及特征 [J]. 世界农业，2012：4 (369).

[2] 杨卫路. 世界玉米生产贸易概况 [J]. 中国粮食经济，1995：5.

[3] 王海峰. 玉米产业在农业生产中的重要作用及发展前景 [J]. 种子世界，2008：6 (55).

浅谈我国应如何应对贸易保护新趋势

项目组成员：崔　驰　陈鹏吉　马佳琦
指导教师：郑　洵

摘　要：随着全球经济的快速发展，我国国际贸易遇到了新的机遇与挑战。目前，全球经济一体化格局已初步建成，我国在世界国际贸易领域中的地位也逐渐提升，综合国力逐渐加强，但是受产业结构、产业技术等方面的制约，我国国际贸易可以发展的空间还有很大。近些年，由于我国贸易顺差的不断增长，发达国家贸易逆差的现象越来越严重，对我国贸易采取了一些不利的措施。2013年我国贸易总额达到4.16万亿美元，进出口总量已经超过美国达到了世界第一，其中出口总量达到了2.21万亿美元。然而，我国出口贸易已经受到了极大程度的抑制，达到23.9%，严重得影响了我国的外贸出口收益，导致我国贸易损失685亿美元。针对发达国家对我国贸易发展中经济、科技等因素的不断抑制而形成的外贸损失，我国需要实施一些有效的应对贸易发展新趋势的措施，从而保护我国贸易出口地位、稳定经济增长。本次研究内容主要是新贸易壁垒对中国贸易出口产生的影响及我国应如何做出相应的有效措施。

关键词：新贸易保护主义　措施

一、贸易保护主义的发展

贸易保护主义由于各国之间的贸易往来愈加频繁引起的，通过对市场的控制，限制进口、鼓励出口的政策来提高本国经济。15~17世纪，重商主义的兴起导致了贸易保护的产生，各国只重视货币的积累。经过晚期重商理论，科学技术得到发展，又经历了保护幼稚工业理论，直到19世纪末，形成了"超贸易保护主义"。

二、新趋势产生原因

（一）国际贸易竞争加剧

在当下全球化经济时代，国际市场竞争加剧，争夺市场优势成为各个主权国家竞争的核心。各国本着提升在国际贸易中的地位来增加收入，成为实现国家经济利益的重要手段。各国政府出台了各种政策来促进本国贸易收益的增长，不仅努力提升科学技术、管理技术等方面的优势，更是利用不同的手段来阻碍其他国家的出口。一方面，利用"进口关税""出口补贴"等经济手段，另一方面，增添了"绿色壁垒""技术壁垒"等新贸易壁垒来保护本国产业。尤其是由于进口商品的冲击而面临的"就业"问题更引发了政治的变动。当本国产业和劳工群体受到进口冲击时，来自公众的呼声或其他政治压力必然使政府倾向于对这些领域实行保护，以排斥竞争的威胁。

（二）国际贸易中双边主义与区域主义兴起

1. 自由贸易协定的发展

20世纪90年代以来，双边层面的自由贸易协定（FTA）成为各国关注的热点问题。据WTO统计到2004年，向WTO正式通报的自由贸易协定已经达到106个，WTO中的很多成员甚至加入了两个或多个FTA。因为FTA不仅促进了贸易的增长，消除了双边贸易壁垒，并且地缘政治经济格局的变化导致了"双边主义"盛行，所以FTA迅速发展并形成了连锁反应。如果一国加入了FTA，那么会对有竞争关系的其他国家形成相当大的影响，所以越来越多的国家和地区制定了FTA战略。

2. 一体化进程加快

进入21世纪，世界范围内区域一体化进程大大加快。欧盟加快了扩员步伐；北美自由贸易区增强了成员之间的联系；APEC的影响力逐步扩大；东亚地区在加强东盟内部合作的基础上，积极探索新型东亚区域合作机制。

（三）跨国公司内部发展

随着跨国公司及其海外经营的发展，国际贸易的流向和贸易方式发生了深刻变化，跨国公司内部贸易在国际贸易中的地位不断提高。跨国公司内部贸易的发展一定程度上改变了国际贸易差额的分布。跨国公司通过内部分工和核算体系，在内部贸易中获得了较为稳定的收益，但把各国账面上贸易差额的增长减少及出现的贸易不平衡问题甩给了各国政府。尤其是亚洲地区大规模的生产和出口，造成了对美国和欧盟等发达地区的贸易顺差，使发达国家针对这些国家的贸易出口进行了阻碍。而是拿出口国开刀，以解决与这些国家的贸易争端为借口，推行新贸易保护主义。

（四）发展中国家显现贸易优势

以中国、印度等为首的发展中国家，因为承接了发达国家放弃的低技术含量产业链而形成了大规模出口,抵挡了发达国家的出口优势。一方面,大量发展中国家生产的价格低的产品进入发达国家,造成了发达国家本国的产品无处可去,造成经济损失。另一方面,致使发达国家就业成为难题。面对这种贸易的不平衡,发达国家出台了针对发展中国家的贸易保护措施。

三、主要表现

(一) 美国退出 TPP

TPP 被称为跨太平洋伙伴关系协议,也被称作"经济北约"。是由亚太经济合作会议成员中的新西兰、新加坡、智利和文莱四国发起。

TPP 被很多人称为"经济北约",在现在这个国际社会环境较为和平开放的时代,它的集团性是比较强的,其政治意味强烈,旨在亚太地区建立一个贸易合作区,而将中国排除在外,给中国对外贸易施加巨大压力。为了实现这一目标,美国所主导的 TPP 协议主张消除贸易壁垒,推动自由贸易区的建设,还有两项重要内容分别是货币自由兑换和允许国企私有化。特朗普上台后宣布退出 TPP,引起世界的广泛关注。从经济角度分析,退出 TPP 在短期内有利于美国国内经济的发展。这一举措的目的是增加美国劳工和制造商的竞争力,使美国从"全球贸易"转为"双边贸易",逆全球化形式逐渐形成。

(二) 美国拒绝中国铝产品

美国商务部公布对中国铝箔产品反补贴调查初步裁定,裁定中国企业 16.56%～80.97% 的补贴幅度。3月9日,申请人美国铝业协会铝箔贸易实施工作组向美国商务部递交了申请书,要求对原产中国的铝箔进行反倾销和反补贴调查,并要求在反倾销方面对产品可征高达 134.33% 的反倾销税。

(三) 美国对中国进行"301"调查

据有关调查显示,美国将对中国进口商品进行调查并且增收大规模关税,并限制中国企业对美投资并购。数据显示,涉及加征关税的中国商品规模可达 600 亿美元。

四、我国应如何积极应对

(一) 建立预警机制,充分利用贸易保护

据调查,2016 年我国全国进出口总额下降了 1.8%,其中出口下降了 1%,进口下降了 2.9%。前 8 个月,中国出口产品遭遇的贸易救济案件相当多,共有

来自 20 个国家（地区）发起的 85 起贸易救济调查案件，涉案金额 103.21 亿美元；案件数量同比上升了 49%，涉案金额同比上升了 94%。此外，美国发起涉及中国产品的 337 调查 15 起。

随着我国对外贸易的快速发展，其他国家对我国设置的反倾销、技术壁垒和绿色壁垒不断增加。因此，第一步要认真研究国外技术、绿色壁垒体系以及反倾销调查体系，总结国内外企业突破贸易保护的经验和教训，及时向企业传递相关信息，发布预警帮助并且指导国内企业突破发达国家针对发展中国家设立的贸易保护主义的障碍。其次，检验检疫机构应积极利用信息优势，增强对出口商品价格、趋势、科学技术以及环保技术的分析能力，及时发现低价竞销的以及我国科学技术上的优势，并且充分利用优势，提高不足，给决策部门提供参考。最后，定期对一些敏感产品、质量不足产品以及缺乏优势的产品列出清单，积极与海关、经贸部门配合，公布有关商品的最新消息，并建立合理的出口商品评估制度，使我国的商品能够达到其他国家进口的要求，以及对于各项严苛标准也能成为合格产品。

（二）积极扩大内需，降低对外部商场的依赖

加入 WTO 后，我国对外贸易强劲增长，贸易规模不断加大。随着我国出口经济效益的迅速提高，我国经济对于外贸出口的依赖程度也不断提高，从 2001 年的 39.5% 迅猛增长至 2009 年的 60%。尽管我国对外贸易的高速发展曾经是拉动国民经济快速增长的重要部分，但是外贸依存度的不断攀升不可避免地带来经济发展中的问题，以及中国经济对世界市场的高度依赖，以至于其他国家对我国的出口提高了警惕。另外，金融危机致使国外市场急剧萎缩，我国长期形成的过度依赖出口的经济发展模式受到严重影响，我国国民经济一直存在的消费率偏低和外贸依存度偏高的失衡问题迎来有效解决的好时机。因此，应该抓住时机扩大内需，刺激消费，切实调整内外需比例，逐步降低外贸依存度，渐进地从开放带动改革和发展转变到扩大内需与稳定外需的统筹协调，逐步建立以内需为主导的循环经济、以进出口贸易为辅助的二元经济结构。只有这样，我国才能在危机中从根本上有效抵制国外贸易保护主义的损害，继而降低国际经济波动对我国经济的冲击程度。

我国大部分商品仍然要依靠外部力量的购买，才能够获得经济效益。对于其他国家的强烈贸易保护主义的阻碍，我国应放弃过度依赖出口，而要积极扩大内需，使内需成为拉动经济增长的一驾马车。

（三）培育企业自主创新品牌，促进产业结构升级

1. 产业结构

我国为密集型中低端产业，大部分是承接了发达国家的低端产业链，依靠

大规模出口以及廉价劳动力获取经济效益。作为一个技术相对落后的发展中国家，我国的技术研发能力较发达国家还存在一定的差距。这种依靠大量出口的方式，不仅破坏了我国的环境，降低了居民的收入，还导致了发达国家的注意，将阻碍进口的目的放在了我国的出口上。

2. 转变出口方式

金融危机背景下，我国应尽快转变出口方式，由粗放式出口转变为集约式出口，从盲目追求出口数量转变为追求产品质量的提高。此外，制止低价倾销和盲目竞争的行为，加快支持和培育具有自主知识产权和自主创新品牌的商品出口，大力提商品附加值。因此，企业必须尽快提高自身的技术水平和管理水平，加快产业升级，实施品牌战略，不断提高自主创新能力，通过技术、组织和制度创新，把技术引进与消化、吸收、创新结合起来，开发具有自主知识产权的核心技术，提高产品质量，增强企业的核心竞争力。

3. 政府发挥导向作用，引领企业战略创新

政府要引导创新精神，设置奖励机制，鼓励创新。争取把我国出口贸易的优势与创新的产品相结合，形成自己在市场中的优势。减少污染环境、大规模使用资源与人力资源的产业，发展文化产业、服务产业。培养高新技术产业，转变经济发展方式。发挥政府的宏观调控能力，收集信息，合理分配资源。在一段时间内，虽然传统产品仍是国际贸易市场上的主要产品，但是我们仍需要在传统市场中指导企业加大自主研发的能力，提升自主创新能力和品牌效应。

(四) 完善技术标准，应对更为隐蔽的技术壁垒

新贸易保护主义中增加了"技术壁垒"，发达国家针对发展中国家的大规模出口设立了保护措施。而目前我国的很多技术标准还远远低于国际标准，这是我国的产品经常遭遇拒绝的原因。所以，我国必须大力推行国际标准化战略，强化企业的技术创新意识和适应国际发展趋势意识，加快国内技术标准和措施的国际标准化进程，参与国际标准的制定、修订和协调工作，使我国的经济结构更能适应国际的准则。企业也必须高度重视和积极开展国际认证工作，建立健全质量管理体系和环境管理体系。

(五) 充分发挥行业协会的作用，维护企业的合法权益

针对我国当前面临的与其他国家之间的贸易摩擦，应充分发挥企业、行业与政府协调应诉的积极性。采取"谁应诉，谁受益"原则，鼓励涉案企业积极应诉，夺回市场；组织行业协会，积极进行反倾销应诉。同时，要宣传企业提高防范意识，提出反倾销调查申请，避免苛刻的调查行为。通过研究 WTO 原则，借鉴国外经验，完善我国反倾销、反补贴与保障措施制度，实行有理有节

的保护，避免国内产业受到严重损害。

（六）建立自由贸易区，加快区域经济一体化建设

建立自由贸易区有利于规避区域化的贸易壁垒，防止贸易保护主义，稳定国际贸易环境。由于我国产品大多集中出口到欧盟、美国、日本、东盟、加拿大等国家和地区，我国要形成合理、可靠的双边贸易关系。因此，要积极调整贸易方向，重视区域经济合作，避免贸易进出口过分集中的现象。强化与自由贸易区的合作，积极推进中国—东盟自由贸易区、亚太经合组织等区域经济一体化的进程。三是加快与海湾合作委员会、澳大利亚、新加坡、韩国等国家和地区的自由贸易区谈判。

五、总结

新贸易保护主义是由于国际贸易的不断发展而形成的，主要是发达国家针对发展中国家迅速的出口增长而设立的，不利于我国出口贸易的发展，也抑制了我国经济的增长，同时不利于我国国内经济结构的发展。对于这些问题，我国应积极应对，通过政府的宏观调控、企业的不断创新、法律法规的完善等措施来帮助我国在国际贸易中立于一个有利的地位。但是，发达国家采取的新贸易保护主义措施，也在一定程度上刺激了我国企业与经济的发展。所以，我国应积极利用新贸易保护主义的优势，不断促进和完善我国的经济体制和法律体系，使我国的对外贸易更好地发展。

第三部分

企业管理问题研究

京郊农场经营绩效及影响因素研究

项目组成员： 刘冬梅　王　蒙　王鑫慧
指 导 教 师： 白　华

摘　要： 农场是指用机械进行大规模农业生产的单位、组织或企业，以从事农业生产或畜牧养殖为主，经营各种农产品和畜牧产品。本研究通过对北京郊区的40家不同规模的农场进行调查研究，分析影响农场经营绩效的因素，并针对不同方面的影响提出对策建议。

关键词： 京郊农场　经营绩效　影响因素　发展建议

现代新农场，不再单单是用来种农作物的场地，更是一种集种植、养殖、休闲、娱乐为一体的混合型场地。新中国成立以来，农场的数量在中国渐渐增加。在人民公社时期，一个大的农场面积相当于一个乡或几个乡镇的规模。农场的出现为保证粮食安全、促进农业经济的快速发展提供了保障，是社会主义经济的重要组成部分。但随着农场的发展，经营中出现了越来越多的问题，这些问题或多或少的影响着农场的经营绩效。近年来，我国越来越重视农场的发展，北京、山西、广东等省建立农场的数量逐年增多，希望利用这种经营主体的发展带动整个农业的发展。因此，研究农场的经营绩效及影响因素对于农业的发展乃至整个经济的发展都有非常重要的现实意义。

一、数据分析

（一）数据来源

为了更加准确地获取数据，我组成员事先了解了京郊农场的普遍情况，有目的地走访了京郊的40家农场，其中26个农场从事种植业、5个农场从事养殖业、6个农场采用种养结合的模式，还有3个农场在种植业或养殖业的基础上发展了休闲农业，期间对农场主进行了采访，并在一些有雇员的农场发放问卷，尽可能详细精确地了解每家农场的信息。在调查中，每种类型的农场都有涉及，也保证了数据的准确性和普遍性。

（二）样本特点

表1　　　　　　　　　　　农场基本情况调查表

调查指标	调查选项	频数	百分比（%）	调查指标	调查选项	频数	百分比（%）
性别	男	35	87.5	雇工情况	长期雇工	14	35.0
	女	5	12.5	（多选）	短期雇工	34	85.0
年龄	18～29岁	6	15.0		无雇工	4	10.0
	30～39岁	16	40.0	资金来源	自筹资金	40	100.0
	40～49岁	11	27.5	（多选）	银行借贷	18	45.0
	50岁以上	7	17.5		民间借贷	6	15.0
文化水平	初中及以下	2	5.0		其他	2	5.0
	高中或专科	34	85.0	农业活动	种植业	26	65.0
	本科及以上	4	10.0		养殖业	5	12.5
户籍类型	农业	33	82.5		种养结合	6	15.0
	非农	7	17.5		其他	3	7.5
家庭核心劳动力	1～2人	7	17.5	新技术应用	新品种	23	57.5
	3～5人	22	55.0	（多选）	病虫害防治	40	100.0
	5人以上	11	27.5		其他	6	15.0
农场面积	100亩以内	21	52.5	农业保险	有	28	70.0
	100～200亩	15	37.5		无	12	30.0
	200亩以上	4	10.0				

通过调查，我组认为参与调查的40家农场具有以下特点：

1. 农场主多为具有专科文化水平的中青年男性

在参与调查的40个农场中，有35个农场主为男性，占比高达87.5%。有67.5%的农场主年龄在30～50岁之间，15%的农场主年龄在20～30岁之间，17.5%的农场主年龄在50岁以上。另外这些农场主大多具有专科的文化水平，只有5%的人文化水平在初中及以下。

2. 农场主多为农业户口，且家庭核心劳动力大多在3人以上

调查数据显示，有33位农场主是农业户籍，占样本的82.5%；只有7位农场主不是农业户籍；在所有的样本中，有33个家庭的核心劳动力在3人以上，占比达82.5%。

3. 农场面积大多相对较小

根据调查，面积在100亩以内的农场数量为21家，占比52.5%；面积在100～200亩的农场数量为15家，占比37.5%；面积在200亩以上的农场数量为4家，占比10%。

4. 农场雇佣短期雇工的情况占大部分

在 40 个样本中，有 34 个农场雇佣短期工，占比 85%；有 14 个农场雇佣长期工，占比 35%；另外也有 4 个规模较小的农场不雇佣员工。

5. 农场的初始资金多来自自筹资金和银行借贷

数据显示，所有参与调查的农场都选择了自筹资金来创建并维持农场。同时也有 18 个农场选择向银行借款以获取不足的资金，6 个农场同时选择用民间借贷的方式来获取不足资金，且多数是向身边的亲朋好友借款。

6. 农场从事的多为种植业和养殖业

根据调查，样本中有 65% 的农场只从事种植业，12.5% 的农场只从事养殖业，6% 的农场采用种养结合的方式，另外也有 3 家农场在发展种植业的基础上从事旅游业。

7. 农场在新技术的应用方面多采用病虫害防治和应用新品种的方式

调查数据显示，病虫害的防治是所有农场都会选择的技术，而选用新品种的农场数量有 23 家，占比 57.5%。

8. 农业保险并没有覆盖所有的农场

调查显示，在 40 个农场中只有 28 个农场选择了购买农业保险，仍有 12 个农场并没有对从事的产业活动买保险，农业保险覆盖率达到了 70%。

（三）农场的经营绩效分析——以种植小麦、玉米为例

因为农场目前仍是一个比较低级的农业经营主体，没有专业人士对其进行专门的研究，所以并没有明确的关于衡量农场经营绩效的相关指标，而农场经营又是以盈利为主要目的。故在本文中，我组成员仅从成本与收益两方面分析农场经营的经济效益。在调查涉及的 40 个农场中，从事种植业和种养结合的农场占 80%，这些农场中，以小麦和玉米为主要作物的又占大部分，并且小麦和玉米是北京郊区的两大主要粮食作物，因此本文选择以种植小麦和玉米为例。本文选取了 2015 年京郊农场的成本和收益数据进行分析。

1. 种植小麦、玉米的成本分析

目前，种植小麦和玉米的平均成本较为接近，种植小麦需要犁地 90 元/亩、播种 40 元/亩、机收 40 元/亩、化肥 160 元/亩、种子 75 元/亩、农药 20 元/亩、土地租金 250 元/半年、雇佣 20 元/亩及其他的运输、晾晒等费用 40 元/亩，总计一亩地需要的总成本为 735 元；种植玉米需要犁地 45 元/亩、播种 40 元/亩、机收 120 元/亩、化肥 130 元/亩、种子 45 元/亩、农药 20 元/亩、粉碎秸秆 20 元/亩、土地租金 250 元/半年、雇佣 30 元/亩及其他的运输、晾晒等费用 40 元/亩，总计一亩地需要的总成本为 740 元。当然，在经营初期需要进行打井等固定资产投资，但固定资产则具有较长的使用年限，在此不计入每亩地的成本。

2. 种植小麦、玉米的收益分析

表2　　　　　　　　　　小麦、玉米种植亩均成本表

项目	小麦		玉米	
	成本（元/亩）	比例（%）	成本（元/亩）	比例（%）
犁地	90	12.2	45	6.1
播种	40	5.4	40	5.4
机收	40	5.4	120	16.2
化肥	160	21.8	130	17.6
种子	75	10.2	45	6.1
农药	20	2.7	20	2.7
粉碎秸秆	—	—	20	2.7
土地租金（折半）	250	34.0	250	33.8
雇工费用	20	2.7	30	4.1
其他费用（运、晒）	40	5.4	40	5.4
合计	735	100	740	100

数据来源：《中国式农场的发展：理论与实践》，马华、姬超著。

表3　　　　　　　　　　小麦、玉米种植亩均收益表

项目	小麦	玉米
产量（斤/亩）	800	850
销售单价（元/斤）	1.05	1.1
生产资料总投入（元）	735	740
毛收入（元）	840	935
补贴（元）	200	200
净收益（元）	305	395

数据来源：《中国式农场的发展：理论与实践》，马华、姬超著。

通过表3可以看出来，小麦和玉米的亩产分别为800斤/亩和850斤/亩，销售单价为1.05元和1.1元，亩均收入为840元、935元。近年来国家在农业方面出台了一系列的补贴政策，其中土地流转费用补贴200元/亩，种子、农药等补贴均以实物形式发放，本文不计入分析，则每亩地种植小麦和玉米的纯收益分别为305元和395元。北京地区作物一年两熟，即一年可以种植一季小麦和一季玉米，那么一亩地一年的收入为700元。

3. 京郊农场种植小麦、玉米的绩效与平均水平对比分析

调查发现，样本中的40个农场的经营绩效与上述分析基本相符。京郊农场面积大多数在200亩以内，且种植小麦和玉米的土地面积相对较大。随着近年来国家从各个方面对农场的扶持、科技水平的提高以及农场主思维观念的创新，在这两种作物的种植过程中，机械化程度不断提高、管理模式的改进、良种率的增加，以及对病虫害的控制能力增强，现阶段的农场的种植小麦和玉米的产量有比较大的提升。但种子、化肥、农药、人工费等都有一定程度的提高，小麦与玉米的价格近年也有所下滑，因此一亩地一年种植两季（小麦和玉米），整

体的收益并没有明显提高。目前，当各种环境适宜、没有自然或病虫灾害时，小麦的亩产可以达到 1000 斤以上，玉米的亩产可以达到 1000~1200 斤。

二、农场绩效的影响因素分析

由于对绩效的分析以小麦和玉米为例，因此以下对农场绩效的影响因素分析也是基于上文小麦和玉米的绩效分析，结合调查中的 40 家农场的实际情况，主要从宏观和微观因素两个方面，分析影响农场经营绩效的八大因素。

（一）宏观因素

1. 政府支持力度

农场是近几年来农村经济发展的新趋势，为此政府颁发了一系列举措支持农场的经营以及扩大。在《2017 年农村经营管理工作要点》提出：继续深化农村土地制度改革，完善农村土地承包关系，健全土地流转规范管理服务制度，这些举措大大提高了农场的收入，从而提高了农场的绩效。

2. 融资难易程度

融资是农场根据自身的生产经营状况、资金拥有的状况，以及农场未来经营发展的需要，通过科学的预测和决策，采用一定的方式，从一定的渠道向投资者去筹集资金，组织资金的供应，以保证农场正常生产需要，经营管理活动需要的理财行为。京郊中大型农场由于自身资金不足，会在农场成立前期进行融资活动，大部分经营者选择在银行进行贷款或选择民间拆借。由于农场具有较大的风险性以及农民缺乏有效抵押物，大部分银行会选择贷款少量金额给农户。融资越容易，农场的资金流转更快，从而促进绩效的提高。在调查中发现有些农场在经营过程中由于融资困难，导致资金链断裂，许多农场主选择出租农场来减少损失。

3. 农业社会化服务体系健全程度

农业社会化服务体系是为农业生产提供社会化服务的成套的组织机构和方法制度的总称。它是运用社会各方面的力量，使经营规模相对较小的农业生产单位，适应市场经济体制的要求，克服自身规模较小的弊端，获得大规模生产效益的一种社会化的农业经济组织形式。农业社会化服务体系主要包括农业技术推广服务、生产社会化服务、商品流通服务等。根据调查数据显示，技术、商品流通以及生产直接影响收入，所以越完善的农业社会化服务体系越能提高农场的绩效。

4. 产业集群程度

农场产业集群是指在一定地域内许多农场分工合作进行发展的组织。产业集群让在同一空间的农场共同利用资源、通信等基础设施,从而降低成本提高绩效。农场的产成品需要销售给他人,而地理上的产业集群节省了运输成本和存货成本。产业集群的农场既有合作关系,又有一定的竞争关系。在这种竞争环境中,各个农场会提高创新能力和产品质量,使自己的产品在市场上更有竞争力从而提高绩效。本次调查走访了小汤山的一些农场,如今越来越多的人追求慢节奏的生活状态,大多数上班族会在节假日选择来到小汤山泡温泉,随着小汤山旅游业的发展,带动了农场的发展。

(二) 微观因素

1. 经营管理制度健全程度

随着农场新型经济模式的发展,农场间的竞争日益激烈。完善经营管理制度是基本所在。农场的经营管理制度是指农场在日常经营中经营者所采取的管理方法以及管理模式。经营管理者会以经营管理制度来约束员工的行为。经营管理者制度一般包括财务管理制度、奖惩制度、市场营销以及质量管理制度等。完善经营管理制度有利于农场的标准化管理,调动员工的积极性,提高工作效率。完善经营管理制度可以赢得消费者的信任进而提高产品销量。总而言之,完善的经营管理制度会提高收入,减少成本从而提高农场的绩效。

2. 风险防范程度

农业生产是自然生产和社会再生产两者都存在的过程,具有很强的不确定性和风险性。农场的规模一般比散户较大,所以承担的风险也更大,即农场需要建立更加完善的风险防范措施来面对可能存在的意外。农场存在的风险主要来自于:自然环境、技术和市场。调查显示,一部分农场入了农业政策保险,使得这部分经营者在经历自然灾害时遭受更少的损失从而提高绩效。遵循农产品生长规律、消费者意愿和国家政策的会大大地减小农场的风险,风险防范意识越强,风险防范程度越大的农场的经营绩效会更高。

3. 农场主的受教育程度

农场主的受教育程度直接影响了农场的经营模式、管理方法和营销策略。农场主受教育程度越高,越能根据农产品的生长周期结合当地的土壤水分等地理环境进行农作物的种植,从而提高农产品产量以及质量。在调查中发现密云的一家农场的农场主在大学时期学过农学以及财务管理,并将自己学到的知识用到了农场的经营当中,找到了适合自己农场的经营模式,实现了利润最大化。

4. 市场信息反馈及时程度

合理利用市场信息可以提高农场的经济效益。同时,市场信息也是一种资源,可以和其他竞争者进行交换以达到增加农场收入的目的。市场信息可以反映竞争者的参与状况、市场变化以及发展趋势,从而指导农场的生产和经营,使自己的产品有相对高的竞争力。如今传统的经营模式已经不能满足人们的需求，休闲农业以及电商的兴起使得传统农业处于不利的地位。如果农场经营者不能对这些市场信息进行及时处理并且实现自己的转型，那么这家农场注定是失败的。及时对市场信息反馈调整经营方式会大大提高农场的绩效。

三、对策与建议

通过收集数据、研究农场经营绩效结果发现：目前农场整体绩效水平偏低，究其原因是原本以模式多样著称的农场经营模式在中国发展速度缓慢、本土化程度低，得不到国内消费者的认可，导致经营绩效偏低。当然，除了新型经营模式发展进程缓慢这一根本诱因之外，资源利用不均、农副产品商品化率低等，也制约着农场经济效益的提升。本研究通过进一步分析宏观因素和微观因素对农场绩效的影响，有针对性地提出以下对策建议。

1. 着力提升农场管理层综合能力

我们所说的农场管理层不是特指一个人，而是一个团队，因为一个农场的经营好坏是在多人的谋划下运作的。现如今国内知名农场屈指可数，反观中低等农场数量繁多，分布广泛。由上文数据得出，农场经营者文化水平有限，多以专科为主，技术、管理方面知识严重不足。当前，国家明确提出了支持农场农业经营形式和土地规模化经营方向，相关的指导意见和土地流转政策也已经出台，专门针对农场的培训工作也在进行着，这为农场本土化带来前所未有的发展机遇。

努力引导传统的农场管理者向具有农业现代化经营模式发展，能够帮助他们适应市场经济下对涉农产业的改革。市场经济下，经济快速发展，国内更是风景独好，企业对市场热点的预测能力、对市场风险的规避能力、对经营失误的承受能力和再生能力都是作为先锋者所要具备的。培育农场经营者发展理念，最重要的是生态理念，以绿色生态为根本，才能健康发展。同时要加强对农场参与者的农业生产技能的介绍与培训，提高劳动者专业知识，全面提高农场管理层综合能力。

2. 改善土地流转难易程度

随着农场经营模式的提出，中央进一步完善和发展了包括农场在内的多种形式的农业经营主体，随之也明确指出农场的土地经营政策也要与时俱进。我们认为农场土地经营期限应该保持中长期固定，并明确划分土地费用收取标准，最终还要制定在农场土地合同到期后的土地承包经营管理办法，这有利于农场的可持续发展。同时，应该对在土地流转过程中的产生的土地纠纷，加强规范与管理，及时有效调解。

3. 提高"互联网＋"与产业融合程度

2015年3月5日十二届全国人大三次会议上，李克强总理在政府工作报告中首次提出"互联网＋"行动计划。"互联网＋"是一种新的经济形态，充分发挥了互联网在生产要素配置中的优化和集成作用，将互联网的创新成果深度融合到经济社会各领域之中，可以提升实体经济的创新力和生产力，形成更广泛的以互联网为基础设施和实现工具的经济发展新形态。

在农场产业中提高农场经营者互联网应用能力，提升互联网覆盖面积，利用互联网不受空间制约、传输速度准确快捷、数据收集与发布的强大能力，农场经营者就能够通过互联网收集宣传农场各项信息，提高知名度；利用互联网数据库，加快市场信息反馈速度。

4. 加快推进农业社会化服务体系，提高产业集群度

农场经营模式新颖具有吸引力，同时基础设施也要进行配套建设。随着农业现代化、全程机械化的不断深入，农业社会化服务的进程加快。种植户基本上可以在生产中每一个环节找到专业的服务、用最短的时间准备好农业生产资料、得到机械、劳动力及农业技术服务等各种需求。社会服务体系健全程度、经营规模对绩效的影响尤为显著，农业社会化服务促进农业的规模化，体现出农业社会化服务体系的重要性。

另外，在发展模式上我们可以整合社会化资源，而在农场进行过程中，也可以采取经营联合、经营合作等组织形式，进一步提高产业集群程度。它不仅可以促进农场主之间互相学习，还可以减少公共基础设施的重复建设，节约资源保护环境，推动共同资源的使用率，提升经济、生态效益。

四、总结

农场应充分抓住难得的历史发展机遇，寻找、遵循农场组织模式的自身发展运营的客观规律，分析自身的"短板"与不足，尤其是农场主和家庭成员的综合素质、农场的管理经营能力和水平、先进生产技术的运用和市场的掌控。

但每个地区的经济、人文、生态等诸多因素都不尽相同，我们认为在保有充足热情之外要理性经营。农场管理者可以借鉴成功案例，但切忌以章概全，千篇一律，一再地复制不利于农场经营的可持续性。应结合实地调查情况从农场自身建设和农场建设的外部环境两方面制定自己的经营策略。

本研究参考文献

[1] 黄志平. 兵团148团家庭农场经营绩效研究 [D]. 新疆：新疆石河子大学，2014.

[2] 姜燕飞，张艳荣，王彩红. 家庭农场经营极限及影响因素分析——以张掖市为例 [J]. 上海农业学报，2016：32（5）：163-169.

[3] 马华，姬超. 中国式农场的发展：理论与实践 [M]. 社会科学文献出版社，2016.

京郊农民专业合作社人力资源管理研究

> 项目组成员：许欣宇　聂笑颜　张英楠　赵斯瑶　唐富研　张钰宸
> 　　　　　　王韵涵
> 指导教师：李瑞芬

一、研究背景及意义

近年来，北京市农民专业合作社发展迅速，截至 2014 年 12 月，北京市农民专业合作社 6044 家，总资产达 70 亿元，2014 年销售收入达到 101.3 亿元，实现盈余 9.3 亿元，农民通过合作社户均纯收入达到 1.3 万元。农民合作社在带动北京农业经济发展、促进农民增收方面发挥着举足轻重的作用。但农民专业合作社的建设存在的问题很多，如经营管理水平低，组织化、市场化程度不高，发展活力不足等。但其中人力资源的严重短缺是关键性的问题，当前人才匮乏已经成为制约北京市农民合作社深度发展的瓶颈。

那么，如何推动农民合作社的快速健康持久地发展壮大，已经成为政府、学界等比较关注的一个重大问题。特别是面临北京市农民合作社当前人才短缺、人才资源存量少的问题，合作社人力资本的开发与管理迫在眉睫。该项目以农民合作社人力资源提升为宗旨，以合作社人力资源评价为切入点，以人力资本理论为依据，构建合作社人力资源评价体系，实证评价北京农民合作社人力资源状况，既可以得出一个比较定量的评价得分，也可以具体到每个指标发现存在的问题，从而提出人力资源建设的对策建议。具有较大的理论意义和现实意义。

二、理论基础

（一）资源基础理论

该理论认为，企业是各种资源的集合体。由于各种不同的原因，企业拥有的资源各不相同，具有异质性。这种异质性决定了企业竞争力的差异。概括地讲，主要包括以下 3 个方面的内容：

1. 企业竞争优势的来源：特殊的异质资源

资源基础理论认为，各种资源具有多种用途，其中又以货币资金为最。企业的经营决策就是指定各种资源的特定用途，且决策一旦实施就不可还原。

2. 竞争优势的持续性：资源的不可模仿性

企业竞争优势根源于企业的特殊资源，这种特殊资源能够给企业带来经济租金。在经济利益的驱动下，没有获得经济租金的企业肯定会模仿优势企业，其结果则是企业趋同，租金消散。基础理论的研究者们认为，至少有因果关系含糊、路径依赖性、模仿成本这三大因素阻碍了企业之间的互相模仿。

3. 特殊资源的获取与管理

资源基础理论为企业的长远发展指明了方向，即培育、获取能给企业带来竞争优势的特殊资源。具体来说，企业可从组织学习、知识管理、建立外部网络三个方面着手发展企业独特的优势资源。

（二）战略性人力资源管理

战略性人力资源管理是指组织为达到战略目标，系统地对人力资源各种部署和活动进行计划和管理的模式，是组织战略不可或缺的有机组成部分。主要观点有：

一是普适性观点。某些人力资源管理实务与组织绩效之间存在正向的线性关系，并且这种关系适用于所有的企业。

二是权变性观点。人力资源管理与组织绩效之间并不是一种线性关系，它会受到各种变量的影响。

三是配置性观点。把各项人力资源管理实务所形成的配置或模式作为自变量，考察其与组织绩效之间的关系。

（三）行为科学理论

行为科学是综合应用心理学、社会学、社会心理学、人类学、经济学、政治学、历史学、法律学、教育学、精神病学及管理理论和方法，研究人的行为产生、发展和相互转化的规律，以便预测人的行为和控制人的行为。

（四）人力资本理论

该理论认为物质资本指物质产品上的资本，人力资本则是体现在人身上的资本，即对生产者进行教育、职业培训等支出及其在接受教育时的机会成本等的总和，表现为蕴含于人身上的各种生产知识、劳动与管理技能以及健康素质的存量总和。

三、京郊农民专业合作社人力资源管理现状

(一) 京郊农民专业合作社现状

截至2016年,北京市农民专业合作社注册数已经达到6157家,入社成员总数达到265862人,带动非成员农户数253328户。在遍布的13个区县中,密云区、平谷区、怀柔区分别以1047家、872家、658家而位居前三。农民专业合作社的经营范围涵盖了养殖、种植、科技服务、农产品加工、运输等33类产业。

在合作社性质中,股份制占47%,非股份制占53%。在合作社创立形式调查中,大户牵头占65%,供销社牵头占2%,企业牵头占14%,其他(如村委会牵头)占19%。53%的合作社存在规范章程,47%的合作社无规范章程。存在规范章程的合作社中,41%的合作社章程得到严格执行,59%的合作社未得到严格执行。

在所调查的合作社的人员当中,相对于销售有40%的人认为,人才是目前合作社发展主要存在的问题,占了大多数。

(二) 京郊农民专业合作社人力资源现状

1. 成员构成

首先,在合作社人员年龄分布方面,在被调查的合作社成员中,近半数社员的年龄主要集中在45~60岁,是人数最多的年龄段,占比45%;次之是30~45岁这个年龄段,占比31%;60岁以上占16%,18~30岁占8%。这反映出合作社成员普遍呈现老龄化的趋势。如图1可知。

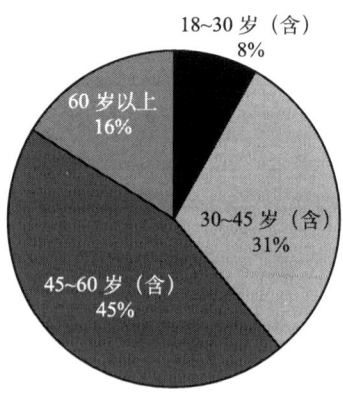

图1 合作社年龄分布情况

其次从社员学历方面看,社员学历多数集中在高中到大专,所有社员中,高中或中专占27%,大专占22%;本科及硕士学历等高学历相对占比较少,本科占13%,硕士及以上占7%。此外,小学及其以下学历的占13%,初中学历占18%。体现出合作社社员学历普遍不高、知识储备和文化水平较低的特点(如表1所示)。

表1　　　　　　　　　　学历分布情况

		频率	百分比(%)
有效	小学及其以下	13	13.0
	初中	18	18.0
	高中或中专	27	27.0
	大专	22	22.0
	本科	13	13.0
	硕士及以上	7	7.0
	合计	100	100.0

目前,农民合作社入社门槛一般较低,从成员中农民成员的占比情况来看,拥有本村农民数在80%及以上的合作社占比47%占多数;其次农民数有50%~80%的占35%,50%及以下的占18%。如表2所示,合作社中大部分社员都是由当地农民构成(见表2)。

表2　　　　　　　　　　合作社中,本村农民占比

		频率	百分比(%)
有效	50%及以下	18	18.0
	50%~80%(含)	35	35.0
	80%以上	47	47.0
	合计	100	100.0

2. 相关制度了解程度及机构设置

在制度了解方面,据调查,47%的社员对合作社人力资源相关制度不太清楚,30%了解制度,23%熟知制度。如图4所示,近半数社员对合作社人力资源相关制度不太清楚(见图4)。

人力资源管理部门对人员管理可以说必不可少。在调查的合作社中,有58%的合作社设置人力资源管理部门,另外42%的合作社没有设立人力资源管理部门。总体不到半数的合作社未设立人力资源管理部门。如图5所示。

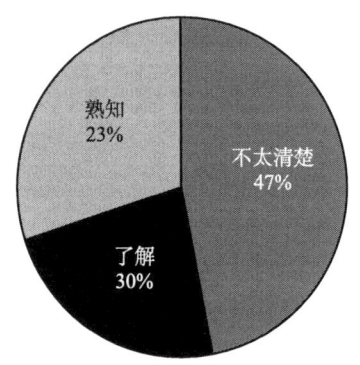

图 4　合作社人力资源相关制度了解程度

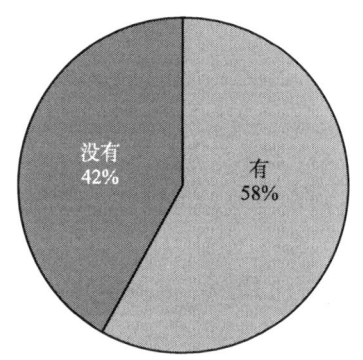

图 5　合作社设置人力资源管理部门现状

3. 合作社招聘

招聘是人力资源管理的第一步。合作社招聘从社员入社方式、人才引进打算以及需要的人才类型三方面反映相关情况。

首先，从调查情况看，合作社社员入社方式多为通过熟人介绍入社，占总数的 49%，17% 的成员通过政府组织参加，13% 的成员通过合作社宣传后参加，12% 的成员自己听说合作社后主动参加，剩余 9% 的成员以其他方式入社。如表 3 可知，经熟人介绍入社是社员入社最普遍的方式（见表 3）。

表 3　合作社成员入社方式

		频率	百分比（%）
有效	熟人介绍	49	49.0
	政府组织参加	17	17.0
	合作社宣传后参加	13	13.0
	自己听说合作社后主动参加	12	12.0
	其他	9	9.0
	合计	100	100.0

人才的引进对合作社的发展起着重要推动作用,在最新的国家政策中也指出要加强合租社的人才的引进。在调研中,有人才引进打算的合作社占40%,而没有打算外招的合作社占26%,还有34%的合作社表示对此不了解。如图6可知(见图6)。

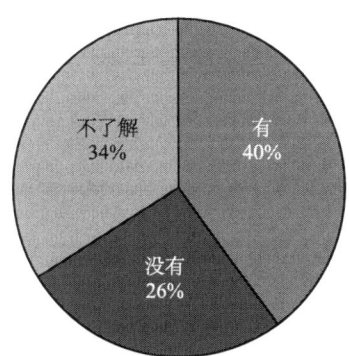

图6　是否引进人才

合作社的发展离不开技术和各类技术指导人才。在对合作社人才类别需要的调查中,如图7,需技术指导人才的占比相对最多,占32%;管理人才和其他类人才占比较低,分别各占14%;其余分别为市场开拓人才占21%,财务会计人才占19%,管理人才占14%(见图7)。

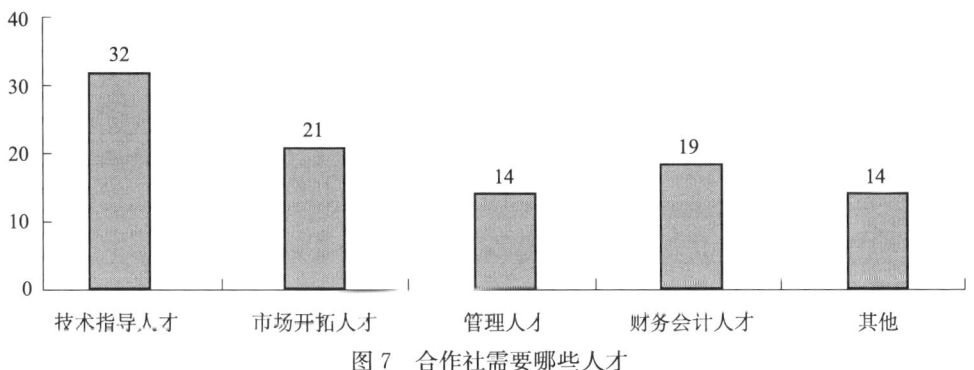

图7　合作社需要哪些人才

4. 培训情况

员工培训无疑是合作社提高社员素质并增强其核心竞争力的重要手段。

首先,从合作社人员培训次数分布情况来看,有高达82%的合作社设有员工培训,仅有18%的合作社没有设有对员工培训。如表4可知,大多合作社重视对员工的培训(见表4)。

表4		每年社员培训次数	
		频率	百分比（%）
有效	无员工培训	18	18.0
	1~3次	15	15.0
	4~6次	25	25.0
	7~10次	22	22.0
	10次以上	20	20.0
	合计	100	100.0

此外，员工培训最终的目标是让学员学到他们需要的知识并提高他们的能力，并能够应用到工作中去。在对员工培训满意度情况的调查中，只有35%的合作社员工对培训效果感到满意，而46%的员工对培训感到一般，对培训效果感到不满的占了19%。如图8可知，整体上来看，有65%、占大多数的合作社对培训效果感到一般甚至不满意（见图8）。

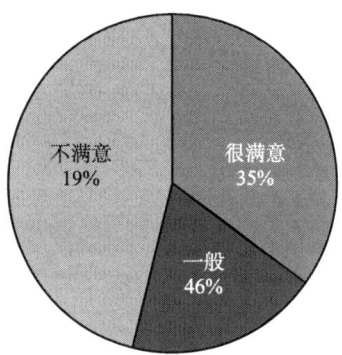

图8　员工培训效果满意度

5. 绩效考核情况

设立绩效考核制度，有利于改进合作社业绩，提高员工在工作中的主动性和积极性。从相关调查来看，有51%的合作社设有绩效考核制度，49%的合作社则无。如图9可知，合作社有无考核制度呈现"五五开"的局面（见图9）。

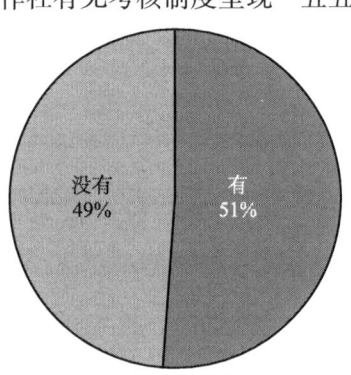

图9　合作社考核制度

另外，在设有绩效考核制度的合作社中，通过调查发现，有65%的合作社认为本社绩效考核制度有待完善，35%则认为已经完善。如图10可知，大多数合作社认为考核制度有待完善，反映出绩效考核制度的落实度较低（见图10）。

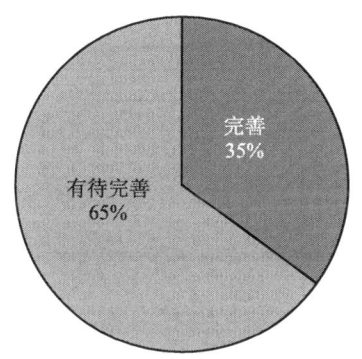

图10　合作社绩效考核制度是否完善

6. 激励情况

合作社社员激励情况可在从多个方面反映问题。

首先，在合作社人员事务参与度方面，有50%的参与度一般，占最高；参与不积极，占最低，有20%；少数占30%的社员积极参与。社员参与合作社事务的积极性和参与度可以体现出合作社激励制度的落实效果，也从侧面体现合作社内部团结性、凝集力程度。如图11可知，除了积极参与的，大多数有70%社员参与度一般或不积极（见图11）。

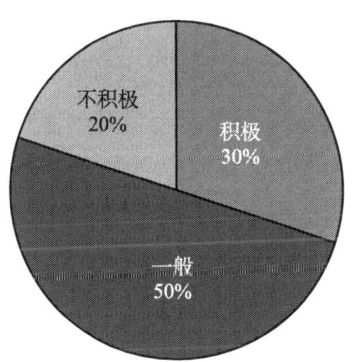

图11　社员的参与度

其次，合作社在满足社员需求和提高收入效果分布方面，觉得一般的占32%，比较差占30%，比较好占19%，非常差占12%，非常好占7%，如表5可知。从总体来看，效果并不尽人意，仍有74%的社员觉得不满意（见表5）。

表 5　　　　　合作社在满足社员需求和提高社员收入方面的效果

		频率	百分比（%）
有效	非常差	12	12.0
	比较差	30	30.0
	一般	32	32.0
	比较好	19	19.0
	非常好	7	7.0
	合计	100	100.0

合作社社员一般对薪酬福利和岗位津贴最为关注。在对合作社的福利制度满意度调查中，51%社员表示基本满意，30%社员表示非常满意，12%的社员不满意，7%的社员非常不满意。如图12可知。数据结果表明，社员满意度总体呈现较为满意的局面，但仍有19%表达了不满（见图12）。

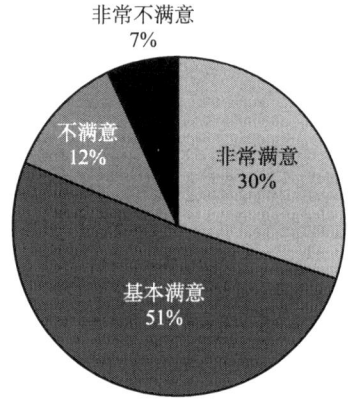

图 12　合作社福利制度满意度

四、存在问题

北京农业专业合作社伴随着全国经济快速发展，在引领农民创业、推动农牧业产业化、增加农民收入等方面起到了显著作用。促进了农业生产结构的调整与优化、农业科技的推广与普及、农业产业化的网络经营与发展、农产品质量的安全与提高、精准扶贫、帮助社员脱贫致富。在调研中发现，北京农民专业合作社的发展壮大受到了诸多因素的干扰，合作社发展过程中出现的问题是多样化的，但是人力资源管理方面的问题是其重要制约因素之一。

（一）农业合作社人力资源存在的主要问题

1. 合作社社员结构单一

调查显示，农业合作社的成员大多为本村的农民，且大部分合作社招收社员的主要途径都如东辛屯喜洋洋种植专业合作社以及北京李家场农产品产销专业合作社一样，是采取通过管理者关系以及原有员工介绍的方式加入的，少有外界人员。这导致了合作社社员结构的单一化，缺少具备专业技术和经营管理才能的复合型中青年人才，而合作社能否持续发展的关键就在于其是否拥有懂技术、会经营、善管理的综合型人才。所以，以东辛屯喜洋洋种植专业合作社为首，采取熟人介绍这种方式招收社员的合作社都在调查中表示急需行政管理与具备专业技术以及销售技巧的员工，不难看出，在这种招收体制下，社员的质量已无法满足合作社发展的需要。

通过熟人关系介绍的方式招收社员虽然可以节省招聘成本，更好地服务本村农民，提高本村的经济发展实力，但是也促成了本社的成员结构单一、总体素质水平较低的问题。现在，农民专业合作社的成员因教育资源的不足，大多数文化程度不高，专业技术水平有限，且人均年龄偏大，适应市场经济发展的意识和能力不够强，总体来说，采取这种方式吸收员工，弊大于利。但是欲从外引进人才又受到合作社自身经济实力的制约，导致技术型人才短缺。农民在生产经营过程中无法得到高质量的技术指导，合作社的技术发展进程缓慢，信息接收不积极，始终运用低水平技术进行传统的农业生产，这严重制约了合作社的可持续发展，使合作社难以进行市场开拓，完成经营模式的创新，吸收和运用外界优势资源。

2. 合作社社员文化素质较低

问卷显示，合作社的社员学历多数集中在初中到大专，如东辛屯喜洋洋种植专业合作社，在其160名员工中，大部分都是高中学历，本科及硕士学历等高学历相对占比较少，核心成员及普通成员的受教育程度都比较低。其他合作社诸如北京堡上营蔬菜产销专业合作社、北京孝义营孝义农副产品产销专业合作社、北京万丰菌业专业合作社等在其上百名社员中，受教育水平大部分也都只停留在初高中的水平，存在着相同的问题，这充分体现出了合作社社员学历普遍不高、知识储备和文化水平较低的特点。

究其原因，主要是农村生活环境的闭塞，城乡二元结构固化和政府在农业上投入较低，导致农村文化设施不完善，村民思想意识相对落后，对于知识的学习积极性不高，加之我国一直保持着长期传统的应试教育模式，农村义务教育阶段只停留在向学生灌输书本知识的层面，缺乏相关职业技术教育以及生产实践方面的教学，课程内容与实践严重脱节，对于农民职业技术素质水平的提升无法起到根本上的帮助作用,种种因素直接造成农村在教育方面与城市相比明显落后。而受教育程度的不足、知识储备的缺乏又将直接导致其在处理实际问题时,思考能力不足,技术水平有限,难以做到独立解决问题,需要依赖于专业人士以及管理层的帮助与指导,这加大了合作社生产管理的难度。因此,就目前来看,农村人力资源状况是远远落后于农村改革和发展要求的。伴随着科学技术的快速发展,高新技术在农业中被大幅度地投入使用,如果不能尽快培养出大量的高素质职业农民、及时吸收外界专业人才,将直接阻碍我国农村专业合作社的持续发展。

3. 合作社社员老龄化趋势明显

调查显示,目前合作社社员年龄普遍较大,因为大多数合作社都像北京万丰菌业专业合作社一样,50岁以上的社员占总人数的比例达到一半以上,少有青壮年的加入。通过调查,我们发现导致合作社社员老龄化趋势愈加明显的原因是伴随着中国工业化、城镇化的发展,面对城市中更多的机会、更为优渥的环境和更好的收入,农村大量青壮年劳动力选择进城务工,把家里的农田留给老人耕种。年轻人外出打工,家中的孩子留在农村交由家中老人抚养,而部分跟随父母进城务工的儿童也面临着父母工作繁忙和户口问题而无法长久地留在城市,最后仍然只能回到农村由家中老人继续抚养。由于农村教育水平目前仍然有限,加之父母不在身边,祖辈又年老体迈无力教育,留在农村的留守儿童通常只能像北京万丰菌业专业合作社的大部分社员一样仅仅完成九年义务教育后便跟随父母进城务工,老人依然只能留在农村。而就目前正在城里打工的青壮年的状况来看,大部分人在年老体衰之后都会选择或者不得不回到原籍养老,子女仍在城市读书工作,或者仅仅是打工。这样,农村人口的流动就总是年轻的流出,年老的流入,老龄化趋势愈加明显。

在21世纪的前二三十年里,中国有将近5亿的农村人口转化为城市人口。农村劳动力的转移改变了城镇格局,青壮年劳动力的流失,导致农村合作社社员的平均年龄日趋增大,不仅仅是北京,各个地区的农村劳动力"空心化"问题凸显,直接约束了农村合作社的发展。

(二)农业合作社人力资源管理制度存在的主要问题

1. 绩效考核及激励制度不完善

调查显示,目前仍有一半的合作社,像北京李家场农产品产销专业合作社没有建立绩效考核制度,在本年的盈利中仅维持着盈亏持平的水平,而部分在已经建立相关制度的合作社中,例如东辛屯喜洋洋种植专业合作社中的社员认为本社的绩效考核制度的评判只能做到相对公正,激励制度仅具有一定程度上的激励效果,对于制度的实行并没有抱有完全满意的态度。绩效考核及激励制度的不完善导致农业合作社社员主动性较差，社员们仍具有浓厚的小农经济思想，缺乏对于农民专业合作社的了解，许多社员甚至不清楚自己的工作职责和工作目标。而对于合作社认识不足这一问题，又极大地影响了农民参与合作社各类事务的主动性和积极性，最终影响合作社的盈利能力。

究其原因，在满足社员需求、提高社员收入效果以及福利激励制度方面，合作社无法很好地满足社员的需求，与农户加入合作社时的期望存在着差距，农民明显感到从合作社中获得的实惠以及收益不明显。同时，大多数社员仅仅是报名加入合作社，没有以资金或实物的形式入股，从而对合作社没有归属感与依赖感，不关心合作社的今后发展方向与市场开拓情况，无法形成利益共同体，导致农民不能很好地投入到合作社的工作中。绩效考核制度与激励制度的不完善侧面显示出了合作社内部团结性、凝集力程度较低，农民在松散的制度管理下，不能尽心地完成合作社中的工作，积极参加合作社的活动，这极大地阻碍了合作社今后的发展。

2. 员工培训制度不完善

员工培训是合作社提高社员素质并增强其核心竞争力的重要手段。调查显示，绝大部分合作社像东辛屯喜洋洋种植专业合作社一样均设有员工培训计划，但是通过调查，我们发现社员对于本社组织的员工培训的满意度却不高，认为培训并没有切实地提高自身的知识储备和专业技术水平。证明农民专业合作社的员工培训制度现在仍存在较大的问题。合作社教育是一项系统工程. 涉及国民教育体系的方方面面。从基础教育到职业教育，从中等教育到高等教育，从全日制教育到在职教育都有涉及。我国目前尚未建立起系统的合作社教育体系，无法进行涵盖合作社各个层次、各个专业领域的教育培训。合作社所开展的教育培训是零散的、偶发的短期行为。根据调查结果，北京翠芳园种植专业合作社和东辛屯喜洋洋种植专业合作社这样的合作社都希望可以让社员进入系统的培训学校进行短期的高效率集中培训。

当前，我国的大趋势是对专业合作社所处行业的生产技能进行培训，这种培训虽然广受欢迎并速见成效，但同时这种教育培训属于快餐式，缺乏长远打算。而农民专业合作社教育投入不足，严重阻碍了员工培训系统化进程。农民合作社教育培训的总投入非常少，主要是由两部分构成：一部分是合作社出于提高产出质量和产出水平而开展的生产技能培训投入；另一部分是各级政府农业相关部门出于扶持农业而进行的投入。前一种投入是出于经济人动机的投入，其使用效率较高，但总量很少；后一部分投入也不多，并且使用效率很差。真正用到合作社社员身上的投入就更少了。低投入和低效率使农民专业合作社教育举步维艰。——引用论文《农民专业合作社中的教育培训问题研究》（陈俊梁、张雅文）

3. 制度落实不到位

合作社人力资源管理制度缺乏普及力度与宣传力度，导致合作社人员对于人力资源的相关制度不甚了解，社员无法准确践行有关制度，人员流动不确定，招聘用人制度不明确等问题逐渐显现。有的合作社甚至没有完善的人力资源管理以及选拔制度，容易导致在选人用人的时候出现不知什么情况下以票取人，什么情况下不能以票取人的情况，这样的情况若被有心之人加以利用，容易扰乱合作社选人用人的正常秩序，导致合作社选人用人工作无法科学开展。绩效考核制度落实不到位直接影响社员参与活动的积极性，阻碍了合作社发展的进程。

五、解决措施

（一）转变思想观念，提升人才管理水平

农民合作社在人力资源上存在着许多问题，但在众多的问题中思想观念的落后是最根本的问题。由于思想观念的落后导致合作社的管理人员往往把重心都放在了产品的销售上，而对于合作社人力方面的管理并没有很重视，对于一些先进的人力资源方面的管理技术也不能及时地引进和使用。人力资源的管理是一项科学，所以，要想对农民合作社进行人力资源问题有所改善，让合作社的管理人员学习先进的人力资源管理理论是非常有必要的，这样才能使得合作社管理人员对人力资源管理思想有一定改变，合作社人力资源问题才能得到改善。

1. 加强农村基础教育

国家应加大对教育投资。保障农村义务教育经费，并强化对农村义务教育经费的管理。加强政府对基础教育的投资力度，保持政府教育投资的主体地位。各级政府必须把加强农村义务教育放到非常重要的位置，建立多元化的基础教育办学模式，多渠道筹措教育资金，切实抓好农村教育设施和师资队伍的建设，实施优惠政策吸引优秀人才到农村支教，积极培训固有师资，提高教育水平；不断改善基础教育办学条件，增加对农村教育的投入力度，真正由政府承担起义务教育的责任。20世纪30年代初，意大利就在国家工商劳动部下设立了小微企业相应的管理部门，包括小企业中央委员会、小企业管理机构，同时各地方通过或成立促进小企业发育成长的机构，或成立促进小企业技术创新的机构，或成立促进小企业商品和劳务出口的机构等与小微企业发展配套的种类齐全的各小企业组织，为小微企业发展护驾保航。

2. 扩展合作社招聘渠道

农村小微企业要与时俱进。随着我国高校的不断扩招，大专、中专毕业生

的数量越来越多,而城市吸收大中专毕业生的能力逐步下降,广大乡村企业逐步接手其就业已成为一大趋势。另外,合作社可以与各类院校、院所加强联合,使其或为企业培养实用人才、高级管理人才、技术人才,或为企业直接提供指导;可以通过职业学校、短期培训等方式对具有相对高级文化的农村青年进行职业教育,充实到自己的企业;可以从大型企业、大专院校中选择有相似知识背景的与自己企业又相关联的离退休人员,从这些人员中进行人才挖掘,丰富的知识,余热的发挥,有时候会使企业受益不浅。例如在农村,不同的招聘途径有着不同的效果。各种招聘途径都各有优缺点,但农村小微企业一定要考虑自身条件和具体的招聘要求,尽力做到招聘岗位的重要程度与途径相符合。如果不把轰动效应考虑在内,在央视黄金时段招聘搬运工的效果与成本相比较,几近于无。

3. 做好充分的宣传工作

要做好宣传工作,促进外部人才引进。农民专业合作社人力资源无法实现保质保量,也与宣传工作有一定关系,一是合作社内部的宣传,一是合作社外部的宣传。合作社内部的宣传主要是对人员与部分管理人员进行合作社人力资源制度与激励机制的宣传,让所有人都明确地知道提升自我的人力资源价值对于合作社的重要意义,与对于自身发展的重要作用,让目前在合作社内部的人员都积极提升自身的人力资源价值,进而实现合作社整体人力资源数量与质量的双提高;另一种宣传是外部宣传,主要是针对社会人员而言,通过政府等相关部口的宣传,将合作社在我国农村发展中的地位与作用,优秀人力在合作化中实现自身价值的事迹等向社会大众进行宣传,让身处农村的合作社成为广大人力实现自身价值的一个平台,让广大人力能够主动去了解合作社,参与合作社,通过合作社为我国的农村发展贡献自身的力量。

(二)针对农业合作社人力资源管理制度问题的解决措施

1. 内部制度的完善

"企业领导者的主要任务不是发现人才,而是去建立一个可以出人才的机制",海尔集团董事长张瑞敏一语道破制度的重要内功。但是合作社却认识不到内部制度的重要性,总是随性而行,头脑里想到什么就做什么,凡事没有制度做约束。没有完善的制度,优秀的员工认为企业没有发展前景容易流失,相反,制度的缺失往往成为懒惰员工的温床。

为了避免人才的流失、培养员工,小微企业必须从小事做起,不断地完善企业的内部制度,当然不是说要把员工管死,而是要在不影响员工积极性和创造性的前提下,建立一套与合作社相匹配的管理制度,为员工的发展和企业的发展提供良好的环境,这也是人力资源管理工作中不可缺少的一部分。

2. 建立完善的激励机制

美国哈佛大学的詹姆斯教授对人才的激励问题做过专题研究，其结论是：如果没有激励，一个人的能力发挥仅为20%～30%；如果施以激励，将使一个人的能力发挥出80%～90%。可见，激励的作用是巨大的，激励是十分必要的。

（1）通过激励满足员工的需要

马斯洛的需求层次理论指出，每个人内部都存在着5种需求层次：①生理需要：包括饥饿、干渴、栖身、性和其他身体需要；②安全需要：保护自己免受生理和心理伤害的需要；③社会需要：包括爱、归属、接纳和友谊；④尊重需要：内部尊重因素，如自尊、自主和成就；外部尊重因素，如地位、认可和关注；⑤自我实现需要，一种追求个人能力极限的内驱力，包括成长、发挥自身的潜能和自我实现。当任何一种需要基本上得到满足后，高一层次需要就将成为主导需要。

（2）增强激励性因素

①物质激励因素按照双因素理论分为保健因素（如工资、固定津贴、社会强制性福利等）和激励性因素（如奖金、物质奖励、股份、培训等），保健因素一般被员工视为应得的待遇，基本起不到激励作用，真正起到激励作用的是激励性因素。因此，在薪酬分配中就应该加大对激励性因素的分配，建立起向人才倾斜、真正反映人才市场价值的薪酬机制，并减少常规定期的奖励，增加不定期的奖励，让员工有更多的意外惊喜，也能增强激励的效果。

这里以微小企业GHC公司为例：首先，从经济性福利考虑：节假日双薪或三薪、超时加班费等；为员工提供免费住宿或住房补贴等；报销上下班以及出差交通费用；工人在外出施工时提供免费用餐等；一年一次免费为员工进行体检，或者打预防针；根据员工在公司的工作年限提供事假、探亲假、带薪休假等；为员工过生日，集体郊游等；服装津贴或直接提供工作服等。这些经济性福利都是以严格的操作规范制定在员工工作手册上的。其次，非经济性福利，其基本目的在于全面改善员工的工作生活质量，这类福利形式包括：弹性工作时间、缩短工作时间、员工参与民主化管理等。对于非日常性的工作，普通工人比较倾向于这种福利待遇。最后，保险。实际上，与福利一样倍受关注的还有保险这一块，并且它在薪酬体系中占有越来越重要的位置。主要包括养老保险、医疗保险、失业保险、工伤保险和生育保险。目前，这一块也是劳动法明文保护的项目，是企业必须执行的薪酬项目。

②制定薪酬的原则

一是，有竞争力的薪酬。较高的报酬会带来更高的满意度，使人才的流动成本加大，也就降低了人才离职率；合作社内部不同社员之间也应该有明显的差别，形成一种互相促进的心理，有利于社员的优胜劣汰。

二是，动态薪酬结构的目的是让员工所得薪酬与其贡献成正比变化，而且这种变化是时刻动态进行的，而非变化周期很长的。通过量化的绩效考核，增加公平性，调动社员积极努力的工作。由于 GHC 公司规模小，在发展初级阶段岗位晋升不明显，为了留住人才并结合绩效管理的结果，GHC 公司参考行业的标准和公司的承受力后，采取的是每个职位在不同工龄会有固定档次的薪资，再加上按照绩效考核结果的分数进行不同分数单词的薪资浮动，这两项的加和就为该员工当月工资。

（3）事业留住人才的心

可以通过参与管理和授权的方式留住人心。参与管理和授权既是业务和管理工作的需要，也是对员工信任的表现，能大大地激发员工的责任感和工作热情。而员工为了不辜负这份信任，也会谨慎决策，积极解决问题。可口可乐公司就把培养人才当成主业，副业才是生产饮料。只要把真正的人才吸引到企业，将个人利益和企业的利益捆绑在一起，增强人才为企业创造财富的自觉性，一切都将成为可能。

（4）加大专业技术培训力度

合作社在技术型人才方面十分缺乏，因此合作社应该加大对社员技术教育及培训的力度，提高社员的业务素质和专业技术能力，使之能更加适应岗位的要求，并且应大力支持探索创新，充分挖掘社员自身潜力。

培训在其作用上，一方面，可以改变职工的工作态度、增长知识、提高技能，激发他们的创造力和潜能，提高企业运作效率和销售业绩，使企业直接受益；另一方面，也增强了员工自身的素质和能力，可以让员工体会到企业对他们的重视，使他们认识到培训是公司为他们提供的最好福利。

本研究参考文献

[1] 陆竹. 企业人力资源管理模式创新——生涯导向的人力资源管理 [J]. 中国商贸, 2010, 4: 74-75.

[2] 赵懂锋, 陈元芳. 我国农村人力资源管理与开发探析 [J]. 十堰技术学院学报, 2010, 23 (2): 47-49.

[3] 商华. 我国人力资源服务行业现状及分析 [J]. 管理论坛, 2012 (2): 76-78.

[4] 江涛. 舒尔茨人力资本理论的核心思想及其启示 [J]. 扬州大学学报, 2008, 12 (6): 84-87.

[5] 张莉. 浅谈人力资源管理模式的创新 [J]. 商品与质量, 2011, 1: 21-22.

[6] 陈儒. 我国农村劳动力转移过程中人力资本提升问题研究 [J]. 商场现代化, 2014 (8): 23-28.

[7] 郝慧娟. 农村人力资源管理的特殊性分析 [J]. 中南林业科技大学学报（社会科学版）, 2014 (02): 37-40.

[8] 韩秉智. 西北地区农民专业合作社人力资源问题与开发机制构建 [J], 农业经济, 2016, 2: 71-72.

[9] 王敏. 我国农村人力资本投资探析——基于舒尔茨的人力资本理论视角 [J]. 生产力研究, 2011 (5): 26-28.

[10] 郑景丽, 熊正芳. 人力资本价值链系统分析及其管理演进 [J]. 重庆大学学报, 2005, 28 (5): 157-158.

京郊有机农场盈利模式研究

项目组成员： 黄紫玉　孙旖晨　安丽娟　王超然
指导教师： 戴晓娟

前　　言

有机农业是指在生产中完全或基本不用人工合成的肥料、农药、生长调节剂和畜禽饲料添加剂，而采用有机肥满足作物营养需求的种植业，或采用有机饲料满足畜禽营养需求的养殖业。盈利模式是企业内部各要素的结合以及利用对本企业有好处的市场机会来实现企业盈利的目的。本篇论文，通过对京郊有机农场的研究实地走访及研究、查找资料从而展现出一种新型的农业产业盈利模式，论证有机农场的可持续发展，为生态带来的积极意义，对优质社会生活的贡献，以及对社会经济发展的现实意义。通过研究以下内容，用个案研究法、数量研究法、调查法等，简要概括出有机农场的出现背景和发展状态，证明有机农场的前景和可持续性发展。

一、国内有机农场的发展

据我们所了解，国内的有机农场非常少，一个是有机农场的基地门槛高，一个是有机食品的培养很严格。

有机食品是国际上对无污染天然食品比较统一的提法。有机食品通常来自于有机农业生产体系，根据国际有机农业生产要求和相应的标准生产加工的。

首先，有机食品的标准是非常严苛的，以种植为例（养殖类同，不再赘述）。有机食品的种植规范首先要求基地远离城区、工矿区、交通主干线、工业污染源、生活垃圾场。在这个期初要求的基地范围内，其实就大幅抬高了有机种植的市场门槛，试想一下，一个远离城区、远离交通干线的基地，在员工招聘和人才保留以及日后销售流通环节，先天就造成了很大的难度。

当有机农场找到了一个好的有机基地的时候，经过多年的养殖终于种出了合格的有机食品、准备开卖的时候，新的问题就又开始层出不穷地出现了：

第一，基地的运输、物流、保鲜、仓储链条。

第二，消费者对产品的健康认知和价格认知。

第三，整个产品对应的市场渠道建设和维护。

所以，现在国内有机农场的发展是非常困难的，但也不排除成功的有机农场熠熠生辉的例子，要想发展有机农场，首先应该处理好的应该就是国内这个雾霾天气了吧，我想如果国内的气象环境有所改变，再加上人为的努力，有机农场的发展一定会很顺利的。

二、京郊有机农场盈利模式

经过走访北京尚品天缘农业科技有限公司的绿色生态有机农场、北京新发地农产品批发市场、北京绿富农果蔬产销专业合作社基地、密云的周末农场、密云聚陇山庄有机樱桃采摘园、北京南口农场、德青源等京郊有机农场，我们调查了以下几种盈利模式，并做出了整理。

（一）主营销模式

1. 网络营销

如今网络越来越发达，许多人开始习惯在网上购物，网络营销是现阶段比较流行的一种销售方式。并且网上销售可以卖到全国各地，大大增加了产品的销售数量和销售范围，但农业产品比如蔬菜和一些水果等有时节的产品，因为不能长时间储存，只能将目标明确到北京及北京周边的几个大城市。[①]

网络销售多种多样，之前比较常见的有阿里巴巴、淘宝、中粮、京东等，最近几年开始出现微店和在微信朋友圈传播销售。我们就先说一下微信销售，农场主拍农场环境和各种农产品照片发到朋友圈，经由亲友们宣传转发，使更多的人知道了解该产品，并且大都能够保证该产品确实是有机农产品，可以让人放心购买。

如何让消费者相信并网上购买有机农产品，广告是不可或缺的。农场主可以在贴吧、论坛等网站发布介绍农场及农产品的相关帖子，也可以投资一笔钱在电视广告上，还可以让亲戚朋友在网上宣传转发等，现在有很多人注重品牌，可以打造一个品牌来宣传。品牌可以延伸，同一个品牌可以使用在不同的产品上，销售者也可以美化包装，使产品看起来更有味道，以此来吸引更多的消费者。比如北京顺义区的三分地有机农场，这个农场主打追寻小时候的纯纯味道，在对外宣传时就以"原香"吸引人。

---

① 数据来源：https://wenku.baidu.com/view/7c5cdbb2da38376baf1faebf.html。

相比较其他营销模式来说，网络宣传最大的特点是传播范围广，受众人群大，而且费用极低，最简单的通过朋友圈或者微博转发达到的宣传效果基本上是零成本，制作过程也是相当简短便捷，对于内容的更改或更新也很方便快捷。但是从另一方面来说，如果语言及画面没有创意，很有可能被人忽略。网络营销更看重声誉，因为别人的评论可能会直接地影响到后面购买者的决定。

2. 会员制

如今市民消费水平提高，许多消费者开始追求一对一的专制会员服务。许多京郊有机农场开始发展会员制有机农产品销售。消费者需要提前缴纳一定的会员费，才能享受其农场的服务。这种模式可以让农场主资金快速收回，并且通过会员制来诱发顾客的消费惯性，使消费者在其农场持续消费，这也是会员制模式的存在意义。商家通过给予消费者一定的优惠来吸引消费者充值会员卡，在会员卡的卡值还未完全消费完毕前，商家通过优质的服务使得消费者的消费惯性加强。消费者也会因为卡值无法完全消费掉而主动（或带有无奈情绪）到商家充值处进行再次充值、消费。[①]

北京尚品天缘农业科技有限公司是一家专门从事会员制有机果蔬种植和专业配送的企业。旗下的"鲜量"绿色生态有机农场位于顺义区赵全营镇燕华营村，占地两百余亩，气候宜人，交通便利，土壤肥沃为北京市的专享会员配送新鲜、绿色、优质的果蔬、生鲜和其他农副产品。

"鲜量"会员卡采用计次的方式累计，分四种使用次数（即8次、24次、50次、100次，其中8次卡仅限初次使用）、两种蔬菜种类的选择（一种是8种生态蔬菜＋10枚柴鸡蛋＋葱姜，另一种是11种生态蔬菜＋10枚柴鸡蛋＋葱姜蒜），价格也从1850至28800元不等。使用方式分为两种（方式一：DIY时间表配送，消费者可以联系商家设置送菜时间表，上面标注出每次配送的时间和次数，如果消费者由于一些客观原因不方便及时取菜，也可以提前通过网络或者电话联系商家暂停配送，等消费者条件允许后再次开通。方式二：如果消费者对配送业务有需求，可以请提前一天通过网络或者热线电话联系商家进行配送，商家会在次日送菜到家）。商家会每周在官网上更新下一周的蔬菜配送清单，供会员了解、选择。让会员感受到来自商家的专享服务，提升消费者对商家的信赖程度，促进消费者的下一次消费，从而带动商家盈利。

不得不说会员制确实是最容易留住客户的一种营销方式，具有相对稳定的市场，也更容易了解会员用户的习惯以及喜好标准，以便于农场有针对性地做自我提升。会员价格普遍要比同行业零售价格更优惠，能够发展更多新会员的加入。同时，要是会员常保持活力，需要农场经常做一些活动来增加会员的参

---

① 数据来源：https://zhidao.baidu.com/question/2142857875452080468.html。

与度。这个营销方式最大的缺点在于前期成本投入太大，不仅要做足够发调研活动，还要为制度的完善不断的准备，且不能预见今后的效果，回报要经过较长时间，是一种盈利速度相对比较慢的手段。

3. 品牌制

品牌是商家在市场的识别标志，代表的是商家的价值理念，一个优质品牌有利于商家被消费者认知。新中国成立初期，物资匮乏、供不应求，消费者无法选择性的购买商品。如今商品供应充足，消费者对商品的选择权提高，都会有选择同一种商品中质量更好、好评更多的产品进行购买。以有机农产品为销售产品的京郊有机农场必须建立自己的品牌、给消费者完美印象，才能在暗流翻涌的农产品市场站稳脚跟、经久不衰。

说起鸡蛋，大家第一时间想到的品牌都是德青源。德青源成立于2000年，当时鸡蛋的卫生安全还没有国家规定的标准，处于"三无"产品，是德清源的出现推动了国家鲜蛋卫生标准的出现。早在2009年时，德清源在北京品牌鸡蛋市场占有率就已高达68%。如今，德青源的生鸡蛋一斤约16元，高于市场上的鸡蛋几倍，但还是消费者购买鸡蛋时的首选品牌。那德青源集团是如何打破这种局面，成为中国蛋类产品的龙头品牌。

首先，德青源一直在为消费者打造"中国健康蛋""中国安全蛋"而努力。坚持以"品牌管理和质量控制为核心竞争力开创可持续发展的生态农业模式"为经营理念，和"以德为先，用心做事"的企业核心价值观为消费者提供高品质、卫生、营养、安全的生鲜鸡蛋。其次他们推动并参与制作中国第一部鸡蛋的质检标准，保障每一颗生鲜蛋在保质期内的品质，针对过期产品，也会尽快召回。[1]

品牌策略的优劣都非常显而易见，拥有自己的品牌能够使农场更有竞争力，更容易将品牌的特色推广，有着自己独特的标准与要求，在某方面的品质较其他农场高，但形成自己的品牌并不是一件容易的事儿，前期的策划要非常的严谨，有自己专门的特点，并采取多种手段宣传自己的品牌，来扩大知名度，总的来说投入很大却没有预期收获，是一种需要经济支持的盈利模式。

4. 产品升级

任何一个产品都有一个生命周期，在剧烈的市场竞争中，产品都在不停地发展，不论这种产品多好也不可能永世畅销、长盛不衰，任何一个产品都会经历破土出芽、成长期、成熟期以及衰退期。市场需求不足迫使各个有机品牌寻找新的方式打开市场，这时候就需要该品牌做出一个改变，在技术、材料、工艺上创新一下现有的产品。产品升级是最直接针对消费者的方式。

---

[1] 数据来源：中国经济时报。

众所周知德青源是一个寰球领先的生态农业企业，德青源的鸡蛋是真正意义上的安全鸡蛋，并且德青源也是中国蛋鸡行业的第一品牌。近期，德青源在以蛋为核心的基础上，又出品了小鲜鸡蛋干制品，在原有的产品上，做了产品升级。投入销售的小鲜鸡蛋干制品为德青源打开了新的市场，使品牌多了一条盈利的道路。

品牌须要维护和提升，而产品也须要继续进行创新。产品升级不仅仅是为了赚取更多的利润，同时也是为了品牌的茁壮生长，为品牌打开新的市场道路。有机葡萄可以酿成葡萄酒、有机水果可以制成有机果干、有机水果还可以酿成果酒，据我所知，在京郊的大部分有机农场中，或多或少都有产品升级，毕竟这是有机农场一种额外的盈利模式。

产品生命周期论决定了这是必要的一种营销方式，否则将会被淘汰。但生命周期并不是每种产业都相同，也没有标准的判别方法，所以把握好升级时间是一个很重要的因素，如果没有，轻则盈利减少，重则产品退出市场无法挽回。但与此同时，产业升级的确是使产业经久不衰的重要原因，升级时间恰当，品质高，对农场的盈利起到关键性作用。

5. 批发模式

批发是批发贸易的主要经济优势，这一优势主要来自于大规模交易。批发是商品流通中不可或缺的一种模式，一些大型有机农场也会采用批发来向批发商或者其他企业销售农产品。因为批发商更了解市场行情以及变化，他能够吸引来更多的零售商以及次级批发商，从而扩大批发范围。

因为批发是有一定数量上的限制的，所以针对小型有机农场的农产品丰收量很小，一般小型的有机农场不会利用批发这个模式来赚取利润，反而是丰收量大的有机农场的一种盈利手段。这些有机农场会将农产品定位在一个稍低的价格（相比较于零售价格）以批量销售给批发市场或者其他企业用作转卖。

大型有机农场还会根据自己农场不同蔬果的丰收量来选择是普通批发还是专业批发，一般来说，普通批发的经营范围广，涉及的农产品更多，更能满足批发商，也能够适应各种综合性零售贸易的需要；专业批发更局限于一种农产品的批发，比如冬天的白菜。

就"白菜"来举例，冬天的批发市场一般是几块钱三斤的价格来销售，虽然相比较于零售的一棵白菜要便宜很多，但是数量上还是批发占的优势更大。经过批发市场的销售，白菜的销售量大于供应量，从而产生一种供不应求的现象，使得白菜的市场扩大。

批发的价格虽然不如其他盈利模式的价格高，但由于它数量的庞大，使得批发模式能在量上占取优势，从而赚取更多的利润。

批发手段是我们最常见的一种营销方式，它以价格低广受大家好评，但同时也将产品定位在了中低端档次，不利于农场品牌的建立与形象的提升。但对于急于回笼资金的农场来说是最佳的选择，它的卖出效率高、数量大，即使但单位盈利少，但基数较大，是将易腐败产品快速卖出的好方式。

综上所述，任何一种营销模式都有自己的优缺点，农场不应只使用一种营销模式，在了解本农场的条件下选择适合自己的方式，组合调整形成自己的特色，同时也不要一成不变，在发展的前提下更新升级自己的营销模式，是为农场盈利的最佳保障。

（二）非主营销模式

1. 便民模式

（1）餐厅、学校供应模式。餐厅、学校供应模式也被包含于配送化盈利模式。随着时代的不断发展、社会的不断进步，人们生活方式的改变，配送服务将成为农产品销售过程中的一种重要手段。

一些大型有机农场生产过多的产品，销售渠道也会更加多样化，因此就会和餐厅、学校合作，为饭店、学校食堂提供有机蔬菜、瓜果。有机农产品因为绿色无公害纯天然而对身体健康有益处，而学生是我们的未来，学校为了学生的健康就会和一些大型有机农场合作，由有机农场提供食材。餐厅是不能缺少食材的，因此餐厅也是有机农场的重要合作伙伴。

位于朝阳区的蟹岛农庄，其种植园区非常大，占地近千亩，棚内作物种类众多，达80余种，该农场产出的蔬菜、瓜果等均为无公害纯天然的有机绿色食品，除供游客采摘外因为农场与一些餐厅合作因此这些农产品还供应餐厅食用。

（2）超市销售。超市化营销是指农超对接，即由农民专业合作社与商家签订意向协议书，组织基地或农户种植生产符合当时市场需求的产品，然后经过筛查、包装后直接向超市、商场或便民店直接销售农产品的一种新模式。在这种新模式下，农户和市场直接对接，建立市场经济条件下的产销一体化模式。既有利于农产品销售渠道的稳定、缩小物价波动，还能够减少农户和市场之间的流通环节，减少双方运营成本，实现市场、农户、消费者三方共赢。

北京新发地农产品批发市场成立于1988年，是一家以果蔬、生鲜批发为主的国家级农产品中心批发市场，在全国也有强大的号召力。[①]

新发地通过其品牌优势和全国资源、优化市场环节、将消费者的供求信息直接告知农户、实现农户和市场直接对接，建立透明、公正、公信的农商沟通平台。

（3）大众购买（社区合作）。商家和社区内愿意购买农场农产品的居民沟

---

① 数据来源：http://www.xinfadi.com.cn/markets/connsuperm/index.shtml。

通、了解、协商、签订长期提供农产品的协议，社区居民只需要将自己的联系方式以及想购买的农产品告诉给商家，商户就会每天在固定时间送货到家。农场会根据居民的需求情况来种植无公害有机农产品，用来满足居民的需求。

北京绿富农果蔬产销专业合作社基地位于顺义区木林镇，合作社成立于2007年，在2014年被评为国家级示范社。种植面积达到2000余亩，已建成蔬菜大棚100多栋，种植蔬菜品种50多种。绿富农严格按照有机、无公害、绿色农产品种植生产品质标准，生产绿色有机的农产品，产品主要以高档社区、高档酒店等中高端消费群体为服务对象。

绿富农主动和北京市内的大型社区联系，建立农产品一站式服务，即社区居民前一天通过居委会或绿富农官方网络销售地址下单，绿富农在一定时间内将订单汇集、统计，然后到基地进行分拣，第二天早上由绿富农专门蔬菜配送车送进每个社区的居民果蔬保管箱，居民通过出示消费凭条提取自己前一天订购的蔬菜。目前规模辐射20多个社区，服务13000余户居民。

在这三种模式中，餐厅、学校供应模式的服务对象是餐厅和学校食堂，对有机农产品的需求量大且所需的有机农产品品种单一，有利于有机农场对有机农产品的种植和供应，利润大。食堂、餐厅每日人流量大，可以让更多的人吃上有机果蔬。此模式经营稳定，风险小。不足在于服务对象单一、利润小，不利于此模式长远发展，但可以与其他模式结合共同经营。

超市销售模式相比较大众购买（社区合作）模式，可以照顾京郊地区的居民，服务对象范围广，所运蔬菜的种类更加丰富，成本较低，收益的有机农户数量多，利润大。不足是运输时间长、市场需求量大且种类繁多，易造成有机农产品的浪费。

大众购买（社区合作）模式相比较超市销售，充分发挥自己与社区合作关系，商家通过在网络上收集购买信息，能够更快的了解居民需求，按居民需求提供有机农产品，不会造成资源浪费。农户与居民之间的流通环节更加简洁明了，不再需要超市、便民店或商场作为有机农产品的中转站，节省了中间的流通费用和运输时间，有机农产品从农产出发直接送到居民手里，节省了居民每天去超市买菜所消耗的时间。不足在于目前此模式尚处于发展初期受众面积小，服务对象主要是市区内部社区的有机农产品配送，京郊地区数量少。此模式因设置有专门的有机农产品运输车，无形中增加商家成本。

2. 大众娱乐模式

（1）旅游模式。随着人们生活水平的提高，许多人追求的精神愉悦已经开始向田园靠近，随着有机农场进入大众视野的时候，参观体验有机农场的活动也开始发展。

农场主在农场内建造一些可供人参观游玩的设施，和一些学校、旅游团、敬老院等展开合作，消费者可以在农场内住宿吃饭，亲自采摘水果蔬菜，可以钓鱼、拍照等，农场主可以不定时开展农业产品促销会，或者在节假日举办各种节庆活动，提供打折餐饮和袋装农产品。比如北京的生态庄园可以认建认养，体验农耕生活，参加多种项目活动。

（2）采摘模式。有机农场观光采摘模式是近几年疯狂兴起的新型盈利模式，在全国各地发展迅速，这种采摘模式的出现丰富了市民的节假日；扩大了有机农场的盈利范围；促进了有机农场经济的急速发展。

随着人们的生活程度提升，城市规模的扩展，人们开始不再仅仅满足于当前的物质需求，而是开始崇尚回归自然、体验农耕，同时对生态环保、绿色健康等食品有了更大的追求，于是亲手采摘有机果蔬便成了有机农场的一种巨大的盈利模式。就我们调查的聚陇山庄来说，聚陇山庄位于北京市密云区巨各庄镇蔡家洼，囊括5000亩有机樱桃采摘园，每年采摘人数非常多。

在这两种模式中，根据调查北京的生态庄园其价格项目明细为：

①门票80/位。

②购买属于自己的菜地（20～600平方米/年不等），价格为600～18000/元消费者可根据购买菜地实际占地认购面积获得（20～50平方米不等）额外的"私家菜地"。

③云南珍稀绿植氧吧厅可在乒乓球、羽毛球、麻将、围棋等游戏中任选其一，免费2小时。

④垂钓乐园体验垂钓的乐趣2小时，价格20元。

而聚陇山庄据测算采摘园的樱桃产值是常规樱桃生产的2～3倍，聚陇山庄的有机樱桃每千克170元左右，同期市场零售价是每千克90元左右，通过采摘模式所销售出的有机樱桃比在市场销售出的有机樱桃每千克多出60元左右。樱桃籽每100千克大约8元，农场种下樱桃籽并将其培养长大，以后的每年夏天都可以利用采摘来赚取利润。相当于成本价只有每年的人工养殖费以及有机肥料的费用（樱桃籽的成本忽略不计），却能利用采摘这种盈利模式每年赚取大量利润。

由以上对比可知，旅游模式和采摘模式针对的主要人群都是城市中远离农家的对农家乐有兴趣的消费者，或是社区、学校等组织的旅游团或参观团。其中采摘模式的成本更低，利润相对来说可能就会高一些，但旅游模式中活动项目多种多样，对于想要体验农家乐的游玩者吸引力更大，所以盈利同样也不低。

3. 出口模式

在全球的经济化的推动下，我国手工业发展迅猛，成为全球最大的加工型国家。而对于中国的本土产品，中国大量的优质产品在出口国外后，外国人进行深加工，又出口给国内。这种现状体现出我国的产品质量越来越得到国际的认可，但却缺少农业深加工产业链。农业出口中，其中最重要的是农业深加工，它不仅可以提高产品附加值，还可以对原料进行价值再利用。但在国内经济水平下，大量消费有机蔬菜的收入水平不高，消费习惯和物流设施并不完善，品牌效应的条件也不具备。

因为对于有机食品的控制要求比较高，且生产成本也不低，导致了市场上有机食品的价格与同规格的产品相比，价格会高出将近一倍。同时，由于欧洲对于健康要求较高，对于有机食品的需求增大，而国内有机食品储量不足，并且进口有机食品价格较国内低，所以欧洲市场进口有机食品占有机食品消费总量超过一半，甚至多达60%到70%多，接近56%的美国公民对有机食品的喜爱度很高，原因是他们认为有机食品相比较其他更健康、更有营养。因此我国有机农场的国际发展前景在我看来十分乐观。事实也确实如此，在过去的十年里，国际上有机蔬菜行业的发展是最快的，销售量增长速度极快，达到每年增长20%。对于中国而言，有机食品还处于发展的初级阶段，是个新兴起的产业，从规模上看比较小，且分布较集中，发育程度也不高，但结合国际上对于有机产品的态度来看，有机食品的出口情况很好，发展潜力高，将来可能成为食品行业的支柱。

4. 现代教育模式

关于现代教育，不同的人有不同的界定。综合起来看，可以将现代教育表述为："从资本主义大工业和商品经济发展起来到共产主义完全实现这一历史时期的、致力于与生产劳动相结合、培养全面发展的人的教育。"[①]

其中有机农场盈利模式中的教育模式可以分为以下两种：

（1）家庭租地种植。家庭租地种植是指农场将自家土地划分为面积不同大小的租地，将其出租给有意愿种地却住在城市的居民。这是一种正在兴起的热门户外活动，代表居民对生活的需求不仅仅停留在网上偷菜或去菜市场超市等买菜了，大家更关注食品安全以及闲时活动的重要意义。

有机农场为城市居民提供平台，居民为了满足自己动手要求或者带孩子体验不同生活乐趣，带着孩子去有机农场租用一块可以根据自身情况来选择规模的菜地，然后种植自己喜欢的蔬菜，如果没有固定时间来施肥浇水可以委托给农场负责人，等到收获的季节就可以感受农民丰收的乐趣，还能吃到放心的蔬菜，同时锻炼了孩子的动手能力，也让孩子更懂得珍惜食物。

有机农场通过收取租地费用盈利，也有的通过有偿提供蔬菜种子、水果树苗、肥料、农具等，收获时节可以给会员园主配送到家，如园主不需要全部蔬

---

① 数据来源：https://baike.baidu.com/item/%E7%8E%B0%E4%BB%A3%E6%95%99%E8%82%B2%E6%A8%A1%E5%BC%8F/2959484? fr=aladdin。

菜，农场还可以进行零售，或有偿、无偿地做加工给园主家庭及客人吃，以享受新鲜的蔬菜。

"有机种植千百年来深耕在我们这片土地上，《齐民要术》《农书》佐证了中国农耕文化对世界有机农业发展的巨大贡献。我们现在做的工作，很大一部分是把传统中国农耕文化、传统农学的一些有意义的东西拿出来，再让人们认识它，让人们认识农业。"这段话是石嫣女士说的，她是 2016 世界经济论坛的"全球青年领袖"。这确实表达了有机农场在家庭组地种植模块的重要意义。

位于密云的周末农场可以说是这个模块的榜样，其中包括蔬菜种子、果树幼苗、有机肥料、相关农具和种植技术服务。园主定期到农场管理的为半托管，1200 元一年（4月～11月），面积为 60 平方米；全托管是指农场指定负责人进行日常管理，800 元 20 平方米，2200 元 60 平方米。60 平方米大概产量 400 斤有机蔬菜。根据 2017 年北京新发地市场的各种蔬菜加权平均价为每公斤 2.44 元，400 斤蔬菜零售或批发大概 488 元左右，农场托管人员工资我们无从查问，但以上已可见租地种植的盈利数额明显较大。

（2）为中小学提供劳动体验。近年来，因为劳动教育在学校中被弱化，中小学生劳动的时间减少、劳动认识不足，我国教育部全面贯彻党的教育方针，施行劳动教育，增强中小学生的劳动兴味、促进学生身心健康和全面发展。因此很多中小学都开展了农场大课堂等外出体验实践，一些有机农场与各个学校签订合同，为中小学提供劳动体验基地。

据我们所调查，北京南口农场建立了一个青少年劳动实践基地，是学生观赏学习和理解农牧业生产知识的绝佳场合。基地还专门为学生们开拓了将近 20 亩的试验用地，学生们能够自己动手在这里种植树木。假如学校领导被基地的活动内容以及切身体验所吸引，就会与青少年劳动实践基地签署 N 年的协定，接下来该学校 N 年的劳动大课堂都会由青少年劳动实践基地所提供。

像这种有机农场的实践基地的活动由于贴近学校和学生的需求，受到越来越多的学校喜爱，因此也有越来越多的有机农场投入该建设。既为了国家未来的栋梁能感受到劳动的快乐、学习到劳动的意义，也为有机农场增加一条盈利道路，是许多有机农场的又一选择。

总的来看，以上两种有机农场的盈利模式都致力于与生产劳动相结合、培养全面发展的人的教育。家庭租地种植模式满足了人们自己动手丰衣足食的体验，同时，如果家长带着孩子一起体验，既锻炼了孩子的动手能力、坚强意志，也让他明白了食物的来之不易，更加懂得珍惜食物。为中小学生提供劳动体验的模式增强了中小学生的劳动教育，补充了劳动知识，促进了学生身心健康。同时，这也是延续有机农场发展的一种选择。

这两种模式相比较之后，发现它们十分接近，只是对象不同，一个主体是家庭，另一个的主体是中小学生。但是不难发现，这两种有机农场的盈利模式带给人们的都是一种教育与劳动相结合的活动，我们定义其为现代教育模式。

四、总结

综上所述，由于资源整合的优势获得国家政策的支持，同时，有机农场的盈利模式多样且创新速度快，不同模式具有不同的消费群体，且根据社会市场需求更新多种的模块，表明有机农场的发展前景很好。但与此同时也暴露出一些问题，因为有机农场兴起不久，并且发展迅速，以至多地区短时间出现多家有机农场，且由于盈利是其主要目的，则多数钻了机制不健全的空子，导致存在假冒伪劣产品。其次是有机农场成本偏高，预期回报较低，回报周期较长，导致极少数创业者可以支撑下去。由于成本高而形成的价格高使得市场相对狭小，参与的人群也相对少。有机农场要继续发展就要克服现有问题，目前来看有机农场的社会效应很强，对社会有环保作用，对参与儿童有教育意义，有利于开拓中国海外市场，为购买者提供健康优质的产品，有机农场要继续发展就要克服现有问题，成为更有影响力的行业。

本研究参考文献

[1] 国内外农业园区盈利模式四大特点与台湾 6 大盈利模式汇总［OL］. zhongzhaoge. https：//wenku. baidu. com/view/7c5cdbb2da38376baf1faebf. html. 2015.

[2] 会员制有什么好处和意义［OL］. wjh301314. https：//zhidao. baidu. com/question/2142857875452080468. html. 2016.

[3] 胡情祖，陈忠莲，周朋. 现代农业生产与经营管理［J］. 中国农业科学技术出版社 2015.4（1）.

[4] 北京新发地农副产品批发市场中心产销对接服务平台简介［OL］. 北京新发地市场官网. http：//www. xinfadi. com. cn/markets/connsuperm/index. shtml.

[5] 林春霞. 解读德清园的生态标签模式［J］. 中国经济时报，2015.

[6] 现代教育模式［OL］. 百度百科. https：//baike. baidu. com/item/％E7％8E％B0％E4％BB％A3％E6％95％99％E8％82％B2％E6％A8％A1％E5％BC％8F/2959484？fr＝aladdin.

连锁便利店的经营创新研究

项目组成员：郑怡坦　郭　磊　毛海卿
指导教师：李永平

摘　要：随着我国经济社会的不断发展，便利店这一新型零售业态在我国的规模、数量和覆盖区域都不断提升。与普通食杂百货店相比，国内外不同品牌的连锁便利店在经营竞争力上存在着品牌、质量、服务等优势。通过此次调查研究，了解连锁便利店在北京城市内的经营发展现状，分析描述连锁便利店的商品及服务特征，通过问卷调查了解消费者需求偏好以及对连锁便利店商品与服务的评价，并针对如何开展经营创新提出建议。

关键词：连锁便利店　北京市　经营创新　O2O

当前，随着网购便利性的提升与物流产业的发展，大众对于生活用品的选择不再完全依赖于有店铺的零售业态，通过网购各种生活用品成为一大流行发展趋势，而便利店作为能满足消费者应急性与便利性需求的零售业态，随着人们对于消费水平要求的提升也在质量和数量上有着较大、较快的发展。通过此次调查研究，可以使我们对连锁便利店这一不断发展的零售业态有相对较为全面的认识，并分析如何将连锁便利店作为最便捷的消费选择的优势发挥出来，提升消费吸引力，提高顾客满意度，在满足消费者需求的同时能够使连锁便利店的经营能够得到针对性的改进，提高连锁便利店的经营活力与竞争力，促进连锁便利店的科学健康发展。

一、调查对象与调查形式

针对此次科研训练项目，为了紧扣连锁便利店的经营创新主题，我们的主要调查对象是7-Eleven、全家、罗森、邻家四家品牌连锁便利店经营状况，以及四家连锁便利店的经营创新研究。我们通过走访相关连锁便利店、深入实地考察，以及向走入这几家连锁便利店的顾客和社会各职业人群发放调查问卷等方式多角度地了解连锁便利店的经营状况和社会人群对连锁便利店的看法。此次走访调查的目标连锁便利店有：7-Eleven 中关村文化大厦、食宝街店、世界城店（国贸）、劲松桥店、天通苑店、方恒购物中心店（望京）和丰台一店，罗森三元桥店、罗森西直门店、银泰店（国贸）和望京店，全家天通苑店、中关村店、东直门店、魏公村店和东单店和大望路店，邻家回龙观店、中关村店、东直门店、农光里店（劲松）和马家堡店（大红门）等。在走访期间，一共发放调查问卷 500 份，问卷发放对象多为进行消费的顾客、工薪阶层、学生等，并作好记录。通过对连锁便利店的服务、商品、市场、管理和对消费人群的消费期望、购买行为、对便利店的选择进行调查分析，希望得到当下连锁便利店的经营状况和针对消费者的消费心理和行为，市场的竞争现状等真实的信息和数据，来建立我们对连锁便利店创新经营的设想及研究。此次调研活动的主要依据：随着人们消费水平的提升和对生活质量的要求提高，对于和我们当下生活现实密不可分的便利店的需求不断提高，便利店需要对其自身的经营进行升级和创新。

二、连锁便利店的基本状况

（一）便利店简介与现状概述

便利店（convenience store）是一种用以满足顾客应急性、便利性需求的零售业态，通常位于居民区或大型商圈附近，是以经营即时性为主、以满足便利性需求为第一宗旨，采取自选式购物方式的小型零售店。与其他零售业态相比，便利店辐射范围较小，顾客大多分布在步行五分钟能到达的距离内，目标人群主要是附近居民、单身者以及年轻人。其商品结构以即时食品、日用小百货等产品为主，商品品种在 3000 种左右，产品售价会略高于市场平均水平。

随着经济社会的不断发展，便利店作为一种新式的零售业态在我国迅速铺展开来。截至 2015 年，我国便利店总门店数达 17675 家，从业人员多达 83517 人，营业总面积合计 1496187 平方米，总销售额共计 387.2 亿元人民币[①]。

（二）连锁便利店经营基本情况

在我们走访调查过程中观察了上述四家连锁店的 15 家分店（其余 7 家分店因为时间和路程因素，所以没有定时定点观察），观察结果大致可以分为三条线索，一条是时间线，另一条是空间线，最后一条是消费者线。第一条，时间线

---

① 数据来源：2016 年中国零售和餐饮连锁企业统计年鉴（孟庆欣主编）。

是按照从早到晚,对人流量的观察来作的总结,所观察的便利店从早上 6:00～8:30 时间段来看,人流量较多且较为平均地分布地时刻表上;8:30～10:30 时间段,人流量分布不均匀;10:30～12:30 时间段人流量为一天中最大,分布均匀;12:30～14:30 时间段人流量较多,但分布不均匀;14:30～17:30 时间段人流量较少且分布不均匀;17:30～19:30 时间段人流量较多,分布较为平均;19:30～22:00 人流量一般,但较为集中的分布在后半段时间。第二条,空间线是按照目标便利店所处商业圈或居民区距离其人口密度的中心远近,对人流量的观察来作的总结。不出意外,目标便利店所处商业圈或居民区人口密度中心距离的远近和去光顾目标便利店的人流量呈正比,越靠近与人口密度大的地点的便利店,人流量越大。第三条,消费者线是根据前两条线的重要因素——人流量来调查总结的,具体结果如下:6:00～8:30 时间段和 12:30～14:30 时间段的人流量基本是由学生和上班族或工薪阶层构成;其余时间段消费者的构成多元化,并不能简单地进行分类概括。

三、连锁便利店的经营状况分析

(一)商品经营范围、组合策略

通过走访以上 15 家连锁便利店分店来观察记录这几个连锁便利店品牌的商品经营范围,7-Eleven、全家、邻家、罗森经营的商品种类有:早点、便民食坊、饭团寿司、关东煮、三明治汉堡包、甜品面包、冷藏类商品、休闲副食、SEVEN SELECT 商品(7-Eleven 自有食品类、生活用品类品牌)、期刊报纸、烟酒等。连锁便利店一般选择窄而浅的商品组合策略,这种策略是指商店选择较少的商品种类和在每一类中选择较少的商品品种。这种策略主要被一些小型商店,尤其是便利店所采用,也被售货机出售商品和电话购物等无店铺零售业态采用。这种策略要成功使用,有两个关键因素,即地点和时间。在消费者想得到商品的地点和时间内,采取这种策略收益高。窄而浅的商品组合策略中商品占用资金不大,经营的商品大多为周转迅速的日常用品,便于顾客就近购买。但是由于商品种类有限,挑选性不强,商圈较小,吸引力不大的问题。所以在走访的这四个连锁便利店品牌里,为了增加商品种类的多样性,增强竞争力,7-Eleven、全家、罗森便利店把服务作为商品,开设了票务服务、充值和生活类费用代缴、信息中介、图文复印传真、食物加热服务,以弥补吸引力不大的弊端,增加顾客粘性,提升便利性。

(二)连锁便利店的商品结构

所调查的这四个品牌便利店的商品结构由主力商品、辅助商品、关联商品构成。70%~80%的销售额和商品总量是由主力商品提供的，主力商品的经营决定了企业的性质，主力商品体现了它的经营方针、特点。早点、便民食坊、饭团寿司、关东煮、三明治汉堡包、甜品面包、冷藏类商品、休闲副食商品种类是这四家品牌连锁便利店的主力，决定了企业便利、零售的性质。一般而言，这4个品牌连锁便利店的辅助商品由进口商品组成，辅助商品提供了20%左右的销售额和商品量，辅助商品在价格和品牌等方面对主力商品起辅助作用，或以增加商品宽度为目的。辅助商品的作用是配合主打商品的营销策略，丰富便利店的品种系列、扩大目标顾客的范围，价格灵活。关联商品具有方便顾客购买，增加主力商品销售额的作用，主力商品的辅助商品和关联商品约占20%~30%，一般而言，连锁便利店把服务型商品作为关联商品。

（三）员工配置

在我们所走访的连锁便利店中，岗位分配和员工配置如下：7-Eleven中关村文化大厦店、食宝街店、世界城店（国贸）、劲松桥店、天通苑店、方恒购物中心店（望京）和丰台一店都有4~5名员工，其中有1名店长；罗森三元桥店、罗森西直门店、银泰店（国贸）和望京店，有4~5名员工，其中有1个店长；全家天通苑店、中关村店、东直门店魏公村店和、东单店和大望路店每一个分店都有4~6名员工，其中1名店长；邻家回龙观店、中关村店、东直门店、农光里店（劲松）和马家堡店（大红门）每一个分店都有4~5名员工，其中有1个店长。这些便利店的岗位分配，除了店长职位以外，所有在职员工的岗位都具有灵活性，店长根据时间段、人流量、货物补给等因素来给员工分配工作，且每一个员工都有使用柜台收银、操作熟食加工、理货等技能。我们的观察记录里，7-Eleven方恒购物中心店（望京）和丰台一店，罗森银泰店（国贸），邻家回龙观店、农光里店（劲松）和马家堡店（大红门），通常只有2~3名员工在工作岗位，其中有1名店长、1名柜台和1名理货员工，其余员工采取倒班的工作时间。由此可见，偏离人流量密集点的便利店，工作人员的配置也会随工作量少而减少。

（四）经营创新对于连锁便利店的作用

这次研究项目，我们意在探索连锁便利店的创新经营。连锁便利店创新经营的目的对于连锁便利店来说，有以下两方面作用。

1. 增强便利店的竞争力

在现实生活中，城市的每一个角落都遍布着小规模（个体经营户）的便利店或者是我们这次研究项目的主体——品牌连锁便利店，也有依靠着社区建立的社区便民服务点，老式的菜市场和大大小小的超市。社区便民服务点、老式的菜市场以及商超和连锁便利店具有一定的竞争关系，而现在的他们之间的竞争趋于弱化，因为连锁便利店在不断发展的过程中，根据所处地区和这些不是主要竞争对手的零售形式（企业），根据自身性质，同样开设了相应的商品或服务，例如：社区便民服务点能代收代缴生活类费用、老式菜市场售卖新鲜的蔬菜肉禽蛋等、超市的综合性等。在这里，需要特别提出的是，连锁便利店在学习老式菜市场售卖新鲜的蔬菜肉禽蛋等农产品、超市的综合性时，必须根据连锁便利店自身店铺面积有限、成本问题、物流问题、面向的顾客群体等因素来综合考量。最终结果就是，极个别有条件的分店才售卖打包好的农产品，且不具有价格优势。便利店的东西没有菜场买菜自己做便宜，本质上还是一个帮助年轻人节省时间收取溢价的生意。旧城改造摧毁了传统社区、为便利店的进入提供了机会。大多数连锁便利店采取的办法是将店铺采购到的农产品直接加工成即买即食的沙拉、关东煮、营养套餐等产品。在这里，连锁便利店相对于普通便利店或者是传统便利店所作出的经营创新，扩大了传统便利店的商品范围，更具有便民性，也就增强了连锁便利店的竞争力。

2. 扩大消费群体

在我们的观察和调查中发现，7-Eleven、全家、罗森、邻家四家品牌连锁便利店都有将其品牌文化作为宣传，将其生活方式作为商品进行"售卖"。每一个品牌都精心打造具有他们品牌特色的商品。其次，每一个品牌都在极力地"扩张"，我们可以在日常生活中发现，每当有新的楼盘、写字楼、商业中心建成运营，紧随其后的就是各大品牌连锁便利店的入驻。只有当门店在一定数量之上时，连锁便利店才能大谈生活方式（企业文化）渗入的话题，当消费者能看见的门店越来越多，走进便利店消费品牌连锁便利店"文化"（商品）的次数越来越多，消费者才具有了选择消费的倾向，连锁便利店的连锁便利性（门店数量越多，重复选择的可能性越大）才得以体现，甚至在品牌文化长年累月的输出下，品牌连锁便利店会拥有一定数量的忠实消费者。根据传统便利店经营产品的性质，品牌连锁便利店进行了经营创新，将更多关于生活方式的商品加入、独具特色的24小时营业、大规模的布局分店，渗入日常生活。

四、问卷分析

（一）基本情况

针对此次对连锁便利店的调查，我们共发放了标题为"连锁便利店的经营创新研究"的消费者调查问卷500份，收回500份。问卷的内容涉及被调查者的日均消费水平、消费者的基本情况、对于连锁便利店的简单看法、在连锁便利店里的普通消费情况以及对连锁便利店售卖的商品和服务的需求情况。其中，受访者男性占总人数的比例为57.20%，女性的比例为42.80%，受访者中20～30岁的青年人占到66.20%，20岁以下占比18.40%，30岁以上的成年人占比15.40%（问卷统计数据如图1所示）。通过数据结果可以看出，有个人消费能力和消费决断的青年群体是便利店消费者的主要来源，30岁以上的成年人选择其他渠道消费的可能性更大；消费能力也是影响消费途径的一大因素，日均开销在50～100元、100～200元的人群是前往便利店消费的重要组成部分，合计占比高达65%，而便利店中略微高于市场价格的定价水平使得日均开销在20～50元水平的人群较少选择前往便利店进行消费，日均开销在200元以上的人群会将便利店当作临时性消费场所前往消费（问卷统计数据如图2所示）（见图1、图2）。

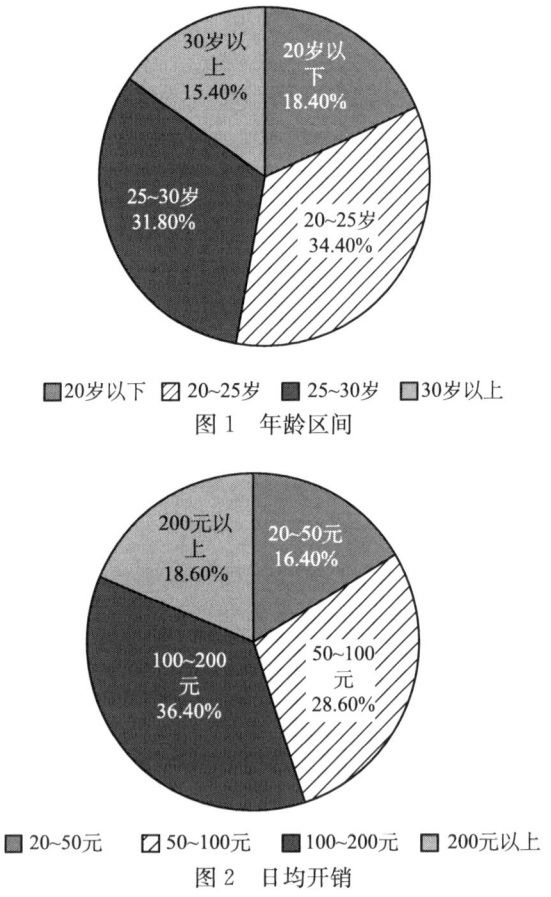

图1 年龄区间

图2 日均开销

（二）路程距离

在对于便利店的距离是否便于消费的问题上，92.60%的受访者认为附近的便利店距离在 1000 米之内方便于自己进店进行选购所需商品,便利店位置距离住处或工作地点 1000 米以上,受访者会认为距离较远,前往消费的吸引力会大大降低;只有 7.40% 的受访者距离生活或工作地点最近的便利店在 1000 米以上,说明便利店的分布状况较为广泛和密集,发展较好(见图 3)。

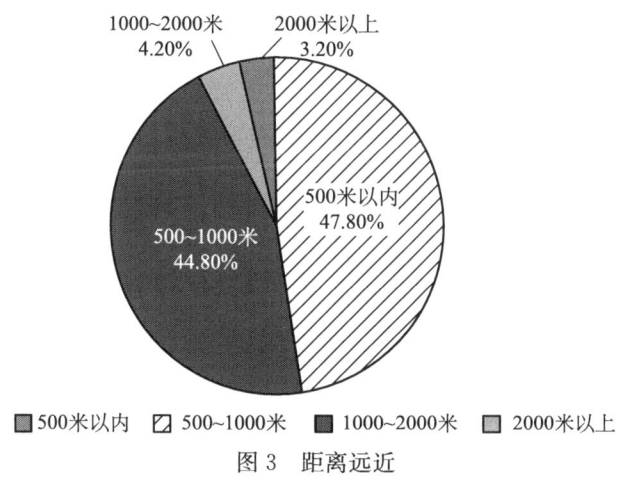

图 3　距离远近

(三) 购物渠道

在 500 位受访者中,关于日用品、生活必需品的采购渠道这一问题,32.20% 的受访者会选择附近便利店进行消费,节省时间成本和距离成本;36.40% 的受访者表示还是会前往能够提供多种选择并保证品质的大型超市进行此类商品的购物;而随着网购渠道多样化和服务水平的提高,15.80% 的受访者表示网购会是他们的首选;而 15.60% 的受访者表示他们的消费不会考虑太多,只要满足需求,不太介意购物渠道的区别(见图 4)。

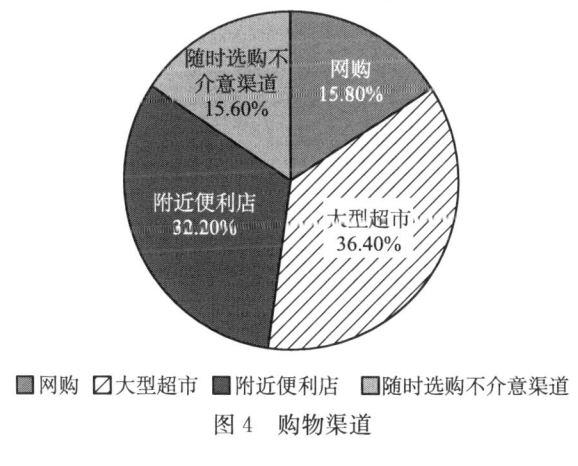

图 4　购物渠道

(四) 品牌认知程度

便利店作为消费市场的一大商品与服务提供者，在吸引人群进行消费的优势上，35.00%的受访者表示选择便利店进行消费是因为便利店相对于其他市场渠道而言路程短、距离近；31.80%的受访者表示便利店的服务好营业时间长是吸引自己的最大原因；17.00%的受访者觉得连锁便利店的品牌效应是优质产品和服务的保障，能够影响自己的选择；还有16.20%的受访者认为便利店产品多价格实惠能够吸引自己。价格作为影响消费行为的一大要素之一，关于便利店价格水平的可接受程度，17.20%的受访者表示较为便宜，低于自己的心理预期；37.00%的受访者觉得便利店的定价水平较为合理，能够与其提供的产品服务持平；32.40%的受访者表示虽然略高但还在心里承受范围内，可以接受；而13.40%的受访者则表明价格出入较大，会影响自己的消费判断，难以接受（见图5、图6）。

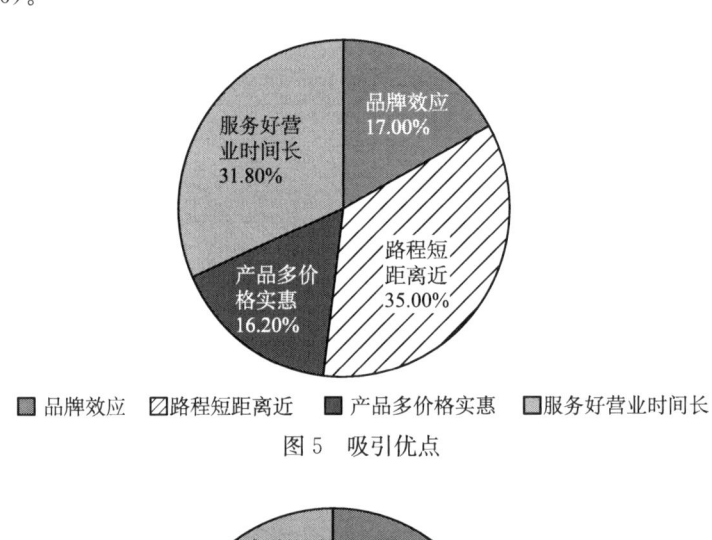

图 5　吸引优点

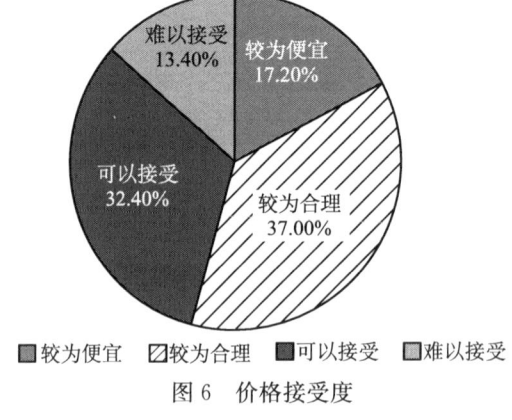

图 6　价格接受度

在选择便利店消费时，连锁品牌便利店和普通单一便利店之间的区别会让消费者对于消费的满意度造成差异。35.80%的受访者对于连锁便利店的第一印象是态度品质好，选择连锁便利店消费服务质量更高；32.40%的受访者认为连锁便利店相较于普通便利店能够提供更多种类的商品，商品多样化成为吸引他们选择连锁便利店的重要原因；16.60%的受访者认为连锁品牌就是商品和服务质量的保障，还有15.20%的受访者表示连锁便利店的附加服务是在普通便利店享受不到的，因此更具有吸引力。关于连锁便利店的品牌偏好，7-Eleven是最受受访者喜欢的连锁便利店品牌，31.80%的受访者将其作为首选；31.40%的受访者会表示国内连锁便利店品牌邻家更吸引自己；20.80%的受访者选择罗森作为自己最愿意前往消费的连锁便利店品牌；还有16.00%的受访者会选择全家作为偏好的连锁便利店品牌。对于各大连锁便利店的品牌，没有受访者选择毫不熟悉，但有3.60%的顾客表示自己对于连锁便利店的认知程度只是路过，鲜有消费；绝大多数受访者均表示经常前往连锁便利店消费（49.80%）或是偶尔会去（46.60%）（见图7、图8）。

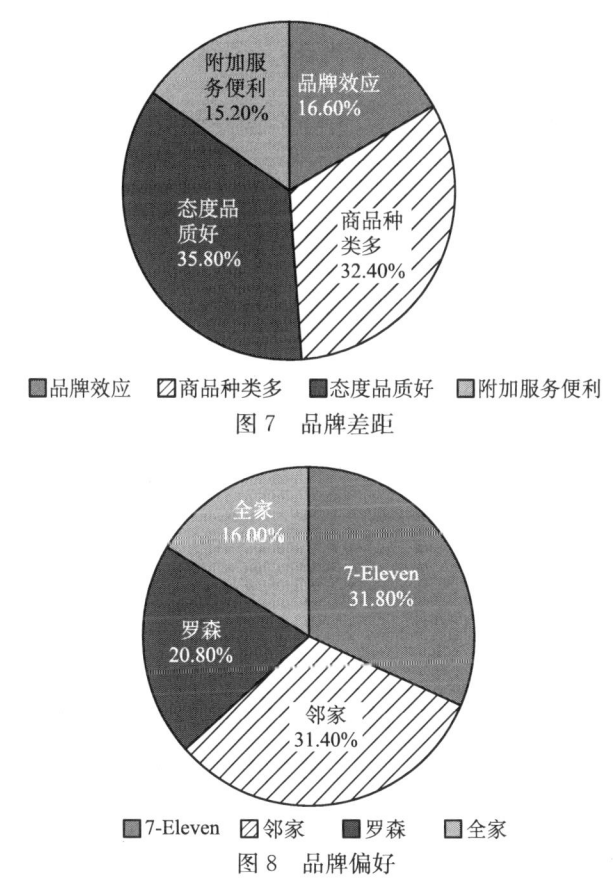

图7　品牌差距

图8　品牌偏好

(五) 饮食偏好

各家连锁便利店大多数现已提供各种熟食便当以供顾客选择。而在500位受访者中,有14.40%的人表示并不知道便利店中有熟食或便当销售;16.60%的顾客选择会在连锁便利店内选购熟食或便当,并在店内或附近直接享用美食;还有36.00%的受访者表示会把熟食类商品带走细细品尝,关东煮、三明治、饭团等是他们经常消费的食品;但仍有33.00%的受访者表示,虽然知道便利店中有熟食便当,但在消费熟食便当时不会首选便利店,熟食店或是小吃街会比便利店更专业,味道更有吸引力(见图9)。

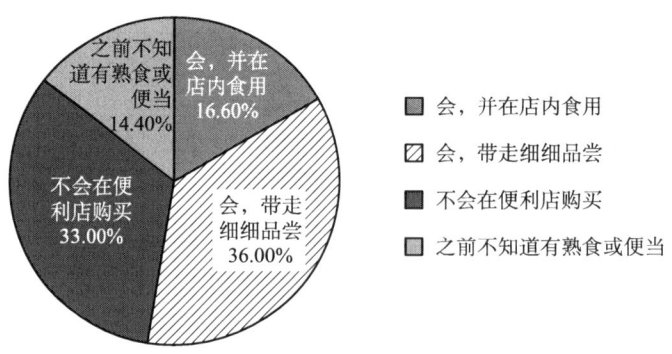

图9 熟食便当

无论工作还是学习,每天至少都会有一顿工作餐需要解决。随着近两年外卖平台的发展和外卖的风靡,34.20%的受访者表示会选择外卖服务,31.60%的受访者认为在餐馆或是食堂享受一餐饭更能让自己感到舒适,17.60%的受访者表示会自己做爱吃的或者提前准备好在饭时吃独一无二的饭菜,仅有16.60%的人知道并会选择便利店提供的熟食、便当、盒饭等,其中大部分人表示在加班时选择连锁便利店的可能性更大(见图10)。

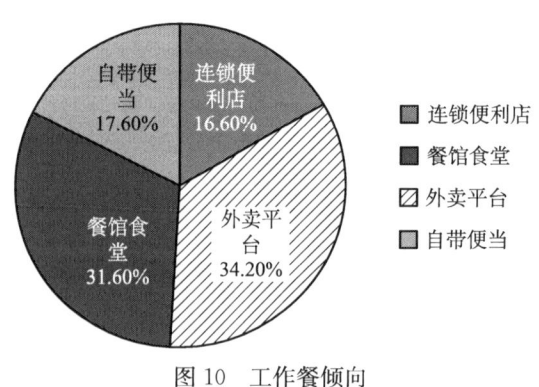

图10 工作餐倾向

（六）购物偏好

在前往便利店的购物偏好问题（多选）上，生活用品、休闲零食、烟草制品是最受消费者关注的产品种类，这三类产品全都过半数被选，还是快速消费品被选比重较大；报刊书籍排在第四位，前往便利店购买报纸杂志的消费者不在少数；反倒是冷饮酒水被选中数相对较低，冷饮可能不太受男性受访者关注，同时受季节影响较大，而且酒精类的产品在便利店陈设较少，可选择性低，因此在便利店选购倾向度不高。在最常见遇到的缺货商品里，25.40%的顾客选的是报纸杂志，报刊书籍作为短期消费品在便利店受销售量的影响可能备货较少；25.00%的顾客选择的是冷饮和甜点，甜品保质期短，保质要求较高，在便利店中可能不太大量存留；生活用品被选比例为22.80%，前往便利店可消费的生活用品相较于大型超市购物中心本就较少，便利店可陈列的生活用品本就不算太多，会较高程度保证货源充足；便当熟食作为快速消费品，更新周期短，时间要求低，在受访者中缺货印象相对较低（14.20%）；烟草产品因受时间限制要求较低，同时便利店在烟草经营许可上会拥有较大竞争力，烟草产品的缺货印象是最低的（12.60%）（见图11、图12）。

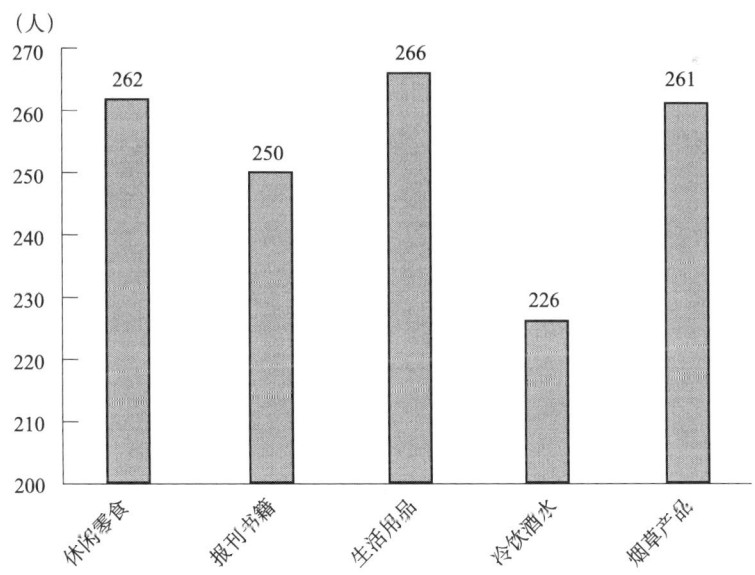

图11 购物偏好

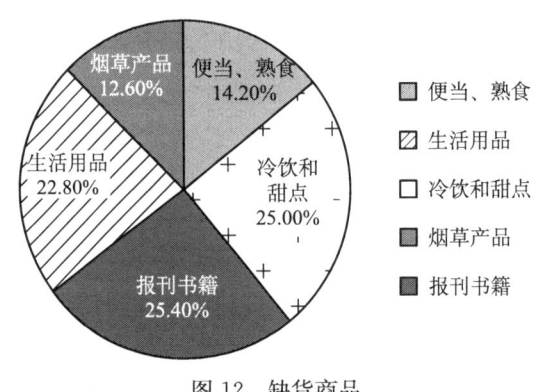

图12 缺货商品

（七）服务偏好

除了普通消费购物外，便利店还会提供其他类型的增值服务（多选题目）。292位受访者选择便利店进行充值缴费，不只是手机充值，部分社区便利店会提供代收代缴水电燃气费用，方便社区居民；加热食品是消费者第二常用的服务，在便利店购买食品后能够直接使用微波炉等方式加热食用能够提升消费满意度；便利店作为人流量较大的场所，发布信息和交换信息也是不错的选择地点，有255位的顾客选择便利店信息中介服务；相对规模较大的便利店能够提供少量的打印复印和冲洗照片的服务，将图文影印的服务也吸纳到便利店服务当中，得到了237位消费者的青睐（见图13）。

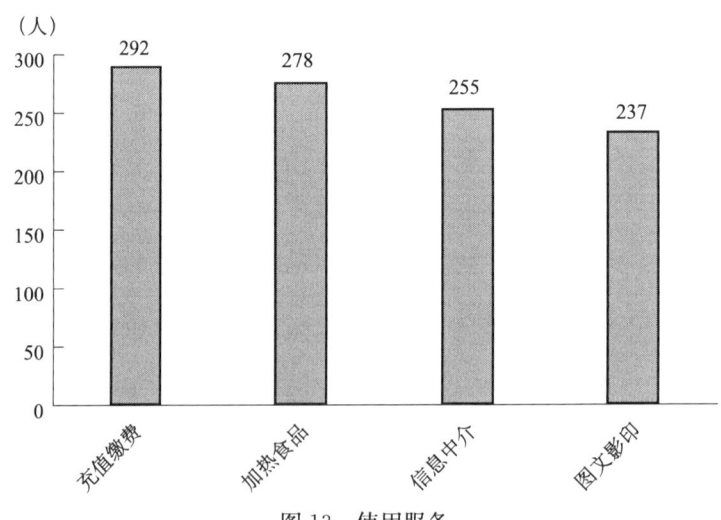

图13 使用服务

绝大多数的受访者还是认可便利店的存在和服务，但希望便利店能够增添更多的服务项目来满足消费者的需求。其中，272位受访者认为如果便利店能够在适当的距离内提供送货上门的服务，即使收取一定的费用也会令人满意；264位受访者认为在住所附近的社区型便利店若能提供快递代收的服务将会解决他们相当大程度上的时间难题；而257位受访者认为如果连锁便利店能够提供家政服务并规范化标准化，使其符合高效、高性价比的特质，那么便利店的形象和消费吸引力也会大大提升；还有256位顾客选择了公共服务，希望便利店能够在需要的时间提供免费的雨伞、开水、急救药物等服务；还有238位的顾客希望能够在消费过后及时获取发票，保障自己的消费者权益（见图14）。

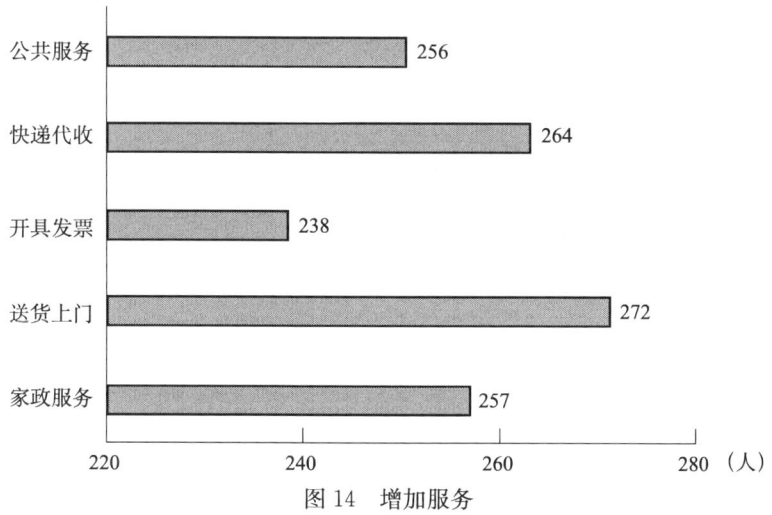

图14　增加服务

五、对连锁便利店的经营创新方案建议

（一）增加门店规模多样化

北京作为一线城市，连锁便利店饱和度较低，同时门店形式与规模较为单一。结合实际来看，如果重新布局现有的分店地理位置，将耗费大量的人力财力，这毫无疑问是不现实的。当然也不可能改变北京市现有的城市规划。所以我们给出的建议是，开设规模多样化的便利店门店，我们设计的方案是：增加门店普通门店数量和开设小型或可移动型的补给站。根据日常观察，我们发现马路边人行道上或广场上都会有很常见的报刊亭性质的小商铺，贩卖饮料杂志等商品，也会有各大西式快餐店开设的甜品站在上述场所贩卖商品。这种形式的商店，能很好地适应北京的城市规划，解决"半条路"的问题。但是连锁便利店也要适应这种小型或可移动型的小商店，灵活地设置售卖商品的范围，凸

显出便利店便利的特性。也要和报刊亭、甜品站做出差异化。并且在连锁便利店现有的员工配置上做出合适的排班,即可解决员工冗余的现象,也可以合理分配每个门店的员工数量。

(二) 结合"互联网＋"模式

在诸如 7-Eleven（7-11）、全家、罗森、邻家这些品牌连锁便利店进入北京的时候,便利店行业的竞争对手也慢慢发展了起来。外卖平台的发展,提供节约消费者路程成本的服务,使得连锁便利店提供商品的便捷性优点不再突出。然而,外卖平台对于库存掌握情况不足,会出现缺货退换等情况。我们想要提的建议就是,针对当下消费者的消费习惯,结合线上到线下,开设方便灵活的经营模式。在 O2O 模式里,连锁便利店们的进展还仅仅是和外卖平台合作,也有消费者直接电话联系便利店店员送货上门这种特殊的情况存在。连锁便利店对比电商平台,前者最大的优势就是有完整的门店网络,能覆盖较大面积的消费者,连锁便利店还拥有真实库存,能结合库存信息,轻松调动货运路线。虽然,送货上门式的服务有诸多优点,但是连锁便利店还是应该鼓励消费者到线下门店进行消费,诸如线上下单线下取货等。连锁便利店开设的线上选购平台还可以和书籍杂志出版社、电影票话剧票等售票公司合作,在消费者线上下单,线下取货的同时,也给连锁便利店带来了客流量。

(三) 生活类服务商品的创新经营

连锁便利店应当针对消费者需求增设贴近日常生活的服务产品。我们观察到,随着当代双职工家庭数量的增加,这个群体越发倾向于付出相对应的金钱换取能替代它们必须付出劳动的日常生活劳作的服务,例如:洗衣服、收寄快递、家政劳动等。我们设计的品牌连锁便利店的生活类创新经营方案是,依靠现有的便利店门店,根据所开设的生活类服务项目进行投资,稍作改建,增设自助洗衣机、快递收发室、家政联络点等。结合现有连锁便利店众多门店的地理位置扎根人口密集区的特点,具有很高的资本回报率。开设生活类服务项目不仅是扩大了经营范围,更多的是,在这个过程中,能吸引更多的客流,并且在消费者在咨询或消费这些生活类服务的同时,增加顾客来便利店门店的频率和到店消费概率。

(四) 产品组合的创新

普通消费者熟悉的不少便利店商品如饭团、关东煮都从 7-Eleven 率先创新发展。近几年,7-Eleven 又推出了便利店咖啡、可搭配色拉食用的鸡胸肉等便利店人气爆款商品。产品组合策略对于连锁便利店来说是极其重要的营销策略,销售单一的产品对连锁便利店来说盈利缓慢且经营成本过高,所以必须采用产品组合策略,加大销售的广度,加深销售的利润。我们通过调查发现,现阶段品牌连锁便利店的产品组合策略还大多数是食品与饮品的组合,很少有跨度很大的商品进行产品组合。第一点是因为食品和饮品的组合是热销组合,第二点是因为连锁便利店在现有的产品销售中,很难预测消费者对产品组合的需求。我们设计的方案是:提供给消费者更大自由度的产品组合,丰富产品组合。

(五) 供需策略与经营模式的创新

本研究的研究对象,连锁便利店的供需策略是基于在售商品的销售和库存情况、对未来消费趋势预测的综合策略。根据消费者的需求来进行对在售商品数量和种类、产品组合的综合决策是连锁便利店的基本策略。接近饱和的市场留给便利店扩张的余地正变得越来越小,依靠占点式的扩张,以满足片区供需关系的策略已经无法满足连锁便利店的经营需求,所以连锁便利店的供需策略需要创新。我们设计的方案有两个:第一是改良对消费者的需求预测,不仅仅是建立需求与供给模型,更需要的是引导消费的走向,消化库存,维护主推商品的销售。第二是经营模式的创新。有一部分产品对库存和销售时限具有很强的约束力,例如生鲜类产品,我们设想的方案是针对这一类产品,连锁便利店和生鲜超市进行合作经营。写字楼等办公地区的门店可以只提供水果、预包装蔬菜等易于处理的生鲜产品,而居民区、商业区的门店可以提供更多种类,例如鸡鸭鱼肉、绿色时蔬等产品。对于和生鲜超市合作的经营模式创新,是一种新型连锁便利店的模式,合作经营的意义在于分担库存和销售时限的压力,进一步扩大经营规模,因地制宜,不易于竞争对手的模仿。

(六) 服务形式的创新

在我们走访的连锁便利店的门店里,我们发现有的门店的工作人员对待顾客态度不热忱,对待货架没有责任心;在一些热门区域的门店,工作人员数量明显不够。我们认为品牌连锁便利店的管理部门应该加大对工作人员绩效考核的标准,合理布置每个门店的工作人员数量,应该完善顾客的投诉程序,创新顾客与门店工作人员的互动,结合移动支付端,加设对工作人员的简短评价或交流,有利于顾客与连锁便利店服务的共同发展,增加顾客粘性。对于服务创新,应该寻求新的消费需求,例如:我们发现在 23:00~04:00 这个时段,有很大数量对于便利店的消费需求,但由于时间的特殊,多数消费者打消了消费念头,所以我们建议,便利店开设夜送服务。服务创新的驱动力就是消费者新的消费需求,我们认为连锁便利店应该根据新的需求,结合自身条件来进行服务产品的创新经营。

六、结论

连锁便利店要认清消费者对于便利店这一业态的需求，提升商品与服务质量，结合中国城市发展实际，连锁便利店品牌应采用创新性的发展路径，创新经营理念，根据不同区块经济与人口流动性状况开设不同规模的门店，充分发挥互联网连接线上线下的优势，实现商品与人力资源的优化配置，针对现代人快节奏的生活增加服务项目，在提供便利性、应急性服务的同时打造成社区或小范围内的生活服务中心，增大消费吸引力与消费者依赖性，提升连锁便利店的市场竞争力，提供更优质的服务，实现更好的发展。

本研究参考文献

[1] 赵伟晶. 我国便利店行业发展现状研究 [J]. 吉林广播电视大学学报, 2017 (08): 140-141.

[2] 章曼程. 我国连锁便利店发展存在的问题及对策分析 [J]. 时代金融, 2016 (15): 237-238.

[3] 周云霞. 连锁便利店发展的核心竞争力研究 [J]. 现代商业, 2013 (22): 54-55.

[4] 申潞雁, 李文豪. 连锁便利店经营模式创新研究 [J]. 经济论坛, 2012 (10): 158-161.

[5] 周喜禄. 本土连锁便利店的竞争战略研究 [D]. 四川师范大学, 2012.

[6] 徐助胜. 浅谈我国连锁便利店服务创新的现状及对策 [J]. 商场现代化, 2009 (22): 1-2.

老字号经营状况调查研究

> **项目组成员：**韩 烨 李佳琪 梁依林 李艾伦
> **指 导 老 师：**周 云

北京老字号是数百年营业往来和手工业竞争留下的至宝。目前，北京老字号大约有1000多家店，随着时代的快速发展、新秀企业的蓬勃壮大和经济全球化，北京老字号的经营状况受到了影响，这不仅是机遇也是一种挑战。北京老字号在内外重重的压力下，如何拉动消费、弘扬文化成为北京老字号当下的燃眉之急。本研究以北京老字号经营实况为例，结合问卷分析北京老字号应该如何发展自身品牌，探讨北京老字号品牌经营状况所面临的机遇和威胁。希望为北京老字号的经营提供借鉴。

一、北京老字号经营实况分析

我们走访了许多北京老字号，对于一些北京餐饮品牌，大家比较熟悉的全聚德、东来顺等，其次人们比较了解便宜坊、砂锅居等品牌，对于北京食品、茶叶品牌，人们普遍知道稻香村、六必居、王致和、张一元，根据实地调查研究其经营状况，可以以如下几家作为典型分类。

（一）经营状况良好并且不断发展的北京老字号

1. 全聚德经营状况分析

北京老字号现七成经营成为难题，两成经营勉强维持，只有一成蓬勃发展。所以，就北京老字号企业的全部生存现状而言，多数老字号的经营并不乐观，更有不少老字号退出了市场，比如王麻子剪刀等。但也有老字号企业成为成功典范，目前国内老字号上市超过30家，其中包括全聚德、同仁堂等消费者熟知的品牌。

我们拿全聚德举例。1993年中国全聚德集团正式创设；1994年由全聚德集团等6家企业共同倡始成立了北京全聚德烤鸭股份有限公司；2005年中国全聚德股份有限公司进一步收购了聚德华天控股有限公司30.91%股权，与北京华天饮食集团并列成为聚德华天控股有限公司的第一大股东；2007年中国全聚德股份有限公司在深圳证券交易所挂牌上市,成为中国第一家进入资本市场的餐饮企业,据全聚德的招股说明书公公示,2006年该公司实现营业收入6.66亿元,净利润5665万元;上市当年一季度实现营业收入1.88亿元,净利润2552万元;2007年实现净利润6430万元;2008年实现7565万元;2009年实现8442万元。

(1) 单品输出实验。全聚德烤鸭店在可持续发展的道路上不断探索创新发展,就如前段时间的"单品输出实验"这个举动,为许多餐饮连锁企业提供了新的发展方向和路径,也将有可能成为餐饮行业的发展趋势。此次是全聚德和平门店与华滨国际大酒店的福林阁餐厅达成了此次合作,全聚德和平门店提供烤鸭等原材料,福临阁餐厅提供制作场地并且进行销售,引进全聚德烤鸭单品后,餐厅的营业额有所上升,从6月开始合作到9月底,一共卖出全聚德烤鸭1000多只,双方还在不断磨合和探索可持续合作发展的稳定模式。

(2) 利用媒体扩大品牌知名度。全聚德通过创新销售不断打开了自己的市场,赢得了资本和消费者的注意。在1998年,全聚德还与北京电视台合作,买断了其一档节目,使观众在文娱中耳濡目染地了解到自己的品牌文化价值,使消费者自然而然地接受了企业形象和品牌的宣传。1998年中央电视台、北京电视台、人民日报市场报、北京日报、中国商报、经济日报、中国经营报、名牌时报等近30家新闻单位对全聚德集团进行了多角度的报道近300次,取得了较好的社会影响。

(3) 菜品翻新。全聚德还进行了菜品的翻新,精心打造了各种美味的冷热菜肴。经过多年的积累,形成了以火燎鸭心、芙蓉梅花鸭舌、鸭包鱼翅等为代表的"全聚德全鸭席"。全聚德通过对菜品特色的改善、提高产品质量创新营销方式来拓宽自己的发展前景,全聚德烤鸭店作为北京老字号,没有故步自封,而是不断创新、探索,使自己成为第一家上市的餐饮企业,不是没有道理的,这也为我们的北京老字号提供了借鉴,引起思考。除了全聚德外,还有一类老字号虽然不如之前发展的那么大,但也没有衰退,总体来说还在维持现状并逐渐上升。在这里我们拿瑞蚨祥举例。

2. 瑞蚨祥经营状况分析

"瑞蚨祥"是位列老北京"八大祥"绸布店之首的瑞蚨祥绸布店。1868年创建于山东济南,1893年瑞蚨祥设立了北京分号——北京瑞蚨祥绸布店,在短短几年内几乎垄断京城绸布行业,同时在天津、青岛、烟台、上海等地的分号也相继设立。1956年,瑞蚨祥公司向毛泽东主席呈写了《瑞蚨祥公司生产情况报告》,毛主席指示:"历史名字要保存,瑞蚨祥、同仁堂一万年要保存!"1985年瑞蚨祥被国内贸易部命名为中华老字号,老字号焕发新生机;济南瑞蚨祥绸布店1988年完成销售额480万元,实现利税45万元。

瑞蚨祥成立初期,孟洛川立下的店训是"货真价实,童叟无欺"。如今,瑞蚨祥已经成为享誉海内外的中华老字号，经营各式纺织品、丝绸礼品、家纺、服装成品及制作。

（1）诚信经营。"瑞蚨祥"经营的特色是绸缎布匹，其经营的理念是：明码实价、言不二价、童叟无欺、足尺加一。一般绸布店价格都是抬高价格，让顾客可以讨价还价，而瑞蚨祥则不来这一套，标价后不能还价，许多顾客"货比三家"后认为，"瑞蚨祥"虽不能讨价还价，但价格的确很公道，而且质量又好。"足尺加一"即买一丈、送一尺，每年会有几次。

（2）努力适应时代。为了顺应人们消费习惯的改变，如今的瑞蚨祥店里开设了传统服装柜台，经营各式中式旗袍、对襟小褂、中式棉袄、真丝连衣裙、结婚礼服、男士练功服、长衫等，以中式服装为主，全部采用手工制作，不但可以作为时装穿着，还可以作为工艺品收藏。瑞蚨祥还开设了一条龙服务，请来专门制作旗袍的裁缝师傅，可以加工定做旗袍，全部采用手工制作，一身旗袍面料加手工费一共500元左右。

（3）创立自主品牌。在市场经济条件下，瑞蚨祥主要经营毛料、丝绸、棉布、床上用品、被面等，同时寻求新的经济增长点，自1998年以来，注册了青牌寿衣，自己生产销售，选料考究，做工精细，深受顾客的欢迎。店内设有量体算料、来料加工服装等业务，还开设了市内免费送货。外地代办托运等便民项目。除此之外，瑞蚨祥还实行了经营承包责任制，制定并完善了各种行之有效的管理规章制度。企业管理正向规范化、现代化、科学化迈进。

（4）传统与现代结合。瑞蚨祥还保持着传统的电话邮购服务，不论是本地还是外地顾客，只要打一个电话就可以得到所需的商品。对于店内的经营比例，也从过去的服装、面料三七开的情况，改变为倒三七开，即以服装为主，面料为辅，适应目前年青一代的消费习惯。

3. 同仁堂经营状况分析

北京同仁堂是北京老字号当中不断发展的，在生活中随处可见它的身影，能够成为我国中药行业中的老字号，名扬海内外，这与一点息息相关，那就是其企业自律。在社会的不断发展历程中，每一代同仁堂人，都一直坚守着"炮制虽繁必不敢省人工，品味虽贵必不敢减物力"的传统古训，树立"修合无人见，存心有天知"的自律意识，这便是是的同仁堂长盛不衰的原因。

1948年到1976年：公私合营，开创新界。1979年到1997年：顺应了时代的潮流并不断向上发展。1979年，同仁堂的名号得以恢复，并不断向上发展。1989年，"同仁堂"被认定为为驰名商标，受到国家特别保护。1991年，同仁堂制药厂荣升为国家一级企业。1992年，同仁堂成立公司单独挂牌。1997年，同仁堂成为现代企业制度试点。1997年到2013年：向海外开拓市场，成绩突出。

1997年，通过澳大利亚GMP认证，为同仁堂进一步走向世界奠定了一个良好的基础。1999年，发展委员会成立。2000年，成立了北京同仁堂科技发展股份有限公司。2004年，同仁堂以1.5亿港币成立了境外生产基地。2011年，同仁堂的出口创汇连续十几年不断增长。

4. 张一元经营状况分析

张一元在北京老字号的发展过程中也是经久不衰的，张一元发展老字号精良经营方式，在保证茶叶品质的基础上，不断对其进行更改、调整、创新茶叶品种，由此受到更多消费者的青睐。

1992年成立了"北京市张一元茶叶公司"。1906年在大栅栏一处开设了第二个店。1925年在福建建立了茶厂，在这里进行加工生产。1930~1940年，开始运用各种恰当的手段对其产品进行大量的广告宣传。1952年，观音寺张一元茶庄和大栅栏的张一元文记茶庄合并为一家。1956年公私合营。在"文化大革命"的过程中，改了许多名称。1982年，"文化大革命"之后，恢复了张一元茶庄的名称。1992年，成立了"北京市张一元茶叶公司"。1995年，建立闽东茶叶公司。1999年，成立张一元茶叶有限责任公司。2002年，进行扩建。直到现在，张一元也一直在不断地蓬勃发展。

（二）发展不景气甚至走向破产的北京老字号

在发展过程中，由于各方面的冲击及自身存在的原因，另一部分北京老字号逐渐衰落，比如以王麻子为例。

1. 王麻子失败教训

2003年1月23日，北京老字号王麻子剪刀厂向法院申请破产，为何当年家喻户晓，市场占有率50%以上，作为剪刀业象征的"王麻子"如今却沦落到破产，无法继续生存下去的窘况，这与它自身的经营模式有着不可分割的原因。

王麻子始创于清朝顺治八年，掌柜的姓王，同行人及顾客称其"王麻子"，因为他的俩上有许多麻子，王麻子以他私有的"三看、两试"的验收方法，和凡事都亲力亲为。使一个杂货铺的剪刀闻名于世，剪刀的质量使许多本地以及外地的人们都慕名而来进行采购。

1816年，王麻子的子孙接办了他的杂货铺，将"三代王麻子"的招牌正式挂出，改以经营剪刀为主，并在销售的剪刀上镌"王麻子"作为其标志。王麻子的招牌越做越大，越做越好，顾客群越来越广。致使民国后，在激烈的商品竞争中，一些利欲熏心的人投机取巧，北京很多地方出现了"汪麻子""老王麻子"等招牌，企图用以假乱真的办法争取顾客，但都没有能够立足。

1959年，北京市政府正式命名成立王麻子刀剪厂，后又建起了新厂房在北郊沙河，充实了设备，进一步改进工艺，使产品质量更上一层楼，因此，更加受到用户的欢迎，并远销到国外。

曾经如此辉煌的"王麻子"剪刀，为何会变成现在的处境，我们认为王麻子剪刀厂破产非一日之寒，早在几年前就已经露出冰山一角。

（1）品牌维护意识差。王麻子缺乏品牌的保护意识和提升，不注重品牌塑造和宣传，甚至还依靠口口相传去传播知名度。再者，中国步入市场经济后，传播手段变得多样起来，造假者的乘虚而入分羹"王麻子"的品牌资产，导致"王麻子"品牌形象严重受损，使其培育的消费市场的努力极大受挫，而"王麻子"由于经营状况等各种原因，没有在品牌维护的环节上重点投入力量。使市场与消费者对王麻子的品牌的信任度大大降低了，使许多消费者产生了许多担心。

在品牌继承这上，北京"王麻子"也犯下了十分严重的错误。在2002年4月4日，北京市工商局公布的重新认定的173件北京市著名商标中，老字号"王麻子"竟然不在其中，而新兴品牌"曲美家具""婷美"等新秀却在其中。在得知"王麻子"因没有申报而未能入选的消息后，北京王麻子剪刀厂厂长白锡乾竟感到非常震惊地说："什么时候申报的？我一点消息都不知道……"对于王麻子来说，这确实是一个极大失误。缺乏现代的经营观念，忽视了对品牌的持续宣传和对不断更新换代的消费者品牌情感的持续培育，最终导致顾客群体断代。

（2）品牌缺乏创新意识。随着市场经济的到来，品牌缺乏创新意识，坐吃老本，显露出新产品开发速度过慢、难以跟上市场步伐的弊端，日趋衰退。一位经济学家说，在他小的时候，"王麻子"的剪刀就是那个样子，现在还是那样子，没什么大的变化。而一些新的品牌，尤其是国外的品牌式样却很多、很精美。相比之下，王麻子剪刀显得太土气，不败才怪呢。外部环境的变化、不锈钢等新工艺的长足发展，带来了一批相关企业的成长，而王麻子显然在这方面准备不足，没有应对竞争的战略和战术准备。

（3）机制老化。作为一家老国有企业，企业机制、管理方式、产品开发及外部环境等几方面的都十分不足，导致王麻子处境日趋艰险，2001年，"王麻子"经历了停产、改制等过程，但销售情况依然非常不景气，并降到了新中国成立后的最低点。

（4）传播乏力。在当今信息十分快速的年代，产品的相似程度以及传播的过度逐渐使消费者的眼光变高。由于经营不善，近几年来，"王麻子"的品牌宣传少得可怜，总共投入也不过只有几万元，仅仅依仗百年品牌的名号，加上现代市场的苛刻要求，更不利于"王麻子"扩大品牌的影响和知名度，仅凭一些老北京人的口碑传播，知名度已明显不如以前。

二、数据来源及样本分析

本次调查采用问卷调查的方式。发出问卷共 204 份，收回 204 份。现在根据问卷的数据以及回答情况做出分析。

（一）消费者基本情况

调查的人中，大部分人都居住北京市。其中住在城市的有 63%，住在郊区的有 27%。可以看出，消费者居住地越靠近城镇购买老字号途径越多，宣传力度更大，因此越靠近北京城镇的消费者对北京老字号产品的消费量越多；反之，消费者居住地越靠近郊区，宣传力度越弱，购买途径较少，因此居住在郊区的消费者对北京老字号的产品消费量越少（见图1、图2）。

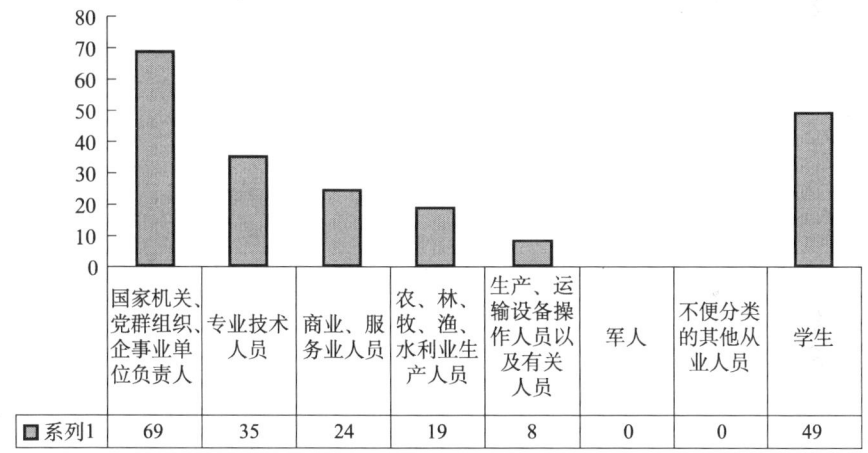

图 1　消费者职业性质

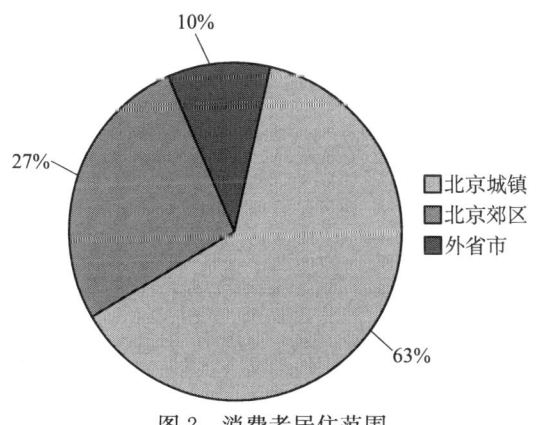

图 2　消费者居住范围

（二）对北京老字号了解状况

大部分人对于北京老字号有一定的了解，占比83%；17%的人对于北京老字号不是十分了解。没有人对于北京老字号完全不了解，这说明北京老字号的知名度很高，大部分人对于北京老字号还是有一定的了解。但没有人对于北京老字号是十分了解的。这说明北京老字号的相关知识还有待加强和宣传（见图3）。

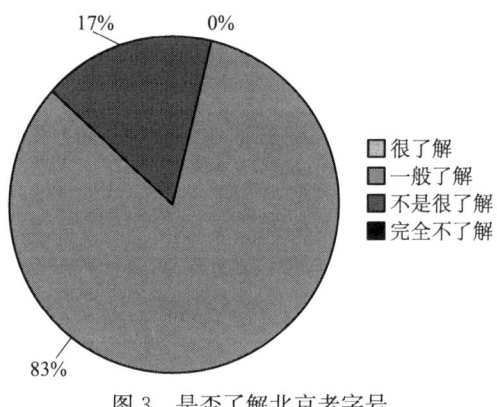

图3　是否了解北京老字号

（三）购买程度

调查数据中有大概67%的人经常购买北京老字号产品，有33%的人偶尔购买北京老字号产品，几乎没有人不购买北京老字号产品。调查数据显示了北京老字号产品的购买率达到了将近70%。购买率很高。这说明了北京老字号的品牌还是具有一定的影响力的。尤其是其中的一些著名品牌。其经营状况还是基本稳定的（见图4）。

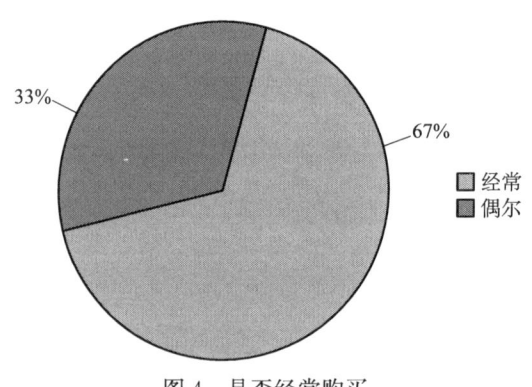

图4　是否经常购买

（四）了解渠道

调查结果显示，在这个网络化的信息时代，大部分的人是通过网络或广告了解到的。其次是亲朋好友的介绍。有些老字号会通过在旅游景点通过旅游景区特色产品的方式宣传自己。因此，还有一部分人是通过旅游或人员推销的方式了解，但在电子化时代已经几乎没有人阅读报纸。因此，商家也不会过多在报纸上打广告（见图5）。

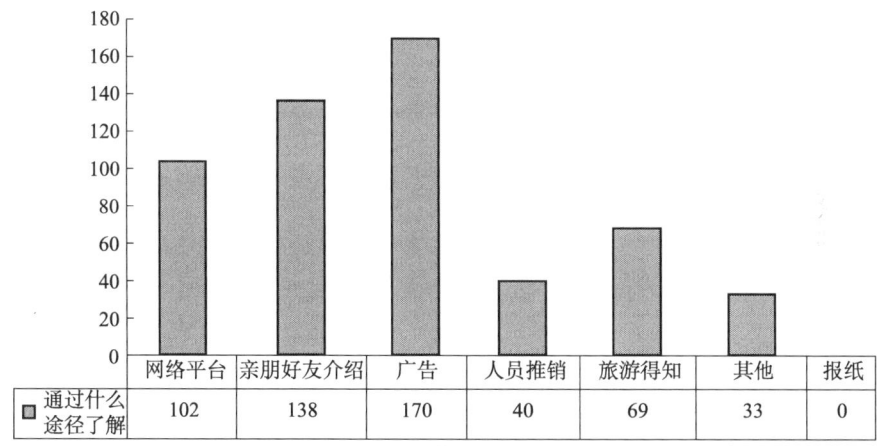

图5　通过什么途径了解

（五）家庭收入及价格接受范围

大多数人的月收入水平在3000～10000元之间，这会对于接受价格范围、是否经常购买产品产生一定的影响。例如：工资较高，购买频率可能就较高，接受价格范围可能也较高，反之，工资越低，购买频率就越低，接受范围可能也较低。大部分人对于北京老字号的接受价格范围都在100～300元。其次是认为100元以下较合适。这与受调查人群的工资水平有关，但还是价格较低可能会更加符合人们的愿望（见图6、图7）。

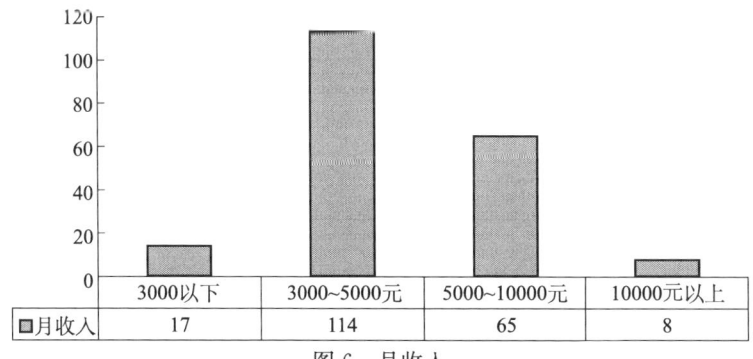

图6　月收入

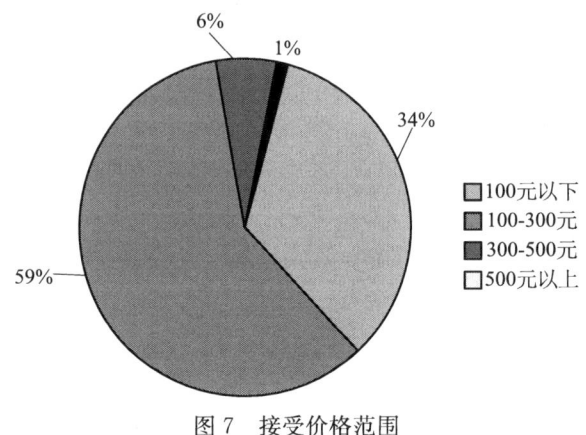

图 7　接受价格范围

（六）购买途径

调查显示，大部分人购买北京老字号产品选择在专卖店购买，因为质量可能更有保障；其次是商场和超市；也有部分人通过网络进行购买。大部分北京老字号都拥有自己专门的店铺。因此，绝大部分人购买北京老字号产品的途径都是在专门店购买的。专门店尤其在北京市的市中心最多，那里聚集了很多北京老字号的店铺；其次在一些商场或超市也会设有北京老字号产品的店铺，例如稻香村是最为常见的；最后，随着网络购物的兴起，也有人选择在网络上购买商品（见图8）。

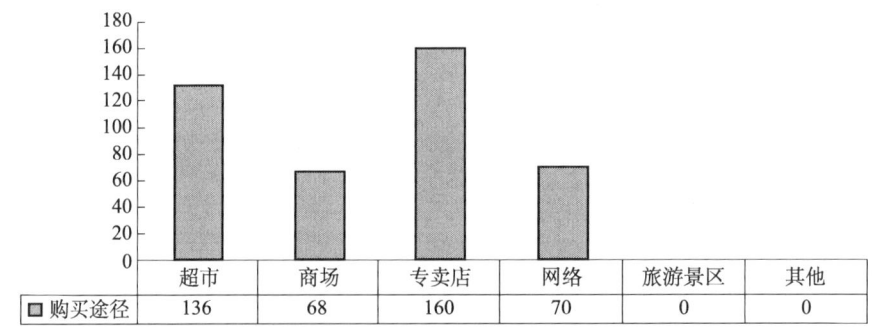

图 8　购买途径

（七）购买行为分析

数据显示，大部分人认为，目前北京老字号存在的缺点在于其缺乏对产品的保护意识和购买途径不便利、产品过于单一。北京老字号产品是其特色产品，延续了许多年的老品牌，其产品有自己独特的特色。但是因为长期经营一种产品而导致了顾客觉得其产品结构单一、缺乏特色。而且有些老字号缺乏产品的保护意识,因此有一些老字号正在或已经消失。另外,因为有些老字号产品做工复杂,所以以价格过高,也在某种程度上限制了购买(见图9)。

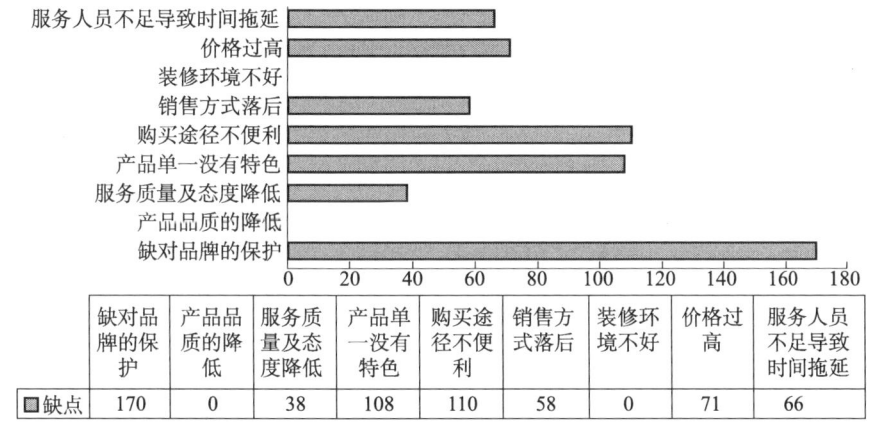

图 9　缺点

根据调查,认为北京老字号的服务人员态度热情的人占总人数的83%。因此,现在北京老字号的服务质量没有下降,服务人员的态度还是比较让人放心的(见图10)。

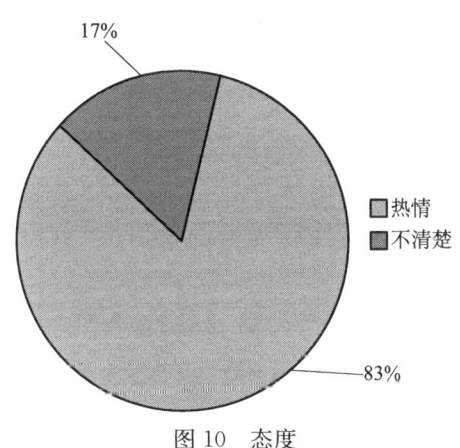

图 10　态度

根据调查,顾客不购买北京老字号产品的原因主要有认为产品价格偏高、购买途径不便、包装不好看和自己不需要买。北京老字号产品主要贩卖地点在专卖店以及部分超市,在网络上的较少。但现在人大多数习惯在网络上购买商品。因此会使人们产生购买不便的感觉。老字号产品包装等从很早以前延续下来,包装比起现在的多样化包装来说不够能引起人们的兴趣。而且老字号商品大多是特色商品,不是生活必用品,因此很多人因为不需要而不购买。这些都是北京老字号现在人们认为存在的问题。但是根据调查，没有人认为北京老字号的产品存在问题，因此北京老字号的产品质量没有什么问题（见图11）。

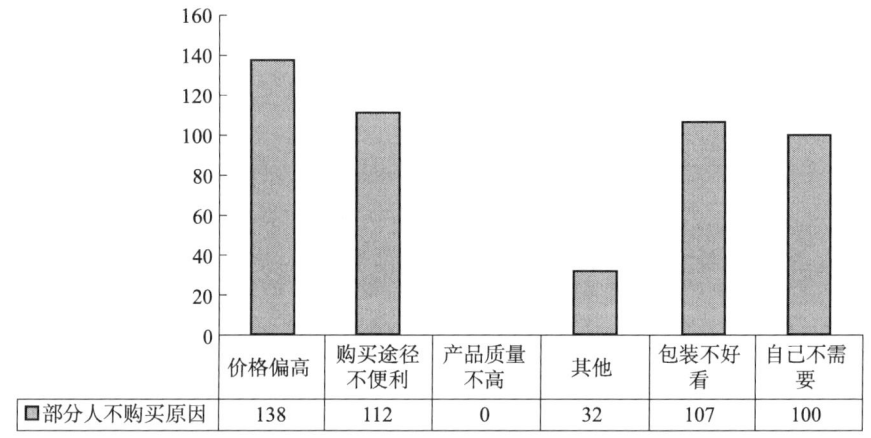

图11　部分人不购买原因

北京老字号现在已经几乎变为了北京的标志之一。因此人们在提到北京老字号识最多想到的是品牌、商标以及其相应的产品。有一些老字号会拥有自己独立的包装，也会给人留下深刻的印象。有很多耳熟能详的老字号都拥有自己独立的店铺及品牌。也就因此给人留下了深刻的印象（见图12）。

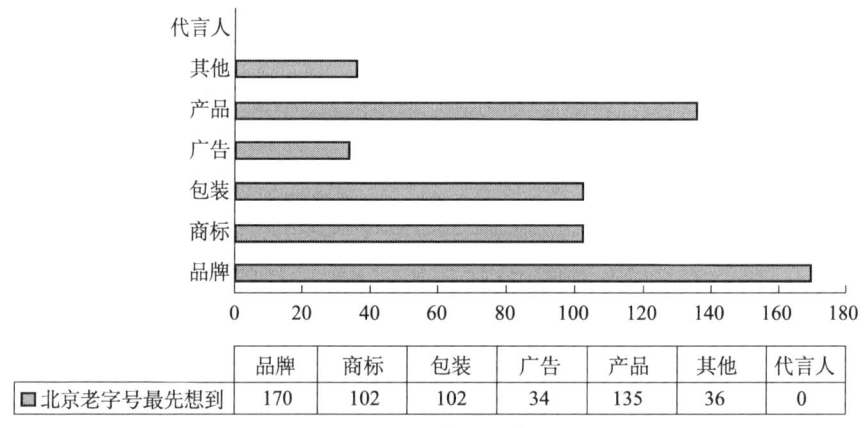

图12　北京老字号最先想到

调查显示，最能吸引人的促销方式是打折，所有人都会被打折吸引。因为这是最直接的可以省钱的促销方式。其次是优惠券。还有部分人认为试吃活动能增加人的购买。试吃活动会使顾客提前知道味道，让人们更加准确地购买所需要的商品。因此会吸引部分人的购买。会员卡、积分卡等间接的促销方式已经不能吸引顾客，因为这些需要人们经常购买相关商品才能起到优惠作用，但现在大多数人并不能保证经常购买,所以顾客并不能被吸引。企业需要采取更加多样的方式才能吸引顾客(见图13)。

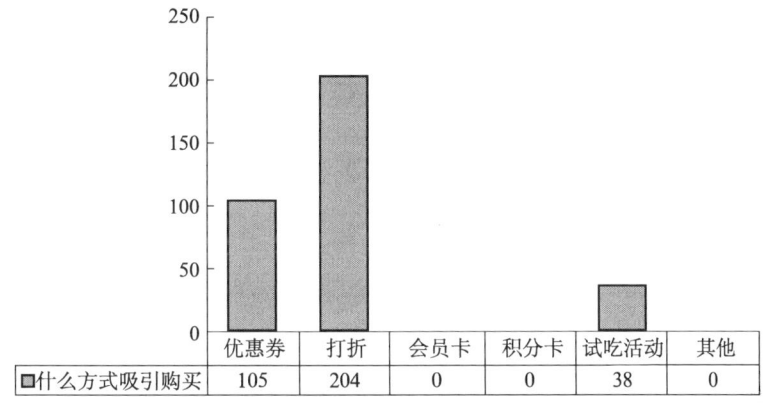

图13 什么方式吸引购买

(八)发展前景

调查认为,有一半的人认为北京老字号会逐渐走向没落,另一半人认为会暂时保持现状。这说明北京老字号的发展目前为止还没有上升的趋势。部分知名的老字号可能会暂时保持现状;而另一部分已经逐渐没落的老字号可能会被逐渐替代。北京老字号如果不能采取相应的措施,有可能会逐渐走向没落(见图14)。

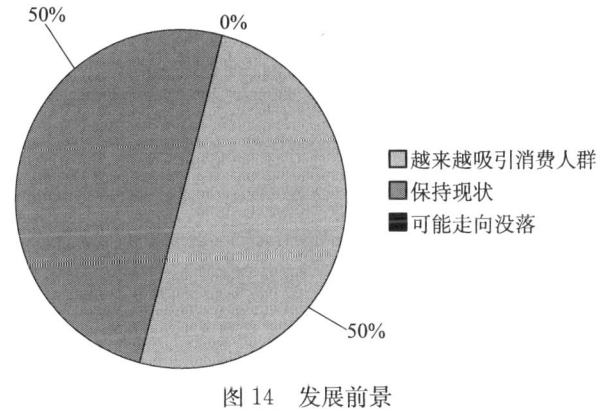

图14 发展前景

三、结论

通过这次对北京老字号经营状况的调查以及对收回问卷的分析,我们得出了以下结论。

首先,对北京老字号有所了解的都是高中、大专、大学学历及以上的人群较多,而且大多数了解北京老字号的为商业企业人员和服务人员。而他们对这些比较了解是因为他们的工作经历与此相关,服务人员会销售关于北京老字号的产品,所以接触较多,商业企业人员对此了解较多是因为他们逢年过节可能会把这些产品分发给员工当作奖品。由此,可以得出结论,关于北京老字号的内容并没有得到充分普及,所以消费者购买量在不断下降,以至于经营状况得不到提高。

其次,会有一些外出打工来到北京的人群,他们对北京老字号的产品也会了解得比较多,因为逢年过节,这类人群喜欢购买北京老字号的产品尤其是礼盒类产品受到他们的青睐,回家过节会带给亲朋好友。不过这只是少部分人群,大多数知道北京老字号的人群还是北京城镇的居多,因为北京老字号的位置集中在城镇中心,少部分分布于郊区和旅游景区,这就造成了购买北京老字号的产品途径极其不便利的问题,对北京老字号的经营状况有一定影响,不过现在是网络高速发展的时代,实体店这个途径购买不便利,便有了解决方法,我们可以从网店购买,这对北京老字号来说也是一种保护。

现在的北京老字号大多数都是在维持现状,一部分濒临破产和已经破产,只有小部分守住了自己的地位并且在不断发展。造成这个现象的除了以上原因,还有最值得注意的是某些北京老字号故步自封,认为自己是老字号,地位就不会被轻易改变,对自己的产品就没有丝毫改动,不论包装精美与否都会沿用之前的包装,有人提出了建议和意见,也不会轻易地修改,产品太过单一,市场上能够轻易模仿,产品使用期限长,缺乏创新,这些都是导致顾客缺失的重要原因,使北京老字号发展不景气甚至最后走向没落。

四、建议

首先,我们可以从教育方面入手,让自己的孩子对北京老字号感兴趣,让更多的人了解到北京老字号,使得它能够传承下去。为了能让更多的人购买北京老字号的产品,应该对产品进行创新,打破单一形式,同时,要与时俱进,对产品的包装进行改进,包装可以与人们喜欢的时下流行的元素相结合,迎合更多大众的需求。还可以对内部的环境进行装潢,给顾客一个良好的环境,使得顾客能在一个安全放心舒适的环境里购买产品。同时,老字号的服务人员更应该以热情饱满的态度来招待顾客,不要等到顾客不耐烦了才去招待,要给他们留下一个号好印象,留下更多回头客。想扩大客源,可以请当前比较受欢迎的明星为产品做代言,做一些有意思的广告,吸引更多的消费者。并且,现在是网络发展的时代，应该把实体经济和网络经济相结合，改变购买北京老字号产品不便利的现状，同时，也会满足了喜欢网购的这类人群的需求。最近，很多地方都提出了微信朋友圈点赞可以打折或免单的这一促销方式，北京老字号也可以借鉴这一方法，让顾客发关于本店的朋友圈，点赞30或50个就可以免单或打折，这样便能够在朋友圈做成一种营销方式，吸引更多的人来此进行消费。这样老字号的经营状况可能就不会那么快走向没落，甚至能够不断上升发展。

本研究参考文献

[1] 李聪聪. 概率论与数理统计在商业企业中的应用 [J]. 北京：互联网论文库，2007.
[2] 杜薇. 老字号发展需资本强心针 [N]. 北京：中华工商时报，2010.
[3] 甘天栋. 保护工商业民族品牌　振兴发展老字号 [N]. 北京：中华合作时报，2014.
[4] 梅适. 全聚德，与历史同行 [M]. 北京：现代企业文化旬刊，2008（1）：75－80.
[5] 边长勇. 全聚德：餐饮第一股出炉 [N]. 北京：第一财经日报，2008.
[6] 胡纲. 品牌继承："王麻子"错在哪里？[N]. 北京：经济观察报，2003.
[7] 李星海. 百年老店"王麻子"错在哪里 [J]. 北京：中国乡镇企业，2003：47－49.

我国奢侈品电子商务平台发展研究

项目组成员： 高　伟　傅钰涵　李璐璐　李　静
指 导 教 师： 李宗泰

摘　要： 中国经济一直处于快速发展的进程当中，自 2010 年开始，发展势头强劲的电商们把目光锁定在了中国的奢侈品市场。因为电商平台在商品价格方面与实体店相比较拥有着很大的优势，从而促成了奢侈品电商热潮。但是，奢侈品与一般的商品不同，奢侈品电商市场由于受货源、品牌文化以及电商自身存在的顽固性问题等因素的影响，如今依然面临着许多的挑战。

本研究在对国内外奢侈品行业研究现状的基础上，更进一步的研究了我国奢侈品电子商务发展现状以及主要模式，以寺库网为例做出了奢侈品电商平台的 SWOT 分析，最后指出了其发展中存在的相关问题并提供了相关的建议。

关键词： 奢侈品　电子商务　发展模式

一、研究意义

（一）理论意义

中国奢侈品市场在过去 10 年经历了高速的发展，同时，互联网的出现也从根本上改变了传统商务模式，并对消费者行为产生了深远的影响。互联网使人们更便捷地接触到各种资源，也成为信息交流沟通的平台。国内奢侈品电子商务平台的兴起与发展受到社会各方面的关注，作为奢侈品网络交易渠道的主体，奢侈品电子商务平台在快速发展的表象背后，却存在着不同程度威胁到自身生存与发展的隐忧。这些奢侈品电商平台该如何突破自身发展瓶颈问题亟待解决。以中国为代表的奢侈品网络消费时代已经来临，研究奢侈品电子商务平台的发展成为了必要。

（二）现实意义

在中国经济又快又稳的发展形势下，国内数量庞大的中产阶级迅速崛起，中国消费者的购买力得到提升,对奢侈品的需求也达到前所未有的程度。本文在对国内外奢侈品行业研究现状的基础上,更进一步的研究了我国奢侈品电子商务发展现状以及主要模式,以寺库网为例做出了奢侈品电商平台的 SWOT 分析,最后指出了其发展中存在的相关问题并提供了相关的建议。在互联网时代,奢侈品电商平台该如何进一步制定发展规划提供一定的参考价值。

二、研究内容

本项目的研究内容主要分为四个部分:

第一是我国奢侈品电子商务相关概述,包括我国奢侈品电子商务发展现状、奢侈品电子商务主要模式;

第二是奢侈品电子商务平台的发展优势及其存在的问题,包括奢侈品电商平台发展优势、奢侈品电商平台发展存在的主要问题;

第三是奢侈品电商平台经营分析,包括寺库案例分析、寺库 SWOT 分析;

第四是我国奢侈品电商平台发展对策和建议,包括开展奢侈品电商平台的品牌建设、奢侈品与电子商务进行授权合作、深化奢侈品电子商务平台的便利性、完善奢侈品售后服务平台、奢侈品电商实现实体店提货。

三、拟解决的关键问题及创新点

本研究拟解决的关键问题与创新有以下三点:

一是选题跟随时代潮流,在互联网时代下,对我国的奢侈品电子商务平台的现状做了一番梳理。众所周知,虽然中国目前的奢侈品消费正成为世界关注的热点,但是奢侈品品牌的网络销售以及我国奢侈品电商平台的发展规划还是值得研究的。本研究试着总结现状,探索对策。

二是在撰写文章的核心部分时,通过大量翻阅文献进行对比分析,并且举出实例,结构清晰明了。

三是针对我国奢侈品电子商务平台的发展提出一些意见和建议。

四、国内外研究综述

我国有关于电子商务的研究起步略比国外晚一些,但是进展十分迅速。经过十多年的发展,我国的电子商务市场已经不断趋向成熟和稳健,无论是用户的基数,还是用户的年龄层次都具备了相当的实力支撑起这个庞大的市场。但近些年受国内反腐政策的影响,国内奢侈品销售业绩整体下滑导致实体门店数量不断减少，传统奢侈品企业出现"关店潮"的现象，奢侈品电子商务平台在如此复杂的环境之下应该何去何从值得我们思考。

20世纪初，国外对奢侈品就开始进行了相关的研究，以欧洲资本主义的形成历史为依托，德国社会学家维尔纳·桑巴特（1913）在指出："奢侈就是任何超出了必要开支的花费"。Glasgow Caledonian大学的教授Paurav Shukla指出："以前在线上关于奢侈和高端的内容是比较少见的，但如今人们可以从各方面去了解了。"在互联网上，奢侈品更便于控制产品对于用户的感知，而消费者也更容易了解这些产品受欢迎的程度。帕米拉·N·丹席格（2007）指出了奢侈品的大众化营销策略。

在国内，学者们同样关注了在电子商务环境下，我国奢侈品牌营销策略和购物现状等方面的问题。魏蕾如（2006）指出了网络购买奢侈品存在不足，然后针对这些问题给出了具体的建议。朱晓辉（2006）在期刊论文中将中西方的研究结论对比、建模，分析得出我国奢侈消费的动机与特点。邵其赶（2011）以网络环境下奢侈品消费的盈利模式为出发点，针对中国市场80后和白领阶层的奢侈品消费群体，给出了相应的创新策略。温琳（2011）通过对国外奢侈品折扣网站的借鉴，从核心竞争力的属性，维数及类型等角度来分析国内奢侈品网站所处的现状与产生的问题，进而对我国奢侈品网站发展提出建议。王雁冰（2011）以网络营销策略为出发点进行分析，提出了适合企业发展的策略，提高企业竞争力。常小芬（2012）从国内奢侈品网络销售现状出发，对其现存问题进行分析，并提出相应的发展对策，旨在对国内奢侈品电子商务的发展有所借鉴。李泽宇（2013）通过分析我国奢侈品电子商务发展现状，分析中国奢侈品电商发展存在的问题，借鉴欧洲奢侈品电子商务发展经验，对中国奢侈品电子商务发展提出对策建议。王燕（2013）主要是对目前在中国奢侈品在电商之路中遇到的问题做出分析，并且简析这些问题的起因以及对奢侈品电商的影响。吕莲（2013）将奢侈品电子商务网络购物过程中各个部分进行分解，查找其出现的相关问题。挖掘并提出了精神层次的网络购买模式，借此对中国当前局势下奢侈品电子商务商家的发展提供一些借鉴与帮助。史剑鹏（2014）提出奢侈品电子商务虽然面对着很多的困难和挑战，但是极其灵活的电子运营模式和强大稳固的线下支持结合将成为奢侈品发展的重要契机和方向。

五、奢侈品概述

（一）奢侈品的起源

奢侈品最早出现在欧洲国家的一些宫廷王公、贵族的生活之中，在当时，法国奢侈消费主要集中在各种节目、公共演出、招待会和欢庆游行活动之中，在这种大吃大喝毫无创造性的奢侈品消费之外，还兴起了创造性的奢侈品消费方式，这种消费方式首推建筑上的奢侈品，这不仅指建筑物本身，也指其中豪华的装饰品，其次是服装奢侈品，华丽的服装是那些宫廷贵妇人所钟爱和追随的。由于日用品的匮乏，在巧一世纪的意大利出现了烹调艺术，这时吃的奢侈品就出现了，甜品、糖、可可、咖啡和茶都成为上等奢侈品，而这些都是仅供极少的一部分贵族、王公所使用的。

随着工业经济的脚步的加快，技术创新的迅速发展，人们的需求得到不断地满足，而此时对于奢侈品的标准也有了极大的变化和提高，到了现代社会，各种品牌的专卖店、旗舰店应运而生，奢侈品涉及的种类也越来越多也更上档次，名车、豪宅、香水、名表、服饰等，在立足价值品质、文化历史、高端人气和购买欲求四个标准的基础上，吸引着众多高收入消费者的眼球。

（二）奢侈品的定义

奢侈品（Luxury）在国际上被定义为"一种超出人们生存与发展需要范围的，具有独特、稀缺、珍奇等特点的消费品"，又称为非生活必需品。奢侈品在经济学上讲，指的是价值、品质关系比值最高的产品。从另外一个角度上看，奢侈品又是指无形价值、有形价值关系比值最高的产品。

（三）奢侈品的主要特征

1. 奢侈品富贵象征

奢侈品牌的品牌魅力是富贵豪华的。奢侈品（Luxury）源于拉丁文的"光"（Lux）。所以，奢侈品应是闪光的，明亮的，让人享受的。奢侈品通过其品牌视觉识别系统传达了这些内容。从社会学的角度上说，奢侈品是贵族阶层的物品。它有地位，有身份，有高人一等的权力。它是贵族形象的代表。如今，虽然社会民主了，但人们的"富贵观"并未改变，奢侈品牌正好可以满足人们的这种本能需求。"劳斯莱斯"汽车就有贵族车的象征。

2. 奢侈品视觉感

奢侈品牌所服务的产品必须是"最高级的"。这种"最高级"必须从外观到品质都能逐一体现。奢侈品的高级性应当是看得见的。正因为人们对其奢华"显而易见"，它才能为主人带来荣耀。所以说，奢侈品理当提供出来更多的"可见价值"——让人看上去就感到好。那些购买奢侈品的人完全不是在追求实用价值，而是在追求全人类"最好"的感觉。"奔驰"汽车如此；"香奈儿"时装也如此。

3. 奢侈品个性化

奢侈品牌往往以己为荣，它们不断树立起个性化大旗，创造着自己的最高境界。"奔驰"追求着顶级质量、"劳斯莱斯"追求着手工打造、"俪丝娅 RELLECIGA"追求着时尚性感奢华、"法拉利"追求着运动速度、而"凯迪拉克"追求着豪华舒适。他们独具匠心，各显其能。正是因为商品的个性化，才为人们的购买创造了理由。也正因为奢侈品的个性化很不像大众品，才更显示出其尊贵的价值。

4. 奢侈品专一性

奢侈品牌是十分专一的，它绝不可以随意扩张使用。所谓品牌的专一性，指的是品牌只服务于某一个产品或某一类产品。我们很难看到一个奢侈品牌分跨两个行业使用，而且还取得了成功。品牌多元化经营本身就是品牌管理的大忌，更何况是一个奢侈品牌呢？"皮尔·卡丹"（我们并不认为它是一个真正的奢侈品牌）曾经延伸到酒业上，生产了一个"皮尔·卡丹"葡萄酒，结果失败了。如果"耐克"敢这样做，也一定好运不长。"人头马"要是成功地推出一个洗发水来，"宝洁"一定是七窍生烟了。

5. 奢侈品距离感

作为奢侈品牌必须制造望洋兴叹的感觉。让大多数人产生可望而不可即的感觉是奢侈品牌营销的使命。在市场定位上，奢侈品牌就是为少数"富贵人"服务的。因此，要维护目标顾客的优越感，就当使大众与他们产生距离感。距离产生美。奢侈品牌要不断地设置消费壁垒，拒大众消费者于千里之外。要使认识品牌的人与实际拥有品牌的人在数量上形成巨大反差，这正是奢侈品牌的魅力所在。所以，可以这么说，奢侈品牌就是"梦寐以求，少数拥有"。

六、我国奢侈品电子商务的发展现状

（一）我国奢侈品电子商务发展现状

随着互联网的全面普及和网络技术的迅猛发展，其用户的逐年增加和网络购物用户的急剧膨胀为奢侈品电子商务平台的发展打下了一定的基础。我国有关于电子商务的发展也正在步入到迅速扩张和密集创新的阶段，逐渐成为拉动内需，促进传统产业优化升级的重要动力，它已经渗透到生产、流通、消费等各个领域。

我国奢侈品消费市场虽然最近几年增速放缓，但是仍然处于增长的状态，中国拥有着强大的奢侈品消费潜力，就中国市场而言，目前在中国大陆的个人奢侈品消费总额就已经超过了 2700 亿元，虽然实体店的店内体验仍是最主要的购买决定因素，但是互联网已经迅速成为获取奢侈品信息的主要渠道，电子商务为国内奢侈品市场的蓬勃发展，做出了不可忽视的贡献。

奢侈品电商平台自 2008 年开始就如雨后春笋般兴起，但是由于这个领域很多都是由资本催生，对资本的依赖性相当强，并且现在的市场并未成熟，整个行业仍处于不断调整的阶段。国内奢侈品电商规模仍然在不断扩大，但是无论从用户规模还是交易额来看，其在国内整体奢侈品消费市场中所占据的比例并不是很大，整体而言依然具有较大的提升空间。

（二）奢侈品电子商务主要模式

表 1　　　　　　　　　　　　主要模式

类别	代表企业（网站）
企业与企业之间的电子商务	阿里巴巴
企业与消费者之间的电子商务	寺库、唯品会
消费者与消费者之间的电子商务	淘宝网
线下商务与互联网之间的电子商务	电子商务虽然已经进入 O2O 形式，但是目前几乎没有网站能作为 O2O 模式成功的代表企业

1. 企业与企业之间的电子商务（B2B）

B2B 网站的模式主要可以分为三类，其一是大型企业的 B2B 网站，其二是第三方经营的 B2B 网站，其三是行业生态型的 B2B 网站。不同类别的 B2B 网站有着不同的特点和运作形式。B2B 电子商务中得到广泛应用的模式有电子分销商、电子市场中心和 B2B 服务提供商等。

2. 企业与消费者之间的电子商务（B2C）

这是类似于商业电子化的零售商务模式。企业与消费者之间的电子商务按市场分类分为了综合类 B2C 和垂直 B2C。

3. 消费者与消费者之间的电子商务（C2C）

C2C 商务平台就是通过为买卖双方提供在线的交易平台，使卖方可以将商品在网络上进行售卖，而买方也可以依据自身需要来选择商品进行购买。

4. 线下商务与互联网之间的电子商务（O2O）

该模式就是用线上营销和线上购买带动线下经营和线下消费。该模式的主要特点就是推广效果可查，每笔交易可追踪。O2O 模式的出现，成为连接线上和线下的桥梁。

七、奢侈品电子商务平台的发展优势及其存在的问题

(一) 奢侈品电商平台发展优势

1. 经营成本的降低商品价格的优势

如果要开设一家奢侈品实体店那就必须要在繁华地带支付高昂的店铺费用，其流程较多并且成本也较为高昂。与此同时，电子商务平台的优势则显而易见，那就是能够降低经营成本。在互联网环境中，电子商务平台没有众多因素的限制，可供发展的方向变得更加宽广。

2. 符合新型消费者的购物体验要求

传统实体店有着高雅的消费体验，这种特有的体验也是奢侈品实体店最主要的闪光点之一。店员会对顾客进行"一对一"的优质服务，这让消费者感到倍加舒适。但是随着时间的推移，如今的"80后"、"90后"已经成为奢侈品消费群体的重要构成部分。他们在看待奢侈品牌的观念上已经发生了微妙的转变，变得更加强调主观上的认知，在保障正品的前提下，如果能以更低价格购买到同品牌、同款式的产品，他们对购买商品的方式并没有严格的要求。与强调实体店内的体验相比，年轻一代更在意的是商品的质量是否优质，所售的产品是否为正品。所以，如果能确保奢侈品的货真价实，那么这些年轻人是愿意购入性价比高的产品的。

3. 突破地域限制

传统奢侈品实体店仅设在一些重点城市，这样一来，除重点城市外的潜在消费者的购买力难以得到有效的释放。如今的网络购物逐步改变了人们的消费习惯与生活方式。相对于传统的实体门店营销方式，互联网带给消费者更多即时性的产品信息，讯息更新速度快，即使不出门也能够在不同种类的电子商务平台上搜索到想知晓的产品信息和行业动态，完全没有实体店的地域限制。

4. 精准的营销与广泛的信息传播

传统奢侈品实体店是利用店员的优质服务态度、店内的精心设计来跟踪购买人群对产品的偏好。电子商务平台与传统渠道相比，把买卖的现场转到了网上后免去了买家在路途上的奔波，不管在哪，只要利用网络就能了解产品信息，既省时又省力。

在奢侈品电子商务平台，用户首先是需要上传个人信息注册成为购物网站会员的。与此同时，后台就可以按照客户提交的个人资料来明确客户的偏好，推送相关的商品信息，这就成为未来锁定符合奢侈品要求的高价值潜在用户

的方式。同时，在互联网大数据时代，各大电商平台通过用户的商品点击行为在数据库后台通过数学建模的方式分析处理数据，预测用户购买意图，及时、精准地将更适合用户的商品推送到其面前，这种方式更能够提高用户的下单率。

（二）奢侈品电商平台发展存在的主要问题

1. 奢侈品与电子商务之间的矛盾性和兼容性

奢侈品与电子商务之间的矛盾性表现为：其一，奢侈品所具有的高价格、稀缺性特征与电子商务所拥有的低价格、大众化属性是相互对立的。其二，奢侈品对一般消费者而言所呈现的是一种神秘感与距离感，而电子商务却减少了其神秘感并将他们之间的距离感拉近了。但是，奢侈品与电子商务之间也同样存在兼容性。一是通过电子商务平台渠道，奢侈品品牌可以开拓新的目标群体。在华地区，具有奢侈品消费潜力的人群主要集中在中产阶级以及生活节奏较快的白领人士之中，如果能够对电商平台的便利性和价格优势进行合理利用，奢侈品品牌就可以更好地拓展这类新客户群并将其发展为粘性用户。二是专业便捷的线上与奢华的线下双重体验。线上服务所拥有的专业化服务与便捷性优势可以辅助品牌进行线下销售，甚至通过线上销售的方式可以大量促进线下销售。三是通过电子商务渠道可以为奢侈品解决库存。由于受地域所限，库存压力导致实体店运营成本提高，而在这一方面电子商务并不存在地域限制的问题，因此具有更低的运营成本，面向更广阔的消费群体更能够高效解决库存问题，降低资金的回笼周期。

2. 受到假货的冲击

国内奢侈品电商的货源渠道主要有三种，一是通过奢侈品牌官方进行授权，二是第三方经销商，三是海外代购，而其中海外代购占比最大。第三方经销商为牟取更高额的利益也许会售卖假货，而这也是网购奢侈品假货的主要来源之一，同时也损害了奢侈品品牌的形象。而在线分销商也多半被品牌供货商用于消化库存，而且销售商品的种类不够全面，款式不够丰富且为过季款，消费者无法在这里购买到品牌旗下的全部商品。海外代购是代购商或个人从代工厂、折扣店，以及经销商等渠道进行购货，再通过网站进行二次销售，由于没有经过奢侈品牌商的授权，所以通过这种模式购买的这些未经使用过的未经品牌授权的"二手货品"商品无法确保其是否为正品，也较难提供有保障的售后服务。官方授权的稀缺性使得国内奢侈品电商进货渠道狭窄，而某些第三方经销商大量的海外代购的不可信性导致奢侈品电商面临着严峻的假货冲击。

3. 奢侈品电商难以获得品牌授权

电子商务销售的产品主要是面向大众的低价商品，由于奢侈品本身所具有的稀缺与高价格特性，在线销售可能会淡化奢侈品给人带来的距离感和贵族气息，这就相当于破坏了品牌的形象并降低了品牌的内在价值。正因如此，一线奢侈品牌商对电商平台的授权管理控制的尤为严格。

4. 奢侈品电商仍依靠传统的经营模式

奢侈品电商如今仍然通过"价格战"这样传统的方式进行营销，低价对于奢侈品电商来说已经越来越不是优势。首先，作为国内主要的奢侈品消费人群，富人阶层对价格并不敏感，一味地折扣反而会使他们认为损害了品牌价值，降低了与之相匹配的身份。因此，通过传统的电商促销方式并不一定能够获得这些阶层的青睐。其次，由于通过网购可以降低时间成本同时相对于实体店拥有一定折扣，网购电商平台通过低价折扣促销的方式可以吸引更多的年轻人与高收入上班族进行消费。

5. 奢侈品电商平台缺乏奢华的购物体验

相较于进入奢侈品实体门店进行购物，电商平台无法够提供诸如店铺内的奢华装饰装修、店员热情而又耐心的面对面服务、有序而又别致的商品陈列、商品实物的触摸感这样的购物体验，因此对一些高端客户的吸引力会下降。

八、奢侈品电商平台经营分析

（一）寺库案例分析

1. 简介

寺库成立于 2008 年，拥有 700 多名员工，总部位于北京。在香港、纽约、伦敦、米兰、东京、成都、上海都设有分支机构。是国内交易规模最大、品牌合作数量最为丰富、商业生态最完整、通过线上线下、国内国外覆盖人群最高端的升级消费和服务平台。

寺库全球品牌负责人称，寺库希望借助"全球设计师计划"进一步加强寺库的个性化体验，更好地服务于中国的高端消费者，同时借助寺库在高端消费者中的号召力提升品牌在中国的知名度。

2. 寺库的发展历程

在初期阶段，寺库做的是奢侈品典当，客户把闲置奢侈品拿到寺库进行鉴定，通过鉴定的就可以放到寺库的官网进行售卖。但是在中国，二手奢侈品市场远未被开发，整体商业模式单一。寺库 CEO 意识到这样的二手寄卖奢侈品的经营模式是行不通的，或者说无法将规模扩大。寺库在 2012 年二手和一手的交易量还维持在各占一半，但是 2015 年寺库的新品占到了总体销售的 95%。

即使是转型做一手奢侈品销售，寺库也面临了激烈的竞争。但是寺库的优势就在于精准销售，它有着明确的目标对象及相关规划，在奢侈品售卖方面做得精、做得专。如今的寺库奢侈品已经不只是售卖名表与大牌手包，而是涉及豪车等更多的市场细分领域。

2015年的7月份，寺库已经拿到了平安的5000万美元的融资，新一轮的融资将会用于平台建设与优化，提高品牌知名度与促进公司全球化发展等相关内容。

3. 相关业务

（1）寺库商城：高端会员价值转化。

①提供一站式全方位的精品商品和高端服务；

②随时随地使用手机应用软件购物；

③遍布全球顶级商圈的多家寺库生态中心，一对一的管家式服务和智能化购物；

④引领型的精品生活内容发布，圈子营销，高品质UGC，全球用户商品评论；

⑤奢抢惠，乐趣横生的限量限时抢购；

⑥跨境购，全球海量全品类精品——最精最尖的高级时尚品牌新品，个性化定制服务。

（2）寺库拍卖：超级VIP客户的价值实现。

①国内最大的在线高端消费品和服务品拍卖平台；

②为高消费会员提供消费出口，有效转化高端会员需求；

③寺库拍卖2015年交易额破2亿美元。

（3）寺库金融：贯穿客户终生价值。

①供应链金融：风险可控，资金服务；

②消费金融：用户画像，信用评级；

③钱包支付：安全、便捷；

④寺库万事达卡：完善的高端消费服务；

⑤财富管理：私人金融服务。

（4）寺库供应链。

①建立以香港国际物流集散地和国内保税备货为基地的综合跨境电商模式，开展跨境电商进出口和一般贸易进出口业务；

②集中高端消费品跨境供应链资源，打造全球跨境供应链平台，利用规模效应，带来更高的效率和更低的成本；

③建立云端数据中心，供应链平台数据共享，通过为商家、平台、消费者提供高价值的增值服务来体现公司的商业价值。

（二）寺库 SWOT 分析

1. 优势分析

（1）拥有充分的现金流。寺库成立于 2008 年，在 2011 年就获得了 1000 万美元的首轮投资，在 2012 年又获得了 3000 万美元的融资，在 2016 年的融资规模更是超过 5000 万美元，正因为拥有充分的现金流，使得如今的寺库从鉴定到销售、从寄卖到售后，建立起了属于中国的奢侈品电商生态圈。

（2）建立线下体验店。寺库拥有一个最大的优势就是设立了线下体验店。对于网上销售奢侈品来说，O2O 模式是最为适合奢侈品电商平台发展的大方向。因为通过线下的实体展示，消费者既能对电商品牌产生信心，又能通过在店里享受服务从而获得更完整、更优质的消费体验。

（3）拥有专业的鉴定评估技术中心。对于奢侈品来说，由于其价格相对来说比较昂贵，所以消费者更注重商品是否正品、商品质量等方面的问题，要快速赢得消费者的认可，就要成立鉴别奢侈品的优秀团队，他们所表现出的自信和专业会给消费者带来安全感。鉴定评估技术中心不仅需要对每一件奢侈品都做出细致的鉴定，同时还要按照鉴定步骤进行，确保其步骤的规范化和流程化。

2. 劣势分析

（1）OTO 模式并未完全成熟。目前寺库的 OTO 模式仍然处于改进、调整的阶段，并未完全成熟，奢侈品电商平台需要结合自身实际情况做出相应的创新，进一步优化内部管理，且还需要找到极具经验的专业人才来推动寺库 OTO 模式的发展。

（2）竞争对手众多，价格优势不明显。随着电子商务的发展，在网络上售卖奢侈品的电商平台很多，且形成了一种低价诱导，寺库与之相比，价格优势并不明显。那如何体现出寺库与这些电商平台的差异性以及专业性就更加值得我们去进行相关的思考和规划。

3. 机遇分析

（1）互联网时代的大环境利好。随着互联网的全面普及和网络技术的迅猛发展，其用户的逐年增加和网络购物用户的急剧膨胀为奢侈品电子商务平台的发展打下了一定的基础。我国有关电子商务的发展也正在步入到迅速扩张和密集创新的阶段，逐渐成为了拉动内需、促进传统产业优化升级的重要动力。

（2）奢侈品消费潜力巨大。我国奢侈品消费市场虽然最近几年增速放缓，但是仍然处于增长的状态，中国拥有强大的奢侈品消费潜力，目前在中国大陆的个人奢侈品消费总额就已经超过了 2700 亿元。在保证正品的前提下，消费者愿意尝试通过电子商务平台购买奢侈品的方式。

4. 威胁分析

（1）奢侈品行业增长放缓。近些年受国内反腐政策的影响，国内奢侈品销售业绩整体下滑导致实体门店数量不断减少，传统奢侈品企业出现"关店潮"的现象，奢侈品电子商务平台在如此复杂的环境之下应该更全面的规划出未来的发展方向。

（2）电商平台之间竞争激烈。目前，我国电子商务平台众多，竞争相当激烈。在这个问题上，就要求寺库走精致化路线，避免与电商巨头拼资源，要充分体现出与其他电子商务平台的不同之处，然后再着重发扬自身的优势。

5. SWOT 分析结论

通过 SWOT 分析可以看出，作为奢侈品电商平台的代表性企业，寺库在打造一流电商平台的同时，在发挥自身优势条件下，需要克服内部与外部的挑战，减少自身劣势，把握机遇。总体而言，寺库目前的发展优势大于劣势、机遇大于威胁，具有较为广阔的发展前景。

表 2　　　　　　　　　　　寺库 SWOT 分析

	优势 充分的现金流 建立线下体验店 拥有专业的鉴定评估技术中心	劣势 1. OTO 模式并未完全成熟 2. 竞争对手众多，价格优势不够明显
机遇 1. 互联网时代的大环境利好 2. 奢侈品消费潜力巨大	机遇与优势的相互转换 1. 利用现有现金流扩张资源 2. 将 O2O 模式进行改良并发扬，形成特有竞争力 3. 利用互联网技术完善服务能力	利用机遇削减劣势 1. 整合资源，完善商品种类 2. 优化现有 O2O 模式，减少内部纰漏
挑战 1. 奢侈品行业增长放缓 2. 电商平台竞争激烈	利用优势战胜挑战 1. 利用现有良好的品牌形象吸引高端消费者 2. 发挥 O2O 模式的互补特点，以线上业务提升线下品牌建设	避免挑战、劣势的双重打击 1. 避免盲目开设体验店 2. 避免与电商巨头拼资源，确保自身服务质量，走精致化路线

九、我国奢侈品电商平台发展对策和建议

（一）开展奢侈品电商平台的品牌建设

确定奢侈品电商平台的品牌愿景，奢侈品电商平台也需要进行相关的品牌建设，即树立起企业与消费者都认可的未来发展方向。品牌愿景可以向消费者明确地传递"企业存在的原因是什么""企业品牌代表了什么""企业的未来是

什么",这些内容不会随着时间的推移而变化,是核心的内容。明确奢侈品电商平台的品牌使命。品牌使命是企业发展壮大过程中必须担负的责任。第一点就是明确经济使命,其基本目的就是追求盈利。在市场竞争异常激烈的今天,奢侈品电商平台要树立起自身的品牌,这是保持和提高市场占有率的先决条件。第二点就是明确社会贡献目标,确定出品牌文化与社会认同的共同点。第三点就是要求电商平台坚定地发展技术,随着时代的快速发展,技术的更新速度也越来越快,这就要求电商平台要发展技术,从而缓解奢侈品与电子商务之间的矛盾性,提炼奢侈品电商平台的品牌核心价值。品牌核心价值的提炼主要有四个步骤:第一步是要做好充分的市场调研,明确消费者在电商平台购买奢侈品的消费心理,以及了解他们对于奢侈品电商平台的要求是什么。第二步是要找到消费者的情感寄托点,然后电商平台要根据寄托点制定出与之相适应的规划与定位。第三步是研究竞争对手的经营方式,然后与竞争对手相区别,提炼自身独有的核心价值。第四步就是要整合相关资源,让奢侈品电商平台与目标消费群体产生共鸣。

(二)奢侈品与电子商务进行授权合作

奢侈品购物网站 Net-a-porter（NAP）和 Yoox 的合并引起了奢侈品行业的轰动。这两大购物网站的合并就像是在催促奢侈品厂商开展网络渠道销售的模式。就现在而言,网络平台已经成为决定销售是否成功的关键所在,尤其是对于热衷于网络的年轻消费群体。自 NAP 和 Yoox 一同签署合并协议后,香奈儿也立即宣布了将通过奢侈品购物平台 NAP 销售其新的珠宝产品线。相关机构大胆预测,在接下来不到五年的时间里,所有的奢侈品牌的总销售量中将有高达40%是通过网络销售的。

据了解,我国多数电商平台的进货渠道仍然是通过海外采购。只有努力与品牌商开展授权合作,这些电商平台才能够拥有稳定的正品货源以及被认可的售后服务。由于国内对奢侈品有着比较旺盛的需求,如果奢侈品牌与中国电商携手建立满足消费群体切实需求的奢侈品电商平台,相信其一定会受到中国消费者的青睐。

(三)深化奢侈品电子商务平台的便利性

随着互联网时代的到来,国内外各行各业都在与互联网紧密结合,通过"互联网+"的方式将自身产品推销出去。而越来越多的奢侈品消费者更愿意通过网络进行购物消费,这使得奢侈品牌不得不利用电商平台利用电子商务平台,或者在社交平台上开通账户的方式进行营销。调查显示,40~70岁之间的中老年人是国外购买奢侈品的主力人群,而由于文化与消费观念的差异,国内购买奢侈品的人群主要集中在 40 岁以下，他们能够负担得起奢侈品的昂贵价格，但却很少有空闲时间去实体店购物，互联网电商平台则能够为他们提供便捷的购物方式。中国财富品质研究院的调研显示，国内消费者进行奢侈品网购时，他们首先考虑的是网购所耗费的时间因素，其次才是价格因素和物流服务。因此，国内奢侈品电商在打造自己的平台时应将重点放在网购奢侈品的便利性上，提高物流的配送速度并加强售后服务的质量，注重电商平台的页面美观与整体交互设计、商品搜索功能、安全快捷支付功能、24 小时在线客服等相关方面内容以保证用户的购物体验。

（四）完善奢侈品售后服务平台

拥有完善的售后服务系统是很重要的，它能够帮助消费者解决后顾之忧。因此，衡量奢侈品电商是否成功的标准之一就是看能不能为消费者提供完善的售后服务。目前国内的奢侈品电商售后平台主要分为以下两种：一种是电商自己建立的售后服务平台，为奢侈品提供相关的护理服务。虽然自建售后服务平台的成本高，但是国内奢侈品电商可以达成合作关系，共同建立起专业的售后服务平台以降低运营成本。另一种是赢得了品牌认可从而获得的售后服务。但是由于奢侈品品牌与电子商务平台仍然存在着一定的对立性，要通过获得相关品牌认可的方式来完善售后服务并不是一件容易的事情。

（五）奢侈品电商实现实体店提货

网上购物已经普及，国内奢侈品电商可以在获得授权的前提下联手品牌开启到店取货的 O2O 模式。这样顾客就不用担心假货问题，下单后可以直接到预约的门店进行实体体验后再付款，或者网上支付后再去门店提货。在势不可挡的电商环境下，奢侈品牌是时候思考对传统模式的深度改造与转型，以迎接互联网时代成长起来的年轻消费群体。

十、研究结论

本研究分析了我国奢侈品电子商务的发展现状以及奢侈品电商平台的发展优势与问题，并针对这些问题提出了一定的建议。以 SWOT 的竞争力分析理论对寺库网的现状进行分析，包括优势、劣势、发展中存在的机遇与挑战，总结了其中的经验以及不足之处。论证了我国的奢侈品电商平台拥有着很大的发展潜力，并指出了如果将奢侈品与电商进行完美结合，将会使奢侈品品牌的发展进入一个全新的空间。

在中国，通过与电商进行有机的结合，奢侈品品牌在零售行业将会迎来新的机遇与挑战。而奢侈品电商平台在进行奢侈品销售时，也应注意将奢侈品的产品信息与其品牌形象保持一致，使之与其他的产品区别开来。奢侈品品牌一旦授权于电子商务平台，就更应该注意维持其与电子商务之间的平衡。最后，为了确保奢侈品电商能够在互联网时代更好地发展，必须同步跟进研究与发展物流、企业服务、消费体验和安全问题等与之相关的议题。

本研究参考文献

[1] 周云. 品牌学（第2版）[M]. 北京：机械工业出版社，2014.

[2] 沃夫冈·拉茨勒. 奢侈带来富足[M]. 北京：中信出版社，2003.

[3] 克里斯托弗·贝里. 奢侈的概念——概念及历史的探究[M]. 上海：上海世纪出版集团，2005.

[4] 效俊央. 奢侈品网络营销之初探——以中国市场为例[J]. 中外企业家，2009（12）.

[5] 魏蕾如. 我国奢侈品网上消费研究[D]. 武汉：华中师范大学，2006（370）.

[6] 杨浩. 国际奢侈品在中国的营销策略及启示[J]. 商业研究，2008.2（370）.

[7] 吴超. 环球奢侈品——服饰. 长春：吉林人民出版社，2009.

[8] 王徐. 论中国奢侈品的电子商务发展[D]. 复旦大学，2010.

[9] 童文军. 奢侈品在中国市场的网络营销策略研究[J]. 经营管理者，2010（18）.

[10] 张雁冰. 奢侈品网络营销的公司战略研究[D]. 北京邮电大学，2011.

[11] 何忠保. 塑造中国奢侈品牌策略分析[J]. 商情，2012（19）.

[12] 常小芬. 浅析国内奢侈品购物网站现存问题及发展对策[J]. 山东纺织经济，2012（5）.

[13] 王永钊. 基于电子商务的奢侈品营销现状及策略研究[J]. 科技资讯，2015（1）.

[14] 滕启跃. 奢侈品销售在华撞墙渠道变革在即[J]. 中国纤检，2015（14）.

[15] 迈克尔·西尔弗斯坦，尼尔·菲斯克，高晓燕（译）. Trading Up：The New American Luxury[M]. 电子工业出版社，2003.

[16] 帕米拉·N. 丹席格，宋亦平，朱百军（译）. 流金时代：奢侈品的大众化营销策略[M]. 上海财经大学出版社，2007.

[17] Michel Chevalier. Luxury Brand Management：*A World of Privilege*.

农村互联网金融调查

> 项目组成员：王美琪　朴　杨　李　港
> 指 导 教 师：闻海洋

摘　要：农村金融是我国金融体系的重要组成部分，深化农村金融体制改革一直是"三农"工作中的重要的部分。产生于信息经济、金融抑制以及利率市场化背景下的互联网金融与农村金融相融合，将会极大推动政府一直倡导的普惠金融体系的发展。缺乏广阔的市场空间和传统的农村金融体系，为农村金融的整合、电子商务平台、农业龙头企业和P2P平台的布局提供了可能。

关键词：农村互联网金融　发展模式

近年来，我国国民经济不断发展，人民的生活水平日益提升。但在许多农村地区，农民的生活仍然比较贫困。金融市场在农村脱贫困过程中，发挥着举足轻重的作用。但就目前农村金融发展的现状，借钱难、贷款难仍然是阻碍农民发展的难点。随着智能手机日益普及、农村网络覆盖日广以及大数据技术推动农村征信建设的有利条件下，农民对金融需求增加的情况下，农村市场的互联网金融快速发展。

一、农村互联网金融发展概况

（一）互联网在农村普及程度

根据2016年《中国互联网络发展状况统计报告》报告显示，截至2016年12月，我国网民数量已经达到73100万，互联网普及率达到53.2%，其中27.4%农村网民占20100万。在国务院印发的《关于加快高速宽带网络建设推进网络提速降费的指导意见》中指出，要在2015年年底前，建成4G基站超过130万个，实现乡镇以上地区网络全覆盖；到2017年年底，4G网络全面覆盖城市和农村。

从对上网的硬件设施的调查数据得知，82.28%的农民选择手机上网，选择电脑和其他移动 PC 设备的分别占比 7.59%、10.13%。随着农村互联网的普及发展及手机等移动设施的不断更新换代,电脑已不再是农民上网的主要设备,相较而言,手机等移动电子设备逐渐受农村地区居民的青睐,智能手机的高速发展使得许多从未使用过电脑的农村居民直接成为移动互联网用户。据统计,在中国手机用户数量为 69500 万,占总比重的 95.1%,这种情况是不是在城市、乡镇或更甚之(见图 1)。

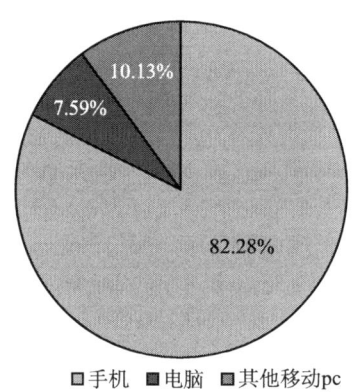

图 1　平常上网的硬件设施

(二)农村互联网金融的发展背景

1. 您使用的智能手机中安装下列哪些软件(多选)

数据显示:在农村地区,53.26% 的居民手机安装了支付宝软件,13.58% 的用户安装了银行的 App,59.2% 的居民安装了网上购物类软件,23% 的居民安装了京东金融,安装微信的人数最多,高达 86.12%(见图 2)。

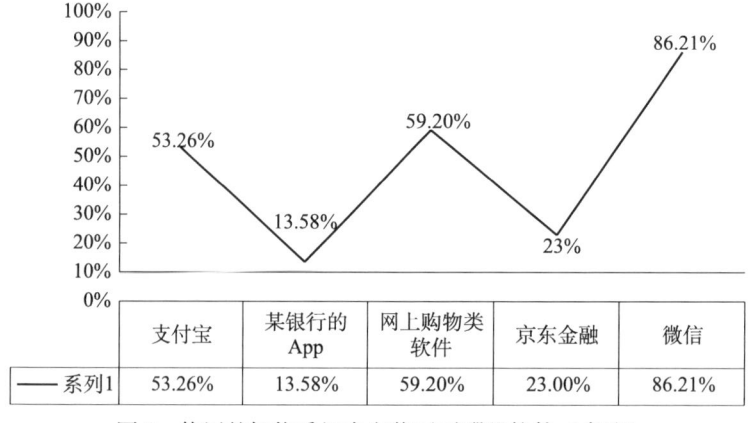

图 2　使用的智能手机中安装下列哪些软件(多选)

2. 您是否了解P2P信用借款平台

对于P2P信用借款平台，40.35%的农村居民听说过，但基本不了解，有28.07%的人比较了解，自己或周围人使用过；17.54%的居民了解过，但没用过；还有14.04%的农村居民没听说过（见图3）。

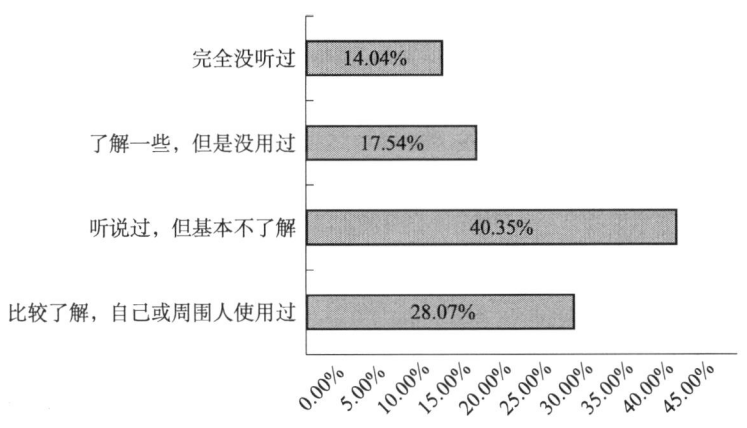

图3　是否了解P2P信用借款平台

3. 您了解什么是移动支付吗

根据调查结果，66.66%的农村居民在生活中使用过移动支付，其中36.84%的人不算太了解；29.82%的居民比较了解，经常使用；33.34%的农村被调查居民没有使用过；其中14.04%的居民听说过，但没用过；19.30%的人完全没听过（见图4）。

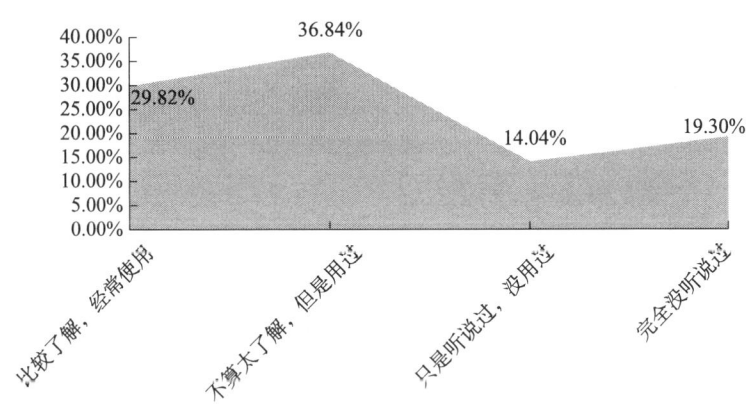

图4　是否了解什么是移动支付

4. 农村市场较为复杂，农村金融市场发展缓慢

（1）抗风险能力低下。目前，农村居民的资金需求主要集中在对生产项目贷款的需求上，主要包括种植业、养殖业和畜牧业。这些项目生产周期长，抗

风险能力低下,涉农贷款遇自然灾害必然要承担逾期、坏账等事前难以预估的风险。

(2)信用环境较差。传统征信系统上缺乏真实有效的个人信息,6.7亿农村居民中乡村征信群体人数更是微乎其微。此外,农村居民普遍缺少可抵押的资产,金融公司难以控制风险。

5.居民对闲置资金会首选怎样储蓄或投资(多选)

从数据中得出,农村居民仍然青睐于将闲置资金存入银行储蓄,占比高达89%,但随着互联网的普及发展,智能手机的更新换代,互联网金融逐渐在农村地区传播起来。在调查的数据中,余额宝等互联网金融理财项目作为农村居民理财的第二选择,占比37%,出于对股票和基金的风险、技术等方面的考虑,仅有16%的农村居民选择(见图5)。

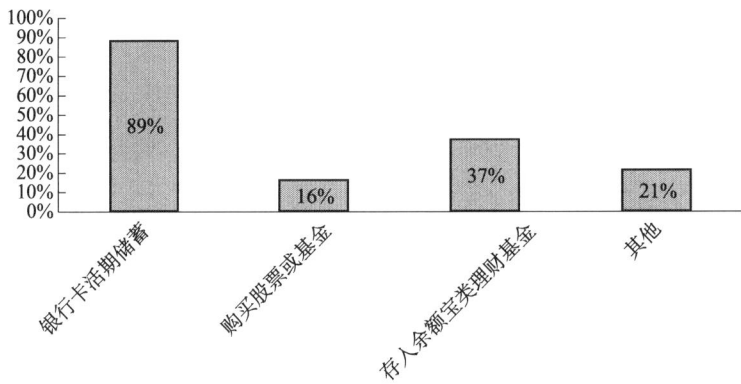

图5 对闲置资金的处置

6.互联网金融的主要优势

在调查中,36.36%的农村居民认为互联网金融收益更高,并且能随时消费支付和转出;25.97%的用户认为互联网金融与众多的银行相联系,转账更方便快捷;处理业务速度快,体验感更好占比22.81%;能够突破时间和地域的约束占比12.28%;23.38%的农村居民选择金融服务更直接,拥有更广泛的客户群体(见表1)。

表1　　　　　　　　　　互联网金融的主要优势

收益更高,能随时消费支付和转出	29	36.36%
有广泛的银行支持,转账更方便快捷	21	25.97%
业务处理速度快,体验感好	18	22.81%
不受时间和地点的约束	10	12.28%
金融服务更直接,拥有更广泛的客户群体	19	23.38%

与银行活期存款利息相比，互联网具有更高的经济效益。并且能随时消费支付和转出，可以突破时间和地域的限制。通过互联网金融，用户不仅可以获得收入，而且可以随时支付和转出。用户在手机上就可以直接购买基金等理财产品，使用起来方便快捷，减少了中间环节。

在互联网金融模式下，用户可以不受时间和地域的约束，无须到营业网点办理，直接在手机上寻找自己所需要的互联网金融资源，服务直接，用户覆盖地域更广泛。

二、农村互联网金融所存在的问题

互联网金融作为金融体系中的新形式，具有许多发展优势，但在其发展的同时也存在着问题，由于农村地区市场的复杂性，农村互联网金融更是如此。

（一）农村金融环境复杂，体系很难构建

目前，农村居民的资金需求主要集中在对生产项目贷款的需求上，主要包括种植业、养殖业和畜牧业。这些项目生产周期长，抗风险能力低下，涉农贷款遇自然灾害必然要承担逾期、坏账等事前难以预估的风险。

传统征信系统上有效的个人信息缺乏真实性，6.7亿农村居民中乡村征信群体人数更是微乎其微。此外，农村居民普遍缺少可抵押的资产，金融公司难以控制风险。

（二）风控难以实现标准化

由于行业的不同特点和各地农村文化的巨大差异，在风控标准化上有一定的难度。

（三）互联网金融存在风险

1. 信用风险

信用风险在互联网金融行业发展中至关重要。这主要表现为客户与金融行业之间的约定还未到合同期限，网络金融的交易人员不能遵守合同中所规定的义务的时候所产生的一种风险。随着互联网在传统金融体系中不断地发展，网络虚拟性的特点也会造成金融体系虚拟化对虚拟现实中的信息技术进行分析利用，正是由于互联网金融主要基于互联网平台进行网络交易，所以只有这样才能够进行虚拟化的金融服务。

2. 安全风险

现阶段所形成的互联网金融平台可以有效地利用互联网的新技术平台，大

规模开展网络的网上支付或借贷活动。网络交易平台与传统金融行业的特点不同,在网络交易中具有一些私密和匿名的特点,但这导致了其安全问题,也给互联网金融安全造成了很大隐患。目前,互联网金融业的安全风险主要包括计算机黑客的入侵、相关网络监管系统的不完善以及识别客户时的技术等问题。

在对农村居民调查中发现,有更多的用户认为互联网技术不够发达是造成网络金融风险的主要原因,占比29.17%;认为互联网本身的虚拟性特征使其不放心参与互联网金融占比26.39%;随着电视或互联网上报道的网络金融诈骗案例的不断出现,有25%的农村用户认为越来越多的不法分子利用互联网进行金融犯罪是金融风险存在的原因之一;此外,还有19.44%的农村居民认为网络的不稳定性也是造成互联网金融存在风险的原因(见表2)。由此,我们可以总结以下原因:

表2　　　　　　　　　互联网金融风险存在的主要原因

互联网技术不够发达	21	29.17%
互联网本身比较虚拟,不太放心	19	26.39%
越来越多的不法分子利用互联网进行金融犯罪	18	25.00%
网络计算机操作复杂,容易出错	14	19.44%

(四)法律监管体系不健全

我们国家互联网金融行业起步时间较晚,互联网金融行业的法律和监管体系还未健全,网络金融的立法出现了一定的落后性和模糊性,从而导致互联网金融行业出现法律风险的问题。此外,由于各个国家之间的社会经济制度和法律制度的差异化,互联网金融行业的交易规则也会有所不同,从而提高了互联网金融行业的法律风险程度。

从数据图表中我们可以看出,随着互联网的发展,农村网民数量规模的扩大,为我国农村互联网金融的成长提供了良好的环境,但就目前情况来看,虽然农村金融市场潜力巨大,但农村互联网金融的发展速度较慢。

首先,农村百姓对互联网金融普遍认知度不高。在调查过程中,我们对北京的几个乡镇对103名农村居民进行问卷调查,其中不知道互联网金融含义的有86人,听说过互联网金融的有14人,而真正了解互联网金融的只有3人,许多人在生活中或多或少的使用过互联网金融,但并不知道互联网金融真正含义,可见互联网金融在农村市场的认知率是相当低的。

其次,就互联网金融本身而言,服务对象和服务内容不倾向于农村市场。例如:如果你进入银行的个人网上银行接口,你可以使用个人网上银行来购买资金,你可以使用个人网上银行购买汽车保险,也可以使用个人网上银行购买基金等。然而,农村百姓需要的不是基金,也不是理财,而更需要的是与农业相关,与农村百姓相关的金融产品。

三、发展互联网金融的对策

(一)坚持"服务农村,面向农村"的原则

农村互联网金融的发展必须抓住农村市场的本质,要面向农村,服务农民;培养新型农业经营主体,发展新型农业经营主体,使得农村生产规模化、品牌化发展,延长产业链,增加农村农业生产的利润,降低农业融资风险。

(二)完善互联网金融监管制度,为农村金融市场提供制度保障

第一,国家互联网金融协会应当以国家法律为准则,充分调查研究现行农村互联网金融主要业务及业务模式,准确及时地制定和实施互联网金融行业监管制度,确保国家监管部门各司其职,监管到位。第二,要保证监管的公平性,加强监督与管理的协同性,防止相互串通牟利。第三,要依据农村互联网金融市场发展出现的新形势、新特点,调整监管新思路、新方式,要严格防控金融违规行为的出现,维护农村互联网金融市场稳定,营造农村互联网金融良好发展环境。

加强对农村的法律普及,提高农民的自身法律意识。防止违法分子利用互联网手段进行金融诈骗。

(三)完善农村农业保险制度

农业产业风险大,抗风险能力低下,涉农贷款遇自然灾害必然要承担事前难以预估的风险,这是农村融资难的原因之一。完善的农业保险制度可以降低农业生产项目的风险性。对于农民在自然灾害中受到的损失农业保险提供风险保障,降低了农民的损失程度和坏账率。

(四)完善基础设施建设,改善农村地区上网条件

网络基础设施是推进农村地区互联网金融发展的先决条件。完善农村宽带接入,降低宽带资费标准,提高为农业服务能力。加强完善农村公共上网场所建设与手机等移动互联网络的建设。搞好农村信息化建设和应用,加强农村网络信息服务。加强农村互联网信息内容建设,结合农村居民和网民的结构性特点,为农民的生产和生活提供有针对性的信息服务,从根本上解决农民信息资源不足的问题。

论公允价值计量与资产减值会计

项目组成员：陈加成、尚登雪、樊 澳
指导教师：杜孝森

摘 要：在经济飞速发展的今天，对公允价值计量和资产减值会计两者关系的探究具备一定的社会价值。公允价值计量与资产减值会计有着千丝万缕的联系，这两者之间既具有一定的相同点，也有着一定的差异。本研究首先阐述了公允价值计量的基本概念和内容，针对其在市场上的运用进行了辨析。又阐述了资产减值的概念和理论基础，针对其重要性和必要性做出了讨论。最后就公允价值计量和资产减值计量二者之间的差异与统一进行了分析。

关键词：公允价值 资产减值 差异 统一 计量

一、公允价值计量的基本概念

公允价值的英文是"Fair Value"，其含义是熟悉市场的买卖双方在自愿进行公平交易的情况下所确定的价格，或在无关联的双方进行公平交易中的一项资产可以被买卖或负债可以被清偿的成交价格。公允价值计量是指资产和负债按照市场参与者在计量日进行有效的交易中，出售资产所能收到的或者转移负债所需支付的价格计量。公允价值计量是市场经济中维护产权秩序的必要手段，同时也是提高会计信息质量的途径。

针对公允价值计量的定义，也有学者认为"交易"一词有违公允价值原意。其原意应是"及时、动态"地反映价值的变化，不管交易是否发生，只要有证据表明某项未曾计量的无形资产或衍生金融工具确实有计量的必要以及某项资产或某项负债项目的与其价值或市场价值发生了变化，财务会计就必须在表内或表外进行反应或披露。

二、公允价值的多方面透视

从多方面来看，公允价值在本质上是市场而对资产或负债的价值的认定，而非特定主体对资产或负债的价值的认定。由于市场以价格为信号传递信息，市价则是所有市场参与者充分考虑了某项资产或负债未来现金流量及其不确定风险之后所形成的共识。由此可见，公允价值的确定并不在于交易是否真正发生，其交易性质可以是实际交易，也可以是假定交易与预期交易。它所反映的是现有市场参与者关于一项资产相关的未来的经济收益或者一项负债未来的相关流出。

公允价值并非货物真正的"价值"，而是对真实价值的"点估计"。它在本质上是一种价值计量，但是它与市场需求相关，所以就有了"公允价值变动"这一概念，它是由于市场因素的需求变化，商品自身价值的变化产生买卖双方对价格的重新评估的过程；前后两者之差就是公允价值变动。

会计的另一种计量方法叫作"成本会计法"。这种计量方法不会形成未实现利得及损失，因为该方法不包括资产的价格变化所带来的收益变动。历史成本会计对应历史成本，公允价值会计对应的是公允价值。根据以上我们对公允价值计量概念的分析，如果对同一单位分别以历史成本和公允价值两种方法进行计量，他们的初始计量结果一定是相同的；但是在后续的计量中，一定会产生未实现的损失和利得，公允价值会产生变动。由此可见。公允价值是动态的，更能直观地反应价值。

三、资产减值会计的概念和理论基础

资产减值会计指的是资产未来可能流入企业的全部经济利益低于该资产现有的账面价值，而在会计上是对资产减值情况进行确认、计量和披露的核算。它的实质是将成本计量用价值计量来代替，并将账面金额大于价值的部分确认为资产减值损失。

资产减值会计的实质是资产的会计学概念向经济学概念转变。传统会计理论认为资产计价的目的是：反映资产的价值，展现会计主体的经济实力，反映资产购置中的成本，作为费用分配和损益计算的基础。这种资产计价观是以成本为中心的，如会计学家"佩顿"和"利特尔顿"在《公司会计准则导论》一书中将资产定义为成本，他们认为，"存货和工厂设备不是价值，而是处于尚未并等待转化为费用的累计成本"。这种观点将利润表作为重心，将资产负债表置于次要地位，强调会计的本质上其实并不是一个计价过程，而是收入和成本费用的配比过程。

资产减值会计的理论起点是决策有用观。在"受托责任观"下，反映受托者的受托责任及其履行情况是财务会计的目标，它要求资产计量站在信息提供者的角度，尽可能客观、可靠、精确。这种观念下，资产计量倾向于采用历史成本计量属性。而"决策有用观"的支持者站在信息使用者的角度，强调向信息使用者提供有助于经济决策的相关信息为财务会计的目标,这种信息必须可以使决策者的后验概率不同于先验概率。在计量上,决策有用观要求使用有别于历史成本的多重计量属性。

四、资产减值会计的必要性和重要性

长期以来,很多因素导致了高估资产价值在我国企业界普遍存在的现象。资产减值为资产的真实价值提供了量度,它的实质是将成本计量用价值计量来代替,并将账面金额大于价值的部分确认为资产减值损失。资产减值准备在一定程度上确保了企业财务资料的真实性,资产减值准备不仅体现了谨慎性原则的重要性,也避免了因资产虚增而导致企业利润虚增的情况。

资产减值会计是判断资产未来可能流入企业的全部经济利益的一种方式,对企业的利润有着十分重要的影响。因此,企业通过对资产价值的确认,不仅可以消除长期积累的不良资产,而且还可以提高资产质量,使资产能够真实并且客观地反映企业未获取经济利益的实力。同时,实行资产减值会计可以使企业合理地预测可能带来的损失,这样既有利于提高资产的效益,降低潜在的风险,又能提高企业的风险防范能力。以这种方式反映出的企业资产的公允价值和财务状况才更加真实客观,这对保护广大投资者的切身利益和规范市场信息行为,具有十分重要的作用。

五、公允价值计量与资产减值会计的差异

公允价值计量和资产减值会计两者产生和发展历程不同,从而导致两者的具体计量方法也不同。下面,我们基于上面对资产减值会计和公允价值计量的特点研究和分析一下这两个重要的会计量之间的差异。

根据 SFAS157 规定,公允价值计量就是在熟悉市场的买卖双方中,交易双方在自愿进行公平交易的情况下所确定的价格,或在无关联的双方进行公平交易中的一项资产可以被买卖或负债可以被清偿的成交价格。

FASB 中关于资产减值会计与准则的报告主要包括《财务会计准则第 114 号——债权人对贷款减值的会计处理》(SFAS114)《财务会计准则公告第 115 号——特定债务性和权益性证券投资的会计处理》(SFAS115)。SFAS114 要求金融机构对已发生减值(根据贷款协议职能收回部分贷款本息或完全不能收回贷款本息)的贷款按照目前的现值计量。但在现值计量中,SFAS114 要求要在债权人的估计(特别主体估计)使用实际利率进行折现。因此,SFAS114 中所使用现值计量的技术对减值贷款的计量并不是公允价值计量。

综上所述，由 FASB 中的准则而言，资产减值会计与公允价值计量的差异主要表现为：公允价值计量主要是在市场交易中，交易双方所估计或认同的价格，而资产减值则是资产的拥有者（特定的主体）的估计或者是市场上的所有交易者所共同认可的价值。

六、公允价值计量与资产减值会计的统一

在财务报告中公允价值计量和资产价值会计都是财务报表中"价值观"的体现，公允价值计量与资产减值会计计量的根本区别在于估计时主体和所占角度的不同和计量方法的不同。公允价值计量从交易双方的角度估计，资产减值会计计量则从特定的主体决策出发，即本质上都是站在自身主体的角度估计。从财务报告的"价值观"看，公允价值计量更恰当。原因如下：

（一）从概念层面看

资产减值会计是站在各个主体自身的角度估计的会计计量，会受到各个主体自生利益的影响，从而不能提供一个价值计量的中立基础。而公允价值计量则基于在市场交易的参与者们所共同认可的价值的估计量，这样的价值计量方法给财务报告提供了一个中立基础，市场是资产调节负债价值的重要媒介。在强有效市场中，市场所形成的估计是无偏差的，因此为了避免公允价值计量带来的不可控因素的影响，应当通过资产的确认和计量的分离来提高公允价值计量的准度，使公允价值更能体现财务报告正确的"价值观"。

（二）从执行层面看

在资产减值会计计量中，即使资产存在市场价值，也需要从自身主体出发估计其持续使用期间的价值，特定主体估计市场一致估计是并列的。而在公允价值计量中，通常只是使用市场的一致估计，特定主体估计只是替代了市场一致估计。

（三）从计量结果看

当存在活跃的有力市场下公开报价时，两者的计量结果是完全一致的。当不存在任何可识别参数的极端情况下，计量公允价值并不能排除使用主体预期的信息和假定，但这些信息和假定应该是在充分考虑市场中存在的各个因素的基础上形成的。其中，隐含的假定是特定的主体估计和市场一致估计的结果一致。

总之，与财务报告相关概念和目标相一致的计量属性是公允价值。考虑到

财务报告的非估值功能和市场的非有效性，现行准则中需要对公允价值计量的运用加以一些不对称的约束，即实施资产减值会计，但这并不表示要建立一个单独的资产减值计量标准。准则制定机构应当在界定资产减值确认的条件和基础上，以公允价值为基础来建立一个单一的减值计量模型，以形成内在逻辑的一致，并简化准则的制定和执行。

第四部分

社区管理问题研究

北京社区管理模式研究

项目组成员： 李昕誉　屈　钢　李丹阳
指　导　教　师： 张志强

摘　要： 随着北京的城市定位从"宜居城市"提升到了"世界城市"的高度，城市治理就显得更为重要了。在城市体制改革和城市化进程的日益加快趋势下，城市治理的重心开始下移。城市社区作为城市治理的基础，和谐社会建设的基本单位，扮演着政府和市民之间桥梁的角色。社区治理是构建和谐社会的突破点和重要途径，虽然我国社区治理模式逐步从"街居制"向"社区制"发展，但仍然存在着很多问题，所以研究北京城市社区治理模式对于促进首都城市治理、提升城市水平具有重要的意义。本研究详细分析了北京城市社区治理模式的探索历程和主要实践经验，并对实践中存在的问题进行了深入剖析。

关键词： 社区管理　模式　体制

一、项目基本情况

（一）研究内容：北京各社区的管理模式

1. 行政主导模式及存在的问题分析

在政府部门中设立专门的社区管理机构，通过社区规划和社区管理来体现政府意志，通过对社区的物质支持和行为指导，政治资源和社会资源的全方位整合，使社区发展有意识地朝着政府的目标前行。

问题分析：

（1）社区管理体制混乱。就目前调查情况来看，北京社区管理主要采取行政主导模式。在这种模式下，社区管理体制与模式注重发挥行政主导作用务实有效地解决了城市社会转型中大量紧迫的现实问题，但是还存在一些值得重视的问题。社区建设成为政府的基层工作，缺乏广泛的社会参与性，大量的社区公共事务和社区活动项目依赖政府的行政支持，没有有效培育社会自治组织和自治能力，政府和基层自治组织之间的关系处理不当，导致政府职能的越位和缺位。居委会定位存在偏差，根据我国现行法律，将居委会定位为群众自治组织。然而，根据调查发现，居委会承担着街道办事处的各项职责，一直扮演着"准行政组织"角色，这与相关法律中"群众自治组织"定位相偏差，管理运行不协调局面的出现。

（2）社区管理效率低下。通过对北京市部分社区的调查发现，居委会承担着治安、调解、卫生、行政、老年、计划生育以及文化教育等方面的职责，机构内部设置烦琐，部门数量过多，分工过细，布局密集，管理范围重叠，管理资源浪费。同时，在机构设置过多和管理机制混乱两方面的影响下，导致管理效率低下的局面出现。

（3）社区管理效能难以发挥。随着城市化的进程加快，政府的服务职能逐渐下放基层社区，因此承担着与法律定义不相符的身份及职责。另外，由于居委会自身的局限性，以及行政权力的缺失，很难全面地实施管理建设现代化城市社区，其社区管理效能必然导致无法充分发挥。

2. 市场主导模式及存在的问题分析

市场化管理模式，通常被称为"物业管理模式"。全方位、多功能的统一管理模式，使得社区物业发挥最大的使用和经济价值，并为社区居民提供高效服务。就现行发展形势来看，这种管理模式已经成为社区居民日常生活的一种方式。

问题分析：

（1）业主权利无法保障。根据对北京实行市场导向型的物业管理模式的部分社区，基本都存在着业主对物业公司的选择权利缺失，二者存在着单项选择关系。开发商为了自己的利益，对物业公司的管理片面的看中经济效益，从而忽略了对业主的服务，更忽视了业主自行挑选及更换物业公司的权利。由此，业主和物业公司间的矛盾无法得到有效的解决，随着矛盾的积累，一定程度上增加了社会不稳定因素的增长。

（2）社区安全及卫生无法保障。在走访调查过程中，我们发现：小区道路上停满了车辆，紧急逃生通道堆满杂物，交通不畅，安全无保障，这是社区居民普遍对物业公司的管理不满的意见众多的问题之一。再者，许多物业管理公司为了片面的追求经济效益，将小区里的停车位对外租赁，连带问题继而出现，社区物品的丢失，居民住宅被盗等现象增多，社区环境及安全得不到保障，业主与物业管理公司的矛盾激化。

（3）物业管理恶性循环。对物业管理公司来说，物业管理费是维持工作机制正常运营的重要支撑，也是物业管理公司的服务质量的重要保障。然而，随着业主与物业管理公司之间的矛盾激化，物业管理费收缴困难与物业管理公司服务减弱之间出现恶性循环，最终导致物业公司运营困难，物业管理服务难以到位的局面出现。

（二）研究目标

通过调查北京市各社区的管理模式，结合实际情况，分析社区管理模式的现状，并根据调查结果，提出合理建议，优化社区管理模式。

1. 建立社区网络化管理体制

统一的城市管理以及数字化的平台使得社区网格化的建立，按照一定的标准将城市管理辖区划分成为单元网格。通过强化对单元网格的部件和事件巡查，建立一种监督和处置互相分离的形式。对于政府来说，主要优势是政府能够主动及时地发现并处理。

第一，角色发生转变，由过去被动解决问题的管理模式转变为主动发现并及时解决问题；第二，管理方式数字化，主要表现在对管理过程、评价和对象的数字化，确保管理服务的敏捷、精准和高效；第三，它是科学化的管理体制，发现、立案、解决、结案四个步骤形成一个统一的规范化管理标准和流程，进而提高管理水平和能力。也正是因为这些变化，将过去传统、被动、定性和分散的管理，转变为今天现代、主动、定量和系统的管理方式发生转变。

2. 科学定位，在行政业务上"减"，在管理业务上"增"

在对职能的定位上，要逐渐把社区事务行政化倾向转变到民主自治化上面来。一方面，在应对社区居民需求的发展趋向上要积极研究探索并适应变化，通过鼓励支持新型社会组织的建立与发展，将一些微观层面、具有社会性质的工作和服务职能向社会组织转移，进而使社区行政事务上"减"；另一方面，着眼于社区居民物质文化需求的多层次、多样化，注重居民最迫切需要解决的问题，注重老年群体的精神文化需求、物质生活需求及卫生保健需求，将社区资源统一整合，健全管理服务体系，完善社区服务功能，在社区管理服务事务上"增"，真正做到把"政府的脚"转变为"百姓的头"。

从目前情况来看，社区管理工作要实现"三个转变"。第一，加强社区人口服务管理工作，实现由防控型管理向流动性、服务型管理转变；第二，切实推进基层基础建设工作，把社区群众更好地组织起来，实现由整体化、松散型向区域化、一体化转变；第三，加强群众服务工作，使社区管理工作更加贴近群众，服务群众，实现由被动型向主动型转变。在服务内容上，社区事务要不断地细化。针对不同群体的不同需求，因人而异、因类制宜地开展工作。在服务方式上，结合社区实际情况不断创新探索。现代社区要鼓励支持社区服务性、公益性、互助性的社会组织建立发展，并充分调动社区常驻企事业单位参与社区建设的积极性，整合社区管理的多样化力量，推动社区管理朝着服务信息

"数字化"、服务功能"多样化"发展。

3. 加强人才培养建设，推进社区工作队伍现代化进程

建立健全科学化、现代化的人才培养体系。一方面，要总结社区工作的成功经验（社区工作者聘任制和从优秀社区工作者中选拔公务员），探索实现社区工作者职业化的方法，激发对社区管理与服务工作的热情，加大教育培训的支持，推进职业化社区管理人才队伍的专业化、现代化发展进程；另一方面，要切实保证社区党员先锋模范作用的发挥，吸收各个层面、各个领域的人才，通过非职业方式参与到社会管理服务中来，并立足居民利益关系，化解社区矛盾冲突，提升居民个人素质，形成新型社会规范，促进现代化公民社会意识的养成以及满足对社会管理工作的社会监督等方面需求，建立健全全体社区居民广泛参与社区建设的长效机制，推动社区居民自我服务、自我管理的内动力增长，吸引在社会管理职业领域队伍的人才，具有群众工作、思想政治工作和社会工作经验的人才主动投身于社区服务工作中，进一步建立健全社区服务体系，形成社区事务人人参与、和谐社区人人共建的良好局面。

4. 增强社区法制建设

在推进社区法制建设进程中，随着居民对于社区社会管理的要求日益增强，法治管理与服务已成为社区居民对美好生活最强烈的需要之一。应当通过深化社区机构和管理体制改革，促进社区事务管理科学化、民主化、法治化，加强预防和化解社区矛盾机制建设，更好地解决法治社区建设领域发展中的问题。增强社区法制建设，更要进一步增强法律意识，学习法律知识，做知法、懂法的明白人，学会运用法律知识维护自己的合法权益。

5. 构建和谐社区，实现和谐管理

社区属于基层服务组织，直接从事与社区居民息息相关的基础工作，同时也处在社会矛盾的最前锋。随着我国城市化进程不断地发展，发生在居民生活中各方面的矛盾时常出现，如婚姻家庭、邻里纠纷、环境卫生以及企业退休、下岗失业的人员安排、劳教和刑满释放人员等特殊群体的生活安置等，正确面对并合理、合法、合情地解决这些矛盾，对社区的和谐与稳定的构建起到关键作用。和谐社区建设不仅需要邻里团结友爱，环境整洁优美，居民关系奋进和谐，言行举止诚信文明外，也离不开高效舒适的社区管理服务。社区管理服务在和谐社区建设中居重要的地位，起到了关键作用。要以社区居民的切身利益为出发点和落脚点，深入广泛了解居民的需求，平衡协调、发展各方利益，保障绝大多数人的共同利益，结合不同社会阶层的具体利益，维护好、守护好社区居民最现实、最关心、最直接的利益。

（三）拟解决的问题

北京市目前社区管理模式存在法律体系不完善、管理不当、缺乏有效的监管机制一系列问题，可能会影响居民生活和居民的权益问题。通过对各社区管理模式的研究，有利于各社区优化管理模式，让管理模式越来越完善。

1. 社区管理体制混乱

社区管理体制与模式注重发挥行政主导作用务实有效地解决了城市社会转型中大量紧迫的现实问题，但是还存在一些值得重视的问题。社区建设成为政府的基层工作，缺乏广泛的社会参与性，大量的社区公共事务和社区活动项目依赖政府的行政支持，没有有效培育社会自治组织和自治能力，政府和基层自治组织之间的关系处理不当，导致政府职能的越位和缺位。居委会定位存在偏差，根据我国现行法律，将居委会定位为群众自治组织。然而，根据调查发现，居委会承担着街道办事处的各项职责，一直扮演着"准行政组织"角色，这与相关法律中"群众自治组织"定位相偏差，管理运行不协调局面的出现。

2. 社区管理效率低下

通过对北京市部分社区的调查发现，居委会承担着治安、调解、卫生、行政、老年、计划生育以及文化教育等方面的职责，机构内部设置烦琐，部门数量过多，分工过细，布局密集，管理范围重叠，管理资源浪费。同时，在机构设置过多和管理机制混乱两方面的影响下，导致管理效率低下的局面出现。

3. 社区管理效能难以发挥

随着城市化的进程加快，政府的服务职能逐渐下放基层社区，因此承担着与法律定义不相符的身份及职责。另外，由于居委会自身的局限性，以及行政权力的缺失，很难全面地实施管理建设现代化城市社区，其社区管理效能必然导致无法充分发挥。

4. 业主权利无法保障

根据对北京实行市场导向型的物业管理模式的部分社区，基本上都存在着业主对物业公司的选择权利缺失，二者存在着单项选择关系。开发商为了自己的利益，对物业公司的管理片面的看中经济效益，从而忽略了对业主的服务，更忽视了业主自行挑选及更换物业公司的权利。由此，业主和物业公司间的矛盾无法得到有效的解决，随着矛盾的积累，一定程度上增加了社会不稳定因素的增长。

5. 社区安全及卫生无法保障

在走访调查过程中，我们发现：小区道路上停满了车辆，紧急逃生通道堆满杂物，交通不畅，安全无保障，这是社区居民普遍对物业公司的管理不满的意见众多的问题之一。再者，许多物业管理公司片面地追求经济效益，将小区里的停车位对外租赁，连带问题继而出现，社区物品的丢失，居民住宅被盗等现象增多，社区环境及安全得不到保障，业主与物业管理公司的矛盾激化（见图1）。

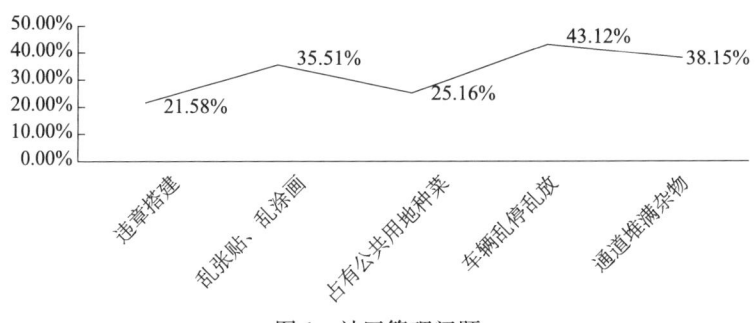

图1 社区管理问题

6. 物业管理恶性循环

对物业管理公司来说，物业管理费是维持工作机制正常运营的重要支撑，也是物业管理公司的服务质量的重要保障。然而，随着业主与物业管理公司之间的矛盾激化，物业管理费收缴困难与物业管理公司服务减弱之间出现恶性循环，最终导致物业公司运营困难，物业管理服务难以到位的局面出现。

（四）主要特色

通过实地考察研究并结合当前政策做出综合、全面的分析，使调查结果更有说服力。

北京地区农村生活垃圾处理现状

——以密云、大兴、平谷、昌平为例

项目组成员：张鑫蕊 周曦 佟彤 韩晶 杨旋 刘灿
指导教师：杨博琼

摘 要：当前，北京对于生活垃圾处理投入大量人力、物力。也取得了显著的成效。但边远郊区的乡镇面对转运困难及财政困难，生活垃圾的处理依旧不容乐观，各种各样的垃圾污染普遍存在，对农村环境造成了很大的污染。本项目以农村生活垃圾的处理模式为研究对象，从农村生活垃圾存在的问题，运输问题，存储问题，垃圾中转站建立等几个方面进行研究。本研究通过对北京农村地区生活垃圾处理的调查与分析，得出关于农村生活垃圾处理的相关政策建议。

关键词：北京农村　生活垃圾　垃圾污染

在我国，农村区域面积占国土面积的 67.2%，农民人口占全国总人口的 57.3%，党的十九大报告指出，我国社会主要矛盾已经转化为人民日益增长的美好生活需要和不平衡不充分的发展之间的矛盾。农民对于自己所处的环境的要求也越来越高，目前，农村污染的主要形式就是农村生活垃圾的处理不当造成的污染。我国农村生活垃圾产生量不断增加，根据有关调查，全国农村生活垃圾年产生量约 3 亿吨，约占城市生活垃圾产生量的 75%，并以每年 8%~10% 的速度增长。农村环境问题是民生大事，对于生活垃圾的收集过程和处理方式就变得尤为重要，而北京作为首都更是备受关注。

一、农村生活垃圾的产生与组成

农村生活垃圾是指在农村区域的当地居民日常生活或者为日常生活提供服务的过程中产生的固体废弃物，包括厨余、菜叶、秸秆、厕纸、包装袋、烟头、电池、纸盒等。从包含种类来看，农村生活垃圾组成成分相对于城市相对简单。一般来说，农村家庭每户的生活垃圾组成成分基本相同，但受个别因素影响，比如耕种农作物不同的影响。农村生活垃圾整体的含水率比较低,易腐有机垃圾含量比较高,垃圾热值高于城市生活垃圾。

数据显示,我国农村生活垃圾人均生产量为0.76kg/d,略低于城市生活垃圾0.77kg/d,生活垃圾产生量差异较大,最低的是0.15kg/d,最高为0.29kg/d。农村生活垃圾主要为有机和无机垃圾,占垃圾总量的79.60%,其中有机物占38.44%,无机物占41.16%,可回收和有害物质占18.67%和1.73%。中国农村生活垃圾主要以粪便为主,占垃圾总量的42.38%,其次是厨余垃圾,占垃圾总量的35.97%,各种成分大小顺序为粪便＞厨余＞塑料＞其他＞纸＞玻璃＞织物＞金属。

二、农村生活垃圾分类处理的意义

垃圾分类收集是一种对于垃圾不同用途分类投放的物流管理,分类后采用不同的处理技术实现垃圾再利用。

根据调查,我们发现北京农村地区垃圾处理方式大部分为混合收运。农村生活垃圾垃圾中有大量的灰土存在,农村生活垃圾具有生物降解成分低,有机质含量低的特点。如果混合垃圾只适合填埋,就不能满足资源循环利用和垃圾处理的要求。

对于北京地区,垃圾收集运作采用"户投放,村收集,乡镇中转,市处理"的模式,但是北京市农村区域面积相对较大,生活垃圾分散范围大而零散,给清运工作带来巨大困难。清洁员从农村各区域收集上来的垃圾往往需要经过长距离的运输才能到达垃圾处理厂。而一些偏远山区则需要更长距离的运输,最终造成垃圾运输费用高于城市。因此垃圾源头减量处理、就地处理就变得尤为重要。

三、调研数据分析

(一)样本基本情况

本次调研选取了北京市周边4个区的33个村,共回收504户有效问卷,其中大兴区174户,密云区179户,平谷区66户,昌平区85户。男性受访者占55.75%,女性受访者占44.45%,男女比例基本均衡。其中,452户为农业户口,占总数的89.7%;52户非农业户口,占总数的10.3%。

在504位受访者中,有20位为村干部,占总人数的4%;党员60人,占总人数的11.9%;47.51%的受访农户在2017年务农;41.9%的农户在2017年有非农业收入。

表1　　　　　　　　　被访者年龄、教育分布

统计类别	分类指标	比例（％）
年龄	20～30	33.5
	31～40	15.9
	41～50	19.2
	51～60	16.3
	60以上	15.1
教育	文盲	6.0
	小学	14.7
	初中	23.8
	高中（包括中专）	25.0
	大专及以上	30.6

数据来源：笔者调研。

从表1可以看到，受访者年龄分布较为均匀，各年龄阶层都有抽样，其中30岁以下的年轻受访者较多。另外，20～25岁、31～35岁的受访者中女性较多，其余年龄组均为男性受访者多于女性受访者。与全国范围农村地区人口年龄结构不同的是，北京周边农村地区20～30岁的人口比例明显较高，且男女比例较为平衡。这与北京市周边农村发展速度较快有着密不可分的联系。

受访农户的文化程度多在初中及以上水平，虽然依然存在文盲，但在农村地区整体是处于较高水平，这也一定程度上保证了我们的问卷质量。

此外，我们还对被访者的房屋建筑、财产情况进行了了解，为相关分析提供依据。超过80%的农户家有3～5间正房，多为砖瓦结构，大部分农户的建筑面积在60～120平方米这一区间内。房基地面积主要集中在170～210平方米这一区间。房产现值主要集中在10万～178万元之间随着现值的增加数量减少，但是在178万～220万元这一区间内数量又有所增加。

（二）农村垃圾收集情况

在问卷中，我们设计了8道垃圾处理及收集的相关问题，其中也涉及了农户的垃圾处理支付意愿，希望对北京农村垃圾处理情况有更深入的了解。

分析数据得出，在我们的样本里，绝大部分都有人来收集垃圾，并且夏天有89.3%的村庄在1～2天之内收集一次，到冬天则有89.9%的村庄是在3～7

天收集一次，占大多数，这说明大部分村庄对垃圾收集的效率较高。

我们发现，98.0%的家庭都把垃圾放到指定的收集点，占绝大多数。除了环保意识之外，我们假设垃圾堆放点的位置以及费用问题可能都是影响因素之一。于是，看到家里离指定的堆放点绝大多数都不超过100米，为92.26%，这一定程度上反映了垃圾堆放点的位置确实对垃圾的集中有一定促进。

而绝大多数家庭没有交垃圾费，占98.0%，这说明不收取费用在一定程度上也是对垃圾集中有所促进。

此外，在每户每月交5元的情况下，80.6%家庭都不愿意交钱来雇人运走垃圾；而换成每户每月2元，愿意支付的人群数量就会有所上升，但比例仍未过半，为48.02%。可能降低价格对于农户缴费的意愿会有所增加，但是收取的费用降低对于垃圾集中处理的经济成本是一种提高，因此垃圾集中处理的推广存在一定的难度（见表2）。

表2　　　　垃圾收集情况与垃圾处理费的支付意愿

统计类别	分类指标	比例（%）
村里有没有人收垃圾	有	99.40
	没有	0.60
夏天平均多长时间收集一次	1~2天一次	89.29
	3~7天一次	10.71
	7天以上	0
冬天平均多长时间收集一次	1~2天一次	56.35
	3~7天一次	33.53
	7天以上	10.12
你家把垃圾放到了指定的收集点吗	是	98.02
	否	1.98
你家离最近的指定垃圾堆放点有多远	≤100米	92.26
	>100米	7.74
你家交垃圾费了吗	有	1.98
	没有	98.02
如果村里雇人每天运走垃圾，条件是每户每月交5元钱，你愿意吗	愿意	19.44
	不愿意	80.56
如果村里雇人每天运走垃圾，条件是每户每月交2元钱，你愿意吗	愿意	48.02
	不愿意	51.98

数据来源：笔者调研。

(三) 农村垃圾的集中处理情况

分析数据得出（见表3），大多数的村民周围有固定的垃圾处理点，占68.15%；大部分处理点都是政府定期派人处理，占81.15%；少部分由村民自行清理，占17.66%；极少数存在无人清理的情况，占1.19%。

对被收走的垃圾的处理方式，大部分村民都不了解，占83.53%，一小部分知道是焚烧处理、掩埋、随意堆放，分别占8.93%、2.98%、1.19%，极少数知道是进行沼气池处理，占3.37%。这一定程度上反映了农民对于垃圾处理的意识的薄弱。

对于生活垃圾处理点态度，74.21%村民都是满意的，6.75%非常满意，13.69%的人觉得一般，5.36%的人不满意。这与上面对于被收走垃圾的处理方式的不了解形成了映照，一定程度上反映了村民对于垃圾处理的不关心。

在环保意识方面，77.53%的村民都很在意生活垃圾对环境的污染，而22.47%的则不在意；至于不能实现垃圾处理的原因，接近一半的人认为是设施不全，占46.52%；认为是对垃圾分类的益处不了解和缺乏环保意识的人数都在二成左右，分别为20.68%与17.69%，剩下少数人不知道如何分类，以及认为没有意义，分别占8.15%与6.65%。这证实了源头分散化处理的推广困境（见表3）。

表3 垃圾处理点与环保意识

统计类别	分类指标	比例（%）
周围有没有固定的垃圾处理点	有	68.25
	没有	31.75
垃圾点的处理情况	政府定期派人处理	81.15
	无人清理	1.19
	村民自行清理	17.66
如何处理收走的垃圾	焚烧	8.93
	掩埋	2.98
	沼气池处理	3.37
	随意堆放	1.19
	不清楚	83.53
您对生活垃圾处理的态度	非常满意	6.75
	满意	74.21
	一般	13.69
	不满意	5.36

续表

统计类别	分类指标	比例（%）
您对生活垃圾污染环境的看法	不在意	22.47
	很在意	77.53
不能实现垃圾处理的原因	缺乏环保意识	17.69
	设施不全，无法分类投放	46.52
	对垃圾分类的益处不了解	20.68
	不知道如何分类	8.15
	认为没有意义	6.65
	其他	0.40

数据来源：笔者调研。

（四）农村垃圾分类实际情况

表4为目前北京周边农村地区垃圾分类的情况。

表4　　　　　　　　垃圾分类情况

统计类别	分类指标	比例（%）
厨余垃圾处理方式	扔掉	41.87
	堆肥	19.25
	沼气	1.79
	饲料	37.10
可回收垃圾处理方式	扔掉	28.97
	堆肥	70.04
	沼气	0.99
不可回收垃圾处理方式	扔掉	87.90
	堆肥	2.78
	沼气	9.33
平时会不会注意垃圾分类	会	44.64
	不会	55.36
如果垃圾桶是分类垃圾箱，会不会注意垃圾分类	会	92.66
	不会	7.34
对于实施垃圾分类的想法	支持	96.83
	不支持	3.17
政府有没有宣传有关垃圾分类处理	有	12.50
	没有	87.50
政府如何宣传垃圾分类处理	广播、公告、标语等	83.03
	发放分类垃圾桶	16.97

数据来源：笔者调研。

根据调研数据可以看出，群体中的大多数对厨余垃圾和不可回收垃圾选择扔掉处理，大多数人对于可回收垃圾的处理是堆肥。数据中有55.36%的人选择了不会注意垃圾分类，比例略高于会注意垃圾分类的选项。

对于实施垃圾分类的想法，绝大多数人是同意的。我们发现如果垃圾桶是分类垃圾箱，绝大多数人是会注意垃圾分类的。另外，在调查中我们发现政府对于垃圾分类处理的宣传并不到位，有87.5%的被调查者表示并没有看到过政府宣传与垃圾分类处理有关的内容。宣传方式也比较专一，大部分集中在广播、公告、标语这种方式上。

综上而言，垃圾集中处理与分散处理各自有推广难度，想要推广垃圾集中处理，则需要考虑如何进行收费的问题。同时，可以借鉴已成功运行的模式，如在源头分类的基础上，各地政府要加大基础设施建设的投入，推广在各农户步行3~5分钟的地方多建标明分类的垃圾池（桶），减少处理的成本，以此来均衡少收费的损失。

而想要推广垃圾分类处理，则需要政府对于垃圾分类的好处做宣传，着重于垃圾处理对于村民的好处，以增加村民对于垃圾处理的关心程度，来减少垃圾源头分散处理的难度，并且可以适当建立一些奖励机制，如对垃圾分拣分类工作成绩突出的村民和村镇采取奖励制度（如奖励日常生活用品、免费提供优质的垃圾有机肥料）。同时，村镇生活垃圾的高效处理有很强的专业性要求，而其节点极其分散的特征，又是达到专业运营要求的阻碍。目前，在收集运输等前端环节中，二次污染等问题普遍存在。为此，有必要建立延伸至收集环节的村镇生活垃圾处理全过程专业化运营体系。

四、农村生活垃圾处理中出现的问题

（一）农村生活垃圾处理缺乏资金投入

目前，我国农村经济水平已经有了很大的提高，但相比于城市依旧较低，大部分农村生活垃圾没有设立专门的治理资金，上级政府对于垃圾处理的财政扶持也非常少。我国虽然在不断加大投入农村环境综合治理资金，但由于我国农村村镇数量多，申请难度非常大，并且农村地区由于路程相对较远，垃圾的运输费和处理费成本就变得相当高。由此可见，农村垃圾收集和运营存在很大的资金缺口。尽管北京地区的农村区域较一些城市相对发达，但短时间内仍无法按城市垃圾标准处理模式进行统一收集处理。另外，国家不断要求提高农村生活垃圾处理程度，但由于缺乏资金的支持，镇、村级经济承受能力弱，对于各级政府财政的支持力度很难同步。由于资金问题，农村地区的相关清洁人员和基础设施并不能到位。在我们调查的大部分村庄中，对于清洁人员是十分缺少的，比如我们在调查的一个村庄有 400 户村民，但只配备了 3 名清洁人员，并且 3 名清洁人员采用轮班上岗的方式，实际上每天负责清理生活垃圾的人员只有 1 名，另外，村中的每天所收集的垃圾的堆放地点只有两处，人员配备和基础设施的配备都是匮乏的。对于垃圾收运处置费用，如果将这笔费用转移给农民，根据我们的调查结果显示，很多农民是不愿支付费用的；如果由政府财政承担，绝大部分农业镇也承担不起。

（二）农村生活垃圾基础设施滞后

农村垃圾经过村、镇（乡）、县的收集处理才能有做到有效分类处理，目前大部分农村还缺乏资金建垃圾池、设立垃圾收集点、建垃圾压缩中转站等基础设施建设。一般农村的垃圾收集点都设在居民区旁边，收集点的选址没有作综合分析，从而造成部分收集点运输距离远、运输费用高；转运站没能及时处理，从而造成收集点周围产生的臭气、废水及灰尘等问题，严重影响周围居民生活。大部分农村的生活垃圾收集运输一般采用敞开式运输方式，运输过程容易造成废水滴漏、垃圾的散落和产生臭气等二次污染问题。

（三）环保认知的薄弱

根据我们的调查，尽管北京地区农村区域的文化程度高于部分城市，但对于环保的认识还是欠缺的。在我们的调查中我们可以发现，大部分村民是有环保意识的，但是对于环保的相关知识并不是很了解。这也跟政府的宣传有关，大部分村民表示政府并没有宣传有关垃圾分类处理的内容。尽管有些区域的政府进行了宣传，但是宣传效果还是不理想。政府宣传手段大多是广播、标语之类的方式，村民的接受程度较低，导致村民在环保认知上并没有显著提高。

五、解决农村生活垃圾污染以及生活垃圾分类处理的建议

（一）政府进一步加大资金投入和强化配套管理政策

1. 加大农村财政投入。我国农村垃圾收集处于无监管部门、经费投入较少、保洁队伍缺失的状况非常普遍。大部分农村由于发展滞后以及资金的不到位，不能实现垃圾资源化和减量化。大部分农村收集的生活垃圾都集中堆放在简易堆放场，严重恶化了农村环境。财政资金投入较少使得农村生活垃圾收运系统、垃圾处理设施严重不足。相比较，中国在城市垃圾处理方面投入较多，管理体制较为完善。地方财政有稳定的资金投入，但在农村则比较稀缺。因此，要加

大对农村生活垃圾收集和处理的投入。

2. 进一步完善以政府为主导的管理机制。农村的生活垃圾问题关注程度不如城市的高，农村生活垃圾的相关工作还没有纳入公共管理体系。大部分乡镇没有专门的管理机构，缺乏专职人员，村民对垃圾分类意识不强。因此，需要尽快建立政府主导的农村生活垃圾管理机制。城市生活垃圾管理职能将向农村推广，建立城乡一体化管理服务体系和基础设施体系。制定工作制度，实行系统的环境卫生作业制度，实现农村生活垃圾及时清洁的目标。

3. 培养群众的环保意识。政府对于环保知识方面的宣传还不到位，今后应该调整宣传方式，采用可接受程度高的方式向村民宣传。定期开展环境保护的知识讲座，向村民讲解垃圾分类处理的益处，改变村民对于垃圾处理不重视的心态，营造良好的氛围。

（二）鼓励村民自觉处理垃圾和增加村民的奖惩措施

村民个人和政府共同发挥作用建立起农村生活垃圾治理体系。鼓励村民以个人或集体的方式参与清扫保洁、收集运输等工作，参与生活垃圾收运设施的建设。制定农村生活垃圾治理的奖惩措施，发挥政府资金的引领作用。对于生活垃圾分类处理好的村庄，政府给予一定的资金奖励，改变村民的认知，让村民认识到环境也能带来经济效益。形成"村民爱护环境、环境产生收益、收益投入环境"的良性循环。

（三）加大科研投入，提高农村生活垃圾污染控制现代化处理水平

各级地方政府和科技部门要加大支持力度，将生活垃圾处理技术研究纳入相关科研计划。专项经费专项用于对农村生活垃圾的处理和处置进行专项研究，研究开发适用于农村生活垃圾处理处置的新技术、新设备。

六、总结

农村生活垃圾污染防治仍然是我国环境保护工作的重点，是新农村建设过程中非常重要的环节。为了解决农村生活垃圾问题，政府应该进一步加大资金投入和强化配套管理政策，鼓励村民自发参与到环境保护的过程中来。农村生活垃圾处理效果的好坏对于保护农村生态环境，促进社会主义新农村建设，实现农村可持续发展有重大的意义。

本研究参考文献

[1] 张卫明. 植物资源开发研究与应用 [M]. 南京：东南大学出版社，2005.

[2] 王金霞，李玉敏，白军飞，等. 农村生活固体垃圾的排污特征、处理现状与管理 [J]. 农业环境与发展，2011（2）：1-6.

[3] 李国刚，曹杰山，汪志国. 我国城市生活垃圾处理处置的现状与问题 [J]. 环境保护，2002（04）：35-38.

[4] 岳波，张志彬，孙英杰，等. 我国农村生活垃圾的产生特征研究 [J]. 环境科学与技术，2014，37（6）：129-134.

社会网络视角下农户农资网购模式的选择机理

——以北京京郊农户为例

> **项目组成员：** 李宜全　刘春燕　宋晨曦
> **指导教师：** 李婷婷

摘　要： 近年来，中国电子商务迅猛发展，不仅在城市地区发展迅速，农村电商的发展也逐步兴起。但在发展中由于基础设施不足，农村居民的观念问题，以及受村干部以及零售商的影响等问题，农村电商的发展始终很缓慢。不同于城市居民的主要消费市场，农村电商的发展更侧重于农产品资料的购买。所以本研究主要以京郊地区为例，对社会网络的视角下农户农资电商的选择机理进行分析，对农户在进行农资网购时起到指导作用，推动农资电子商务在京郊地区的发展，推动农业现代化。

关键词： 社会网络视角　农户农资网购　选择机理　农资网购建议

一、项目的基本情况

（一）研究内容

1. 以社会网络的视角对北京京郊地区农户农资购买状况进行调研。
2. 农户农资电子商务在北京京郊地区的发展。
3. 京郊地区农户农资网购的选择机理。

（二）研究目标

总结京郊地区农户农资网购的选择状况并发现问题提出意见与建议。推动中国农村农户农资电子商务的发展，变革传统农资销售方式，推动农业现代化发展。

（三）拟解决的问题

改变农户传统农资购买方式，推动电子商务在京郊地区的发展。

（四）主要特色

1. 本次调研我们主要以一种新的视角——社会网络的视角研究农户农资的选择与购买。
2. 在农村电商中我们主要侧重于农户农资方面进行拓展性研究。

二、项目成果

（一）调查背景

随着互联网技术的不断发展，中国电子商务迅猛发展，但主要集中于城市地区，农村电商发展相对缓慢。但随着改革开放的不断深入、社会主义新农村的建设以及党的十九大习近平新一代指导思想中对"三农"问题的重视，农村建设变得尤为重要。其中农村电商的发展就占据了很重要的地位。农村电商市场中又以农产品资料的购买最为重要。而北京地区作为我国的首都，经济发展十分迅速，同时农村发展的相对来说也比较好，所以本次我们主要就北京京郊地农户农资的网购选择进行了调查分析。

（二）研究目标及特色

本次研究我们总结京郊地区农户农资网购的选择状况并发现问题提出意见与建议。推动中国农村农户农资电子商务的发展，变革传统农资销售方式，推动农业现代化发展。同时本次调研我们主要以一种新的视角——社会网络的视角研究农户农资的选择与购买。

（三）数据收集

本次调查我们主要通过问卷调查的形式进行了调查，我们组 3 个成员主要去往昌平附近的几个农村，采取面对面交流进行了问卷调查以及对周边同学家中有土地的同学进行了询问并填写问卷，共收集 30 份有效数据。利用 Spss 软件分析后进一步思考得出相应的结论。

（四）数据分析

1. 农户基本数据分析

我们所调查的农户数据中，男女比例分布较为均衡。男性占 56%，女性占 43%（见表1）。

表1　　　　　　　　　　农户基本数据分析（性别）

		Frequency	Percent	Valid Percent	Cumulative Percent
Valid	女	13	43.3	43.3	43.3
	男	17	56.7	56.7	100.0
	Total	30	100.0	100.0	

在年龄层次方面，大部分被调查者的年龄处于50岁以下，30~50岁阶段的较多，50岁以上的仅占20%。这也体现了京郊农业主力从事人员的年龄分布情况（见表2）。

表2　　　　　　　　　　农户基本数据分析（年龄）

		Frequency	Percent	Valid Percent	Cumulative Percent
Valid	0~40	12	40.0	40.0	40.0
	41~50	12	40.0	40.0	80.0
	51~60	3	10.0	10.0	90.0
	61~70	3	10.0	10.0	100.0
	Total	30	100.0	100.0	

在文化程度方面，各个阶段分布均匀，10%的农户文化程度在小学及以下，以高龄农民为主。33%的农户文化程度是初中，20%的农户文化程度是高中，36%的农户文化程度是高中以上（见表3）。

表3　　　　　　　　　　农户基本数据分析（文化程度）

		Frequency	Percent	Valid Percent	Cumulative Percent
Valid	小学及以下	3	10.0	10.0	10.0
	初中	10	33.3	33.3	43.3
	高中	6	20.0	20.0	63.3
	高中以上	11	36.7	36.7	100.0
	Total	30	100.0	100.0	

在地域分布方面，46%的农户位于昌平区，房山区、怀柔区、平谷区、通州区、延庆区均有农户分布（见表4）。

表 4　　　　　　　　　　农户基本数据分析（住址）

	Frequency	Percent	Valid Percent	Cumulative Percent
昌平区	14	46.7	46.7	46.7
房山区	5	16.7	16.7	63.3
怀柔区	2	6.7	6.7	70.0
平谷区	3	10.0	10.0	80.0
通州区	5	16.7	16.7	96.7
延庆区	1	3.3	3.3	100.0
Total	30	100.0	100.0	

2. 农户农资网购了解程度因素分析

在是否听说过农村网购方面，数据分析显示，40％的农户听说过农资网购，60％的农户没有听说过农资网购，对于农一网、云农场等农资电商平台有过了解的少之又少。这体现了在京郊地区，农资网购的普及度并不高，需要增加宣传力度。

由数据分析可得，农户是否听说过农资网购与种植面积、文化程度、年龄均有一定的关系。农户植种面积越大，听说过农资网购的可能性越大，越多人会选择去农资网购。农户文化程度越高，对农资网购的了解越多，农户越年轻，对农资网购的了解越多。这体现了互联网作为新型农资购买平台，与互联网普及程度影响因素息息相关。2017年中央"一号文件"《关于深入推进农业供给侧结构性改革加快培育农业农村发展新动能的若干意见》正式发布，文件的一个重要特点是有史以来提及"电子商务"最多的"一号文件"。农资电商由此可见在农村有巨大的发展平台，但是农户文化程度等因素直接影响了农户对农资网购模式的了解。

3. 社会网络对农资购买方式影响分析

通过调查农户与其社会上其他相关人员的关系，我们试图调查农户购买农资时，是否会受到社会网络的影响。

40％的农户与政府部门相关人员关系非常不密切，40％不密切，13％与其关系一般，仅有6％的农户与政府部门相关人员关系密切。由此可见，大多数农户与政府部门关系很少，由于互动的局限性，选择方式受这些人员影响很小（见表5）。

表 5　社会网络对农资购买方式影响分析（政府部门相关人员关系）

		Frequency	Percent	Valid Percent	Cumulative Percent
Valid	非常不密切	12	40.0	40.0	40.0
	不密切	12	40.0	40.0	80.0
	一般	4	13.3	13.3	93.3
	密切	2	6.7	6.7	100.0
	Total	30	100.0	100.0	

6%的农户与村干部关系非常不密切，33%的农户与村干部关系不密切，43%的农户与村干部关系一般。这说明，村干部对农户农资选购模式的影响也不是很大（见表6）。

表 6　社会网络对农资购买方式影响分析（与村干部关系）

		Frequency	Percent	Valid Percent	Cumulative Percent
Valid	非常不密切	2	6.7	6.7	6.7
	不密切	10	33.3	33.3	40.0
	一般	13	43.3	43.3	83.3
	密切	4	13.3	13.3	96.7
	非常密切	1	3.3	3.3	100.0
	Total	30	100.0	100.0	

10%的农户与农资零售商关系不密切，46%的农户与农资零售商关系一般，43%的农户与农资零售商关系密切。由此可见，大部分农户与农资零售商关系十分密切，这也是农户青睐于实体店购买农资的很大原因，长期的互动使农户对农资零售商信任感很强，农资零售商在农户社会网络中对其购买方式影响颇大（见表7）。

表 7　社会网络对农资购买方式影响分析（与农资零售商关系）

		Frequency	Percent	Valid Percent	Cumulative Percent
Valid	不密切	3	10.0	10.0	10.0
	一般	14	46.7	46.7	56.7
	密切	13	43.3	43.3	100.0
	Total	30	100.0	100.0	

63%的农户与其他一般农户的关系是一般。20%的农户与其他一般农户的关系是密切，6%的农户与其他一般农户的关系是非常密切。因此，一般农户与农户的关系较为密切，其行为与言论将会对农户的购买方式产生一定影响（见表8）。

表8　　社会网络对农资购买方式影响分析（其他一般农户）

		Frequency	Percent	Valid Percent	Cumulative Percent
Valid	非常不密切	1	3.3	3.3	3.3
	不密切	2	6.7	6.7	10.0
	一般	19	63.3	63.3	73.3
	密切	6	20.0	20.0	93.3
	非常密切	2	6.7	6.7	100.0
	Total	30	100.0	100.0	

在与焦点农户的关系上，73%的农户认为是一般，10%的农户认为不密切，16%的农户认为密切，所以，焦点农户在农户种植方面，有不可小觑的影响力，可以作为农资电商推广的入手点（见表9）。

表9　　社会网络对农资购买方式影响分析（焦点农户）

		Frequency	Percent	Valid Percent	Cumulative Percent
Valid	不密切	3	10.0	10.0	10.0
	一般	22	73.3	73.3	83.3
	密切	5	16.7	16.7	100.0
	Total	30	100.0	100.0	

4. 农户对农资网购的看法分析

53%的农户不同意网上订购容易，这体现了网购平台在农村的普及程度，直接影响了农资网购。大部分年龄较大的农户，并没有对互联网得心应手，认为互联网操作复杂，学习起来还要吃力，与网购相比，他们更愿意选择所熟知的零售平台（见表10）。

表10　　农户对农资网购的看法分析（网上订购容易）

		Frequency	Percent	Valid Percent	Cumulative Percent
Valid	不同意	16	53.3	53.3	53.3
	一般	12	40.0	40.0	93.3
	同意	2	6.7	6.7	100.0
	Total	30	100.0	100.0	

在网购质量无法保证方面，6%的农户很不同意这一看法，然而大多数农户选择了默认或同意态度，这代表农户对网购质量方面确实心存疑虑。要想发展农资电商产品，首先让消费者认为质量有保障是十分重要的（见表11）。

表 11　　农户对农资网购的看法分析（网购质量无法保证）

		Frequency	Percent	Valid Percent	Cumulative Percent
Valid	很不同意	2	6.7	6.7	6.7
	不同意	3	10.0	10.0	16.7
	一般	15	50.0	50.0	66.7
	同意	10	33.3	33.3	100.0
	Total	30	100.0	100.0	

（五）农资网购存在的问题深究

通过对数据分析，我们以社会网络视角，发现了京郊农村地区农资购买发展的一些特点，结合国家发展大背景，其中不乏存在很多问题，我们也提出了一些实施起来较为可行的建议。

问题：

1. 农村互联网普及率不高，存在年龄差问题。中国互联网络信息中心发布的第 39 次《中国互联网络发展状况统计报告》显示，到 2017 年 2 月为止，我国农村网民的数量达到 2.01 亿人，较 2015 年年底增加了 526 万人，增长率仅为 2.7%。城镇的互联网普及率为 69.1%，而农村地区仅为 33.1%，二者的绝对差距为 36 个百分点。然而，在 2015 年年底，该差距仅为 34.2%。这说明农村互联网普及率远不及城市高，而且大多数年轻人应用广泛，作为中年人占多数的农户群体，互联网普及率较低。这也是当前农资网购发展的绊脚石。

2. 假货问题影响农户信任值。因为部分农资产品生产的门槛较低，在监管方面，农资市场也比较松散，再加上农民对假货的辨别能力较低等因素，假冒伪劣商品也是农资市场的毒瘤，而电商平台农资假货问题更是屡禁不止。因此，网购产品的质量影响了农户对农资电商的信任值。

3. 农产品电商平台形式老旧，缺乏发展活力。截至 2015 年年底，我国共有涉农网站 3 万多家，但这些网站存在创新能力不足、大量重复建设等问题，这导致国内农产品电商只有 1% 能够盈利，7% 巨额亏损，88% 略亏，4% 持平。在大型购物平台——淘宝上，有超过 3000 万种不同的商品，但是这些商品中很少有为农村市场专门进行设计的，网店的装修、物流等方面也很少针对农村市场进行改进。

4. 社会环境因素影响下的各类问题。社会环境变量包括子女是否经常网购，与村干部和焦点农户的关系以及农户与经常光顾的农资零售店的距离等。在农村"熟人社会"里，人情关系也变成了引导农资购买行为的一个重要因素。在周围环境的影响下，农户是否听说过农资网购对其意愿可能有影响。调查中发现，农村社区中有一些替农户进行网购行为的代理服务站，大多数农户在选择自己网购还是通过服务站完成网购时，大多数选择后者。因而，要想发展农资网购，一定要考虑社会网络视角下农村特殊的社会环境对农户购买行为的影响。

建议：

一是加强引导，有针对性地开拓市场。通过研究年龄、文化程度、种植规模等因素下农户的网购意愿，我们发现了一系列规律。所以，在进行农村市场开拓时，要注意对不同层次的把握。特别注意文化程度较高、种植规模大的农户的引导。

二是发挥社会网络作用。发挥社会关系网络在农村社区中的重要作用。研究指出，社会关系是农户获取新信息的主要途径。因此，对于焦点农户、村干部可以重点培养，农户对农资零售商的信任感很强，所以要充分利用零售店这一线下途径。

三是加强政策扶持，为农资电商的品牌化发展提供支持。吸引农户农资网购主要有网购的经济性、便利性、快捷性。但同时互联网的虚拟性、支付的不安全性、货物质量的不确定性以及对于传统购买习惯的依赖性也是导致很多农户不愿接触网购的主要原因。作为追求利益最大化的经济人，农资的质量关系到农户全年的收益，但是虚拟的网络存在着很多不确定性。在这种情况下，农户更愿意选择实体农资零售店购买农资，即使出现质量问题，农户也可以直接找零售商索赔。所以，一定要加强政策扶持，推进农资电商品牌化发展和合理售后服务，获取农户信任。

四是建立系列的农资网购体系。对于农村来说，各种基础设施还不够完善，在网络的大范围下，农村网购还处于非常基础阶段，所以要建立从供货商到分销商到农村代理一系列的体系，使农民在购买使用等方面更加方便快捷。

三、总结

在网络高速发展的今天，互联网大时代的来势已经十分显著。农资电商作为还未发展完善的一个行业，虽然存在诸多问题，但毫无疑问可以成为未来农资产品供应的主要渠道。农资电商的发展需要政府、市场的共同努力，这将给农户带来更为便利的种植体验与广阔的发展空间。

本研究参考文献

[1] 谢文婉，茹雯浣．社群经济下农资电商的 IP 化探索 [J]．中国商论，2017（06）．
[2] 王永崇．国内农资电商发展形势状况及趋势评析 [J]．农药市场信息，2015（06）．
[3] 柏芳兰，甘信东．一体化农资电商平台发展探索 [J]．电子商务，2015（10）．

市民对住宅小区街区制的看法及影响因素分析

> 项目组成员：石川冰　王小东　王　利　阮欣怡　李璐璐
> 指导老师：陈　娆

摘　要： 住宅小区街区制自 2016 年 2 月发布以来在社会各界引发了不少争议，有持赞成态度的，当然也存在一些否定的态度。既然产生分歧，那么肯定意味着这一政策涉及了不同群体之间的不同利益。那么是哪些群体之间存在着分歧呢？是什么因素导致这些群体之间产生分歧的呢？对此，我们利用暑假实地走访调查的方法，并使用收集到的数据进行了回归分析，得出如下结论：产生分歧的群体与市民的性别年龄等因素没有太大关系，而是与之职业类型有一定的关系。在此基础上，我们进一步找到了导致这些群体之间产生分歧的因素。

关键词： 街区制　满意度　logistic 回归分析　影响因素

一、研究背景

2016 年 2 月 6 日，中共中央国务院发布的《关于进一步加强城市规划建设管理工作的若干意见》中，第十六条明确指出："要优化街区路网结构，要在新建的住宅中推广街区制，原则上不再建设封闭住宅小区"。

随着"意见"的实施，社会各界人士议论纷纷，众说纷纭。很多人担心住宅小区街区化之后，社会治安、环境卫生等涉及人们生活的方方面面的问题也会随之而来。

对于住宅小区街区化，北京大学城市与环境学院吕斌教授介绍说，住宅小区街区制的主要目的并不是要开放之前的封闭式小区，而主要目的是在于通过打造小街区、窄马路来改善间隔过大、交通拥挤的城市路网。然而，传统的封闭式小区、大院、高校等大块的住宅设施就导致了道路与道路之间距离过大，密度下降，必然会造成不同程度的拥堵。对于北京的道路来说，道路面积占有相当大的比重，但是对于每一条路来说，宽度都非常大，其实就相当于是道路密度下降。打个比方，一条宽 100 米的道路和两条 50 米的道路，都是 100 米的宽度，但是 100 米宽的道路的整体利用率却不如两条 50 米的道路，造成北京交通拥堵，这一原因也不容小觑。

在吕斌教授看来，新中国成立以来逐渐形成的传统的封闭式小区、大院、高校等大块的住宅设施都可以通过管理者的管理及引导得到解决，并且在政策落实的过程中，必须要与相关业主进行协商，征求业主意见协商达成共识之后才能进一步落实住宅小区街区制的政策。在这一政策落实的过程中，必须要考虑到大部分相关业主所关心的补偿问题，切实解决为什么补偿和如何补偿的问题，最好形成相关法律法规，做到有法可依。

比如在开放小区道路的天通苑社区，居民可以开车在小区间穿行，就可以有效避开容易发生交通拥堵的立汤路。

北京市回龙观镇包括龙锦苑、龙腾苑、龙跃苑等大大小小近50个小区，从八达岭高速路以东一直延伸到地铁霍营站以东。早晚高峰不用多说，有些居民甚至连小区大门都出不去。尤其是北清路、回龙观西大街等路段。

因此，意见刚出台，马上就在社会上引发了广泛争议。为此，我们通过实地调查找出了一部分产生分歧的群体种类以及影响因素。

二、国外相关研究现状

（一）美国：小区是否开放取决于业主投票

美国早在1961年就意识到这个问题，当时社会活动家简·雅各布斯女士就提出纽约应搞"小街道，小社区"的设想。《美国大城市的生与死》一书道出了一个道理：一个大城市其实就如同一个人体，每条道路就是人体内的血管都有它各自的功能，并且密布整个身体。而且道路的建设不能仅凭政客的一面之词，要充分考虑当地的人文环境，不然就真的变成了以一条条冰冷的没有生机的乌烟瘴气的道路。

当时也有很多尖锐反对的意见，但后来欧美国家还是一步一步发生变化。现如今美国芝加哥等大城市地区，封闭住宅小区很少。据《环球时报》记者调查，芝加哥市区基本为街区制。为居民区内部交通安全考虑，芝加哥政府对过路车辆使用小区内道路在车速、禁止路段、使用时间等方面有严格的限制。

（二）韩国

韩国的住宅主要分为两大类：独栋住宅和公寓小区。独栋住宅实行街区制，住宅区块周边为公共道路，但道路较窄，车辆大多只能单向通行。新的住宅小区也是如此，楼外的道路仍为公共空间。

以现在的韩国首尔市东部的一山新都市为例。除部分新建独栋住宅之外，新建的小区道路一般方方正正，街区内即为一个小区的四个"团地"，有时街区一角也会建有幼儿园、公园等公共设施。团地内，车辆进入需要登记领出入证，人员则出入自由，但每栋楼有电子门禁，居民的安全可以得到保障。在团地内的商业活动也需要小区物业批准。

首尔市一些独栋住宅的聚居区正逐步面临改造，过去的密集的独栋住宅经过改造后变成一栋栋高楼，细密的道路也被小区内的道路取代，这些小区也是封闭式，但主干道不会被取消。

（三）日本：高等院校与街区融合

其实高校也是主要的占地面积较大的特殊区域。高校如何逐步"打开"也是大家关注的话题。

在过去，日本的大多数高等院校都是高度封闭的，可谓"戒备森严"，但是随着时代的发展，许多高等院校在修建时均不建设大门，像欧洲名校一样，将学校和社会街区完美融合。

三、研究意义及目的

基于我国的首都北京市的交通现状，解决交通问题迫在眉睫，但是仅仅靠限号政策来限制机动车出行、用摇号政策来限制汽车的出售或是征收交通拥堵费还是远远不够的，我们需要从各个角度考虑问题，不仅考虑车的问题，还要考虑到道路以及城市规划布局的问题。虽然，我们现状所研究的住宅小区街区化也仅仅是能否缓解交通拥堵问题的冰山一角，但是，仍然需要这一个"小角"能够将"力量"积少成多，为北京市的交通尽一份力。

通过本研究，结合国内外发展现状，拟立足于北京市昌平区回龙观镇龙泽苑小区，对不同类型的住宅小区街区制对道路通行产生的影响进行分析，为社会提供一个可以参考的舆论依据，使居民并不是盲目跟风下结论，而是在有了切实的理论依据后，居民们各个都有自己的判断，从而为政策的执行开辟道路。同时还可以为社区以及政府提供有益的借鉴，甄别小区街区化的利与弊，为切实保护群众的利益提供参考价值。

四、研究方法

（一）调查方法及问卷内容

本小组采用随机抽样的调查方法。主要针对北京市昌平区回龙观镇中具有代表性的、区域分布范围较广的龙泽苑社区。对小区内外街道上的行人、开车经过等红灯的司机以及被早晚高峰堵在路上的司机等作为受访对象进行简单随机抽样。

调查内容：被调查者的基本情况、对住宅小区街区制的了解程度和满意度，以及被调查者本人是否支持街区制的实施，支持或不支持的主要原因和对该政策的看法等。

（二）分析方法

首先使用 Excel 2010 将全部数据进行初步处理，然后使用统计学软件 Spss、Minitab 和计量经济学软件 EViews7 等进行 logistic 回归分析和模糊综合评价分析。默认 $P<0.05$ 为差异有统计学意义。

五、调查结果及分析

（一）模糊综合评价法

受访者的满意度指标有较强的模糊性，很难给出定量的描述。而模糊综合评价法是基于模糊数据的一种综合评价法，它在处理定性的不确定的及信息不完整的问题方面有很大的优越性，因此本文采用模糊综合评价法对居民满意度的评价进行研究，在此基础上继续进行其他相关分析。

由于最初的猜想：住宅小区街区制的实施最惠及的就应该是经常使用道路或经常经历拥堵的这类人群，分析数据得出，24.7%的受访者比较愿意实施街区制，这也是在这五个选项中占比最高的选择，非常愿意的选择占比仅有7.22%，并且在选择非常愿意的受访者之中有15%是平日开私家车出行的受访者，在选择比较愿意的受访者之中有30%是平日开私家车出行的受访者，当然这类人群也是最希望交通能够不再拥堵的人群（见表1）。

表1　　　　　　　　　　出行方式与实施意愿间的关系

	比较不愿意	比较愿意	非常不愿意	非常愿意	一般般
步行	0.0	33.3	0.0	11.1	55.6
公共交通	12.5	22.5	10.0	0.0	55.0
非机动车	10.7	21.4	14.3	10.7	42.9
私家车	15.0	30.0	10.0	15.0	30.0
全部	11.34	24.7	10.3	7.22	46.6

我们已经分析出受访者职业的不同才是影响实施意愿的最终原因，那我们

来详细分析一下哪些职业的受访者支持街区制的实施,哪些职业的受访者反对街区制的实施。由表2的结果我们可以分析出:在受访的退休族中,他们都选择了反对,分别为非常不愿意和比较不愿意,占这类人群的全部数量;大部分无业族也表示出了明显的反对;而大多上班族和打工族对街区制的实施都表示非常愿意或比较愿意;但整体看来,46.39%的受访者对街区制的实施持中立态度。究其原因,退休族和无业族完全可以选择交通不拥堵的时间段出行,即使他们身处拥堵,也不用为迟到、参加会议等事情急得焦头烂额,在这类人群看来,自己生活的舒适性和安全便捷度才是最重要的;对于大部分学生而言,他们也是就近上学,骑自行车、步行等方式均可到达,坐地铁也与地面交通的政策无关,所以59%的学生类人群也持中立的态度;而打工族和上班族则不然,地面交通对他们的影响极大,不论是开车出行还是公交地铁出行,早晚高峰都让他们无可奈何,他们甚至为了躲过早高峰需要4点起床,6点前就赶到地铁站,不然地铁站周围就会变得车水马龙,因为一旦迟到就会违反公司的规章制度,长此以往,扣工资事小,开除事大,所以这类人群真的十分需要这项政策的支持,不再建设封闭小区住宅,将封闭的小区街区制一定会为他们的出行状况有很大的改善(见表2)。

表2　　　　　　　　　　职业与实施意愿间的关系

	比较不愿意	比较愿意	非常不愿意	非常愿意	一般
打工族	14.29	28.57	0.00	14.29	42.86
上班族	12.50	28.13	9.38	15.63	34.38
退休族	66.67	0.00	33.33	0.00	0.00
无业族	0.00	16.67	33.33	16.67	33.33
学生族	8.16	24.29	8.16	0.00	59.18
全部	11.34	24.74	10.31	7.22	46.39

在分析过了出行方式对是否赞同街区制的实施意愿后,首先我们分析性别和年龄与负面影响的选择之间的关系。由表3得出,有32%的受访者认为实行街区制后,噪音增强影响居民休息是最主要的负面影响。我们发现,几乎一半的男性和女性都最看重休息的质量,其中只有13%的男性在意小区的环境质量,有21%的男性和20%的女性注重私家车停车的安全和便利问题。从表4的数据也可分析出,在意噪音影响休息质量的受访者几乎占到了半数。究其原因,住宅最为关键的还是在"住"字,不论男女老少都认为休息的质量是我们的首选,人们更注重家这个温暖的港湾能否让我们生活和休息得更加舒适。详见表3至表5。

表 3　　　　　　　　　　性别与负面影响的关系

	出行安全系数降低	环境质量下降	私家停车不便不安全	噪音影响休息
男	11	5	8	14
女	7	13	12	27
全部	18	18	20	31

表 4　　　　　　　　　　年龄与负面影响的关系

	出行安全系数降低	环境质量下降	私家停车不便不安全	噪音影响休息
0～18	0	1	1	0
19～30	9	9	9	33
31～50	7	8	8	7
51～80	2	0	2	1
全部	18	18	20	41

表 5　　　　　　　　出行方式与正面影响选择间的关系

	增强社区活力	减少拥堵，出行便利	共享设施	全部
步行	2	3	4	9
公共交通	10	17	13	40
非机动车	6	15	7	28
私家车	4	13	3	20
全部	22	48	27	97

其次，我们分析出行方式与受访者对正面影响的选择之间的关系。整体观之，受访者中乘公共交通工具出行的最多，占总人数的 41%，并且有 49%（近乎半数）的受访者认为实行小区街区制可以有效治理主干道路拥堵，使出行更加便利，在选择此选项的受访者中，有 35%的受访者乘公共交通工具出行，受访者中 31%骑自行车出行或电动车出行，27%的受访者开车出行，仅有 6%的受访者步行，由此我们可以得知大部分参与道路行驶的受访者还是认为小区街区制是可以使他们获利的，并且大家也有一定的资源共享意识。

（二）logistics 回归分析法

1. 软件语言转换

性别：男性"1"表示，女性"0"表示；出行方式：私家机动车"1"表示，公共交通工具"2"表示，骑自行车/电动车"3"表示，步行"4"表示；

最高学历：初中及以下"1"表示，高中"2"表示，本科/专科"3"表示，研究生"4"表示，博士"5"表示；职业：无业族"1"表示，退休族"2"表示，学生族"3"表示，打工族"4"表示，上班族"5"表示；居住环境：私家院"1"表示，单元楼"2"表示，店面房"3"表示，单位大院"4"表示，其他"1"表示。

针对"如果让您响应'住宅小区街区化'这一号召，您愿意吗？"的意愿度，用1～5分别表示"非常不愿意""比较不愿意""一般""比较愿意""非常愿意"；针对"您是否支持'小区街区化应该因地制宜，不搞一刀切'？"的支持度，用1～5分别表示"非常不支持""比较不支持""中立""比较支持""非常支持"。

2. 数据及分析解释

由统计学软件分析处理得到的数据如表6、表7所示。

在5%的显著性水平上，不论是"不同社会群体对住宅小区街区制响应意愿分析"还是"不同社会群体对'应因地制宜'支持程度分析"，只有职业这一影响因素得出的数据中的P值分别是0.016、0.048，均小于0.05，即只有被调查者职业的不同对实行街区制意愿的影响是显著的（有意义的），且优势比分别为0.64和0.72，置信区间分别为（0.44，0.92）和（0.51，1.04）；而年龄、性别、日常出行方式、学历和居住环境等五项因素对这两项调查的P值也均大于0.05，即这五项因素对市民的判断没有显著性差异，各个群体之间没有明显差别，也就是这五项因素对市民是否愿意实行街区制的选择不构成大的影响（详见表6、表7）。

表6　　　　　　　　不同社会群体对住宅小区街区制响应意愿分析

自变量	系数	系数标准误差	Z	P	优势比	95%置信区间	
						下限	上限
常量（1）	−1.27944	1.26220	−1.01	0.311			
常量（2）	−0.361883	1.24695	−0.29	0.772			
常量（3）	1.78436	1.26270	1.41	0.158			
常量（4）	3.64048	1.31119	2.78	0.005			
性别影响	0.483392	0.404163	1.20	0.232	1.62	0.73	3.58
年龄影响	0.0092346	0.0170469	0.54	0.588	1.01	0.98	1.04
出行方式影响	−0.0709680	0.224204	−0.32	0.752	0.93	0.60	1.45
学历影响	0.167771	0.272302	0.62	0.538	1.18	0.69	2.02
职业影响	−0.451504	0.186950	−2.42	0.016	0.64	0.44	0.92
居住环境影响	−0.0800806	0.182320	−0.44	0.660	0.92	0.65	1.32

表 7   不同社会群体对"应因地制宜"支持程度分析

自变量	系数	系数标准误差	Z	P	优势比	95%置信区间	
						下限	上限
常量（1）	-4.20801	1.42278	-2.96	-0.003			
常量（2）	-3.04167	1.29767	-2.34	0.019			
常量（3）	-1.17214	1.24419	-0.94	0.346			
常量（4）	0.251800	1.23860	0.20	0.839			
性别影响	0.0906143	0.398876	0.23	0.820	1.09	0.50	2.39
年龄影响	0.0196628	0.0170182	1.16	0.248	1.02	0.99	1.05
出行方式影响	0.179464	0.223015	0.80	0.421	1.20	0.77	1.85
学历影响	0.0803536	0.272006	0.30	0.768	1.08	0.64	1.85
职业影响	-0.323466	0.183519	-1.76	0.048	0.72	0.51	1.04
居住环境影响	0.0827788	0.179578	0.46	0.645	1.09	0.76	1.54

为了更好地理解上述解释，我们取出其中一个因素做一下详细解释：

对于有不同学历的5个群体（初中及以下、高中、本科/专科、研究生、博士）来说，他们对"住宅小区街区制响应意愿分析"的 P 值为 0.538，大于 0.05，所以我们说在5%的显著性水平上，这一类型群体的意愿没有显著性差异。换句话说，学历高低与市民对"如果让您响应'住宅小区街区化'这一号召，您愿意吗？"这一问题的选择没有影响，如果 P 值小于 0.05，则结果相反。

并且从调查数据中可以看出，有22.68%的被调查者认为，拆掉冷漠的围墙有助于增强社区的活力；还有49.48%的被调查者认为，实行住宅小区街区制可以有效治理主干道路的拥堵问题，使出行变得更加便利；剩下27.84%的被调查者认为，社区内的公共设施可以使更多的人受益。与此同时，也有18.56%的受访者担心拆掉围墙后小区居民出行的安全系数会降低，18.56%的受访者认为，实行街区制以后小区的环境质量可能会有所下降，20.62%的人认为，小区居民的私家车停车会变得不便利或不安全，还有42.27%的人认为社会车辆进入小区以后噪音增强，影响休息。

六、结论及对策

通过模糊综合分析，在我们所研究的被调查者的性别、年龄、出行方式、学历、职业以及居住环境等我们所有考虑到的影响住宅小区街区制这一政策落实的因素中，只有被调查者的职业差异才会对政策实施的意愿度产生比较明显的差异。在接下来的 logistics 回归分析中，进一步验证了在 5%的显著性水平上，不论是"不同社会群体对住宅小区街区制响应意愿分析"还是"不同社会群体对'应因地制宜'支持程度分析"，只有被调查者的职业差异才会对政策实施的意愿度产生比较明显的差异，进一步证实模糊综合分析中的结论。

紧接着我们继续分析得出不同的职业差异到底为什么会产生分歧。在受访的退休族也就是老年人中都不约而同地选择了反对，分别为非常不愿意和比较不愿意，这种意见占这类人群的全部数量；大部分无业族也表示出了明显的反对；而大多上班族和打工族对街区制的实施都表示非常愿意或比较愿意。究其原因，退休族和无业族完全可以选择交通不拥堵的时间段出行，即使他们身处拥堵，也不用为迟到、参加会议等事情急得焦头烂额，在这类人群看来，自己生活的舒适性和安全便捷才是最重要的；对于大部分学生而言，他们也是就近上学，骑自行车、步行等方式均可到达，坐地铁也与地面交通的政策无关，所以一多半的学生类人群也持中立的态度；而打工族和上班族则不然，地面交通对他们的影响极大，不论是开车出行还是公交地铁出行，早晚高峰都让他们无可奈何，一旦迟到就会违反公司的规章制度，所以这类人群真的十分需要这项政策的支持，不再建设封闭住宅小区。

住宅小区街区化利弊共存，在增强社区活力、减少交通拥堵以及实现设施共享的同时也会带来不少问题，比如出行安全系数降低、环境质量下降、私家停车不便以及噪声污染加重等。在走访的过程中，我们也听到不少市民的声音以及自己的看法和建议。

《若干意见》只是对这项工作提出了方向性、指导性的要求，具体实施中还要制定细则，特别是各省份、各城市还要根据实际情况，制定具体办法。住建部承诺"实施逐步打开封闭小区和单位大院的城市，都会考虑到各种实际情况，考虑到各种利益关系，依法依规处理好各种利益关系和居民的诉求，切实保障居民的合法权益"；具体问题具体分析。如采取增量式策略，"老区老办法、新区新政策"；有法可依，制度保证。如对过路车辆使用小区道路制定法规进行限制；改革中政府应遵循城乡规划和土地管理法律法规；保障居民权益。如政府收回国有土地使用权应给予业主合理补偿；社区物业委员会可由业主自己选举产生，业主可以自己投票决定是否开放小区。

对拆墙让路原则，有人认为，住宅区内的公共空间属于全体业主，不能侵占。对公共交通影响不大的小区，业主们又不同意让路，当地政府不可以也没必要强行推动。但对于那些严重堵塞城市交通的小区，政府依据城乡规划和土地管理法律法规，在为了公共利益的需要的情况下，可以按照程序进行城市规划的调整和国有土地使用权的收回，但是要按照征收征用的规定给予业主合理补偿，不能白占。

对于居民们最关心的出行安全，噪音增大会影响休息这方面，我们认为也不是不能解决。住宅小区街区制的实施完全可以分时段，工作日和周末设置出不同的通行时段，并且在驶入小区内部和附近时禁止鸣笛，降低车速到安全车速，注意观察周围情况，在某段时间内或居民出行相对频繁的时段，小区外车辆不可进入等，这些问题都是可以不断完善的。

长久以来，高高的围墙不仅阻碍交通，也妨害经济繁荣。相比之下，开放的街区制的优点就是资源共享。

推广街区制衍生出的更多公共空间，带来的不是危险，而是让社区居民逐步建立熟人社会，给居民带来更大的安全感。

本研究参考文献

[1] 曾烨璐,廖晓明.从封闭式小区到开放式"街区":困境与出路[J].领导科学,2017 (08):34-36.

[2] 于明月.住宅小区街区制研究[J].法制与社会,2016,(24):221-222.

[3] 陈友华,佴莉.从封闭小区到街区制:可行性与实施路径[J].江苏行政学院学报,2016 (04):50-55.

[4] 高良敏,陈良,毕卫红,李晓梅,刘小春,罗家洪.某县参合农民对新型农村合作医疗药品供应满意度及 Logistics 回归分析[J].昆明医学院学报,2009,3008:53-55.

[5] 杨淑婷.功能混合模式下的住宅街区化设计[J].住宅与房地产,2016 (09):26.

[6] 范博韬,董振杰.专家解读开放小区:小区开放是相对的,不是"大马路"[J].千龙网(法网联合报道),2016.

[7] 王艳艳,方遥.公共服务角度下的住宅街区化分析[J].住宅与房地产,2017 (09):30.

[8] 环球时报.国外住宅小区街区制现状与特点解析[J].2016.

[9] 周彦明.基于功能混合模式下的住宅街区化设计研究[D].大连理工大学,2009.

[10] 朱开云.街区制不能简单理解为"拆围墙"[J].党政视野,2016 (03):49.

[11] 简·雅各布斯.美国大城市的生与死[M].译林出版社,2006.

第五部分

高等教育问题研究

英语早读对大学生四、六级成绩的影响分析

——基于北京农学院的调查

项目组成员：张泰斗　隋　馨　齐行飞　施蓓蓓
指导教师：何　伟

摘　要：随着社会生产力的发展，各行各业的竞争也日益激烈，很多公司招聘时也相应提高了应聘要求，特别是要求通过英语四、六级，同时大学英语四、六级考试是一些高校决定学生能否取得学士学位和用人单位衡量大学生英语水平的重要指标，与大学生的评优、毕业、求职及深造密切相关。所以现在很多大学生在学校通过各种方式来努力通过英语四、六级考试，而作为简单可靠实用的英语早读就成了现在很多大学生提高自己英语四、六级成绩主要方式之一。同时，我国部分高校也将英语早读纳入教学任务中，来帮助在校学生顺利通过四、六级考试。本案例通过对北京农学院学生英语早读的进行情况和英语四、六级成绩的调查，试图用统计模型分析英语早读是否对大学生的英语四、六级成绩有着重要的影响，为大学生合理进行英语早读以及我国其他高校是否有必要将英语早读纳入教学任务中提供参考。

关键词：英语早读　四、六级成绩　四、六级通过率　相关性

一、背景介绍

随着社会生产力的发展，各行各业的竞争也日益激烈，很多公司招聘时也相应提高了应聘要求，特别是要求通过英语四、六级，同时大学英语四、六级考试是一些高校决定学生能否取得学士学位和用人单位衡量大学生英语水平的重要指标，与大学生的评优、毕业、求职及深造密切相关。

（一）大学生报考英语四、六级的重要性及现状

据教育部的统计数据，2017年上半年全国大学英语四、六级考试全国报考人数超过962万人，较2016年同期增长4.87%。随着社会生产力的发展，各行

各业的竞争也日益激烈，很多公司招聘时也相应提高了应聘要求，特别是要求通过英语四、六级，同时大学英语四、六级考试是一些高校决定学生能否取得学士学位和用人单位衡量大学生英语水平的重要指标，与大学生的评优、毕业、求职及深造密切相关。

1. 毕业

现在很多高校对于学生毕业都有四、六级的要求，最低要求就是四级通过，四级不通过很难毕业，学位证甚至毕业证书都拿不到。

2. 求职

现在的一些企业，尤其是涉及金融领域和一些比较知名的企业都对求职的学生有英语四、六级的要求，四、六级也逐渐成了大学生求职中不可或缺的一项能力。

3. 考研保研

对于一些想要继续深造考研和保研的毕业生来说，英语四、六级也是他们必须要面对的第一道关卡。

4. 出国留学

出国就更不用说了，首先就要看你的英语水平是否过关，有些雅思以及托福考试的前提也会要求大学生必须拿下英语四、六级。

5. 通过率

现在已经有很多学校对校内的四、六级通过率特别重视。

（二）高校对于早读的重视程度及现状

以北京农学院为例，为了提高本校的四、六级通过率，北京农学院为学生设立了英语早读，然而据我们所了解和掌握的情况，学生们进行英语早读的情况并不理想，他们不愿意进行英语早读的原因大致有以下这些方面。

1. 赖床不起

由于网络和智能终端设备的高速发展和大学生活宽松的学习环境，大学生普遍养成了晚睡晚起的不良作息习惯，早上赖床不起，错过了英语早读的时间。

2. 对英语早读不够重视

大部分学生对英语早读的重视程度不高，认为没有进行英语早读的必要，认为自己英语水平的高低与进行英语早读没有必然的联系，认为进行英语早读对自己英语四、六级成绩并没有太大帮助，导致他们不想早起进行英语早读。

3. 早上学习效率低

"一日之计在于晨"，而部分大学生却觉得自己在夜间的学习效率比在早上的学习效率高，他们宁愿夜里啃书，也不愿早上进行英语早读。

4. 英语早读氛围差

北京农学院英语早读场所统一在教室，然而教室中部分学生并没有在学习，或者因为到场的人数太少导致英语学习的氛围差，部分大学生提不起进行英语早读学习的积极性。

5. 其他外部影响

寒冷天气，阴雨天气导致部分学生不愿踏出宿舍、不愿早起进行英语早读，还有部分学生因为宿舍距离英语早读场所较远，而不愿进行英语早读。

那么，大学生对于英语早读的态度如何？大学生进行英语早读的情况如何？大学生是否还有其他方式进行英语学习？我国高校将英语早读纳入教学任务中是否有必要？这些因素是否对大学生的英语四、六级成绩有所影响？英语早读是否对提高大学生英语四、六级成绩有所帮助？本案例通过对部分在京院校大学生英语早读的进行情况和英语四、六级成绩的调查，并试图用统计模型分析英语早读对大学生的英语四、六级成绩的影响，为大学生合理进行英语早读以及我国高校是否有必要将英语早读纳入教学任务中提出合理的建议。

二、数据来源及说明

本次调查研究所使用数据来自于对北京农学院的调查，我们以发放问卷的形式进行了调查与数据的收集（问卷详见附录），共收回有效问卷556份，其中，男生被调查者181人（占比33%），女生被调查者375人（占比67%），参加四级考试的有556人，参加六级考试的有69人，四、六级考试都参加的人有69人。本次调查研究将四、六级成绩及通过情况作为自变量，被调查者的个人特征和有关早读的相关因素作为因变量，通过描述性分析和建立相关模型，探究因变量和自变量之间的关系以及影响程度。

表1 数据说明表

变量类型	变量名称	详细说明	变量描述及取值范围
因变量	四级成绩 六级成绩	数值越高成绩越高	0～710
	四级通过 六级通过	定序变量	0＝未通过 1＝通过

续表

变量类型	变量名称	详细说明	变量描述及取值范围
自变量	性别	定性变量	男生/女生
	英语早读频数	定序变量（8种状态）	0＝没有 1＝每周1次 2＝每周2次 3＝每周3次 4＝每周4次 5＝每周5次 6＝每周6次 7＝每周7次
	英语早读时间	定序变量（4种状态）	1＝半个小时以内 2＝一个小时以内 3＝一个半小时以内 4＝两个小时以内
	学校强制英语早读	定序变量（2种状态）	0＝否 1＝是
	英语早读态度	定序变量（3种状态）	－1＝完全没必要 0＝无所谓 1＝完全有必要
	专业老师辅导	定序变量（2种状态）	0＝没有 1＝有
	自主学习情况	定性变量	无 夜间自习 周末自主学习 课外辅导（补习）班
	学习内容	定性变量	练习听力 练习阅读 练习写作 记背单词
	学习效果	定性变量（影响程度）	练习听力 练习阅读 练习写作 记背单词 无显著影响
	赖床不起 早上学习效率低 早读氛围差 天气恶劣	定序变量（4种状态）	0＝没有影响 1＝较小影响 2＝较大影响 3＝很大影响

三、描述性统计分析

在进行英语早读对大学生四、六级成绩的影响模型分析之前,我们先对数据进行一系列的描述性分析,初步判断大学生在进行英语早读的过程中,有哪些因素会对英语四、六级的成绩造成影响,为之后的进一步分析做准备。由于在数据中,存在未参加四、六级考试的学生即没有四、六级成绩的同学,所以我们将按照两部分进行分析:第一部分为总体早读相关情况分析;第二部分为参加四、六级考试的成绩与早读的相关分析。同时,第二部分也是本案例建立模型进行分析的关键部分。

(一) 总体早读情况分析

1. 学生与学校对英语早读的态度

从表2中我们可以看出,我校很多学生认为没有必要进行英语早读,持无所谓态度的也有很多(详见表2)。

表2　　　　　　　　　　学生对英语早读的态度

英语早读态度	人数	比率(%)
非常有必要	175	31.47
完全没必要	220	39.57
无所谓	161	28.96

从表3可以看出,学校强制要求英语早读的比重很大(详见表3)。

表3　　　　　　　　　　学校对英语早读的态度

学校是否强制早读	人数	比率(%)
否	97	17.45
是	459	82.55

两相对比我们很容易看出,在对英语早读的态度上,学校的重视程度远大于学生,说明我校存在着大量同学们不情愿但不得不进行英语早读的现象,这势必会对学生在英语早读的学习上产生不利的影响。

2. 英语早读频数和时长

从表4中我们可以看出,每周进行英语早读5次的人数最多,其次是每周没有进行过1次的,排在第三位的则是每周进行7次,每周进行6次的很少,其余情况差别不是很大但较每周5次和每周没有进行过的来说,差异很大(详见表4)。

表 4 学生英语早读频数

英语早读频数	人数	比率（%）
0	117	21.04
1	41	7.37
2	43	7.73
3	47	8.45
4	41	7.37
5	201	36.15
6	8	1.44
7	58	10.43

从表 5 中我们可以看出，绝大多数学生的英语早读时间维持在半个小时以内，排在第二的是一个小时以内，其余时长的则很少（详见表 5）。

表 5 学生英语早读时长

英语早读时长	人数	比率（%）
半个小时以内	403	72.48
两个小时以内	8	1.44
一个半小时以内	6	1.08
一个小时以内	139	25.00

以上可以看出，学生们整体上还是可以按照学校的要求进行早自习，但依旧存在很多学生不进行早自习的情况，学生们对于英语早读的态度还有待提高和加强。

3. 英语早读负面因素

通过分析我们发现还是有很多同学不进行早读，所以我们就赖床不起、早上学习效率低、学习氛围差、天气恶劣这四个阻碍大学生进行英语早读的因素进行分析，从图 1 中，我们可以得出：

（1）从赖床不起来看，认为有很大影响的居多，没有影响的最少，说明大学生的自制力较低，学校对于早读的考勤要求较低。

（2）从早上学习效率低来看，认为有很大影响的居多，没有影响的最少，说明大学生还应该在早读学习方法存在问题，学校效率有待提高。

（3）从早读学习氛围差来看，认为有很大影响的居多，没有影响的最少，说明学校应该加强管理，大学生也应提高自觉意识，来优化早读的学习氛围。

（4）从天气恶劣来看，认为有没有影响的居多，说明大学生对于克服恶劣自然环境的能力比较强。

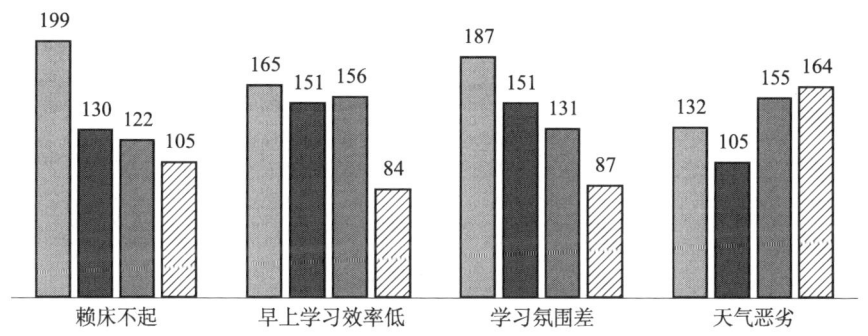

图 1 英语早读负面影响因素

4. 专业老师辅导情况

从表6中，我们可以看出，在被调查者进行英语早读的过程中，有专业教师进行早读辅导的人数很少，而没有专业老师进行辅导的人数很多。由此，我们可以推断，没有专业老师的辅导和监督，可能会出现学生学习效率低下和虽然进行了早读却没有进行英语学习的情况（见表6）。

表 6　　　　　　　　　　是否有专业教师辅导

是否有专业的教师辅导	人数	比率（%）
否	386	69.42
是	170	30.58

5. 学生自主学习情况

从表7中我们可以看到，同学们除了英语早读外，还利用夜间自习、周末空闲时间进行以及少部分同学通过课外辅导以及其他自主学习方式（手机APP）等方式进行英语学习。可见，同学们其实对于英语学习和英语四、六级还是极重视的（见表7）。

表 7　　　　　　　　　　学生自主学习方式

自主学习方式	人数	比率（%）
夜间自习	171	30.76
课外辅导（补习）班	66	11.87
周末自主学习	321	57.73
其他自主复习	15	2.70
无自主学习	138	24.82

6. 英语早读学习内容情况

通过表8看出,在英语早读的学习内容中,记背单词和练习听力在同学们的学习中占据主要地位,而且在英语早读有限的时间内进行听力练习和记背单词收益和效果也是最明显的。说明同学们在对于英语早读的学习安排上还是比较合理的(见表8)。

表8　　　　　　　　　学生主要英语学习内容及影响

内容	主要学习内容		对英语成绩有影响	
	人数	比率(%)	人数	比率(%)
练习听力	433	77.88	161	28.96
练习阅读	194	34.89	97	17.45
练习写作	112	20.14	28	5.04
记背单词	363	65.29	169	30.40

(二) 四、六级成绩与早读的描述统计分析

1. 四、六级成绩

由图2可以看出,参加了四级考试的同学成绩集中分布在420~480之间,其均值为434.83,中位数为434,众数为425;参加了六级考试的同学成绩集中分布在400~450之间,其均值为352.4,中位数为397,众数为0;图3显示,四级通过率为64%,而六级通过率为42%。详见图2、图3。

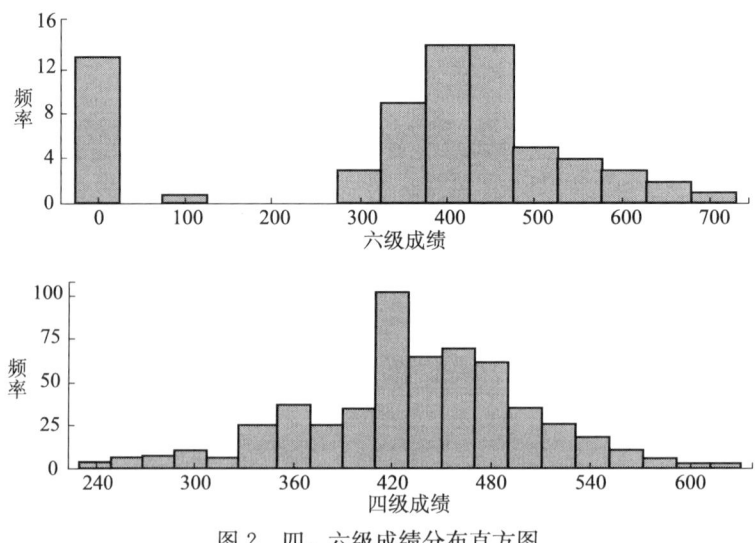

图2　四、六级成绩分布直方图

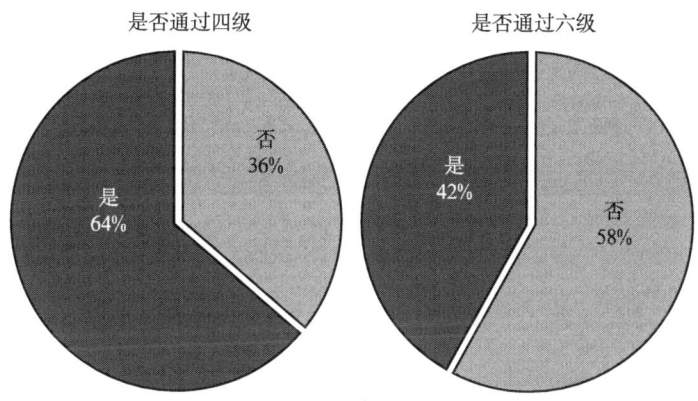

图3 四、六级通过率

从以上分析我们可以看出，参加了四级考试的同学的成绩普遍还是比较高的，而与四级情况相比，参加六级考试的同学的情况比较差。现在的英语四级对于我们多数大学生来说已经不再一场挥之不去的梦魇，大家都在不断地学习中，提高了自己的英语水平，而英语六级依旧是横在同学们向更高层次进步过程中一座大山。

2. 四、六级通过情况

接下来我们对四、六级通过率和早读的一些情况进行分析，结合表9我们做出以下初步判断：

（1）就英语早读态度来看，无论态度如何，都有四、六级通过的，就四级通过率来看，通过率与英语早读态度并无显著联系，但就六级考试通过率来说，觉得英语早读有必要的同学通过率更高。

（2）就学校强制英语早读的情况来看，有要求的人数占多数，在四级通过率分析中我们没有看到明显差异，而在六级通过率分析中我们可以看到，没有强制要求英语早读的同学们通过人数更多。

（3）就早读频数来看，早读频数对于四、六级通过率并没有显著的差异表现，但六级通过率明显高于四级的通过率。

（4）就早读时间来看，多数同学集中在每天半小时，在四级通过率的分析中，每天半小时的英语早读，同学们的通过率较高，而在六级通过率的分析中，通过率较低。其余多于每天半个小时的人数较少。

（5）就专业老师辅导来看，每天早读都有老师来辅导的很少，但四级通过率很高；没有老师辅导的占多数，四级通过率依旧较高，而六级通过率却较低。

（6）就其他形式进行英语学习来看，进行了夜间自习、课外辅导（补习）班以及周末自主复习的同学通过率要比没有进行其他形式英语学习的通过率高。同时，我们可以看到，无论是四级还是六级，选择周末自主学习的人很多。

表 9　　　　　　　　　四、六级通过情况与英语早读情况表

早读情况通过情况		四级通过 否	四级通过 是	六级通过 否	六级通过 是	四级通过率（%）	六级通过率（%）
英语早读态度	非常有必要	68	107	10	15	61.14	60.00
	完全没必要	79	141	19	4	64.09	17.39
	无所谓	54	107	11	10	66.46	47.62
强制英语早读	没有	37	60	4	12	61.86	75.00
	有	164	295	36	17	64.27	32.08
英语早读频数	没有	32	85	13	8	72.65	38.10
	每周1次	11	30	2	1	73.17	33.33
	每周2次	16	27	1	2	62.79	66.67
	每周3次	19	28	6	3	59.57	33.33
	每周4次	12	29	1	4	70.73	80.00
	每周5次	83	118	12	7	58.71	36.84
	每周6次	3	5	1	1	62.50	50.00
	每周7次	25	33	4	3	56.90	42.86
英语早读的时间	半小时以内	149	254	35	18	63.03	33.96
	一个小时以内	6	2	0	1	25.00	100.00
	一个半小时以内	1	5	0	1	83.33	100.00
	两个小时以内	45	94	5	9	67.63	64.29
专业教师辅导	否	135	251	26	23	65.03	46.94
	是	66	104	14	6	61.18	30.00
夜间自习	无	142	243	27	17	63.12	38.64
	是	59	112	13	12	65.50	48.00
课外辅导（补习）班	无	174	316	33	25	64.49	43.10
	是	27	39	7	4	59.09	36.36
周末自主学习	无	102	133	14	6	56.60	30.00
	是	99	222	26	23	69.16	46.94
其他自主学习	无	195	346	37	28	63.96	43.08
	是	6	9	3	1	60.00	25.00
无自主学习	否	142	276	33	25	66.03	43.10
	是	59	79	7	4	57.25	36.36

四、英语早读对四、六级成绩影响的探究分析

（一）方差分析

为了探究四、六级成绩是否受到英语早读相关因素的影响，我们对四、六级与早读相关因素先进行方差分析，看看早读各个因素对四、六级成绩的影响

是否具有显著性差异，为进一步回归分析做准备。

假设英语早读各个因素对四、六级成绩影响不存在差异性：

表10　　　　　　　　　　四、六级成绩与早读情况方差分析表

因变量		四级成绩					六级成绩				
自变量	状态类别	N	均值	标准差	F	P	N	均值	标准差	F	P
早自习频率（一周）	0	117	450.48	69.51	2.49	*	21	328	225.9	1.47	
	1	41	448.12	57.98			3	167	290		
	2	43	432.8	70.6			3	427.3	38.6		
	3	47	426	70.2			9	338.7	141.5		
	4	41	442.27	61.95			5	450.6	35.4		
	5	201	432.37	66.09			19	380.3	153.3		
	6	8	405.5	59.8			2	340	481		
	7	58	409.84	73.9			7	348	228.1		
早读时长	1	403	433.29	66.69	5.39	*					
	2	139	441.65	67.43							
	3	6	499.5	80.1							
	4	8	345.4	72.7							
强制早自习	否	97	432.74	70.28	0.1		16	481.5	134.6	15.51	*
	是	459	435.27	67.81			53	313.4	191.2		
早自习态度	非常有必要	175	428.51	65.96	1.15		25	401.7	168	3.19	
	完全没必要	220	438.28	68.92			23	267.8	208.4		
	无所谓	161	436.98	69.51			21	386.2	178.6		
是否有专业的教师辅导	否	386	438.55	68.13	3.79		49	351.9	201.9	0	
	是	170	426.38	67.79			20	353.4	172.1		
学习内容	记背单词	197	423.95	67.81	2.99	*	20	380.7	183.2	1.11	
	练习听力	257	443.11	70.89			37	323.1	209		
	练习写作	28	427.7	67.7			2	389	12.73		
	练习阅读	74	437.73	55.72			10	396.7	163		

注：* 为0.05显著，除了表中所示自变量以外，其余自变量与英语早读没有关系，与本次研究目标不一致，不予考虑。其中由于六级成绩数量样本偏少，早读时间与六级成绩无法做方差分析。

从表10可以看出，早读频率、早读时长和学习内容对于四级成绩有着显著性的差异性影响，学生对早读的态度、学校是否强制要求早读和是否有专业老师辅导对于四级成绩并无显著的差异性影响。

同理，强制要求早读对六级成绩有显著差异影响，早读频率、早读时长、

早读态度、是否有专业教师辅导和学习内容对六级成绩均无显著性影响。

(二) 线性回归分析

1. 一元线性回归

接下来,我们将四、六级成绩与英语早读各个因素进行单变量线性回归分析,探究它们之间是否具有线性相关性,且相关性如何。

首先是对各个早读会影响四、六级成绩的一元线性回归分析,这里我们假设每次只有一项因素会对英语四、六级产生影响,得到表11:

表11　　　　四、六级与英语早读情况单变量回归表

因变量		四级成绩 Y1			六级成绩 Y2		
自变量	自变量意义	系数项	系数 T	系数 P	系数项	系数 T	系数 P
X1	早读频率(一周)	−4.54	−3.69	*	9.11	0.96	
X2	早读时长	−2.35	−0.46		129.6	3.37	*
X3	强制早读	2.53	0.33		−168.1	−3.27	*
X4	早读态度	−4.76	−1.38		66.3	2.47	*
X5	是否有专业的教师辅导	−12.17	−1.94		1.5	0.03	
X6	练习听力	16.98	2.45	*	−83.4	−1.5	
X7	练习阅读	7.66	1.26		18.4	0.39	
X8	练习写作	8.73	1.21		36.8	0.77	
X9	记背单词	−7.18	−1.18		48.6	0.95	

注:* 为 0.05 显著。

根据表11回归分析可以看出,四级成绩与早读频率和练习听力具有显著的线性相关性,其中,早读频率与四级成绩呈负相关关系,表明早读频率每增加1次,四级成绩反而下降4.54分;练习听力与四级成绩呈正相关关系,且练习听力对四级成绩的贡献值为16.98。早读时长、强制早自习、早自习态度、是否有专业教师辅导、练习阅读、练习写作、记背单词对英语四级并未显著线性关系。同理,六级成绩与早读时长、是否强制早读和早读态度具有显著的线性相关性。其中,强制早读与六级成绩呈负相关关系,其贡献值为−168.1;早读时长与六级成绩呈正相关关系,其贡献值为129.6;早读态度与六级成绩也呈正相关关系,其贡献值为66.3。早读频率、是否有专业教师辅导、练习听力、练习阅读、练习写作、记背单词对英语四、六级并未显著线性关系。

2. 多元回归分析

接下来,我们将可能影响四、六级成绩的早读各个因素进行多元线性回归,

并通过逐步回归的方式，找到如下四、六级成绩与英语早读的最优模型：

$$Y1=435.84-5.00*X1+20.55*X6$$
$$Y2=318.7-152.8*X3+118.4*X2$$

由此，我们可以得出，英语早读频数每增加 1 次，四级成绩下降 5 分，而在英语早读学习中，每增加 1 次听力的练习，四级成绩提高 20.55 分。

同理，要求强制进行早读，六级成绩会下降 152.8，而早读时长每增加半小时，六级成绩提升 118.4 分。

（三）定序回归分析

四、六级成绩关乎我们是否通过四、六级，那么通过四、六级都与早读的哪些因素存在关系？我们通过对是否通过四、六级与早读各个因素进行定序全模型回归，得到表 12：

表 12　　　　　　　　　　　定序回归模型结果

因变量	是否通过四级		是否通过六级	
自变量	Logit 模型 回归系数　P 值	Probit 模型 回归系数　P 值	Logit 模型 回归系数　P 值	Probit 模型 回归系数　P 值
截距项	0.449136	0.276883	−1.479456	−0.817164
早读频率（一周）	−0.125335　*	−0.077147　*	−0.106203	−0.05529
早读时长	0.020658	0.018585	1.673796　*	1.009852　*
强制早读	0.27152	0.166724	−2.306441　*	−1.342882　*
早读态度	−0.017432	−0.011417	1.003923　*	0.567522　*
是否有专业的教师辅导	−0.24403	−0.145007	−0.875315	−0.516751
练习听力	0.466855　*	0.285675　*	1.457496	0.752397
练习阅读	0.241385	0.140568	−0.191607	−0.175242
练习写作	0.279718	0.17542	−1.018967	−0.575524
记背单词	−0.172894	−0.113113	0.802347	0.475709
全模型似然比检验	P<0.05	P<0.05	P<0.05	P<0.05

从表 12，可以看出，模型是显著的。Logit 和 Probit 定序回归模型的结果也基本一致（变量显著性和估计系数符号）：

参加早读频率越少的同学越容易通过四级；早读进行练习听力的同学更容易通过四级；早读时长、强制早读情况、早读态度、是否有专业教师辅导、练习阅读、练习写作、记背单词对是否通过四级并未显著影响。

早读时间越长越容易通过六级考试；没有强制进行早读的同学越容易通过六级考试；早读态度越好的同学越容易通过六级。早读频率、是否有专业教师辅导、练习听力、练习阅读、练习写作、记背单词对是否通过六级均无显著影响。

五、结论和建议

（一）结论

1. 学校对于英语早读的重视程度远高于学生，但是学校对于英语早读的管理和监督却有所缺失，这就导致出现学生们很多时候很难坚持英语早读的学习，甚至不去进行英语早读，也导致了有些同学虽然进行了英语早读却并没有在学习，这样英语早读会对同学们的英语学习造成一定的负面影响，会使得同学们将英语学习变为一种负担，从而造成对同学们的四、六级成绩的不利影响。

2. 学生们对于四、六级的重视程度与对英语早读的重视态度具有明显差异。学生们一面有很多人不参加英语早读一面却有很多人采取周末自主复习的方式进行英语学习，这就造成英语早读形同虚设，让英语早读辅助同学们进行英语学习的作用难于发挥。

3. 在英语早读对四级成绩的影响分析中我们发现，英语早读频率与英语早读所进行的内容对四级成绩和是否通过四级具有显著的影响，但英语早读频率对于四级成绩呈负相关性，而英语早读进行听力练习对与提高四级成绩和四级通过率有很大帮助。而早读时长对于英语成绩的影响具有显著的差异性影响。而早读态度、是否强制要求早读和是否有专业老师辅导，对于四级成绩和四级通过率均无显著的影响。

4. 英语早读对六级成绩的影响分析中我们发现，英语早读态度、英语早读时长和是否有强制早读对与六级成绩和六级通过率具有显著影响，其中早读态度好坏和早读时间长短对于六级成绩和六级通过率具有正向推动作用，而是否强制早读则与六级成绩呈现负相关关系，而早读频率、是否有专业老师辅导、早读学习内容对六级成绩和六级通过率没有显著影响。

5. 最后就整体而言，我们得出最终结论，大学生是四、六级成绩与英语早读行为并没有特别显著的关系。

6. 本次研究中存在很多问题，可能存在以下原因：①模型设定偏误；②变量的选择存在遗漏；③有效的样本数据过少，无效的样本数据过多，样本不具有代表性；④因为本次研究目标只针对英语早读情况进行调查，可能还有其他因素会影响到四、六级成绩，我们并没有考虑在内。

（二）建议

1. 同学们对于英语早读的态度有待提高，英语早读作为辅助英语学习简单有效的方法应该得到同学们的支持，这样英语早读才能真正起到提高我们英语水平和提高我们四、六级成绩的作用。

2. 学校应该加强对英语早读的管理和监督，建立有效的英语早读监管体系，安排专业的老师进行辅导，优化英语早读学习环境，建立有效的早读反馈机制等，通过这些措施提高英语早读对学生英语学习的帮助作用。

3. 就英语早读频率来说，不一定越多越好，最理想的效果是每周 4～5 次，时间控制在半个小时到一个小时。次数越多、时间越长，对同学们的压力和负担也无疑会加重，反而适得其反。

4. 不建议同学们多进行自主学习，这样会加重同学们的学习负担和学习压力，对英语水平的提高没有多大益处。在自己还有多余精力的情况下，可以适当进行自主学习。

5. 英语早读建议大家依旧以听力和单词为主，这是由英语这门学科的性质和早读时间共同决定的，在有限的时间里进行合理的英语学习安排，可以对同学们的英语水平提高起到事半功倍的效果。

6. 同学们应该加强自律，既然大家能够克服恶劣天气的影响，希望大家能够在努力克服一下赖床不起的现象，毕竟四、六级关系到我们的切身利益。

大学生兼职行为对其学业发展的影响

项目组成员：马铭富　孙志成　王梓豪　马　韬
指导老师：赵金芳

摘　要：近些年，随着经济逐步发展，社会的不断进步，就业方式多样化，兼职机会增多。由于对获取知识、提高能力以及赚取报酬等诸多方面的需要，越来越多的大学生参与到校内兼职和社会兼职中来。大学生兼职对于学生专业知识学习，提高自身素质，以及社会的长远发展，经济的不断进步都有着诸多好处。由于兼职现象的增多，大学生学业发展与兼职的矛盾逐步凸显。为缓解此种矛盾，本研究对现阶段在校大学生兼职情况进行调查，并使用描述统计和模糊综合评价的方法，对兼职大学生自身学业情况进行调查，进行深度分析。

关键词：大学生　兼职行为　学业发展　平衡

随着经济的发展。就业种类逐步多样化，以及就业市场对竞聘者要求的不断提升与学业发展的需求，大学生越来越多地参与到兼职中来。教育、服务、销售等多个领域、多个行业越来越多地出现了大学生的身影。因此，大学生兼职与学业发展之间的矛盾逐步凸显出来，为解决这一问题我们进行了这项调查。关于大学生兼职对学业发展的研究主要可以概括为两个方面，一方面，是从不兼职、校内兼职与校外兼职三个群体的角度对大学生兼职和学业发展基本情况的概述，即通过一定范围内的问卷调查，用得到的数据来反映大学生目前兼职的现状。其中包括兼职动机、专业相关度、兼职类型薪水时间，以及学习基本情况等方面，这属于描述性研究，是为了更好地了解大学生兼职与学习情况。另一方面，对此进行模糊性综合评价，对兼职与学业发展的关系进行分析。

本次调查我们采取问卷调查法和随机抽样法相结合的调查方式收集资料，将设计好的问卷通过网络发放到大学生群体中。取得数据后，通过模糊综合评价与描述统计的研究方式对信息进行科学分析，汇总成文，呈现给大家。

一、数据分析

（一）描述统计：大学生兼职情况及基本信息分析

1. 性别

表1说明兼职的女生比兼职的男生多一倍左右，可能的原因是此问卷绝大多数是由北京农学院的学生完成，北京农学院男女比例3：7，女多男少。另一个原因可能是女生可能在平时消费大，需要赚取更多的钱来满足消费需求，所以可能多数会选择兼职（见表1）。

表1　　　　　　　　　　　受访者性别比例

	频率	百分比（%）	有效百分比（%）	累积百分比（%）
男	23	31.9	31.9	31.9
女	49	68.1	68.1	100.0
合计	72	100.0	100.0	

2. 年级

表2发现大三兼职人数最多，其次是大二、大一、大四。出现这种情况的原因可能是大一新生刚来到学校，自己的人生观、价值观、消费观还没有完全建立，对于"兼职"这个概念还很模糊，不清楚兼职有能够满足自己的消费需求、积累社会经验等益处，所以去兼职的人很少；大二、大三的同学兼职人数比较多，可能是因为自己已经初步建立了金钱观，想要靠自己劳动获得收入来满足自己的需要，通过接触社会来积累经验，还可能是因为看自己周围的人好多人在兼职，自己也要跟随潮流；大四之所以没人兼职，可能是因为考研或者实习占据大部分时间，没有时间和精力去兼职（见表2）。

表2　　　　　　　　　　　受访者年级比例

	频率	百分比（%）	有效百分比（%）	累积百分比（%）
大二	25	34.7	34.7	34.7
大三	40	55.6	55.6	90.3
大一	7	9.7	9.7	100.0
合计	72	100.0	100.0	

3. 专业类型

由图1可知，兼职的学生中学经济学专业的人最多，其次是管理学、法学、工学、理学。可能的原因有三种：一是就北京农学院而言，经管类专业的课程比工科理科类专业的课程少很多，工科理科类的学生经常做实验到晚上，可能很少有时间和精力去兼职，而经管类专业的同学有大部分时间不上课，可能会利用闲暇时间去做兼职来充实生活；二是工科理科类专业更偏向于技术类，对口的兼职会比较少，大部分学生会选择在学校做一些科研项目；三是经管类学生通过专业课的有了一定金钱观念、理财观念，有的同学将兼职获得的收入会选择储蓄在银行卡中，有的同学会选择理财，有的同学会购买所需物品，这些同学对于兼职的欲望更大（详见图 1、表 3、表 4）。

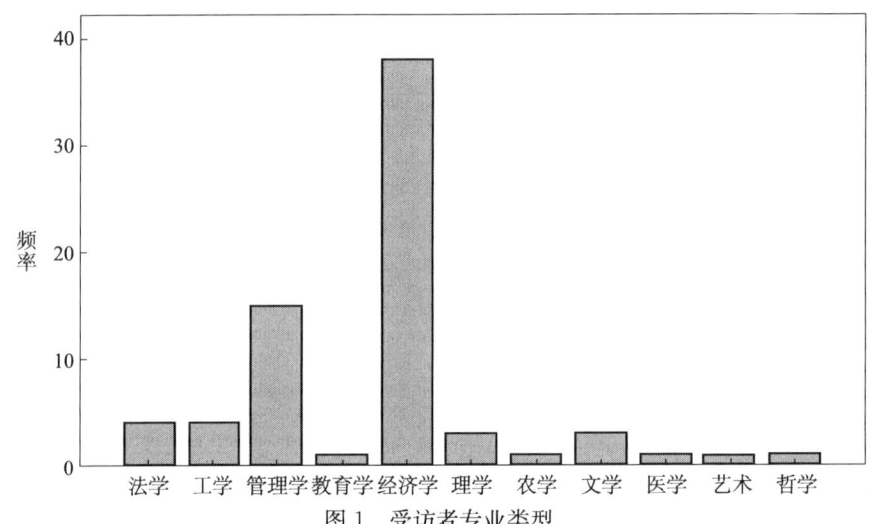

图 1　受访者专业类型

表 3　　　　　　　　　　　　　　兼职类型

	频率	百分比（%）	有效百分比（%）	累积百分比（%）
校内兼职	8	11.1	11.1	11.1
校外兼职	64	88.9	88.9	100.0
合计	72	100.0	100.0	

表 4　　　　　　　　　　　　　　校外兼职类型

	频率	百分比（%）	有效百分比（%）	累积百分比（%）
餐饮服务	12	16.7	16.7	27.8
促销员	8	11.1	11.1	38.9
代购	1	1.4	1.4	40.3
发传单	4	5.6	5.6	45.8
翻译	2	2.8	2.8	48.6

续表

	频率	百分比（%）	有效百分比（%）	累积百分比（%）
家教	18	25.0	25.0	73.6
礼仪	3	4.2	4.2	77.8
其他调研工作者	1	1.4	1.4	79.2
其他服装	1	1.4	1.4	80.6
其他公司兼职	1	1.4	1.4	81.9
其他教育机构	1	1.4	1.4	83.3
其他卖别墅	1	1.4	1.4	84.7
其他收银员	1	1.4	1.4	86.1
其他外呼	1	1.4	1.4	87.5
其他外企兼职文员	1	1.4	1.4	88.9
其他新媒体宣传	1	1.4	1.4	90.3
其他央企实习	1	1.4	1.4	91.7
其他英语助教	1	1.4	1.4	93.1
其他助教	4	5.6	5.6	98.6
校园代理	1	1.4	1.4	100.0
合计	72	100.0	100.0	

4. 兼职类型

由表5可知，校外兼职同学占所有兼职同学的绝大多数，可能的原因有两种：一是校外兼职比校内兼职种类多，想要去兼职的同学可以根据的喜好去选择去某一行业的某一岗位去兼职。二是校外兼职工资发放灵活性大，根据自己的能力和工作时长来决定工资多少，校内兼职更倾向于志愿服务和学生工作方面，其工资对于兼职学生的诱惑力不大（见表5）。

表5　　　　　　　　　　校内兼职类型

	频率	百分比（%）	有效百分比（%）	累积百分比（%）
其他部门助理	64	88.9	88.9	88.9
财务部门助理	2	2.8	2.8	91.7
辅导员助理	6	8.3	8.3	100.0
合计	72	100.0	100.0	

5. 兼职初始动机

由图2可知，近一半比例的学生选择兼职的目的是为了赚零花钱，近17%

的学生选择兼职的目的是为了积累工作经验；近10%学生选择兼职的目的是为了提高社会适应能力，其他目的如积累人脉，为职业生涯规划提供参考，消磨时间，选择这些目的的学生占比不大。出现上述情况可能的原因是大学生平时消费超过能力所承受范围或者家庭过于困难的比较多，他们想要通过兼职的方式，赚取工资维持日常所需。一些家庭条件不错和眼光长远的学生会考虑到兼职会给我带来的更长远的"隐藏"收益，如工作经验、社会适应能力。大学生虽然已经成年，但是还没有完全走向社会，不太了解人际关系和职业规划对于以后职业生涯的重要性，而且兼职的种类大多数与自己所学专业相关性不大，对于以后从事的职业也不相关，所以会造成大学生不以这些因素为首要目的从事兼职。综上所述，大学生的家庭收入、消费观念、思维意识等因素影响其兼职动机（详见图2）。

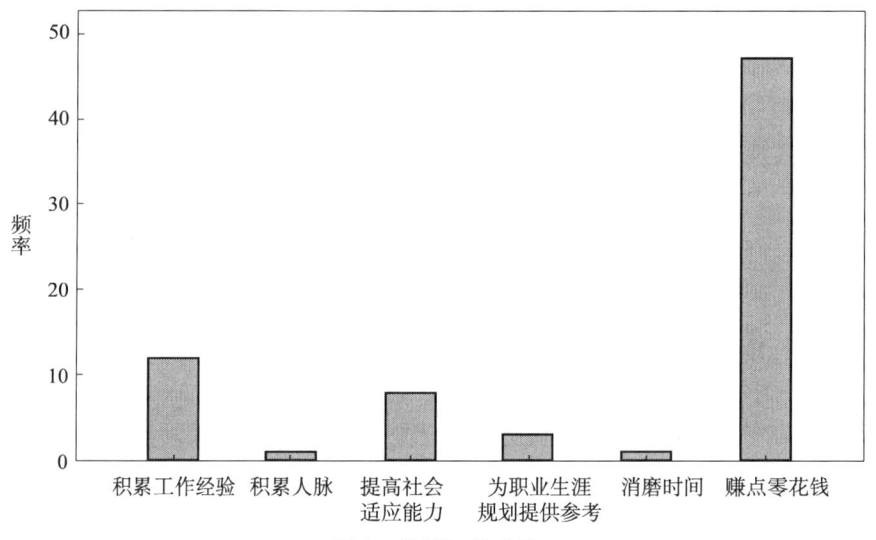

图 2　兼职初始动机

（二）大学生学习情况分析

1. 对英语水平的影响

由表6知，兼职的大学生中通过和没通过四级考试的比例接近，还没考四级占的比例较小。大学生四级考试是证明英语水平的基本凭证，大多数公司要求的英语水平都要在四级及以上，可见英语四级考试的重要性。没考四级的学生可能是大一学生，就北京农学院来说，英语四级考试一般安排在大二期间，所以分析不出大一学生兼职对英语水平的影响；考过四级的学生通过率约占50%左右，还算比较高。其他没过四级的同学的原因可能是兼职的时间占据了大部分学习时间，大多数同学会利用下午和晚上时间去兼职，而这个时间段可以来背诵单词和做真题,他们就没法利用时间学习英语。英语是一个日积月累的学科,需要大学生每天进行反复的记忆和训练,才能有提高。兼职的学生一周兼职三五天是经常的事,几乎不接触英语,所以英语水平得不到提高,从而不能通过四级考试。

表6　　　　　　　　　　是否通过四级考试

	频率	百分比(%)	有效百分比(%)	累积百分比(%)
否	26	36.1	36.1	36.1
还没考	17	23.6	23.6	59.7
是	29	40.3	40.3	100.0
合计	72	100.0	100.0	

2. 对奖学金的影响

从图3可知,近75%的学生没有获得了奖学金,近25%的学生获得了奖学金,但是从表7可知,平均成绩在70分以上的学生占86%左右,比例很高,说明兼职对学习能够起到正面影响。奖学金获得条件不仅要满足学习成绩良好,而且其他方面也要合格,比如体育成绩、宿舍卫生成绩、科研成果等。综合表9、表10来看,兼职对这些素质方面影响更大。可能的原因有三种:一是兼职占据大部分闲暇时间,兼职的学生没有时间去锻炼身体,导致身体素质下降,从而影响体育成绩。二是科研项目需要很长的时间去调研,收集数据,整理报告。兼职的同学没有时间和精力去做这些项目,没法获奖,导致素质评分低。三是兼职的学生一般会到晚上才下班,一天身心疲惫,无心去整理自己的内务,更不用说帮助其他舍友打扫宿舍卫生了,导致宿舍成绩不高。总的来说,兼职占据了大学生休息时间,而这些时间正是大学生进行自身素质发展的黄金时间,失去了这些时间,必然会降低奖学金的素质评定得分,从而影响奖学金的获得(详见图3、表7)。

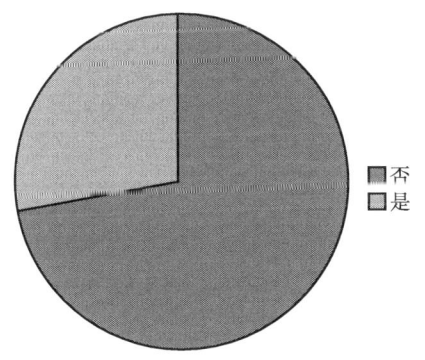

图3　是否获得奖学金

表7 平均成绩

	频率	百分比（%）	有效百分比（%）	累积百分比（%）
60~70分	9	12.5	12.5	12.5
60分以下	1	1.4	1.4	13.9
70~80分	35	48.6	48.6	62.5
80~90分	26	36.1	36.1	98.6
90分以上	1	1.4	1.4	100.0
合计	72	100.0	100.0	

3. 对考研意愿的影响

由图4可知，兼职学生中有考研意愿的学生比例占到60%左右，没有考研意愿的学生比例占到40%左右，说明大部分学生想考研。出现这种情况可能的原因有两种：一是想考研只是一个想法，去考研是想法和行动的统一，考研这个行为是要占据我们休息的大部分时间，甚至是全部休息时间，而且考研是选拔性考试，难度可见一斑，需要学生付出很大的努力。而想考研的意愿不会占用我们休息时间，只需我们大脑思考即可。这样使得一部分学生错误地认为兼职不会占据考研时间，既可以挣钱又可以考研，错误地估计了考研的难度，导致做出"想考研"这个不理智的决策。二是兼职对考研有着正面促进的效果。学生通过兼职，接触社会各类人群，发现自己专业能力和各方面知识经验的不足，从而产生要继续深造，获得更多知识和提高自身能力的需求，使他们理智地选择考研。所以说，兼职对于考研意愿影响较大（详见图4）。

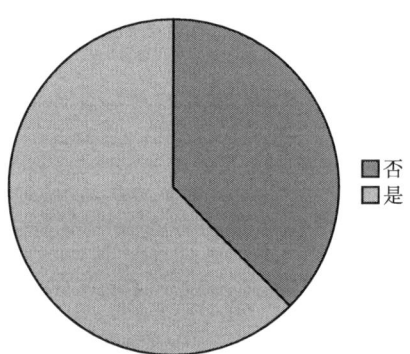

图4 是否有考研意愿

4. 对于课余学习活动的影响

由图5可知，兼职学生去一次和没去过，去过两次和去过三次的学生较多。一次没去过的学生主要可能是因为兼职占据大部分课余时间，很少有时间和精力坐到图书馆里去读书。去过两次到三次的学生可能是兼职时间少，频率低，有业余时间来读书。综合来看，兼职大学生的课外阅读量还是比较低的（详见图5）。

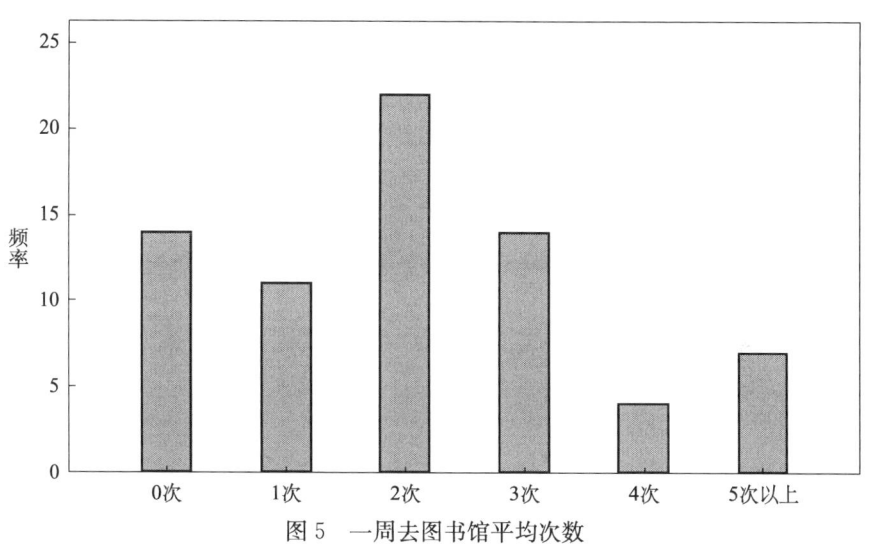

图 5 一周去图书馆平均次数

5. 对于专业喜爱程度的影响

由表8可知，兼职学生中喜欢现在的专业的人数占到60%左右，不喜欢现在的专业的人数占到40%左右。说明喜欢现在专业的人数还是比较多的。出现这种情况可能的原因是喜欢现在专业的人去兼职只是为了赚点零花钱，提高社会适应能力，不会去改变自己的专业去向，而不喜欢现在的专业的人原本不喜欢自己的专业，想要通过兼职寻找自己感兴趣的就业方向，或者去拓展自己喜欢的就业方向，也有可能自己原本喜欢现有的专业，通过兼职发现自己更适合某一行业，从而转移兴趣，不喜欢现在的专业。多数兼职学生的出发点是为了挣钱，多接触社会，并不是因为对专业的不喜爱而选择兼职，也不会因为兼职而改变对于自己专业的兴趣（详见表8）。

表 8　　　　　　　　　　　　是否喜欢现在的专业

	频率	百分比（%）	有效百分比（%）	累积百分比（%）
	8	11.1	11.1	11.1
否	21	29.2	29.2	40.3
是	43	59.7	59.7	100.0
合计	72	100.0	100.0	

调查人群为三类：未兼职、校内兼职和校外兼职的大学生。

通过表9发现，校内兼职的学生通过四级的比例最大，达到了50%；其次是校外兼职的学生，达到了39.06%；未兼职的学生比例最低为36.21%。获得奖学金的学生中，校外兼职的学生占的比重最大，其次是未兼职的学生，校内兼职的学生。说明校内兼职和校外兼职对学习成绩起到了正面效果。校内兼职的学生一般是勤工俭学的学生，在学习之余帮老师干活、做一些志愿服务，更多的目的是丰富课余生活，他们可能更有能力去规划自己的生活，安排自己的学习时间、娱乐时间和休息时间。而且校内兼职的学生可能比其他学生思想上更要求进步，对自己的未来有着更明确的目标，这样会使得他们在学习上更为努力、认真。校外兼职的学生更多的目的是赚取零花钱，获取社会经验。这些学生在社会中能够接触到不同的人群，能够获取对自己职业生涯有利的信息，还能通过自己的辛苦付出体会到挣钱的不易。这些经验和感受在学校中就能转化成努力提升自己各方面素质和修养的动力，具体体现在英语水平和学习成绩的提升上。未兼职的学生的学习成绩反而不如兼职学生，原因可能是未兼职学生进入大学后对自己人生还没有明确的目标，对自己的生活没有规划，处在一个迷茫的阶段，可能整天与电脑、手机做伴，无心学习和充实自己的生活，造成精神萎靡，学习成绩大幅下滑。

在考研意愿中，三个人群的比例基本持平。在科研意愿中，校外兼职和校内兼职的学生占的比例也比未兼职的学生多。这说明兼职对考研和科研意愿有正面效果。学生通过兼职，接触社会各类人群，发现自己专业能力和各方面知识经验的不足，从而产生要继续深造，获得更多知识和提高自身能力的需求，使他们理智地选择考研和科研（见表9）。

表9　　　　　　　　　基本学习情况分布

六级通过	10.34%	0.00%	7.81%
获奖学金	15.52%	12.50%	29.69%
挂科	46.55%	75.00%	35.94%
考研意愿	60.34%	62.50%	62.50%
参与科研	39.66%	50.00%	54.69%
学生干部	65.52%	87.50%	65.63%

综上所述，兼职对于学习方面，考研意愿和参加科研的意愿都起到了积极的影响。

二、模糊综合评价（矩阵计算）

1.因大学生兼职行为对其学业的影响程度具有较强的模糊性，很难给予定量的描述。而模糊评价是基于模糊数学的一种综合评价，因此本次实验采用模糊综合评价的方法中的矩阵计算对兼职行为对其学业的影响程度进行综合分析，具体步骤如下：

（1）确定评价级 V 和评价对象 U，同时确定各个影响因素的权重 W；

（2）建立各个因素的评分隶属函数和综合评价矩阵 R，求出隶属的和 R，获得模糊集；

（3）通过综合评价矩阵 R 求模糊综合评价级 B，即：B＝W＊R；

（4）最后去模糊值，即用模糊综合评价集 B 和测量标度 H 计算评价对象的综合评价分数 E：E＝B＊H，式中 H＝（非常影响、影响较大、一般、影响较小、无影响）

首先，建立评价集 V＝（v1，v2，v3，v4，v5）＝（非常影响、影响较大、一般、影响较小、无影响），大学生兼职对学业影响程度情况指标 U，包涵学习质量、时间规划、学业需求。三个准层，因此，U＝Ui（i＝1，2，3）。其中，Ui 又分为下一个集层的指标 Uij，既 U＝Uij。

其次，根据大学生兼职对学业影响程度调查问卷得出每个指标隶属于评价级的人数与参与问卷调查人数的比值，利用模糊综合调查模型计算得出学习质量、时间规划、学业需求各项准层大学生的满意程度的评价矩阵。

$$R1=(0.225, 0.381, 0.331, 0.050, 0.013)$$
$$(0.334, 0.388, 0.175, 0.081, 0.013)$$
$$(0.156, 0.269, 0.313, 0.194, 0.096)$$
$$(0.281, 0.369, 0.263, 0.075, 0.013)$$
$$(0.250, 0.381, 0.300, 0.063, 0.006)$$
$$(0.244, 0.375, 0.288, 0.063, 0.031)$$
$$(0.334, 0.406, 0.188, 0.050, 0.031)$$
$$R2=(0.288, 0.319, 0.338, 0.044, 0.031)$$
$$(0.125, 0.169, 0.413, 0.206, 0.088)$$
$$(0.094, 0.131, 0.400, 0.275, 0.100)$$
$$R3=(0.400, 0.406, 0.163, 0.019, 0.006)$$
$$(0.413, 0.400, 0.163, 0.019, 0.006)$$
$$(0.035, 0.369, 0.194, 0.075, 0.013)$$
$$(0.338, 0.406, 0.219, 0.031, 0.006)$$

根据公式 1 及各指标的权重值，计算第二层模糊综合评价级为：

$$B1=W1*R1 \quad B2=W2*R2 \quad B3=W3*R3$$

根据公式 2 对个准层评价集进行去模糊计算，分别得到学习质量、时间规划、学业需求影响程度的评价值：E1、E2、E3。

利用模糊综合调查法,得到大学生兼职行为对其学业影响程度模糊综合的最终满意评价集:A=W*B。

对最终评价级进行去模糊计算,得到大学生兼职行为对其学业影响程度的综合评价:E。

2. 关于大学生兼职对专业兴趣影响的矩阵计算

我们在学习质量问题中下设的专业理解、学习兴趣、未来规划三方面中设置影响程度为:非常影响、影响较大、一般、影响较小、无影响等五个方面。根据矩阵计算公式进行计算。

$$R1 = (0.5, 0.5, 0.5)$$
$$R2 = \begin{pmatrix} 0.07 & 0.08 & 0.05 & 0.13 & 0.16 \\ 0.08 & 0.08 & 0.08 & 0.10 & 0.12 \\ 0.08 & 0.12 & 0.05 & 0.15 & 0.08 \end{pmatrix}$$
$$R3 = R1 * R2$$

3. 学习质量影响程度分析

根据模糊分布原则得出结果:14%非常影响,9%影响较大,19%一般,18%影响较小,6%无影响。又根据最大隶属度原则得出大学生兼职对其学业影响一般。专业兴趣的所有调查数据中,有2/3左右的人认为兼职对自己的专业还是有好处的。这说明大学生对兼职行为还是普遍认可的。有不到1/3的人认为兼职对学业无帮助,可能是认为兼职会影响自己的学业(见表10)。

表10　　　　　　　　　　学习质量影响程度分析表

	非常影响	影响较大	一般	影响较小	无影响
学习质量	0.14	0.09	0.19	0.18	0.055

4. 关于大学生兼职对时间规划的影响程度计算

我们在时间规划问题中下设的三方面中设置影响程度为:非常影响、影响较大、一般、影响较小、无影响等五个方面。根据矩阵计算公式进行计算。

$$R1 = (0.5, 0.5, 0.5)$$
$$R2 = \begin{pmatrix} 0.07 & 0.08 & 0.05 & 0.13 & 0.16 \\ 0.08 & 0.08 & 0.08 & 0.10 & 0.12 \\ 0.08 & 0.12 & 0.05 & 0.15 & 0.08 \end{pmatrix}$$
$$R3 = R1 * R2$$

5. 时间规划的影响程度分析

根据模糊分布原则得出:8.24%非常影响,16.43%影响较大,37.11%一般,23.83%影响较小,13.72%无影响。又根据最大隶属度原则得出学生兼职对学业的影响感觉一般。关于大学生对兼职影响学业程度方面，大家普遍还是觉得有点影响的（见表11）。

表11　　　　　　　　　　　时间规划的影响程度分析表

	非常影响	影响较大	一般	影响较小	无影响
时间规划	0.0824	0.1643	0.3711	0.2383	0.1372

6. 关于大学生兼职对需求的影响程度计算

我们在需求问题中下设的专业理解、学习兴趣、未来规划三方面中设置影响程度为：非常影响、影响较大、一般、影响较小、无影响等五个方面。根据矩阵计算公式进行计算。

$$R1 = (0.25, 0.16, 0.60)$$
$$R2 = (0.19, 0.40, 0.33, 0.06, 0.03)$$
$$(0.17, 0.37, 0.35, 0.07, 0.04)$$
$$(0.26, 0.40, 0.25, 0.05, 0.04)$$
$$R3 = R1 * R2$$

7. 需求影响程度分析

根据模糊分布原则得出：23.07%非常影响，39.92%影响较大，28.85%一般，5.62%影响较小，3.79%无影响。又根据最大隶属度原则得出大学生认为兼职对学业需求影响较大。兼职是大学生普遍接受的。根据数据计算出的结果显示，绝大多数的大学生对兼职持满意的态度。这说明兼职还是广泛的受到大学生欢迎的，兼职对学业需求影响的问题更是大家广泛关注的问题。详见表12。

表12　　　　　　　　　　　需求影响程度分析表

	非常影响	影响较大	一般	影响较小	无影响
需求	0.2307	0.3992	0.2885	0.0562	0.0379

二、总结

经对调查数据的分析表明，适度兼职有利于大学生学业发展。大学生参与兼职都有其规划，有着提高自身能力、积累经验、人脉等各种各样的需求，说明参与兼职的大学生往往是那些对未来有着一些规划的大学生，他们在兼职过程中获取知识、提高自身素质并逐步完善其未来规划。他们的学习成绩等多方面数据都比未兼职的学生高，对校园活动的参与度兼职学生也明显高于未兼职学生，如科研活动参与度、担任学生干部率等。

受访者中校内兼职大学生所占比例较少，且校内兼职岗位较少，种类贫乏，因此校内兼职有待多样化。

受访者中校外兼职大学生比例最高，由于其种类丰富、自主性强、薪金高等多方面原因造成校外兼职是大学生兼职的主要形式，然而校外兼职这种形式脱离于大学校园管理制度，不利于学校的规范管理与监督，出现兼职与学业矛盾的可能性更高。

四、建议

（一）对大学生本人

1. 积极参与兼职活动与学校组织的各种活动。
2. 树立未来规划意识和"以学为主，兼职为辅"的正确学习观。
3. 量力而行，适度兼职。
4. 选择与专业相关或与未来规划相符合的兼职岗位。

（二）对学校

1. 鼓励学生适度兼职，培训学生正确规划未来、选择兼职。
2. 大力发展校内兼职，多样化校内兼职形式，增加校内兼职岗位，提高校内兼职报酬。
3. 争取校企合作，提供更多可靠易管控的兼职形式与岗位。
4. 完善大学生兼职监督体系，建立大学生兼职信息数据库，实时更新大学生兼职信息，加强学校对大学生兼职的监管，帮助大学生在学业发展与兼职中取得平衡，促进学生学业发展。

本研究参考文献

[1] 朱欣. 大学生兼职行为对其学业发展的影响 [A]. 中国电力教育 2011 (20): 174-175, 1007-0079.

[2] 杜俊娟. 基于平衡计分卡的兼职大学生学业研究 [A]. 新乡学院学报 2016, 33 (7): 66-70, 2095-7726.

[3] 周哲. 浅谈大学生如何处理好兼职与学习的关系 [A]. 才智, 2014 (8): 72, 1673-0208.

[4] 刘珊珊, 魏文颖. 浅谈国外大学生兼职的现状及特点 [A]. 科教文汇·中旬刊, 2010 (4): 3-4, 1672-7894.

首都高校新疆籍少数民族学生学业辅导需求现状调研

——以北京农学院为例

> 项目组成员：杨　赛　张梓盈　侯彦宇　德丽达·塔里哈提
> 　　　　　　那迪热·艾克帕尔
> 指导老师：古丽切合热·艾斯卡尔

摘　要：近年来，随着人口流动的加快和智力援疆政策的大力实施，来京就读大学的新疆籍少数民族预科生和本科生数量逐渐增加。首都高校中新疆籍少数民族大学生越来越多，丰富了首都高校生源的同时，也带来了一些挑战。本文采取问卷调查的方式，对本校新疆籍少数民族学生学业辅导需求方面进行调查分析，了解他们的学业需求并提出针对性的解决方案。

关键词：北京农学院　新疆籍少数民族大学生　学业辅导需求

一、问题的提出

随着我国教育行业的高速发展，各民族人民接受教育的愿望均不断提高，越来越多的少数民族大学生进入首都高校接受教育，而其中不乏存在一些民族差异，使得其在学业辅导方面存在一些特殊的需求。经过一系列的研究我们决定，以新疆籍少数民族大学生为例，在北京农学院展开调查。

二、研究的设计与实施

（一）研究目标

本研究主要是以北京农学院为例研究新疆籍少数民族大学生在学业辅导需求现状及存在的问题，并针对调查出来的问题提出针对性的解决方案。旨在帮助新疆籍少数民族大学生更好更快地适应异地文化和本校课程，促进新疆籍少数民族大学生在本校更好地发展。

（二）研究对象

根据本课题研究目标，我们随机对本校 120 名新疆籍少数民族学生，包括了大一至大四及研究生各年级的学生进行了问卷调查，通过问卷的方式调查其学业辅导需求现状。最终共发放问卷 120 份，回收有效问卷 105 份，问卷的回收率为 83.3%。105 份有效样本构成情况为：男生 45 人，占总样本的 42.86%；女生 60 人，占总样本的 57.14%；大一 24 人，占总样本 22.86%；大二 29 人，占总样本 27.62%；大三 42 人，占总样本 40%；大四 9 人，占总样本 8.57%；研究生 1 人，占总样本 0.95%。

（三）研究方法

采用理论与实际相结合的方式，定量分析与定性分析相结合的方法。采用问卷调查的方法，根据所研究内容设计相应的问题进行针对性地考察，对在北京农学院就读的新疆籍少数民族大学生进行随机抽样问卷调查，对其学业辅导需求进行调查分析。

（四）调查数据及结果分析

第 1 题：你来自哪个民族？

在有效填写的 105 份问卷中，58 人为维吾尔族，所占比例为 55.24%；33 人为哈萨克族，所占比例为 31.43%；4 人为回族，所占比例为 3.80%；3 人为柯尔克孜族，所占比例为 2.85%；2 人为蒙古族，所占比例为 1.90%；2 人为哈尼族，所占比例为 1.90%；1 人为藏族，所占比例为 0.96%；1 人为满族，所占比例为 0.96%；1 人为俄罗斯族，所占比例为 0.96%。

第 2 题：你的性别是？

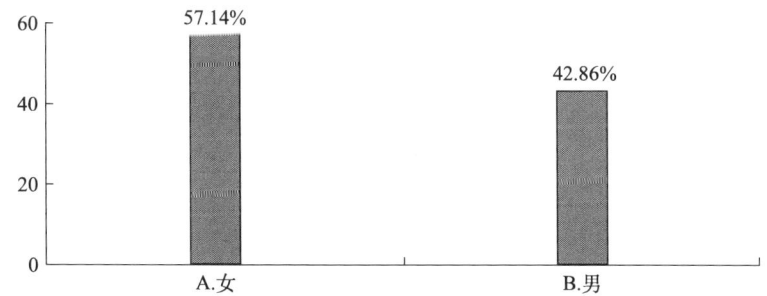

根据调查显示，在有效填写的 105 份问卷中，60 人是女生，所占比例为 57.14%；45 人是男生，所占比例为 42.86%。可以观察出女生所占比重较大，

但男女比例差别不多，数据可靠性较高。

第3题：你的年级是？

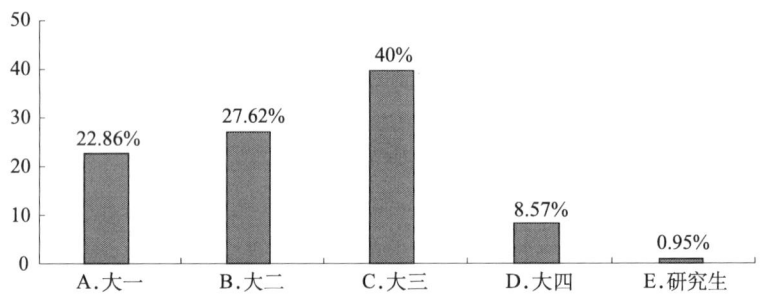

根据调查显示，在有效填写的105份问卷中，24人为大一学生，所占比例为22.86%；29人为大二学生，所占比例为27.62%；42人为大三学生，所占比例为40%；9人为大四学生，所占比例为8.57%；1人为研究生，所占比例为0.95%。可以观察出，大三学生所占比重最高，研究生所占比重最低，但各个年级都有涉及，总体分布较为均匀，数据可靠性较高。

第4题：你来自哪个学院？

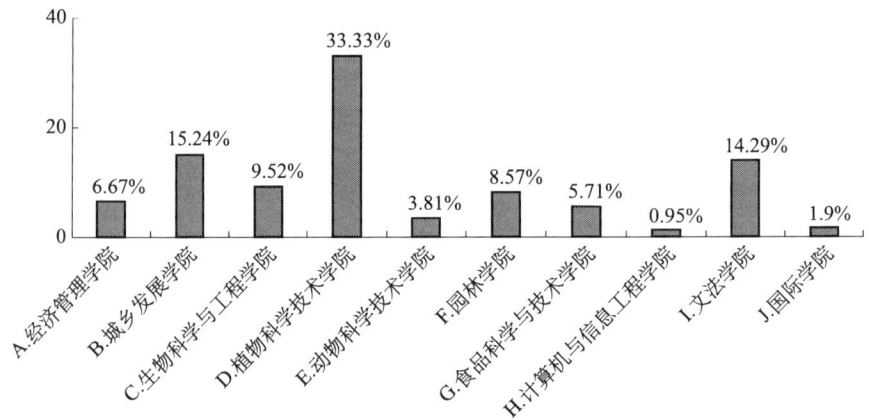

根据调查显示，在有效填写的105份问卷中，7人为经济管理学院学生，所占比例为6.67%；16人为城乡发展学院学生，所占比例为15.24%；10人为生物科学与工程学院学生，所占比例为9.52%；35人为植物科学技术学院学生，所占比例为33.33%；4人为动物科学技术学院学生，所占比例为3.81%；9人为园林学院学生，所占比例为8.57%；6人为食品科学与技术学院学生，所占比例为5.71%；1人为计算机与信息工程学院学生，所占比例为0.95%；15人为文法学院学生，所占比例为14.29%；2人为国际学院学生，所占比例为1.9%。可以观察出，植物科学与技术学院学生所占比例最高，计算机与信息工

程学院学生所占比例最低,但各个学院学生均有涉及,且总体分布较为均匀,数据可靠性较高。

第5题:你对自己所学的专业是否有兴趣?

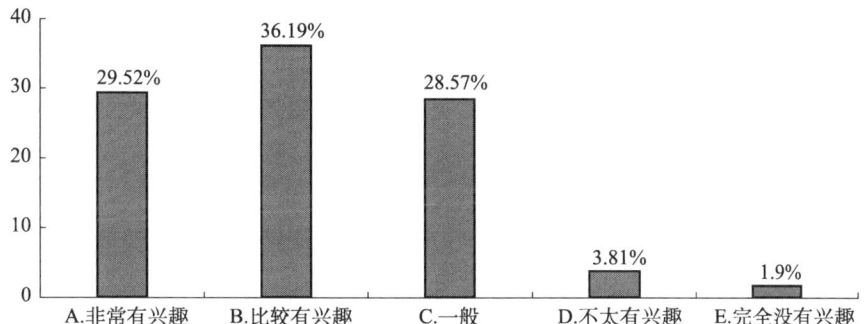

根据调查显示,在有效填写的105份问卷中,针对所学专业是否有兴趣这一问题,31人表示非常有兴趣,占总体比例的29.52%;38人表示比较有兴趣,占总体比例的36.19%;30人表示一般,占总体比例的28.57%;4人表示不太有兴趣,占总体比例的3.81%;2人表示完全没有兴趣,占总体比例的1.9%。可以观察出,大多数学生对所学专业存在着浓厚的兴趣,极少部分学生对所学专业兴趣不大。

第6题:你是否做了学业规划?

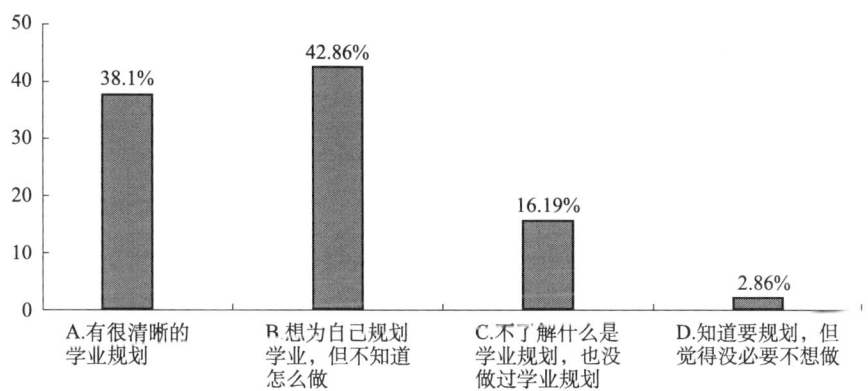

根据调查,在调查有效问卷105人中,新疆籍少数民族学生关于是否做了学业规划的问题上:40人表示有很清晰的学业规划,其占总体的38.1%;45人表示想为自己规划学业但并不知道怎么做,其占总体的42.86%;17人表示不了解什么是学业规划也没有做过学业规划,其占总体的16.19%;3人表示知道要规划但觉得没必要不想做,其占总体的2.86%。由分析结果可以看出,新疆籍少数民族学生对于是否做了学业规划的问题上,大多数人有很清晰的学业计

划或想为自己规划学业,只有少数人表示不了解什么是学业规划,极少数人知道要规划但并不想做。

第7题:你现在在学习上遇到了哪些问题?

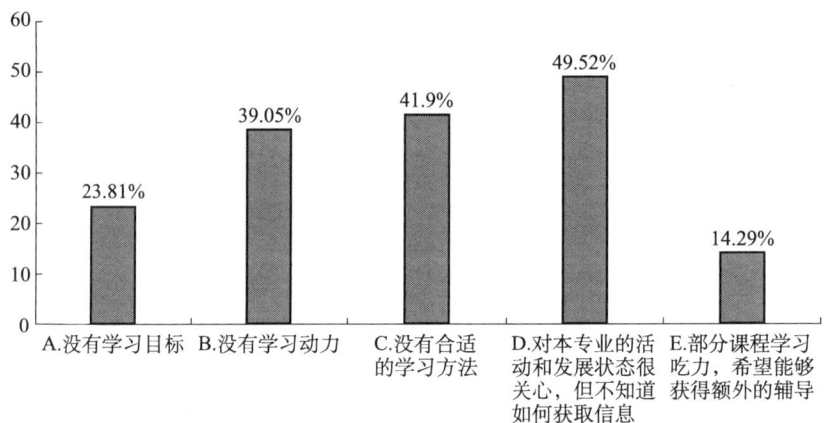

根据调查,在调查有效问卷105人中,新疆籍少数民族学生关于在学习上遇到了哪些问题上:25人表示没有学习目标,其占总体的23.81%;41人表示没有学习动力,其占总体的39.05%;44人表示没有合适的学习方法,其占总体的41.9%;52人表示对本专业的活动发展状态很关心,但不知道如何获取信息,其占总体的49.52%;15人表示部分课程学习吃力,希望能够获得额外的辅导,其占总体的14.29%。由分析结果可以看出,几乎所有新疆籍少数民族学生存在学习方面的问题,一半的新疆籍少数民族学生对自己学习方面的问题态度消极,没有合适的学习方法、目标和动力;另一半的新疆籍少数民族学生对自己学习方面的问题态度积极,对学习的课程关注度高但没有高效的学习方法。

第8题:你清楚你的专业主修课程吗?

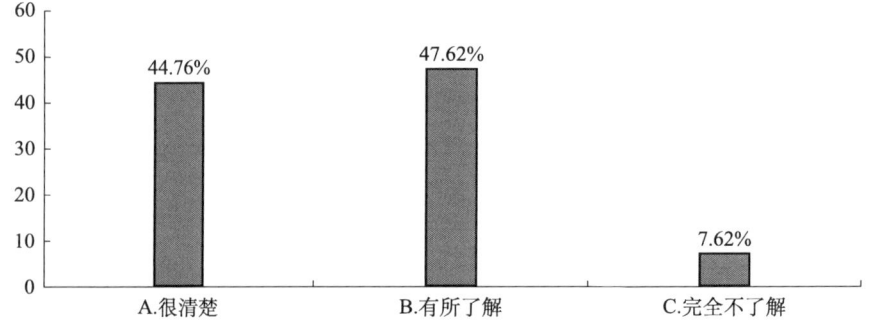

根据调查,在调查有效问卷105人中,新疆籍少数民族学生关于是否清楚其专业主修课程的问题上:47人表示很清楚自己的专业主修课程,其占总体的

44.76%；50人表示对自己的专业主修课程有所了解，其占总体的47.62%；8人表示对自己的专业主修课程完全不了解，其占总体的7.62%；由分析结果可以看出，绝大部分的新疆籍少数民族学生对自己的专业主修课程有所了解或很清楚自己的专业主修课程，只有极少数新疆籍少数民族学生对自己的专业主修课程表示完全不了解。

第9题：你认为在学习生活过程中最大的障碍是什么？

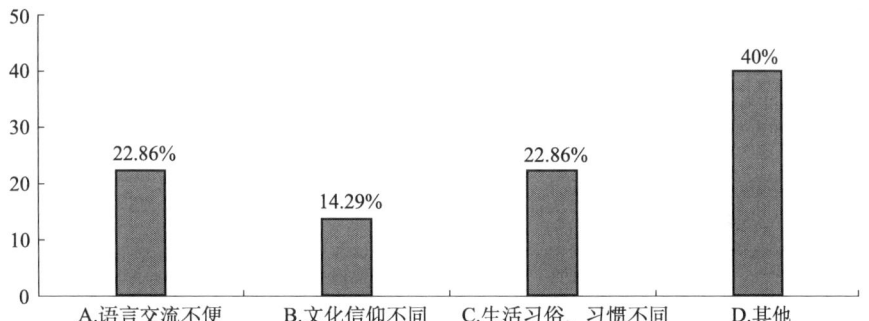

根据调查，在调查有效问卷105人中，新疆籍少数民族学生关于在学习生活中遇到的最大的障碍的问题上：24人表示学习生活中遇到的最大的障碍是语言交流不便，其占总体的22.86%；15人表示学习生活中遇到的最大的障碍是文化信仰不同，其占总体的14.29%；24人表示学习生活中遇到的最大的障碍是生活习俗、习惯不同，其占总体的22.86%；42人表示学习生活中遇到的最大的障碍是其他方面的问题，其占总体的40%。由分析结果可以看出，一半以上新疆籍少数民族学生在学习上遇到的最大的障碍是文化、语言、生活习惯的不同导致的，少一半的新疆籍少数民族学生在学习上遇到的最大的障碍为其他方面的。

第10题：你对本专业毕业后的去向有何了解？

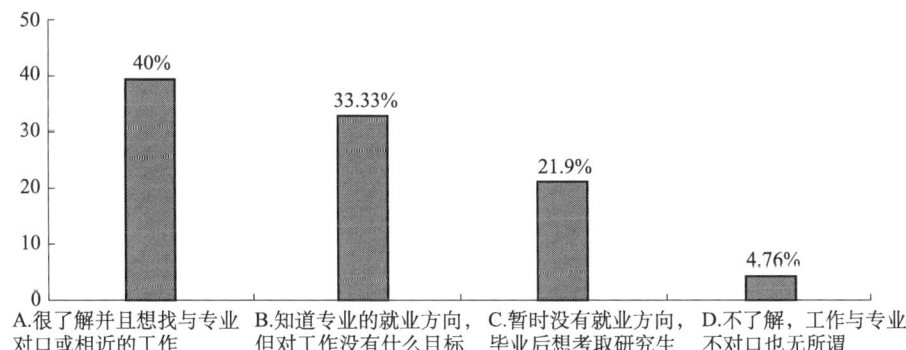

根据调查，在调查有效问卷105人中，新疆籍少数民族学生关于对本专业毕业后去向有何了解的问题上：42人表示很了解本专业毕业后去向并且想找与本专业对口或相近的工作，其占总体的40%；35人表示知道本专业毕业后的就

业方向但对工作没有什么目标，其占总体的 33.33%；23 人表示自己暂时没有就业方向毕业后想考取研究生，其占总体的 21.9%；5 人表示不了解本专业毕业后去向，工作于专业不对口也无所谓，其占总体的 4.76%。由分析结果可以看出大部分新疆籍少数民族学生了解自己本专业毕业后去向，其中一半的新疆籍少数民族学生对自己毕业后的工作有自己的想法，另一半对自己毕业后工作没有什么目标；只有少数新疆籍少数民族学生对自己毕业后去向没有想法，其中极少数新疆籍少数民族学生对自己毕业后去向表示无所谓。

第 11 题：毕业后的发展去向？

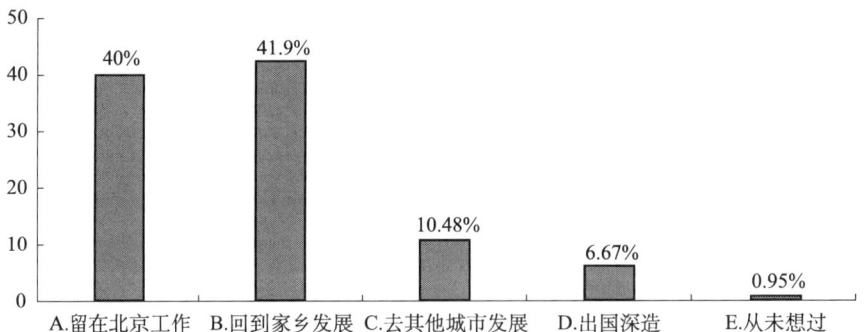

根据调查，在调查有效问卷 105 人中，关于毕业后的发展去向问题上 44 人选择回到家乡发展，占总人数的 41.9%；42 人选择留在北京工作，占总人数的 40%；11 人选择去其他城市发展，占总人数的 10.48%；7 人选择出国深造，占总人数的 6.67%；1 人选择从未想过，占总人数的 0.95%。根据分析可以看出，愿意毕业后愿意留在北京或去其他城市发展的新疆籍少数民族大学生所占比例更多，说明大多数新疆籍少数民族大学生能够较好的适应不同于本民族文化的新文化，少于半数的新疆籍少数民族大学生希望回到家乡发展，说明有很大一部分的人依然葆有很强的民族信仰和自身的使命感。

第 12 题：你认为少数民族加分政策有无必要？

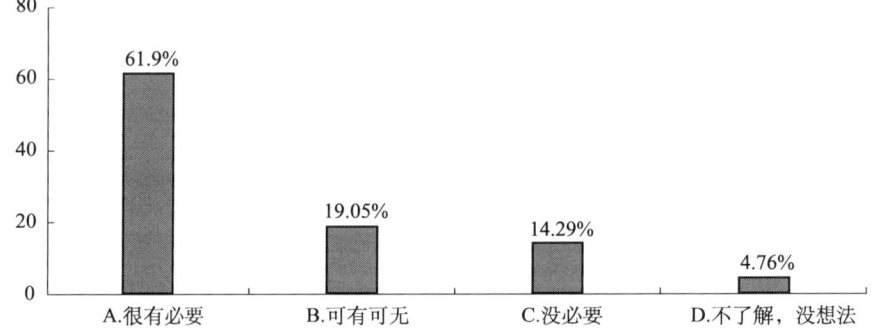

根据调查，在调查有效问卷 105 人中，新疆籍少数民族学生在关于少数民族加分政策有无必要上 65 人认为很有必要，占总体的 61.9%；20 人认为加分政策可有可无，占总体的 19.05%；15 人认为加分政策没必要，占总体的 14.29%；5 人选择不了解，没想法，占总体的 4.76%。根据分析可以看出，绝大部分的新疆籍少数民族学生认同国家为了实现民族平等，加强民族团结，保障让其平等接受教育的加分政策还是很有必要的，另外一部分学生认为该政策并非十分必要，可有可无，甚至没有必要存在，极少部分学生并不了解该政策。

第 13 题：你认为是否有必要在学院内针对少数民族进行必修课辅导？

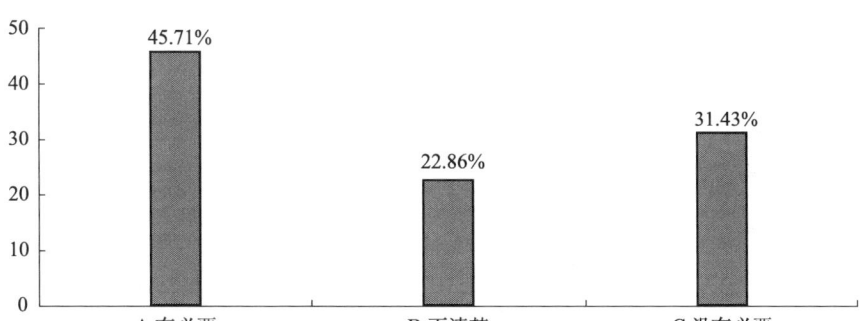

根据调查，在调查有效问卷 105 人中，新疆籍少数民族学生在关于是否有必要在学院内针对少数民族进行必修课辅导的问题上，48 人选择有必要，占总体的 45.71%；33 人选择没有必要，占总体的 31.43%；24 人选择不清楚，占总体的 22.86%。通过分析结果可以看出，大部分的新疆籍少数民族学生认为他们对于必修课的学习有一定的困难，所以有必要进行必修课辅导；少部分的新疆籍少数民族学生对于必修课的课程并没有和其他同学拉开差距，并不存在额外的问题，所以没有必要进行必修课辅导；更少部分的新疆籍少数民族学生对于必修课的课程没有过深的思考，或者对于课程的不重视，所以不清楚自己是否需要接受必修课的课程辅导。

第 14 题：你觉得哪些方面的学业辅导工作是最重要的？

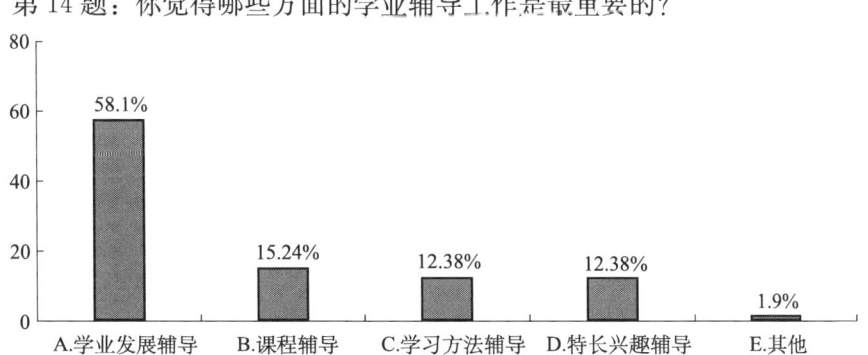

根据调查，在调查有效问卷 105 人中，新疆籍少数民族学生在关于哪些方面的学业辅导工作是最重要的问题上，61 人选择学业发展辅导，占总体的 58.1%；16 人选择课程辅导，占总体的 15.24%；13 人选择学习方法辅导，占总体的 12.38%；13 人选择特长兴趣辅导，占总体的 12.38%；2 人选择其他辅导，占总体的 1.9%。通过分析结果可以看出，绝大部分的新疆籍少数民族学生对于所学专业未来发展方面不清楚，更需要学校及老师的帮助和了解，少数新疆籍少数民族大学生需要课程和学习方法方面的指导，另外一小部分学生需要特长兴趣以及其他方面的辅导。

第 15 题：你认为哪种方式的辅导对你来说更有帮助？

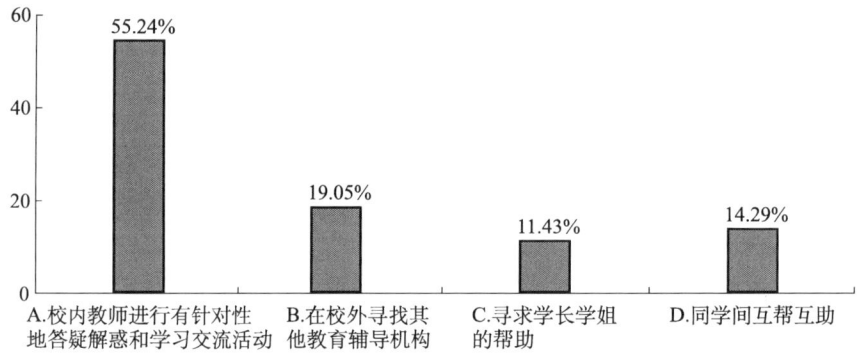

根据调查，在调查有效问卷 105 人中，新疆籍少数民族学生在关于哪种方式的辅导对你来说更有帮助问题上，58 人选择校内教师进行有针对性地答疑解惑和学习交流活动，占总体的 55.24%；20 人选择在校外需找其他教育辅导机构，占总体的 19.05%；15 人选择同学间互相帮助，占总体的 14.29%；12 人选择寻求学长学姐的帮助，占总体的 11.43%。由分析结果可以看出，较大部分新疆籍少数民族学生对于校内教师进行有针对性的答疑解惑和学习交流活动更有需要，少部分的新疆籍少数民族学生选择在校外寻找其他教辅机构，较少部分的新疆籍少数民族学生选择同学间互相帮助，极少部分学生选择寻求学长学姐的帮助。

三、调查所反映出的新疆籍少数民族学业问题

（一）环境适应问题突出

新疆籍少数民族大学生入学之初其原有的生活习惯、民族信仰、文化、气候环境均发生很大的变化，很容易导致其产生内心的孤独感，所以需要花更多的时间进行适应。

（二）学习基础薄弱

新疆经济发展水平不高，知识普及程度不够，导致许多同学基础知识较为薄弱。在大学的学习中，相较于发达地区的学生而言学习比较吃力。但其仍存在刻苦努力、主动学习的愿望。

（三）民族观念较强、集体意识相对淡薄

进入大学这个新的环境，民族习俗生活习惯与当地学生存在差异，导致交流与沟通存在困难，所以其多数选择与本民族学生密切交往，甚至在沟通与交流中坚持使用本民族语言，逐渐形成自己独立的小团体，使得其在学习与生活中存在更大的困难。

（四）对未来的规划模糊

从调查中可以看出，尽管大部分学生能够了解自己的专业并对自己的未来有所规划，但仍存在相当一部分的学生并不了解自己所学的专业，也没有对未来有一个明确的规划。

四、对策及建议

（一）尊重习俗，从生活细节入手

尊重新疆籍少数民族大学生的民族习俗和生活习惯，如：在学校设立清真食堂、帮助其庆祝本民族的传统节日；注重新疆籍少数民族大学生与汉族学生混宿的沟通与引导，时常了解他们的生活情况，避免发生因生活习惯差异引发的冲突。

（二）加强沟通，时常询问其在学业上的问题

调查中显示出，大部分新疆籍少数民族大学生认为需要对自身进行必修课的辅导，说明他们在学习过程中由于自身原因还存在着一些困难。这就需要老师或者班干部在课程中时常对其进行询问与帮助。或者学院举行专门对其进行辅导的课程。

（三）帮助其规划发展方向

调查中显示出，有相当一部分同学对本专业的知识和就业方向并不了解，毕业之后的就业方向也并不清楚。在这方面班干部、班主任和辅导员应该肩负

起帮助他们的责任。学院也可以进行就业方面的指导讲座，帮助大家规划未来的发展方向。

五、结语

在地区差异、人文差异巨大的环境中生活的新疆籍少数民族大学生，进入到以汉族为主的首都高校校园中，心理压力以及人文冲击是肯定存在的，这很大程度上是新疆籍少数民族学生学习交流、生活起居、课外活动、人际交往中的障碍，所以此次科研项目以新疆籍少数民族学生学业辅导需求为题的我们致力于帮助学校及老师对少数民族学生受到更好的教育、管理，处理好其在首都高校的文化冲突，具有一定的意义。上述情况均已北京农学院为例，研究新疆籍少数民族大学生在学业辅导需求现状及存在的问题，并针对调查出来的问题提出针对性的解决方案。旨在帮助新疆籍少数民族大学生更好、更快地适应异地文化和本校课程，促进新疆籍少数民族大学生在本校更好地发展。

了解少数民族学生在首都高校的适应状况，发现少数民族学生在教育学习过程中深层次的问题并进行研究，创新对少数民族学生特殊的教育管理模式，加强少数民族思想政治教育，加强对民族学生工作的重视，促进少数民族学生全面发展，对于民族的稳定和团结具有重要意义。

近几年，随着我国高等教育事业的发展，新疆地区的各类高校以及进入内地高校学习的新疆籍少数民族大学生的数量日益增多。这些少数民族大学生作为当代大学生的特殊群体，相对于汉族学生来说，他们心理承受能力较差，更易产生自卑。特别是进入内地学习的新疆籍少数民族大学生，他们在学习生活、人际关系、就业前景等方面都面临着很多的压力。当前，随着社会转型和教育改革不断地深入带来的更多不确定、不安因素，使少数民族大学生不安感增强，压力增大。如何帮助少数民族大学生树立正确的世界观、人生观、价值观；如何提高少数民族大学生的学习能力、竞争力和综合素质是新形势下高校教育亟须面对的问题。这对于提高高校教育的实效性，实现新疆籍少数民族大学生的全面发展具有重要的意义。

本研究参考文献

[1] 长春理工大学学报（社会科学版），2017（5）：30（3）.

网络直播受大学生热捧现象分析

项目组成员：李　港　陈　杰　龚　博
指　导　教　师：骆金娜

摘　要：随着社会发展的日新月异，移动互联时代的来临，人们对媒体的需求也早已不再满足于收音机、电视这种仿佛活在20世纪的旧媒体平台，越来越多的人们，特别是我们大学生渴望得到一种互动性更强、更能够展现互联网时代优势的新型社交媒体平台。于是，网络直播平台应运而生。并有数以亿计的人们争相参与，或作为主播，或作为观众，其中不乏我们当代的大学生。本研究以北京某高校大学生作为研究对象，综述网络直播特点，指出网络直播这一社交媒体形式如此受到追捧的原因，进而分析其对当代大学生的影响，以期为网络直播未来规划和大学生的整体发展提供帮助。

关键词：网络直播　大学生　原因　影响

一、网络直播特点分析

网络直播是一种可以同时透过网络系统在不同的客户端进行视频互动的新兴网络社交方式，网络直播平台也成为一种崭新的社交媒体。互联网平台的不断发展和普及，互联网技术的不断更新和成熟，促使了网络直播的兴起。随着人们逐渐适应网上快捷支付，越来越多的资本也相继青睐于网络平台，进而各大互联网公司开始向网络直播平台进行投资。从我们进行调查的高校大学生的反馈中，我们得出网络直播有以下几项特点（见图1）：

（一）网络直播的实时互动性

网络直播平台不同于电视节目转播，它需要展现其核心价值——直播，因此网络直播则更加需要强调主播与观众之间的陪伴感和交流感。在这过程中，各阶层的人可以很便利的操作手中的客户端，将此时此刻正在做的事情搬到网络上与大家分享，同样也可以实时观看到其他人的分享，这便是网络直播最基本的工作原理。社会心理学家曾说：窥视别人生活是一种本能。网络直播在一定程度上极大地满足了人们渴望宣泄个人情感及窥探别人生活的本能与需要。

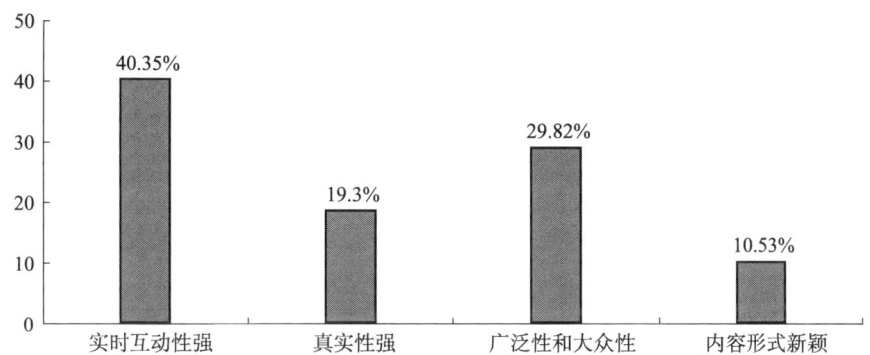

图1 网络直播特点图

与微博或者微信朋友圈这种大多以文字的形式表达，并且大多存在字数限制，需要以简明扼要的标准来进行表达的社会媒体平台相比，网络直播可以利用更多种的传播符号，例如声音、图像、文字等语言，能够带给观众带来更强烈的氛围与画面感，且能够对观众进行第一时间的感受反馈，使其对直播的各个环节都保有新鲜感和参与感，进而产生更强烈的参与意识。

对网络直播有所耳闻的人们都想必知道，在大多数网络直播平台中，观众可以送给所关注主播价格不菲的"礼物"。赠送礼物后，这位观众的名字便会显示在直播间里。而且这份"礼物"的价值越高，赠送的频率越频繁，这位"土豪"的用户名会通过弹幕特效的形式告知整个直播平台，这样其他观众也会留意到。不仅如此，收到"礼物"的主播会重点与其进行互动，这无疑将增大这位礼物赠送者的满足感。网络直播平台正是由于这样的互动强度，才具有如此强大的魅力。

网络直播相较于旧形式的传播媒体，更加强调传播个体的个性。活跃在各大直播平台的拥有百万粉丝的"大主播"，其直播形式不外乎都具有其独特的个性。这些"大主播"通过其独有的个性直播，作为一方"个性领袖"带领着相应自己号召的观众不断设置新的"话题"，使每个观众都能成为这个媒体的传播者，即"人人即媒体"的传播格局。这样的传播方式，相较于旧传播形式，使人们表达的方式更加自由化，一定程度上解放了人们的个性，以更直接、更有感染力的方式满足了受众们日益增长的精神文化消费需求。

马莱茨克的大众传播过程模式中提到，受众会受到来自"媒介的压力"比如人们需要一定的文化水平才能够阅读一份报纸。在网络直播中，这份"压力"则被减小了很多。网络直播作为面向社会各阶层的一种大众文化，更加贴近人们生活。只要有意愿，每个人都可以利用身边的客户端，随时随地的成为一名"主播"或者"观众"，向其他人展示自己的兴趣爱好、所见所闻，或表达自己的意见、看法。现如今,人们不再满足于具有局限性、延迟性、单向性的旧式传播模式,希望能够打破空间的界限,伴随着 VR、AR 等新技术的推广应用,在全民网络时代的驱使下参与直播互动,增强直播交互的体验感和沉浸感,享受这种更平等、更富有个性的传播新形式。归根结底,除了追求经济利益,更多的还是由于日益增长的精神文化需求。

(二)网络直播的真实性

我们生活中都有这么个经历:一句话经过多人之口很容易变成另外一个意思。同样的,人们在接受媒体传播时,其传播层次越多,越容易造成信息的损耗。反之,传播层次越少,信息的损耗就会减少,可信度就越高。网络直播的核心价值在这其中体现得淋漓尽致,这种几乎实时的传播媒体,能够极大减少"信息损耗",增强信息的可信度。用户可以依靠互联网进行实时连接,观看到本不属于身边发生的人或事。例如用户可以在直播中观看到你所喜欢的明星生活中的一面,或者少数民族的节日欢庆,相比较新闻媒体更加真实可信。在陌生人互动时,相较于文字、图片,直播的方式打破了网络的隐匿性,提高了公开性,也就更加真实可靠。

不过,正是因为直播平台实时性和真实性的特征,也同时提高了监管的难度。一位英国社会心理学家这样说:"越不用花脑筋、越刺激的内容,越容易为观众接受和欣赏。这几乎是收视行为的一项铁律。"为了在网络平台获得更高的关注,有的主播在直播时举止失范,只为得到所谓的"礼物",而被人们贴上了"色情""暴力"的标签,也使得网络直播在社会上饱受非议。

二、网络直播受追捧原因分析

在这个互联网的大时代背景下,随着网络的普及和资费的降低,用户在互联网的条件下观看的电视剧、电影、综艺节目等早已超过在电视上观看的时长。这些的外在条件使得网络直播有了一个快速发展的催化剂,加之年轻人都喜欢新潮的东西,网络直播正巧符合了这些因素,直播内容也日新月异,每个直播的主播都有着自己主要直播的内容,在这个内容下,就会吸引一大批的网友来观看,这也就是我们国家目前特有的"网红"产生的原因。

每个直播的主播都肯在自己的外表、装备上下很大的功夫,因为吸引人眼球的也就是一刹的内容。网络直播之所以受追捧在经济方面也可以表现出来,现在的网络直播就相当于是网络电视台,区别就在于电视节目是剪辑好的、有剧本编制的、视角只有"观众"这一个选项,而直播不同,自己可以是主角也可以是观众,在做主角的同时也可以收到观众的打赏,从而得到一定的经济收

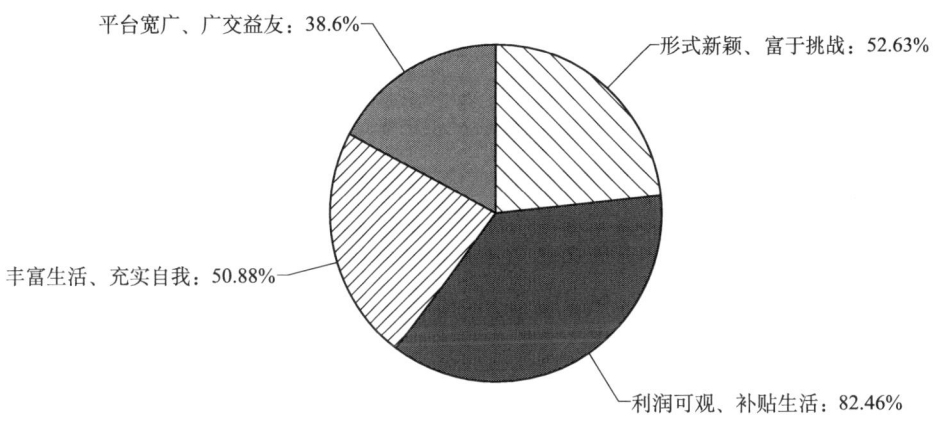

图 2 网络直播受追捧原因

入。打个比方来说,有一个观众给一个主播送了 200 个"火箭",这 200 个火箭相当于 10 万元人民币,而这个主播只是在直播间里说说话、聊聊天,一天足不出户就可以收入上万。但从经济方面来讲就会引人关注,也会使一大批人想要加入这个行列中。

再一个原因就是市场经济的高速发展,带动了很多的新兴产业的发展,互联网的高速发展也带动了网络直播的发展,电商平台的不断扩大也让网络直播更加引人关注、追捧。前面说到网络直播分成了很多的方面,有美女直播、游戏直播、技术、发布会、综艺节目、回忆、打猎、化妆、吃饭、睡觉等,只要有你想看的就会有人来直播。有数据显示,2016 年的游戏直播用户破亿,2017 年的游戏直播用户增长率也达到了 47.6%,这种数字是很庞大的,也就是说 15 个人里面就会有 1 个是直播用户,而且中国游戏直播市场的规模也在不断地扩大,2014 年到 2015 年单游戏类市场规模增长了 300% 之多,在直播的同时还加入了赛事竞猜等一系列吸引人们关注度的附加环节。只要有人关注,这个行业就会一直的发展下去。

第三个原因是这个行业有卖点。有各种各样的主播和各具特色的直播内容;随时点开随时看,无须等待太久;可以在观看的同时,和一同观看的关注者或直播间里的主播进行互动,增加交流;网络直播也不怕错过,在技术层面上支持回看;也不会担心有广告的插播;在零成本的条件下,还可以有资金的流入……在这样的诱惑下,有很多的人很想加入这个行列。有用户就有需求,在无聊的时候,就会想给自己找点事干,点开直播可以看自己想看的,不想看了可以换一个直播间,不像电视一样选择性很有局限,受固定的电视栏目限制,网络直播平台的数量增长也在为这一群体的发展积攒能量。

三、网络直播对当代大学生影响分析

"网络直播"蔚然成风,大学生团体在里面也会有充当主播或者观众的角色,大学生对于手机的使用率是非常高的,在这么高的使用率下,大学生群体对于直播的"贡献"也是很高的,打开变成观众,开启摄像头变成主播。当置身于网络中,接受着包罗万象的信息,在纷杂的直播内容中也是大学生获取信息的有效途径之一。丰富了大家的课余生活,让大家在课下也有自己热衷于追求的事情,比方说游戏的直播、体育赛事的直播,很多人借此娱乐放松,也有一部分人想要在直播的主播身上学到一些技能。

也有很多的大学生积极地利用这个平台,为自己所用,把自己的才能展现给大家看,但在学习和直播两者间徘徊,也会耽误学业。根据真实故事,某高校一女大学生去面试主播,面试通过后,来到公司配备的直播间里进行直播,开始自己的直播生涯,做兼职的话一天四个小时,从公司到学校,路程也是时间的消耗,导致该名同学学习成绩下降,在网络世界中收获了很多的粉丝,并也成立了粉丝后援团,直播内容就是聊天、甩宝、卖萌等,一系列没有营养的行为会对大学生的思想建设起到消极作用,怠慢学习,空度光阴(见图3)。

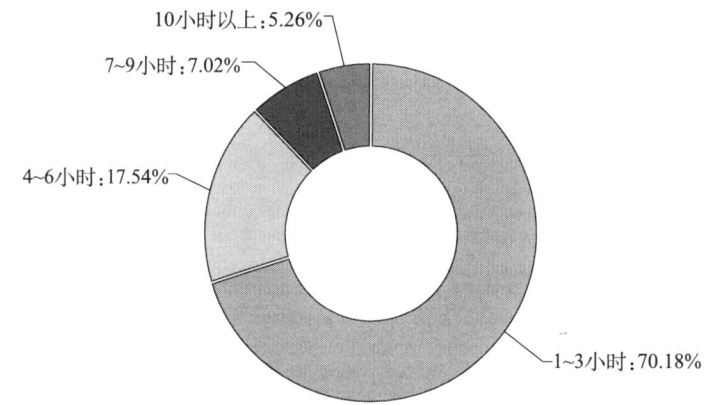

图3 大学生平均每周观看网络直播统计

在这个行业刚刚起步的阶段,有很多亟待解决的问题,但当这些问题出现还未解决的时候已经对大学生群体产生了消极的影响,一心扑向虚拟的网络世界而淡忘了现实生活中的各种事情,沉迷网络,脱离现实,歪曲了大学生的内心世界。

价值观导向出现偏差,遭遇挑战。培养高素质的人才是高校教育的职责,每一位大学生都应该接受最正统的教育,在专业的知识和积极正向的人生导引下,才能做一名合格的社会主义接班人。网络直播横冲直撞,挑战大学生的价值观,网络直播也在一定程度上传达出极端的个人主义色彩,传播出拜金主义,"炫富""整容""白美富帅"等名词传播给大学生,造成不正确的人生导向、追求。网络主播随意散布虚假信息,恶意诽谤、炒作、色诱等行为,无形中也在削弱大学生的诚信度和认知力,冲击我国传统文化(见图4)。

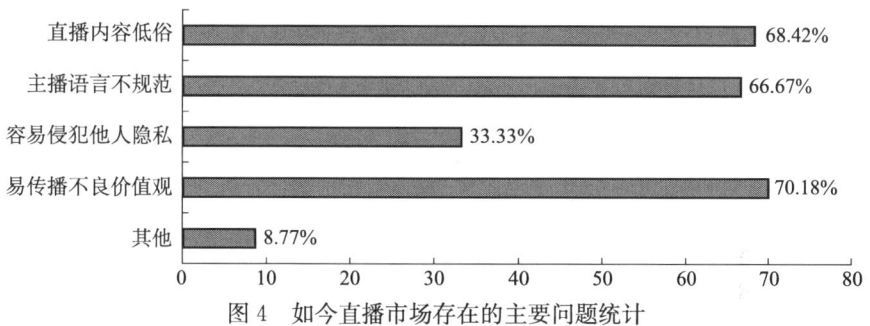

图4 如今直播市场存在的主要问题统计

网络是把双刃剑,网络直播同样如此,只有寻求一条积极、正能量的直播路径,才能切实推进我国网络直播的健康发展,才能改变网络直播存在的虚假性,低俗不良的文化才能被打击,才能正确引导我国大学生的爱国主义思想和集体主义的精神导向,才能让网络直播良性发展,让当代大学生在其中真正受益。

北京市未成年性教育问题研究

项目组成员：马金蕊　杨　柳　赵　丽　陈　欣　赵佳琛
指导教师：齐　力

摘　要： 未成年人性教育在我国一直是一个非常敏感的话题。由于长期处在一个传统含蓄的文化环境下，许多家长、学校与孩子之间都羞于谈到有关性的任何事情。这就导致我国性教育相比其他发达国家较为滞后。未成年人因为性教育、性知识的缺失，出于好奇、无知而走向歧途，因不知道如何正确保护自己甚至遭受性侵犯。虽然教育部门、专家正在积极努力提高未成年人性教育水平，但近日北京市发行的《小学生性健康教育读本》却因尺度太大遭受到家长质疑。为此，本课题研究小组针对北京市未成年人性教育现状，在性教育的重要性、如何培养未成年人树立正确性观念、了解性知识及防范性侵犯等方面展开了调查。

关键词： 未成年　性教育　读本　观念

随着北京市经济的飞速发展，思想教育领域也随之更加开放活跃。尤其在对未成年人性观念及性行为的教育方面，相比之前的模糊保守逐渐发展得更为开放。但是就在近几年，未成年人遭受性侵犯的事件发生率也在不断增加。未成年人因对性知识的缺乏和无知所遭受的伤害越来越多，未成年人性教育急需加强。北京市教育部门、医疗卫生部门、心理学界、甚至一些民间团体和志愿者们现在都非常关注未成年人性教育，一些具有现代观念的性教材、科普读物也随之出版。其中最具有代表性的《小学生性健康教育读本》一经出版就引发了网络热议，网友们对读本的评价褒贬不一。本次调查着力于研究北京市未成年人性教育现状、性教育的重要性、如何培养未成年人树立正确性观念、了解性知识及防范性侵犯。

一、研究背景

据调查，仅 2016 年一年，媒体公开报道的性侵犯儿童案件就有 433 起，受害未成年人有 700 多人。在这之中，隐性性侵犯案比例高达 1∶7。就北京而言，有调查数据显示，2016 年北京市未成年人性侵犯案同比增长了 50%，其中七成为熟人作案。由于未成年人的体力智力发育不成熟，认知能力、辨别能力以及反抗能力都比较差，大部分缺乏性知识、缺乏正确保护自己的观念意识，又因未成年人或受到被告人恐吓或出于害羞心理且性侵犯案件本身具有隐秘性，不敢开口告诉亲人，或不能正确地向亲人表达出自己正在遭受性侵犯，导致身心一直受到残害。某专业未成年人保护机构经过对未成年人受侵犯的长期关注，发现未成年人受性侵犯的一系列共性问题和特点已经成为一个沉重的社会话题。所以，未成年人需要正确的性教育观念、完善的性知识引导，而具体怎样给予未成年人正确的性教育，目前仍存在一些问题。

在性教育培养方面，国务院自 2011 年起明确提出"把性与生殖健康纳入义务教育课程体系"。截至 2017 年 4 月 1 日，北京师范大学出版社已出版一系列《小学生性健康教育读本》，共计 12 册，并在一些学校里作为课本供孩子们阅读、学习。该读本在网络上走红，引发了网友们争议，小学生性教育话题持续成为舆论热议话题。争议中，一些学校将该系列读本回收，不过，也有不少声音力挺该读本对于儿童性教育的探索行为。

这场关于《小学生性健康教育读本》的热议，实质上是反映北京目前未成年人性教育现状的一面镜子，且北京作为我国经济、文化、政治中心，对于未成年人性教育问题有着绝对的先进性、代表性。所以本课题研究小组针对未成年人性教育问题在北京地区展开调查研究。

二、研究目的

当今社会在思想领域越来越开放与活跃，在性观念、性教育方面亦是。但仍有许多成年人反映自己在少儿时期间从未经由家长、学校、媒体、图书等方面接受过性教育，有些成年人甚至表示自己曾因对性教育、性知识的缺乏而不会正确保护自己，导致在少儿时期受到性侵犯。并且现在对未成年人进行性观念培养的一些教材读物，如《小学生性健康教育读本》因尺度太大受到家长质疑。可见，北京市目前在对未成年人性教育的教育方式、普及度、宣传方式等方面都存在一些问题。本次调查研究的目的是调查目前北京市未成年人性教育现状，深入探讨其成因，并结合目前北京市未成人性教育现状给予建议。

三、未成年人性教育概念

未成年人主要是指 18 岁以下的青少年。未成年人性教育是我国当前提倡素质教育的重要组成部分。性教育的内涵非常丰富，有狭义和广义之分。狭义的性教育主要指学校性教育，指教师有计划、有目的、有组织地向学生传授关于性生理、性心理、性道德、性法制以及维护性健康、预防性疾病等方面的知识，从而使学生形成良好的性道德观念、性法制意识并最终获得性健康发展的一种教育形式；广义的性教育在形式上包括家庭性教育、学校性教育与社会性教育，在内容上，还包括向受教育者传播关于性别意识、性别社会化与性别平等的知识，关于爱情、择偶、婚前准备与婚姻调适以及家庭生活等全面而系统的知识。它是自我力量、社会知识、个体和社会准则等与生理功能密切结合复杂的体系，是一种自然特性与社会属性相伴而生的现象。完整的性教育内容必须是一种建立在性知识基础上的性道德教育，而且性道德教育是绝对不可缺少的。对于未成年人，特别是年龄在11~17岁这一阶段，实施性教育是迫切的任务。

四、北京市未成年性教育的数据分析

（一）受访者大体分布

本次调查采用问卷调查法。共回收了133份有效问卷，其中有69.1%的受访者为女性。受访者中有18.0%的人曾在未成年时期内遭受过性侵害。

（二）曾受过性侵害的受访者的情况分析

回收的有效问卷中，曾在未成年时期遭受过性侵犯者有24位，以下将针对他们的情况从四方面进行分析。

1. 年龄段

从回答情况来看，受性侵犯者多在小学即6~12岁的时候受到性侵犯，占54%；其次是在初中即13~15岁的时候受到性侵犯，占29%；在高中时期遭受过性侵害的占17%。调查结果表明，没有受访者在小学前即6岁以前受到过侵犯。在从小学阶段开始，年龄段和受侵害率呈负相关关系（见图1）。

2. 关系

从回答情况来看，性侵犯者多为社会上的陌生人，占50.0%；其次是少数非直系亲属也曾对受访者施行过侵犯，占21%；表示是老师或同学的也有一部分，分别占9%和8%；还有少数人表示为直系亲属、邻居或其他（见图2）。

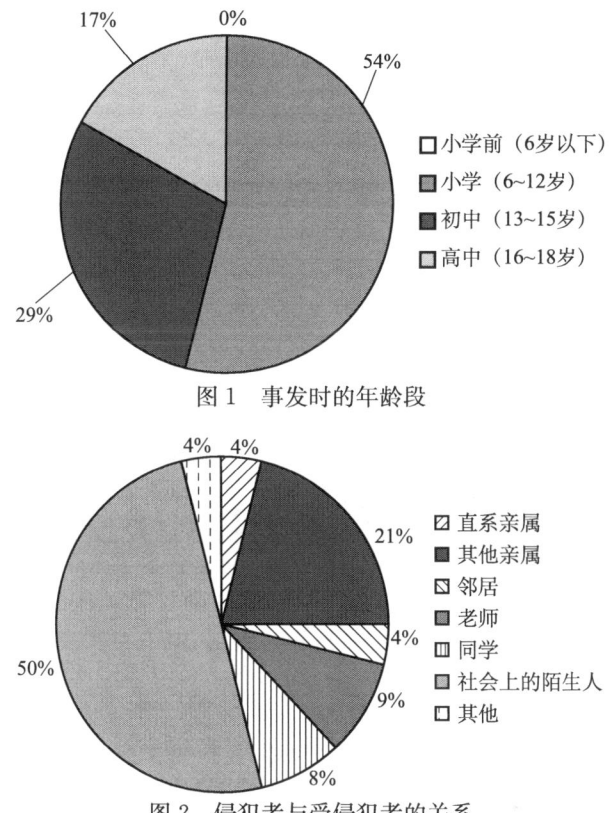

图 1　事发时的年龄段

图 2　侵犯者与受侵犯者的关系

3. 地点环境

从回答情况来看，性侵犯者多会选择偏僻的环境或是某些公共场所实施侵犯，由于是针对未成年时期的问题，所以没有受访者在酒吧、KTV 等娱乐场所受到过性侵犯（见图 3）。

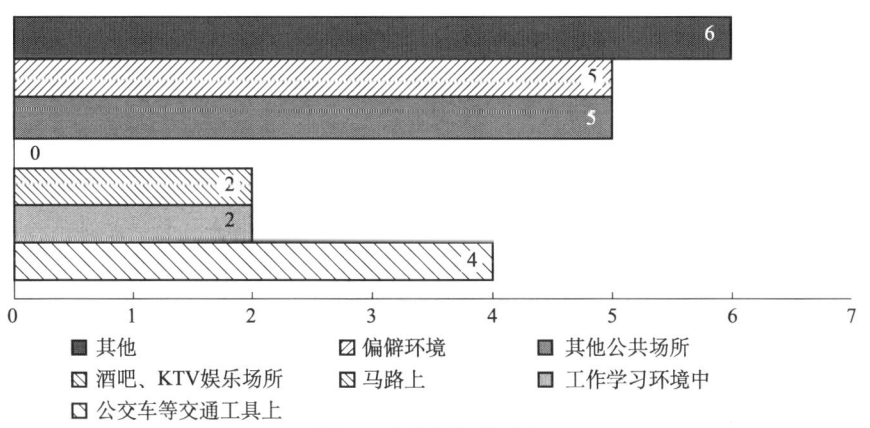

图 3　遭受侵犯的地点

4. 应对手段

从回答情况来看，大多受性侵犯者选择了沉默不说或是选择遗忘，更有甚者是因为年幼无知，在遭受性侵犯的时候并没有这个概念，当长大了才有曾受过性侵犯的意识，可为时已晚。调查结果还表明，在18%曾受过性侵犯的人中，只有1个人向公安机关报案，用法律的武器维护自己的权益（见图4）。

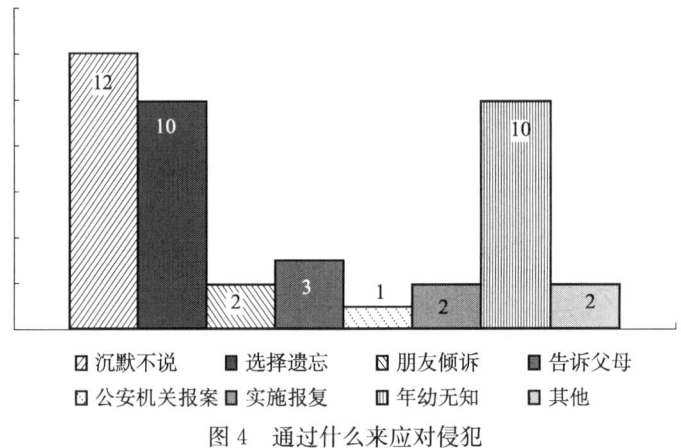

图4 通过什么来应对侵犯

综上来看，受访者多在小学的时候受到性侵犯，性侵犯者多为陌生人或是非直系亲属，他们会选择在偏僻的环境或是人很多的环境对受害者实施侵犯，而受害者当时年幼无知，不认为是受到了侵犯，即使有部分受访者会觉得委屈，但也不会选择告诉父母，甚至是觉得羞耻，选择了"隐瞒"，也没有进行正确的自我的调节，只是想依靠时间去遗忘。而只有小部分受侵犯者会向朋友倾诉，寻求安慰，或告诉父母，向公安机关报案，有极少部分受侵犯者会伺机报复。

（三）关于大众对于性教育认知的分析

1. 曾受过侵犯与未受过侵犯的受访者对比分析

（1）关于未成年人性教育重要性的分析。调查结果显示，不管在未成年时期是否遭受过性侵犯，绝大多数人都认为未成年接受性教育非常重要。但通过对比可以发现，曾受过性侵犯的人认为未成年人接受性教育的重要程度远大于未曾受过性侵犯的人。调查结果表明未成年人接受性教育一定程度上有利于避免未成年人受到性侵犯。

（2）关于认定未成年人性教育年龄段的分析。调查结果显示，受在未成年时期遭受过性侵犯的人认为未成年人应该被灌输性教育知识的年龄段全部集中在小学及以前，而未曾受过性侵犯的人所认为的年龄段大部分集中在初中和小学。通过对比可以发现，曾在未成年时期遭受过性侵犯的人所认为未成年应该接受性教育的年龄段远低于未受过性侵犯的人所认为的年龄段（见图5）。

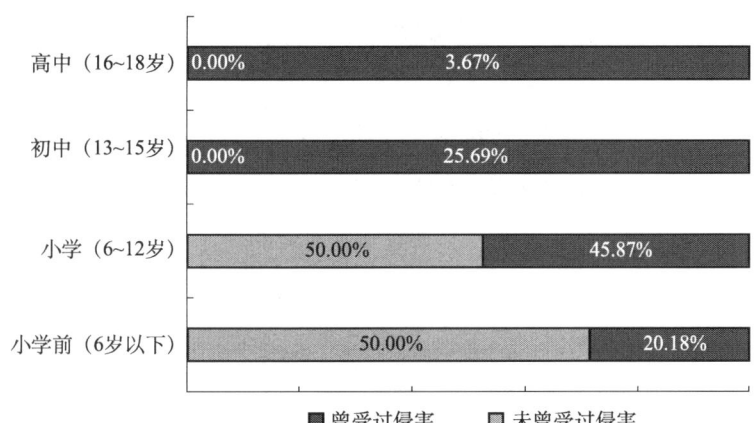

图5 未成年人应接受性教育的年龄段

2. 总体分析

（1）关于是否接受过来自父母的性教育分析。调查结果显示，绝大部分人未接受过来自父母的性教育，仅有23.31%的人曾接受过。调查结果表明，大部分家长都未对未成年子女进行性教育，来自家庭的性教育严重缺失（见图6）。

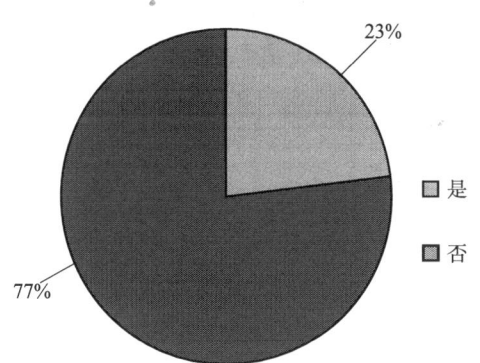

图6 是否接受过来自父母的性教育

（2）关于是否接受过来自学校的性教育分析。调查结果显示，超过半数的人并没有接受过来自学校的性教育。相比来自家庭的性教育而言，在学校得到性教育的未成年人的比例虽然有所增长，但仍低于50%，调查结果表明，学校的性教育有待加强（见图7）。

（3）关于是否同意未成年人接受性教育分析。调查结果显示，绝大多数的人都同意未成年人接受性教育。但是现实是，未成年的孩子们在学校接受过性教育的比例还不到50%，接受过来自家庭的性教育的比例甚至仅有23.31%。调查结果表明，人们对于未成年人接受性教育的现实需要远远大于来自父母及学

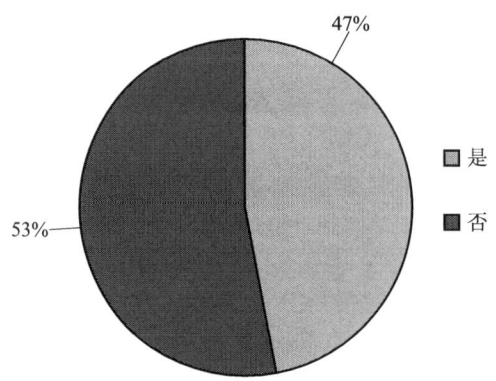

图 7 是否接受过来自学校的性教育

校的性教育满足现状,学校与家庭对孩子的性教育培养都急需被引起重视并尽快完善加强(见图 8)。

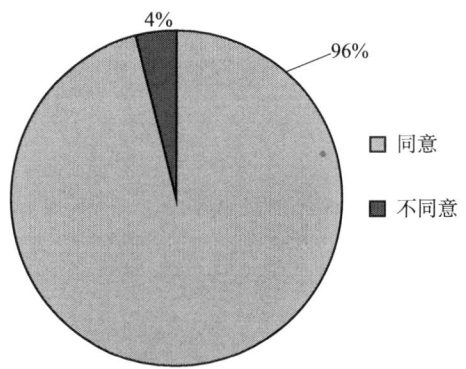

图 8 是否同意未成年人接受性教育

(4)关于大众认为当前性教育不足方面的分析。调查结果显示,对于目前北京市未成年人性教育问题,从学校而言,性教育知识的普及度不够,很少、甚至没有设置专门课程,即使写入课本,老师也很少提及。从家庭性教育方面而言,父母自身都对性教育的话题认知不足,更无法对子女进行合理的性教育。调查结果表明,学校对于未成年人性教育的普及、以及家长对于性教育的认知严重匮乏(见图 9)。

综上来看,绝大多数人认为未成年人接受性教育是非常重要的。通过对比可以发现,曾在未成年时期遭受性侵害的人认为未成年人接受性教育更重要,未成年人应该学习性知识的年纪也更早,表明了未成年人学习性知识有利于防范未成年人性侵害的发生。而现实情况是,不论是来自父母的性教育还是来自学校的性教育,都严重缺失。

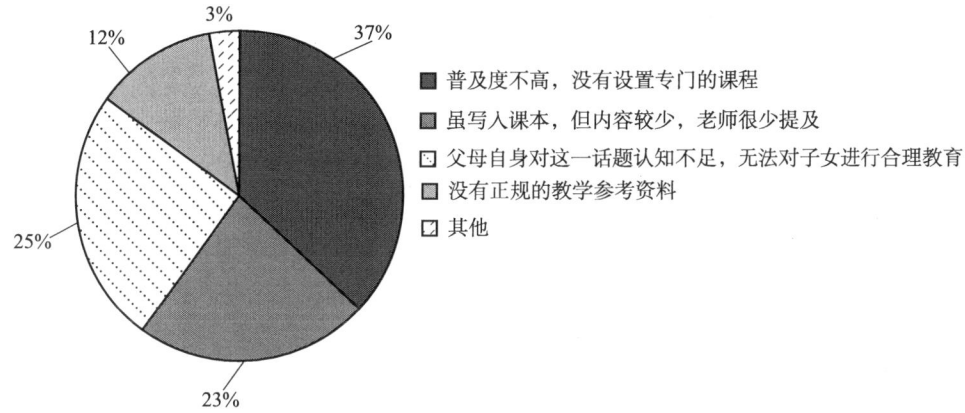

图 9　未成年人性教育方面的不足

五、北京市未成年人性教育的现状分析

（一）传统的历史文化

我国受几千年的封建思想影响，一直到现在，虽然已经进入了 21 世纪，但还是有思想比较保守的人存在。受传统思想影响，导致人们在对待未成年人的性教育问题上总是不能以积极的态度面对，人们认为对未成年人的性教育不能太过露骨，并且认为过多的介绍性教育知识是有伤风化的，因此在对待未成年人教育上，总是不能正视其重要性，这就使得人们对未成年人性教育内容理解的失误，并且即使是在孩子遭遇性侵犯过后也不会采取行动进行反击，因害怕他人的眼光，只是默默忍受着。

（二）家庭性教育"空白"

性一直以来是一个敏感词汇，使家长有时会因不知如何对孩子进行性教育而选择不对孩子说明，他们认为孩子长大之后自然就会明白了，这就导致孩子对性教育不理解。有的家长因为自己未曾遭受过性侵犯就认为孩子以后也不会遭受性侵犯。还有的家长认为，自己过多地给孩子讲解性知识会使孩子早熟，误入歧途。这样的思想导致家长不对孩子讲授关于性的知识，同时也反对学校对孩子进行过多的性教育。这是非常错误的。未成年人在成长阶段不知道如何了解性知识，家长有必要对孩子进行教育。很多家长因不重视性教育问题或对性教育有误解而导致孩子遭受性侵犯，想挽救也为时已晚，后悔终生。

（三）学校性教育滞后

目前，我国性教育系统正处于起步阶段。学校对未成年人进行性教育的课本并不完善，只是简略的对人体生理结构进行讲解，并没有对性知识有过多的介绍。老师在讲解时也只是将内容表达出来就一带而过，并不对性知识进行深入讲解。学校发放的课本中很少是有关于性教育的，导致未成年人关于性的知识比较薄弱，自身对于性的知识也只是模糊的，对于性的了解也只是在成长中不断摸索，这样的教育非常不利于未成年人的成长。

（四）现代网络的双面性

现代社会中存在着很多不安定的因素，如黄色书刊、杂志、影片等。现代网络的两面性在便利人们的同时也为未成年人性教育带来影响。未成年人在不了解性知识的情况下接触这些东西时，这些反面教材反而成了未成年人了解性知识的踏板。但从这些途径中获得的性知识不具备安全性与科学性，会致使未成年人进入性知识的误区。性教育的缺失会使得未成年人不能采取正确的措施及时保护自己。

六、实施积极可行的性教育策略

近年来，未成年人遭遇性侵犯事件频频被报道，这提醒着人们对未成年人进行性教育的重要性。性教育影响着未成年人的身心健康以及道德标准，加强正确的性教育不仅可以使未成年人更好地保护自己，同时也可以减少未成年人的性犯罪。性教育不仅是家庭、学校的责任，更是整个社会的责任。

（一）家庭性教育

1. 做好性启蒙

父母是孩子的第一个性教育老师，父母对孩子的性启蒙以及父母的观念显得尤为重要。父母应该改变长久以来的传统观念，消除对性教育的误解，对孩子进行性启蒙。当孩子问到他们是从哪里来的时候，不要逃避，而是选择正确的方式进行解答。父母还应该教孩子怎么保护自己的身体，哪些地方是别人可以碰的，哪些是任何人都不可以碰触的。

父母是孩子最亲近的人，由父母向孩子谈性也是最自然的。父母应该从小对孩子进行性教育，并且让孩子信任自己，有任何的问题都可以向父母说。

2. 做好性引导

当孩子进入青春期的时候，身体会有所变化，女孩迎来第一次月经、男孩会发生做梦遗精。这时候的父母应该对孩子做好安慰和帮助，让他们对自己身体和心理不产生负担。

当性生理逐渐成熟的时候，未成年人会对性产生兴趣，这时候的他们想要接近异性。这时候的父母应该做好引导，不要一味对他们进行反对批评，这样会使未成年人产生逆反心理。父母应该对未成年人进行分析，并对他们进行正确的性道德教育。教会未成年人的正确的爱情观，以及让他们懂得自尊自爱，树立正确的性观念。

（二）学校性教育

1. 充实、完善性教育内容

性教育内容不应留于表面，应该增加更多元化的内容。学校不仅要教授性基础知识，更应该添加性保护、性心理、性道德、性法律等内容。多元化的性教育内容可以使未成年人性观念更加丰富，让未成年人对于婚姻、同性恋、性健康、安全性行为等有更深一步的理解。

2. 健全性教育课程体系

性教育课程存在着各个学校的授课方式以及内容不同的问题，并且课时比较零散，所以健全性教育课程体系就显得非常重要了。

未成年人在学校接受的性教育课程可以分为三部分。在6～10岁的未成年人，应该教授他们性的基本知识，例如：月经初潮、性行为、生殖、避孕等知识。10～13岁的未成年人，应在基本知识的基础上进行扩大，涉及同性恋、性疾病、恋童癖等知识。14～18岁的未成年人，教授安全性行为、婚姻与家庭、色情服务业、防范艾滋病等内容。分年龄段的性教育，可以让未成年人更好地接受有关于性的知识，满足了各个年龄段的需求。

课时安排应该固定，这样可以使未成年人习惯性教育的课程。也可以防止老师把性教育课作为不重要的课程而占用和忽视。课上使用性教育书籍可以帮助未成年人更好地了解性知识。

3. 培养教育师资队伍

培养相关教师资格，提高教师的人文素养，教师能够在课堂上亲切、准确地为未成年人讲解性知识和性问题。教师既可以幽默诙谐的讲解令人尴尬的部分，又可以严肃的讲解性犯罪等部分。让未成年人知道性可以平常心看待，也需要严肃对待。

（三）社会性教育

1. 利用书籍、媒体、网络宣传

制作带有趣味性、科学性、知识性的图书、短片、视频，其内容多为艾滋病防御、生殖健康等内容,未成年人通过观看、阅读的过程中自然地接受、了解性知识。

2. 完善相关法律建设

目前未成年人性教育并没有在社会中普遍推广,从未成年人屡遭性侵犯等伤害、未成年人对于自我保护、性知识的不熟悉,都可以看出相关法律不健全。未成年人性教育法制定和政府的支持,可以更好地全面推广性教育,出版更多相关书籍,让性教育课程成为义务教育体系中的一部分。

本研究参考文献

[1] 王旭红.性教育缺失与青少年犯罪[J].湖南公安高等专科学校学报,2007(4).

[2] 季涛.论性教育权的确立[J].浙江大学学报学报(人文社科版)2006(4).

[3] 万正维.浅析学校性教育的误区[J].成都教育学院学报,2004(10).

[4] 张艳.从人生发展课题看青少年性教育的必要性[J].教育实践与研究,2001(8).

[5] 张明.性教育学(第一版)[M].沈阳:辽宁教育出版社,1998,20-26.

[6] 贾晓静,贾楠.论家庭性教育与未成年性罪错[J].山西警官高等专科学校学报,2002(4).

[7] 施春景.青少年性教育是未成年人思想道德建设方面——我国青少年性教育工作情况扫描[J],2004(8).

[8] 张玫玫.让性教育追赶上成长的脚步——谈当前我国未成年人性教育的误区[J].2013(9).

[9] 徐庆山.谈未成年人的性教育[J].2002(2).

[10] 陈再跃.西方学校青少年性教育的启示[J].2008(7).

[11] 陈雅敏.浅谈未成年人的性教育问题[J].2010(2).

大学教育与职业教育成本收益的经济学分析

项目组成员：董斯元 王 丹 范靖彬
指导老师：蒲应夔

摘 要：目前，随着职业教育水平的不断提升，社会上关于选择大学教育还是职业教育的评价褒贬不一，人们逐渐开始重视职业教育的优势。而中国的传统教育观念则认为，父母希望让子女高中毕业后进入大学，接受高校的高等教育。二者的优劣难以用具体的标准去衡量，但同时引起我们对于大学教育和职业教育发展状况的思考。基于此，本课题组通过在权威网站搜集资料、查阅文献和咨询相关专业人士等方法，结合问卷调查的数据结果分析，运用经济学、统计学等专业知识，对该问题进行了深入的调查研究。课题组成员对大学教育与职业教育的长短期成本收益进行了调查和比较分析，给即将步入大学生活的高中毕业生和学生家长提供指导性意见，同时给在校大学生和政府有关教育制度的建设和决策提供参考。

关键词：大学教育 职业教育 成本 收益

近年来，国际教育界对高等教育定位中涉及的教育精英性与大众化、普通教育与职业教育之间的矛盾非常关注。对于我国高等教育来说，又一个值得考量的问题已经提上议事日程：随着高等教育进入大众化阶段以及高中毕业率不断上升，绝大部分高中毕业生能够获得接受大学教育或职业教育的机会，这就使得学生毕业选择受教育形式时产生困惑。

在当今社会严峻的就业背景下，依然不乏大学生沉迷于网络、游戏和逃课等虚度光阴的现象。相当一部分大学生面临着一毕业就失业的窘境，究其原因，并不完全因为国内劳动力市场饱和，青年劳动力过剩、工作机会少，而是存在很多同学在大学阶段浑浑噩噩、荒废学业，对本专业课程没有深入学习和理解，尚未做好就业准备。很多工作对专业知识和技能的要求较高，从实际操作能力的角度考量，这些工作岗位和人力资源部门似乎对职业院校的毕业生需求量会更大。而就中国国情而言，几十年来，许多父母怀着望子成龙、望女成凤的心情让子女进入大学、接受教育，甚至不惜倾其所有、砸锅卖铁凑够学费，但这显然与上述情况相悖，这引发了我们对于大学生在学校能否学到实用性专业技能、能否与职业院校的学生比拼技术与工作经验等，高中毕业生更应该选择受职业教育还是大学教育这一系列问题的思考。

随着应届毕业生就业问题的突出，就业环境的日益严峻，越来越多的学生和家长面临关于大学教育或职业教育的选择，在无数失败的案例面前，人们逐渐对大学教育产生怀疑。本文分析调查数据后证实：尽管社会上职业教育的地位有所提升，人们仍然承认大学教育的优势，目前还是更愿意选择高中后接受大学教育。本文通过发放问卷的方法搜集调查数据，在北京昌平、怀柔等地共发放问卷200多份，收回有效问卷114份，在对部分数据进行无效性修改后，运用SPSS等统计软件，从经济学的角度出发，以学生面对大学教育和职业教育的选择为落脚点，进行对大学教育与职业教育的长短期成本收益进行了调查和比较分析。

一、研究内容、目标及主要特色

（一）研究内容

本次研究通过问卷调查的方式，随机抽样调查了现居于北京、不同教育水平下的受访者的发展现状。运用经济学模型对数据进行处理，研究不同时代背景下，大学教育与职业教育的基本情况，以及二者的长、短期成本收益，通过进一步分析数据得出收益是否可以弥补接受教育的成本。其中成本包括显性成本（如学费、日常开支等）与隐性成本（如机会成本等），收益包括显性收益（如工资、兼职收入等）与隐性收益（如思维方式、眼界和对下一代的教育等）。

（二）研究目标

研究不同时代背景下，接受大学教育与职业教育的长、短期成本收益，旨在让在校学生更加清晰地认识到树立明确目标、努力学习、要求上进的重要性，更加客观有效地根据自身实际情况对大学教育与职业教育进行选择判断，给高中毕业生报考学校、给政府部门进行教育制度建设和改革提供参考。

（三）研究的主要特色

运用经济学模型对数据进行修正整合，结合微观经济学、宏观经济学、计量经济学以及统计学的方法,分析指导高中毕业生和在校大学生如何进行学业选择。

二、数据收集及频率分布

由表1至表4可知,此次调查人数共114人,男36人、女78人,其中81人来自城市、33人来自农村。1990～2000年开始接受大学或职高技校的有46人,2000～2016年的有68人。接受本科教育的受访者有110人,其中接受一类本科教育的人数最多占总样本容量的79.8%;接受职业教育的有4人。详见表1～表4。

表1 性别

		人数(人)	百分比(%)
性别	男	36	31.6
	女	78	68.4
	总计	114	100.0

表2 地区

		人数(人)	百分比(%)
地区	城市	81	71.1
	农村	33	28.9
	总计	114	100.0

表3 接受的教育类型

		人数(人)	百分比(%)
接受的教育类型	大学一类本科教育	91	79.8
	大学二类本科教育	4	3.5
	大学三类本科教育	2	1.8
	大学专科教育	13	11.4
	职业教育(职高或技校)	4	3.5
	总计	114	100.0

表 4　　　　　　　　　　　　　　入学年份

		人数（人）	百分比（%）			人数（人）	百分比（%）
进入大学或职高的技校的年份	1990	2	1.8	进入大学或职高的技校的年份	2001	3	2.6
	1991	4	3.5		2002	1	0.9
	1992	4	3.5		2006	1	0.9
	1993	1	0.9		2009	1	0.9
	1994	2	1.8		2010	2	1.8
	1995	5	4.4		2011	2	1.8
	1996	6	5.3		2012	4	3.5
	1997	5	4.4		2013	22	19.3
	1998	4	3.5		2014	2	1.8
	1999	7	6.1		2016	30	26.3
	2000	6	5.3				
总计		114	100.0				

三、大学教育与职业教育成本收益的比较分析

（一）成本分析

不论是大学教育还是职业教育，都需要一定的成本支出，其中就包括显性成本与隐性成本。比较明确的显性成本有学费、生活费等教育支出；隐形成本则包括机会成本。下面，我们将通过调查数据来分析其显性成本与隐性成本。

1. 显性成本分析

（1）对学费的分析

由图 1 与表 5 可知，在被调查者中，2000 年前入学的有 46 人，2000 年后入学的有 68 人，学费在 3000 元以下的分布较少，且多为 2000 年前的学费支出情况，学费在 3000 元以上的分布数量较多，且多为 2000 年后的学费支出。由此可知，20 世纪 90 年代，由于刚刚恢复高考十几年，大学的录取率相较于今天是很低的，同时当时中国的经济发展水平低、人均收入低、物价水平低，所以大学或职业教育的学费也是很低甚至减免的。当进入 21 世纪，中国经济高速发展，物价水平逐年递增，大学与职业院校逐渐增多，国家提出"985"与"211"政策，进入大学的人数逐年递增，学费也随之增加到 3000 元以上，与国外院校有合作的学校，一些专业的学费也增加到了 8000 元以上。由此可见，接受大学教

育与职业教育的成本也在逐年递增(详见图1、表5)。

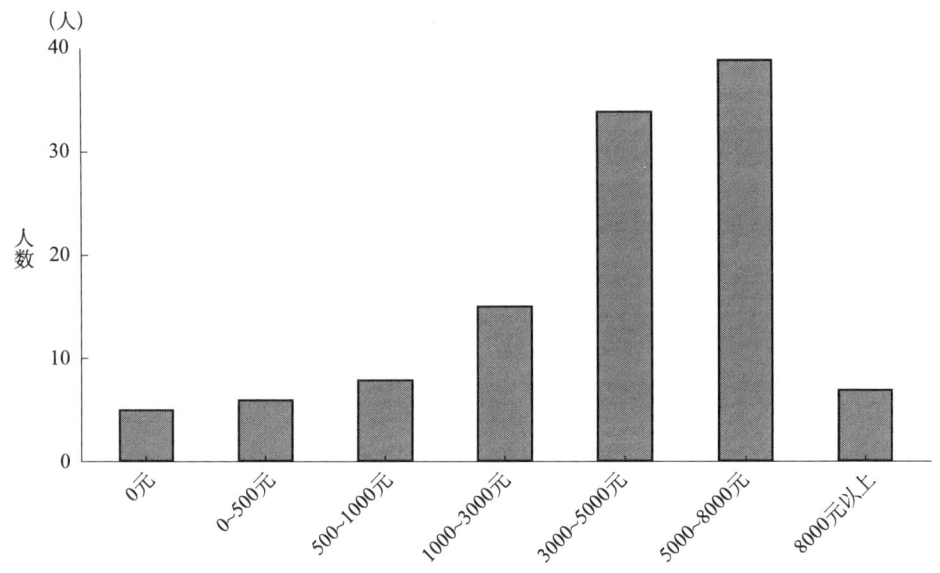

图 1　大学或职业教育期间每年学费

表 5　大学或职业教育期间每年学费×进入大学或职高、技校的年份

		大学或职业教育期间每年学费（元）							总计
		0	0～500	500～1000	1000～3000	3000～5000	5000～8000	8000 以上	
进入大学或职高技校的年份	1990 年	0	1	1	0	0	0	0	2
	1991 年	1	1	0	1	0	1	0	4
	1992 年	0	3	0	0	1	0	0	4
	1993 年	0	0	1	0	0	0	0	1
	1994 年	1	0	0	0	0	0	1	2
	1995 年	1	0	2	0	2	0	0	5
	1996 年	0	0	1	3	2	0	0	6
	1997 年	1	0	0	4	0	0	0	5
	1998 年	0	0	0	4	0	0	0	4
	1999 年	0	1	1	1	2	1	1	7
	2000 年	0	0	0	0	1	5	0	6
	2001 年	1	0	0	0	0	1	1	3
	2002 年	0	0	0	0	1	0	0	1
	2006 年	0	0	0	1	0	0	0	1
	2009 年	0	0	0	0	1	0	0	1

续表

		大学或职业教育期间每年学费（元）							总计
		0	0~500	500~1000	1000~3000	3000~5000	5000~8000	8000以上	
进入大学或职高技校的年份	2010年	0	0	0	0	0	2	0	2
	2011年	0	0	0	0	1	0	1	2
	2012年	0	0	0	0	0	3	1	4
	2013年	0	0	1	0	5	15	1	22
	2014年	0	0	0	0	1	1	0	2
	2016年	0	0	1	1	17	10	1	30
总计		5	6	8	15	34	39	7	114

（2）对课外培训费的分析

由图2与表6可知，由将近50%的受访者从未接受过课外培训，接受过课外培训的人费用为500元以下的居多，500元~3000元的人数相差不多，3000元以上的人数较少。在未接受课外培训的受访者中，2000年前入学的人数居多，说明当时中国的教育与经济都还未发展到一个较高的水平，学生们在学习时很少受到外界的影响，有很高的学习自觉性，人们的收入水平低，就业的竞争压力也较小，所以课外辅导的培训机构也很少。但是2000年后，国家更加重视教育，教育水平也逐渐提升，相继出现新东方、学而思等各大教育机构，提供全面的课程供学生选择。家长为了让孩子接受更好的教育，获得更丰富的知识，有一个远大的理想与目标，让孩子参加各项课外培训，所以课外培训费用也成为大学与职业教育的成本（详见图2、表6）。

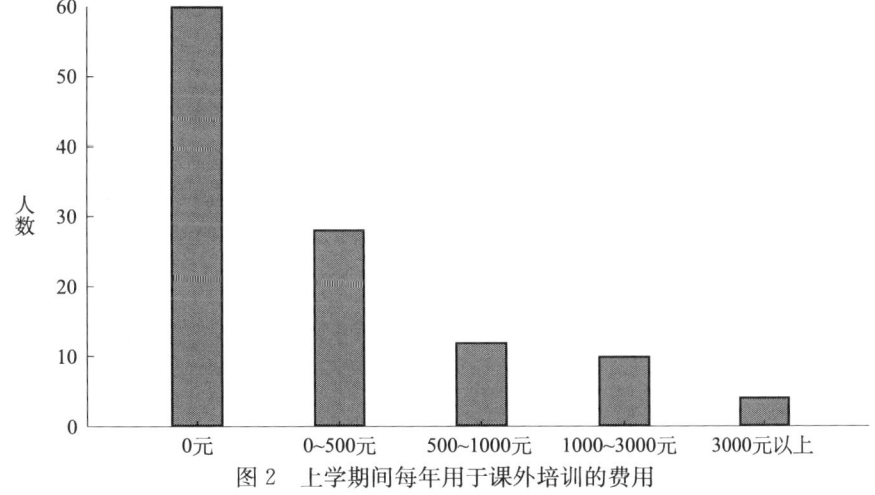

图2 上学期间每年用于课外培训的费用

表6　进入大学或职高、技校的年份×上学期间每年用于课外培训的费用

		上学期间每年用于课外培训的费用（元）					总计
		0	0～500	500～1000	1000～3000	3000以上	
进入大学或职高技校的年份	1990年	1	0	0	0	1	2
	1991年	2	2	0	0	0	4
	1992年	4	0	0	0	0	4
	1993年	1	0	0	0	0	1
	1994年	2	0	0	0	0	2
	1995年	2	2	1	0	0	5
	1996年	2	3	1	0	0	6
	1997年	3	1	0	0	1	5
	1998年	3	1	0	0	0	4
	1999年	4	1	0	2	0	7
	2000年	2	2	1	1	0	6
	2001年	2	1	0	0	0	3
	2002年	1	0	0	0	0	1
	2006年	0	0	1	0	0	1
	2009年	0	0	1	0	0	1
	2010年	0	0	1	1	0	2
	2011年	1	0	0	1	0	2
	2012年	0	2	0	2	0	4
	2013年	8	9	4	1	0	22
	2014年	2	0	0	0	0	2
	2016年	20	4	2	2	2	30
总计		60	28	12	10	4	114

（3）对生活支出的分析

由图3、图4与表7可知，被调查者中，大学或职业教育期间每月的生活支出集中在200元到1500元。2000年以前入学的人的生活费用都相对较低，在500元以下，这也与当时的经济发展水平有关，人们都尽量减少生活中的花销，为家里省钱，所购买的物品均为生活必需品，食品、衣物、文具等。2000年后入学的人每月生活费在500元以上的占大多数，进入21世纪，随着经济、网络与网上购物的发展，人们的生活水平不断提升，需求增加，购物也变得越来越方便，大学生的生活用品支出也随之增加，所购买的物品种类繁多，也包括一些赠予他人的礼物开销等（详见图3、图4、表7）。

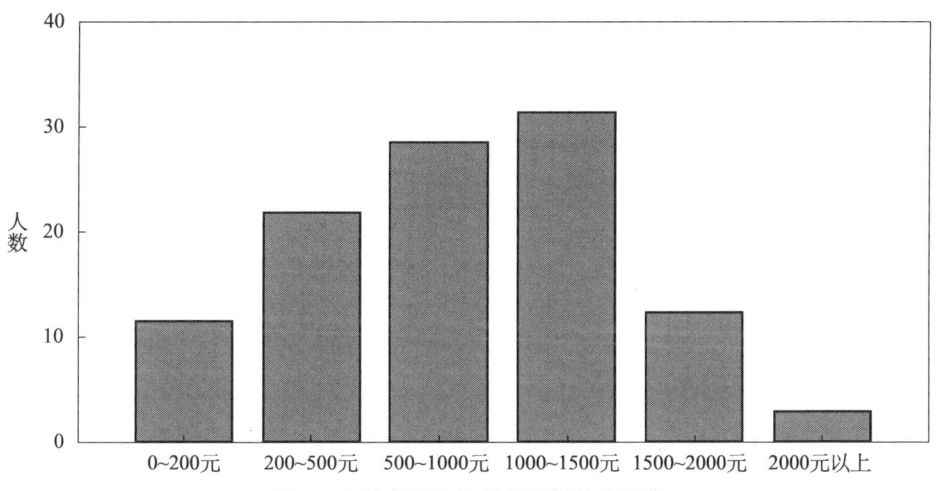

图 3　大学或职业教育期间每月生活费

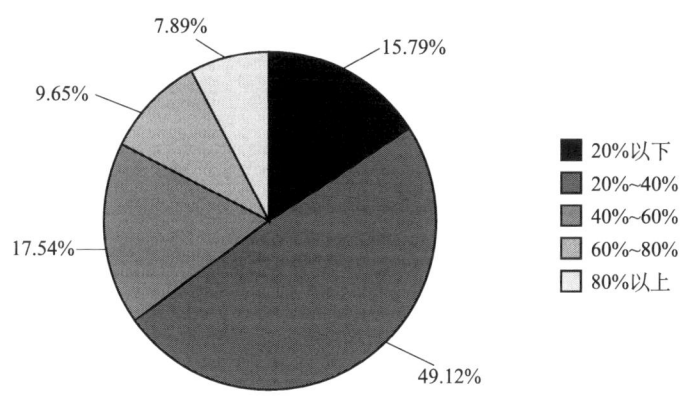

图 4　恩格尔系数

表 7　进入大学或职高的技校的年份×大学或职业教育期间每月生活费

		大学或职业教育期间每月生活费（元）						总计
		0～200	200～500	500～1000	1000～1500	1500～2000	2000 以上	
进入大学或职高的技校的年份	1990 年	1	0	0	1	0	0	2
	1991 年	1	2	1	0	0	0	4
	1992 年	2	2	0	0	0	0	4
	1993 年	0	1	0	0	0	0	1
	1994 年	0	2	0	0	0	0	2
	1995 年	2	1	2	0	0	0	5
	1996 年	2	4	0	0	0	0	6

续表

		大学或职业教育期间每月生活费（元）						总计
		0~200	200~500	500~1000	1000~1500	1500~2000	2000以上	
进入大学或职高的技校的年份	1997年	1	2	1	1	0	0	5
	1998年	0	1	3	0	0	0	4
	1999年	0	3	2	2	0	0	7
	2000年	0	2	2	2	0	0	6
	2001年	1	1	1	0	0	0	3
	2002年	1	0	0	0	0	0	1
	2006年	0	0	1	0	0	0	1
	2009年	0	0	0	1	0	0	1
	2010年	0	0	1	1	0	0	2
	2011年	0	1	0	0	0	0	2
	2012年	0	0	2	2	0	0	4
	2013年	1	0	7	10	2	2	22
	2014年	0	0	0	2	0	0	2
	2016年	0	1	7	10	11	1	30
总计		12	23	30	33	13	3	114

由恩格尔系数饼图可知，有近50%的受访者的食品支出占个人消费总支出的20%~40%之间，所以大部分人的生活是富裕的，也有部分被调查者处于小康、温饱甚至贫困阶段。所以，在大学或职业教育阶段，食品的成本也占很大的一部分。

2. 隐性成本分析

由表8至表10可知，从事第一份工作时的年龄均在18到25岁，18岁居多，其中有部分受访者在大学或职业教育期间从事兼职等工作，工作年龄是相对年轻的，这也就存在了机会成本，一些人放弃了接受教育的机会去工作，或放弃了在校的学习时间进行兼职，受访者中近半数人在大学或职业教育期间进行兼职，从数据来看，兼职对以后的工作是有影响的。

表8　　　　　　　　　　第一次工作的年龄

		人数（人）	百分比（%）
从事第一份工作时的年龄	0	32	28.1
	14	1	0.9

续表

		人数（人）	百分比（%）
从事第一份工作时的年龄	17	2	1.8
	18	15	13.2
	19	6	5.3
	20	8	7.0
	21	8	7.0
	22	13	11.4
	23	16	14.0
	24	7	6.1
	25	3	2.6
	27	1	0.9
	28	1	0.9
	30	1	0.9
总计		114	100.0

表9　　　　　　　　　　受教育期间是否做过兼职

		人数（人）	百分比（%）
大学或职业教育期间是否做过兼职	无	1	0.9
	是	63	54.4
	否	50	43.7
	总计	114	100.0

表10　　　　　　　　　　兼职的影响

		人数（人）	百分比（%）
兼职对以后工作的影响	0	44	38.6
	毫无影响	5	4.4
	影响一般	37	32.5
	影响较大	25	21.9
	影响非常大	3	2.6
	总计	114	100.0

综合以上对显性成本与隐性成本的分析，接受大学教育的学生不论是在学费还是课外培训费方面都较高于职业教育的学生。

(二) 收益分析

无论是选择大学教育还是职业教育，都会获得一定的收益。本次研究从显性收益和隐性收益两方面展开。显性收益从工资、兼职收入等方面进行分析，隐性收益从调查对象的思维方式、眼界以及对下一代的教育等方面进行分析。

1. 显性收益分析

(1) 所接受的教育对工资的影响。

由表11看出，从短期收益来看，选择大学教育或是职业教育差异不大，但从获得的长期收益来看，接受大学教育的人要明显超过接受职业教育的人。受访者毕业五年后每月的工资要高于刚毕业时的工资。更具体观察，接受大学教育（一类、二类、三类、专科）的受访者刚毕业时的每月工资从整体上来看稍高于职业教育，但是两者相差不大。而从现在每月的工资水平来看，接受大学教育的调查对象要远远超出接受职业教育的（考虑到各受访者入学年份不同，存在物价水平的差异，因此按2017年的物价水平对工资进行了修正）。详见表11。

表11　　　　　　　　　　受教育类型与工资交叉列表

报表			
接受的教育类型		刚毕业时每月工资（元）	工作5年后月工资（元）
大学一类本科教育	平均数	2544.811	8036.547
大学二类本科教育	平均数	1122.497	7118.052
大学三类本科教育	平均数	853.553	2121.320
大学专科教育	平均数	1150.416	2529.640
职业教育（职高或技校）	平均数	567.891	1825.742
总计	平均数	1247.833	4326.260

(2) 对大学期间兼职收入的分析。

从图5至图6可以得知，上学期间接受大学教育的兼职收入比接受职业教育的平均水平高。受访者在受教育期间有一半以上的做过兼职。而在做过兼职的人群中，接受大学教育（一类、二类、三类、专科）的兼职收入比接受职业教育的平均水平高。因为现在的公司多数是根据员工的学历给不同等级的工资，学历越高或就读学校的类级越高，就会被给予越高的薪酬。特别是对于这类短期雇佣，公司很难判断员工的业务水平，只能根据这类外在因素来判断（详见图5、图6）。

第五部分 高等教育问题研究

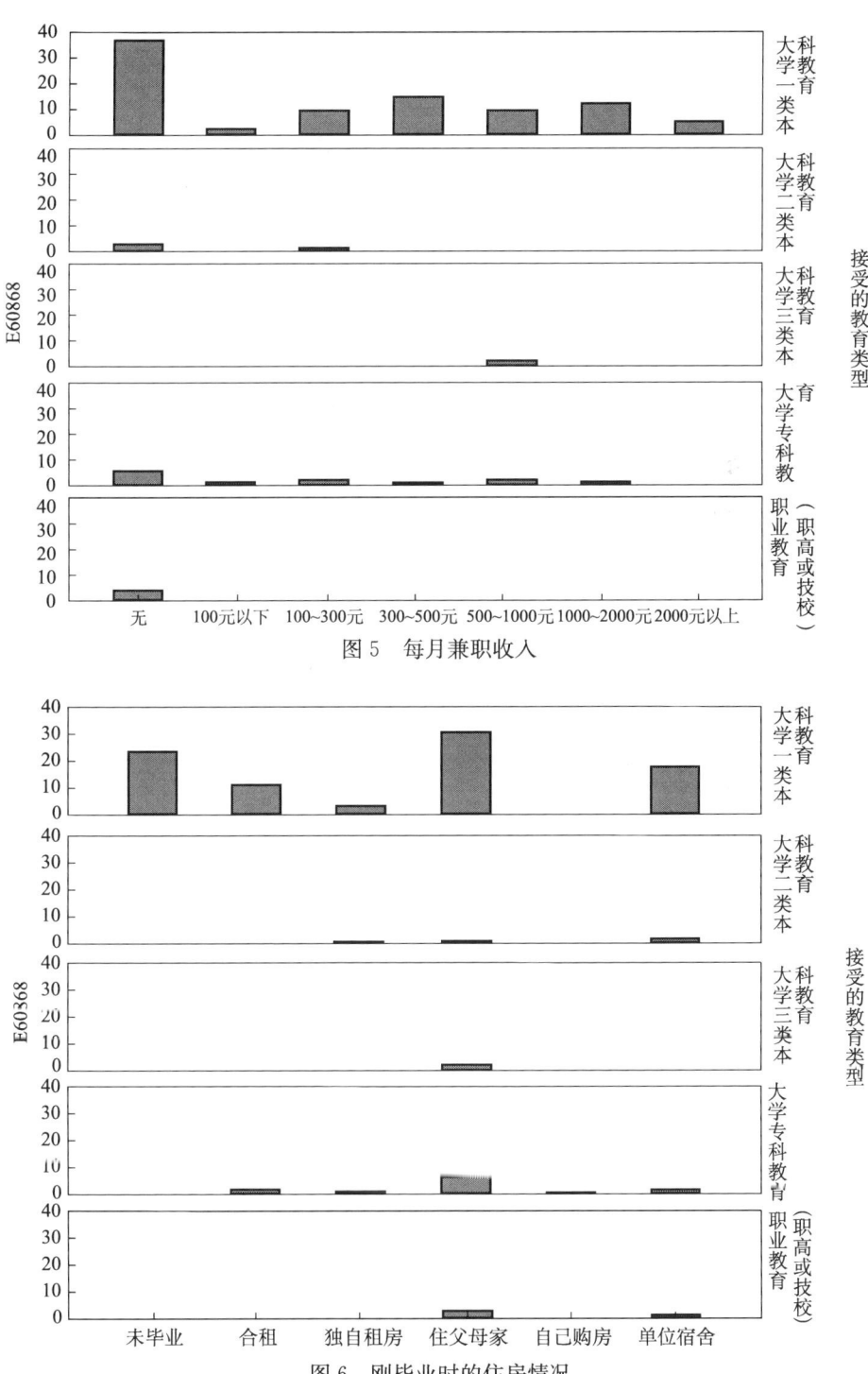

图 5 每月兼职收入

图 6 刚毕业时的住房情况

(3) 对住房的分析

由图6、图7、表11得知,接受大学教育的受访者的买房能力要高于选择职业教育的人。刚毕业时绝大多数被调查对象选择住在父母家(不考虑未毕业的情况),部分选择单位宿舍,还有一些独自租房,几乎不存在自己购房的情况。这点无论是对于接受大学教育还是职业教育的人是一致的(详见图6、图7、表12)。

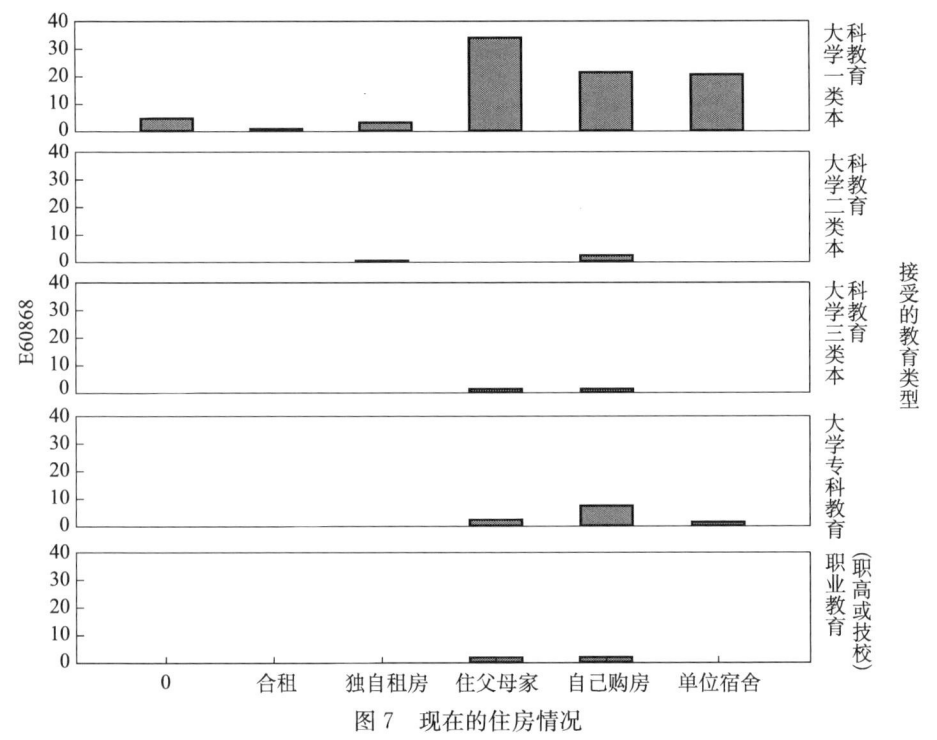

图7 现在的住房情况

表12 若自己购房,工作几年后拥有×接受的教育类型交叉列表

		接受的教育类型					总计
		大学一类本科教育	大学二类本科教育	大学三类本科教育	大学专科教育	职业教育(职高或技校)	
若自己购房,工作几年后拥有	0	43	0	0	2	1	46
	毕业后立即	1	1	0	0	0	2
	5年内	28	0	0	3	0	31
	5~10年	14	3	1	5	1	24
	10年以上	5	0	1	3	2	11
总计		91	4	2	13	4	114

从目前的住房情况来看（不考虑未毕业的情况），绝大多数人自己购房或住父母家，大学毕业的人有选择单位宿舍居住，而从职业院校毕业的人却没有选择住单位宿舍。如果自己购房，大多数集中在工作 5 年内买房。在选择大学教育和职业教育的人中，分别就各自拥有自己住房的人数比例来看，前者大多数集中在工作 5 年内买房，但后者多数在工作 10 年以上后才有了自己的住房。由此可以看出，在长期收益上，选择大学教育的人所获得的要远远超过选择职业教育的。

（4）对经济独立时间的分析。

表 13　　　　　　　　做到经济独立的时间接受的教育类型交叉列表

		接受的教育类型					总计
		大学一类本科教育	大学二类本科教育	大学三类本科教育	大学专科教育	职业教育（职高或技校）	
做到经济独立的时间	0	6	0	0	0	0	6
	上学期间	8	0	0	2	1	11
	工作 3 年内	41	4	2	9	3	59
	工作 3 年后	10	0	0	2	0	12
	其他	25	0	0	0	0	25
	5 年	1	0	0	0	0	1
总计		91	4	2	13	4	114

在一定程度上，上学期间，接受职业教育的人的短期收益要高于接受大学教育的人。从总体来看，多数被调查者在工作 3 年内做到了经济独立。从比例上看，1/4 选择职业教育的人在上学期间就做到了经济独立，而只有约 1/10 选择大学教育的人在求学时期可以经济独立。

基于以上分析，我们可以得出结论：接受大学教育的人的显性收益要高于接受职业教育的人。虽然选择职业教育的人可能会较早实现经济独立，但是接受大学教育的人在工资收入、兼职收入、买房情况方面，无论是长期还是短期都要高于接受职业教育的人。

2. 隐性收益分析

（1）所接受的教育对自身产生的影响

由图 8、表 14 得知，接受大学教育所获得的隐性收益要高于选择职业教育的。所接受的教育对自己产生的影响，绝大多数人都选择了影响了工资收入，还有部分认为开拓了自己的眼界、提高了自身修养。从是否拥有了广泛的交际圈、拥有了更加多样和深刻的思维方式来看,部分选择大学教育的人的回答是肯定的,但是选择职业教育的人却没有选择。可见,所接受的教育对自身影响的差异还是较大的,接受大学教育所获得的隐性收益要高出选择职业教育的(详见图8、表14)。

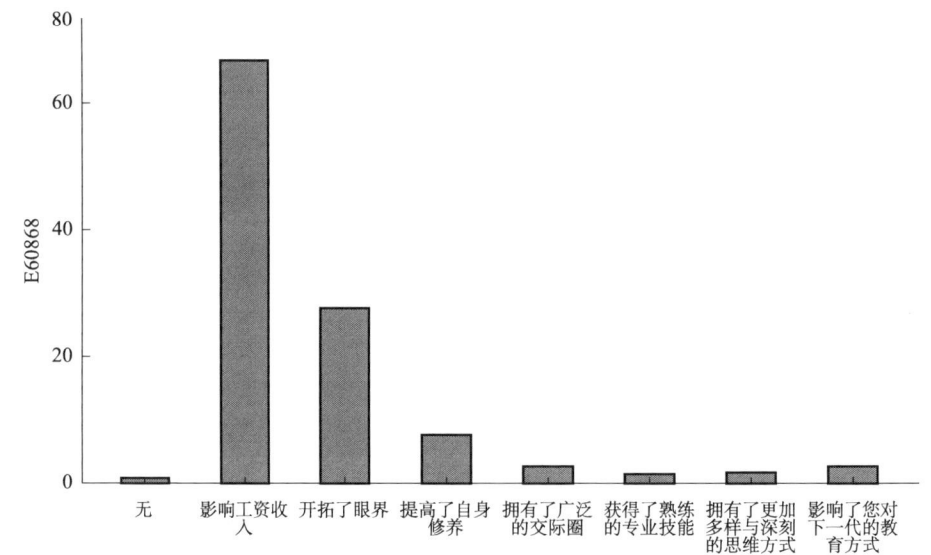

图 8 所受教育产生的影响

表 14 您认为您所接受的教育对您产生了哪些影响接受的教育类型交叉列表

		接受的教育类型					总计
		大学一类本科教育	大学二类本科教育	大学三类本科教育	大学专科教育	职业教育(职高或技校)	
您认为您所接受的教育对您产生了哪些影响	无	20	2	1	5	1	29
	提高了自身修养	33	0	0	4	1	38
	拥有了广泛的交际圈	11	1	1	0	0	13
	获得了熟练的专业技能	13	0	0	4	1	18
	拥有了更加多样与深刻的思维方式	8	1	0	0	0	9
	影响了您对下一代的教育方式	6	0	0	0	1	7
总计		91	4	2	13	4	114

(2) 对下一代教育的影响

由表15、图9可以看出，无论自己接受的是哪种教育类型，大多数的父母都是希望子女能够全面发展。选择对子女进行素质培养的，双方所占比重也相差无几。但在学习成绩上，接受大学教育的部分家长会更加关注，这可能与其自身接受的教育有关。我国虽然已在教育方面进行了大刀阔斧的改革，但是长期扎根在大众心中的应试教育的影响很难轻易消除。

并且可以看出，在对下一代的习惯培养方面，接受过大学教育的家长会更加侧重，尤其是在对孩子学习态度的培养上；而学历水平相对较低的家长对培养子女良好的生活态度和端正的学习习惯方面的意识相对较薄弱（详见表15、图9）。

表 15　在教育孩子时，您更在乎哪方面×接受的教育类型交叉列表

		接受的教育类型					总计
		大学一类本科教育	大学二类本科教育	大学三类本科教育	大学专科教育	职业教育（职高或技校）	
在教育孩子时，您更在乎哪方面	学习成绩	6	0	0	0	0	6
	素质培养	29	1	2	4	1	37
	全方面发展	56	3	0	9	3	71
	习惯的培养						
总计		91	4	2	13	4	114

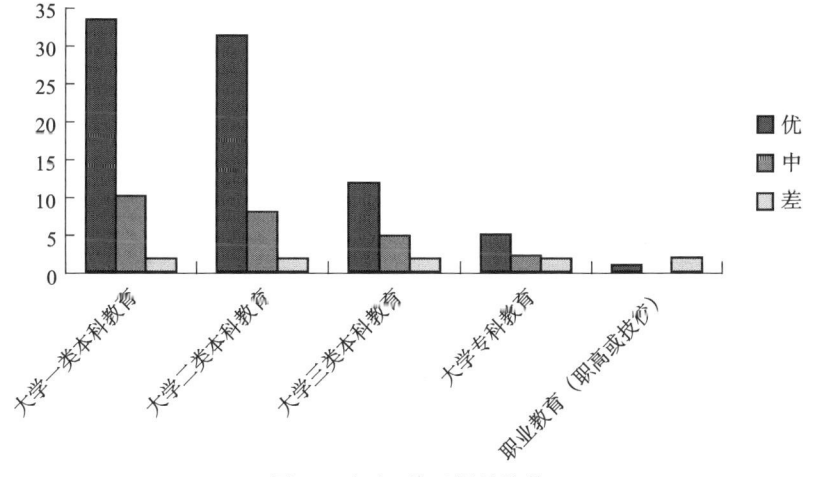

图 9　对下一代习惯的培养

(3) 生活质量分析

由表16、表17、图10得出结论：接受大学教育者未来的生活质量会优于接受职业教育者。在接受大学教育与接受职业教育学生的生活质量如何这一问题上，一半以上的被调查对象认为：接受大学教育的学生生活质量高。而且很少有人认为接受职业教育的生活质量更高。结合实际进行分析，学历水平较低的人群基本能满足马斯洛需求理论（图10）中的生理需求、安全需求以及社交需求；学历水平越高，对于尊重以及自我满足的需求也就越高。这说明在大多数人眼中，接受大学教育在未来会拥有更优质的生活。这从而会影响他们希望子女接受什么类型的教育。如表16所示，几乎所有人都希望子女在高中毕业后接受大学一类本科教育。

表16　您认为社会上接受大学教育与接受职业教育学生的生活质量如何
接受的教育类型交叉列表

		接受的教育类型					总计
		大学一类本科教育	大学二类本科教育	大学三类本科教育	大学专科教育	职业教育（职高或技校）	
您认为社会上接受大学教育与接受职业教育学生的生活质量如何	接受大学教育的学生生活质量高	48	2	0	8	3	61
	接受职业教育的学生生活质量高	4	1	2	1	0	8
	两者差不多	39	1	0	4	1	45
总计		91	4	2	13	4	114

表17　您更愿意让子女高中毕业以后选择接受什么类型的教育
接受的教育类型交叉列表

		接受的教育类型					总计
		大学一类本科教育	大学二类本科教育	大学三类本科教育	大学专科教育	职业教育（职高或技校）	
您更愿意让子女高中毕业以后选择接受什么类型的教育	大学一类本科教育	91	4	2	12	4	113
	大学二类本科教育	0	0	0	1	0	1
总计		91	4	2	13	4	114

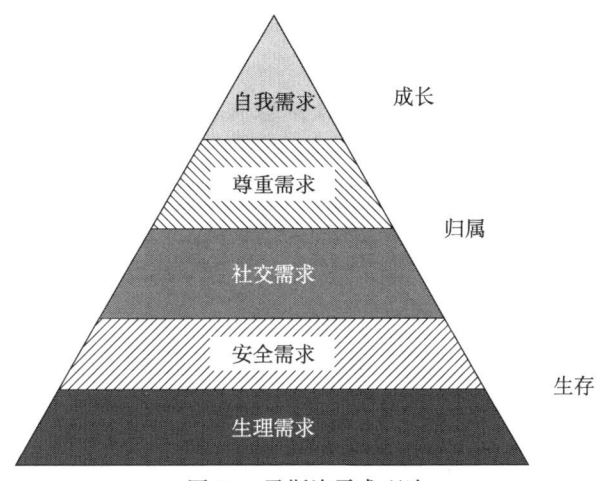

图 10　马斯洛需求理论

基于以上分析，我们可以得出结论：与接受职业教育的人相比，接受大学教育的人所获得的隐性收益要更高一些。

四、成本及收益的比较分析

上文我们分别对接受大学教育与职业教育的成本和收益做了相应的分析，下面，我们要对选择大学教育或职业教育的成本及收益进行比较。

据图 11 显示，多数人认为工作后的收入可以在长期弥补接受教育时的费用或成本，部分选择短期内可以弥补，少数人认为不能弥补（详见图 11）。

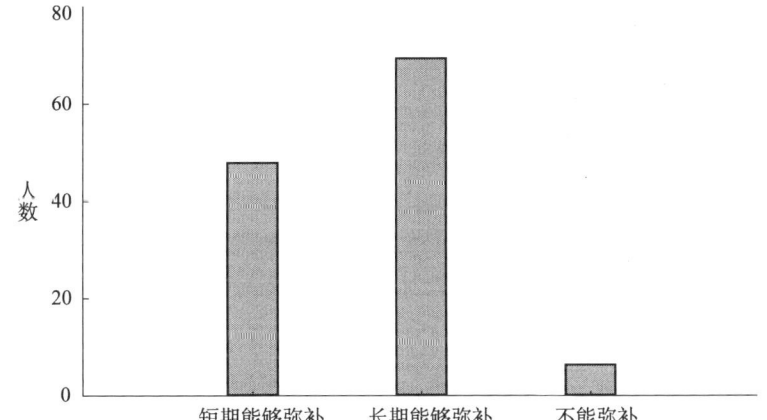

图 11　您认为工作以后的收入能弥补您接受大学教育或职业教育的费用或成本吗

再结合对于成本和收益的分析：接受大学教育的人的显性收益和隐形收益都要高于接受职业教育的人；同样，接受大学教育的显性成本和隐性成本也高于接受职业教育的人。虽然选择大学教育的成本和收益都高,但是将来收益的上升空间和幅度要远远大于选择职业教育的。所以工作后的收入可以弥补接受教育时的费用。接受大学教育的会比接受职业教育的更快弥补,并且接受大学教育的人工作后的收入超过其上学期间的成本幅度会更大。

五、大学教育与职业教育现状及存在的问题

(一)现状

1. 职业教育地位在不断提高

随着社会生产力水平的提高,人们对于教育发展和就业状况的认知在不断变化,大学教育仍是主流,但确实存在一些人认为接受职业教育比大学教育更有优势的现象。

2. 职业教育短期好就业

本文认为,相比较大学教育,职业教育更注重实践能力,培养学生掌握某项技能,这对于应届毕业生来说,在短时间内,相对容易有针对性地找到专业技能对口的工作。调查发现,对于高考成绩达到本科分数线的同学,一般会选择接受大学教育;而对于未达分数线的同学,则更可能会考虑选择短期内好就业的职业教育。

3. 某些工作岗位对职业教育毕业生需求更大

在当今严峻的就业背景下,存在大学生沉迷于网络、游戏和逃课等虚度光阴的现象。相当一部分大学生面临一毕业就失业的问题,不是因为工作机会少,而是没有在大学做好就业准备。很多工作对专业技能要求较高,相比较而言,对职业院校的毕业生需求量更大。

(二)问题

1. 大学教育的质量遭受质疑

在目前就业环境持续紧张,大学毕业生就业压力大的实际情况下,人们常常产生"大学教育是否值得继续"的问题,大学教育的质量和必要性受到了来自社会各界的质疑,存在少部分人认为:"当今社会的大学教育已经落伍,跟不上社会潮流和实际就业状况的发展趋势了"。这对高中生毕业以后的选择造成了重大影响。

2. 目前的大学教育制度不够完善

与此同时,我国目前的大学教育仍然存在管理不够具体的问题,现有的制度并不能真正的保证和监督大学生课堂的学习状态和对待学业的认真严谨,这是导致大学教育质量下降的主要原因。

3. 大学生自身的自控能力不强

部分大学生自我管理能力较差,没有良好的自我控制与管理能力,自我约束能力差,容易随波逐流,安于现状。对未来生活缺少规划,没有明确的目标,往往会错失大量的就业机会。

大学教育,与其说是专业技能知识的教育,不如说是关于学习能力的教育。学生在大学接受的教育往往需要与自觉主动地自我学习和管理能力相结合,这不仅需要学校教育体制的规范化,更需要学生自发的学习自律和主动性。社会就业体制的完善、学校教育制度的改革和学生自身学习素质能力的提升,这将是未来教育业应当着重考虑的问题。

六、建议及结论

(一)建议

1. 父母应更注重孩子的习惯培养

如今大学教育与职业教育阶段的学生家长多为"60后""70后",家长的受教育水平参差不齐,但无论接受何种教育,家长都更应该注重下一代德、智、体、美、劳的全面发展。学习方面固然重要,成绩是检验学习成果的标准,但这在一个人的成长过程中是远远不够的,拥有良好的学习、生活习惯更为重要。大多行业中的佼佼者都有一个共性,那就是拥有良好的习惯于日常行为规律,这些好的习惯能够帮助他们开发出更多的潜能并获得更多的机会。所以说,教育先要培养良好的行为习惯。

2. 大学教育应调整教育方法与结构

现阶段的大学教育重在理论知识的传授,有些专业知识学生很难理解,只靠死记硬背来应付考试。这样的应试教育并不能真正地让学生将学习的理论知识轻松自如的运用到以后的工作当中。学校应适当改变教育结构与方式,在每学期期末让学生到各个企业实习,将理论知识与实践相结合,通过实践也能更好地理解理论知识,这样既提升了学生的实际操作能力,让学生了解到工作环境、工作内容,以及应以何种态度面对领导派发的各项任务,为以后的就业打下坚实的基础,也让学生在考试中获得良好的成绩。

在传授知识的同时也要注重个人能力的培养,增强学生的自我管理能力,引导并帮助学生树立学习以及人生目标,做好职业规划。

3. 借鉴国外教育经验

以世界发达国家为例,在教育领域大学教育与职业教育有着明确的分工,大学教育致力于培养知识型精英,职业教育则是培育操作型技工,它们为社会的各行各业提供与之匹配的人才。这也是我国教育领域今后的发展方向,所受教育无优劣之分,学生能够根据自身的目标、喜好等自身情况选择最适合自己的教育方式。以中国的现状,虽然近年来职业教育的地位有所提高,人们不再因为接受职业教育而感到自卑,但人们对大学教育的拥护程度依然很高。

4. 政府对就业的政策

目前,我国毕业生逐年增加,很多大学生面临毕业即失业的情况,政府应该做出大力宣传,鼓励毕业生们树立正确的良好的就业观与人生价值观,选择适合自己的工作岗位,也要有吃苦耐劳的精神。当然,政府也应该增加更具有针对性的就业岗位,针对大学教育者提供专业能力较强的工作,针对职业教育人群提供操作能力强的工作。职业不分高低贵贱,选择最适合自己的工作才是最重要的。

(二) 结论

综上所述,大学教育的成本与收益均高于职业教育,成本具体体现在学费、课外培训费、生活支出以及额外的工作机会等方面;收益具体体现在工资收入、住房、经济独立需要的时间、对自身与下一代的影响以及对生活质量的影响等方面。显然,大学教育与职业教育的成本与收益是成正比的,但如今职业教育与大学教育逐渐平等,各类教育也要尽快转变教育结构与教育方式,为学生提供更多适合自己的就业岗位。

七、附录（其他调查基本数据）

表18　　　　　　　　　　目前从事工作类型

		人数（人）	百分比（％）
目前从事的工作类型	学生	63	55.3
	党政机关干部	7	6.1
	国有企业人员	9	7.9
	三资、民营、企业人员	10	8.8
	科研、教育、技术人员	6	5.3
	文化、卫生、体育工作者	8	7.0
	商业、服务业人员	5	4.4
	个体劳动者	1	0.9
	自由职业者	1	0.9
	退休、无业或其他	4	3.5
	总计	114	100.0

表 19　　　　　　　　　　　　　毕业时工资

		人数（人）	百分比（％）
刚毕业时每月工资	0	54	47.4
	160	1	0.9
	200	1	0.9
	300	3	2.6
	500	6	5.3
	600	2	1.8
	700	2	1.8
	800	3	2.6
	1000	11	9.6
	1200	1	0.9
	1300	1	0.9
	1500	2	1.8
	2000	7	6.1
	3000	11	9.6
	3500	1	0.9
	4000	5	4.4
	7000	1	0.9
	8000	1	0.9
	20000	1	0.9
	总计	114	100.0

表 20　　　　　　　　　　　　　目前工资

		人数（人）	百分比（％）
现在每月工资	0	56	49.1
	1000	6	5.3
	1200	1	0.9
	3000	5	4.4
	4000	3	2.6
	5000	7	6.1
	6000	5	4.4
	7000	5	4.4
	8000	3	2.6
	9000	1	0.9
	10000	8	7.0
	15000	4	3.5
	18000	1	0.9
	20000	6	5.3
	30000	2	1.8
	50000	1	0.9
	总计	114	100.0

表 21　　　　　　　　　　　工作几年后自己购房

		人数（人）	百分比（%）
若自己购房，工作几年后拥有住房	0	46	40.4
	毕业后立即	2	1.8
	5 年内	31	27.2
	5～10 年	24	21.1
	10 年以上	11	9.6
	总计	114	100.0

表 22　　　　　　　　　　　生活质量的比较

		人数（人）	百分比（%）
大学教育与接受职业教育学生的生活质量	接受大学教育的学生生活质量高	61	53.5
	接受职业教育的学生生活质量高	8	7.0
	两者差不多	45	39.5
	总计	114	100.0

表 23　　　　　　　　与大学教育相比职业教育的发展前景

		人数（人）	百分比（%）
与大学教育相比职业教育的发展前景	未来，将与大学教育的社会地位持平	74	64.9
	未来，将超过大学教育的社会地位	26	22.8
	未来，永远不会达到或超过大学教育的社会地位	14	12.3
	总计	114	100.0

表 24　　　　　　　　　教育类型与产生的影响交叉列表

			接受的教育类型					总计
			大学一类本科教育	大学二类本科教育	大学三类本科教育	大学专科教育	职业教育（职高或技校）	
接受不同教育类型及其产生的影响	影响工资收入	计数	52	2	1	9	4	68
		占总计的百分比	45.6%	1.8%	0.9%	7.9%	3.5%	59.6%
	开拓了眼界	计数	59	4	2	7	2	74
		占总计的百分比	51.8%	3.5%	1.8%	6.1%	1.8%	64.9%
	提高了自身修养	计数	66	2	0	7	1	76
		占总计的百分比	57.9%	1.8%	0.0%	6.1%	0.9%	66.7%
	拥有了广泛的交际圈	计数	43	2	1	3	1	50
		占总计的百分比	37.7%	1.8%	0.9%	2.6%	0.9%	43.9%
	获得了熟练的专业技能	计数	42	3	1	8	3	57
		占总计的百分比	36.8%	2.6%	0.9%	7.0%	2.6%	50.0%

续表

			接受的教育类型					总计
			大学一类本科教育	大学二类本科教育	大学三类本科教育	大学专科教育	职业教育（职高或技校）	
接受不同教育类型及其产生的影响	拥有了更加多样与深刻的思维方式	计数	50	2	1	5	2	60
		占总计的百分比	43.9%	1.8%	0.9%	4.4%	1.8%	52.6%
	影响了您对下一代的教育方式	计数	37	0	0	7	2	46
		占总计的百分比	32.5%	0.0%	0.0%	6.1%	1.8%	40.4%
	其他	计数	0	0	0	1	0	1
		占总计的百分比	0.0%	0.0%	0.0%	0.9%	0.0%	0.9%
总计		计数	91	4	2	13	4	114
		占总计的百分比	79.8%	3.5%	1.8%	11.4%	3.5%	100.0%